This Idea Must Die

哪些科学观点必须去死

[美] 约翰 · 布罗克曼
(JOHN BROCKMAN) ◎编著
胡正飞 王杨 杨明芳 ◎ 译

Scientific Theories That Are Blocking Progress

浙江人民出版社
ZHEJIANG PEOPLE'S PUBLISHING HOUSE

献给理查德·道金斯、丹尼尔·丹尼特、贾雷德·戴蒙德和史蒂芬·平克，

他们是第三种文化的先驱。

This **Idea** Must **Die**

各方赞誉

“对话最伟大的头脑”这套书，相信一定能令处于喧嚣互联网领域，四处寻找风口、争辩什么上下半场的人们，静下心来，聆听伟大头脑的思想脉络；相信也一定能令身在互联网江湖，满世界追逐独角兽、执念于什么颠覆还是创新的人们，慢下脚步，认真端详萦绕在伟大头脑心中的大问题。

伟大头脑的伟大之处，绝不在于他们拥有“金手指”，可以指点未来，更在于他们时时将思想的触角，延伸到意识的深海。他们发问，不停地发问，在众声喧哗间点亮“大问题”“大思考”的火炬。

段永朝

财讯传媒集团首席战略官

建筑学家威廉·J.米切尔曾有一个比喻：人不过是猿猴的1.0版。现在，经由各种比特的武装，人类终于将自己升级到猿猴2.0版。他们将如何处理自己的原子之身呢？这是今日顶尖思想者不得不回答的“大问题”。

胡　泳

博士、北京大学新闻与传播学院教授

“对话最伟大的头脑”这套书中，每一本都是一个思想的热核反应堆，在它们建构的浩瀚星空中，百位大师或近或远、如同星宿般璀璨。每一位读者都将拥有属于自己的星际穿越，你会发现思考机器的100种未来定数，而奇点理论不过是星空中小小的一颗。

吴甘沙

驭势科技（北京）有限公司联合创始人兼CEO

一个人的格局和视野取决于他思考什么样的问题，而他未来的思考，很大程度上取决于他现在的阅读。这本书会让你相信，生活的苟且之外，的确有一群伟大的头脑，在充满诗意的远方运转。

周　涛
电子科技大学教授、互联网科学中心主任

在这个科技日益发达的多维化社会中，我们依旧面临着非常多的“大问题”：虚拟现实技术会让真实的人际关系变得冷漠吗？虚拟与真实会错乱吗？技术奇点会很快降临吗？我们周围的癌症患者越来越多，这与基因有关吗？诸如此类的问题，或许根本就没有一个明确的答案。

作为美国著名的文化推动者和出版人，约翰·布罗克曼邀请了世界上各个领域的科学精英和思想家，通过在线沙龙的方式展开圆桌讨论，而这套“对话最伟大的头脑·大问题系列”正是活动参与者的观点呈现，让我们有机会一窥“最强大脑”的独特视角，从而得到一些思想上的启迪。

苟利军
中国科学院国家天文台研究员，中国科学院大学教授
“第十一届文津奖”获奖图书《星际穿越》译者

雾霾天，反正出不去，正好待在家里读书思考。全球化失败、爱欲丧失、基因组失稳、互联网崩溃、非法药物激增……看起来好像比雾霾还厉害。未来并非如我所愿一片光明，看看大师们有什么深刻思考和破解之道，也许会让我们活得更放松一些。

李天天
丁香园创始人

与最伟大的头脑对话，虽然不一定让你自己也伟大起来，但一定是让人摆脱平庸的最好方式之一。

刘　兵
清华大学社会科学学院教授

以科学精神为内核，无尽跨界，Edge就是这样一个精英网络沙龙。每年，Edge会提出一个年度问题，沙龙成员依次作答，最终结集出版。不要指望在这套书里读到“ABC”，也不要指望获得完整的阐释。数百位一流精英在这里直接回答“大问题”，论证很少，锐度却很高，带来碰撞和启发。剩下的，靠你自己。

王　烁

财新传媒主编，BetterRead公号创始人

术业有专攻，是指用以谋生的职业，越专业越好，因为竞争激烈，不专业没有优势。但很多人误以为理解世界和社会，也是越专业越好，这就错了。世界虽只有一个，但认识世界的角度多多益善。学科的边界都是人造的藩篱，能了解各行业精英的视角，从多个角度玩味这个世界，综合各种信息来做决策，这不显然比死守一个角度更有益也有趣么?

兰小欢

复旦大学经济学助理教授

如果每位大思想家都是一道珍馐，那么这套书毫无疑问就是至尊佛跳墙了。很多名字都是让我敬仰的当代思想大师，物理学家丽莎·兰道尔、心理学家史蒂芬·平克、哲学家丹尼尔·丹尼特，他们都曾给我无数智慧的启发。

如果你不只对琐碎的生活有兴趣，还曾有那么一个瞬间，思考过全人类的问题，思考过有关世界未来的命运，那么这套书无疑是最好的礼物。一篇文章就是一片视野，让你站到群山之巅。

郝景芳

2016年雨果奖获得者，《北京折叠》作者

布罗克曼是我们这个时代的“智慧催化剂”。

斯图尔特·布兰德

《全球概览》创始人

总 序

1981 年，我成立了一个名为“现实俱乐部”（Reality Club）的组织，试图把那些探讨后工业时代话题的人们聚集在一起。1997 年，“现实俱乐部”上线，更名为 Edge。

在 Edge 中呈现出来的观点都是经过推敲的，它们代表着诸多领域的前沿，比如进化生物学、遗传学、计算机科学、神经学、心理学、宇宙学和物理学等。从这些参与者的观点中，涌现出一种新的自然哲学：一系列理解物理系统的新方法，以及质疑我们很多基本假设的新思维。

对每一本年度合集，我和 Edge 的忠实拥趸，包括斯图尔特·布兰德（Stewart Brand）、凯文·凯利（Kevin Kelly）和乔治·戴森（George Dyson），都会聚在一起策划“Edge 年度问题”——常常是午夜征问。

提出一个问题并不容易。正像我的朋友，也是我曾经的合作者，已故的艺术家和哲学家詹姆斯·李·拜尔斯（James Lee Byars）曾经说的那样：“我能回答一个问题，但我能足够聪明地提出这个问题吗？”我们寻找那些启发不可预知答案的问题——那些激发人们去思考意想不到之事的问题。

现实俱乐部

1981—1996 年，现实俱乐部是一些知识分子间的非正式聚会，通常在中国餐馆、艺术家阁楼、投资银行、舞厅、博物馆、客厅，或在其他什么地方。俱乐部座右铭的灵感就源于拜尔斯，他曾经说过：“要抵达世界知识的边界，就要寻找最复杂、最聪明的头脑，把他们关在同一个房间里，让他们互相讨论各自不解的问题。”

1969年，我刚出版了第一本书，拜尔斯就找到了我。我们俩同在艺术领域，一起分享有关语言、词汇、智慧以及“斯坦们”（爱因斯坦、格特鲁德·斯坦因、维特根斯坦和弗兰肯斯坦）的乐趣。1971年，我们的对话录《吉米与约翰尼》（*Jimmie and Johnny*）由拜尔斯创办的“世界问题中心”（The World Question Center）发表。

1997年，拜尔斯去世后，关于他的世界问题中心，我写了下面的文字：

> 詹姆斯·李·拜尔斯启发了我成立现实俱乐部（以及Edge）的想法。他认为，如果你想获得社会知识的核心价值，去哈佛大学的怀德纳图书馆里读上600万本书，是十分愚蠢的做法。（在他极为简约的房间里，他通常只在一个盒子中放4本书，读过后再换一批。）于是，他创办了世界问题中心。在这里，他计划邀请100位最聪明的人聚于一室，让他们互相讨论各自不解的问题。
>
> 理论上讲，一个预期的结果是他们将获得所有思想的总和。但是，在设想与执行之间总有许多陷阱。拜尔斯确定了他的100位最聪明的人，依次给他们打电话，并询问有什么问题是他们自问不解的。结果，其中70个人挂了他的电话。

那还是发生在1971年的事。事实上，新技术就等于新观念，在当下，电子邮件、互联网、移动设备和社交网络让拜尔斯的宏大设计得到了真正执行。虽然地点变成了线上，这些驱动热门观点的反复争论，却让现实俱乐部的精神得到了延续。

正如拜尔斯所说：“要做成非凡的事情，你必须找到非凡的人物。”每一个Edge年度问题的中心都是卓越的人物和伟大的头脑——科学家、艺术家、哲学家、技术专家和企业家，他们都是当今各自领域的执牛耳者。我在1991年发表的《第三种文化的兴起》（*The Emerging Third Culture*）一文和1995年出版的《第三种文化：洞察世界的新途径》（*The Third Culture: Beyond the Scientific Revolution*）一书中，都写到了“第三种文化”，而上述那些人，他们正是第三种文化的代表。

第三种文化

经验世界中的那些科学家和思想家，通过他们的工作和著作构筑起了第三种文化。在渲染我们生活的更深层意义以及重新定义“我们是谁、我们是什么”等方面，他们正在取代传统的知识分子。

第三种文化是一把巨大的“伞”，它可以把计算机专家、行动者、思想家和作家都聚于伞下。在围绕互联网和网络兴起的传播革命中，他们产生了巨大的影响。

Edge是网络中一个动态的文本，它展示着行动中的第三种文化，以这种方式连接了一大群人。Edge是一场对话。

这里有一套新的隐喻来描述我们自己、我们的心灵、整个宇宙以及我们知道的所有事物。这些拥有新观念的知识分子、科学家，还有那些著书立说的人，正是他们推动了我们的时代。

这些年来，Edge已经形成了一个选择合作者的简单标准。我们寻找的是这样一些人：他们能用自己的创造性工作，来扩展关于“我们是谁、我们是什么”的看法。其中，一些人是畅销书作家，或在大众文化方面名满天下，而大多数人不是。我们鼓励探索文化前沿，鼓励研究那些还没有被普遍揭示的真理。我们对“聪明地思考”颇有兴趣，但对标准化“智慧”意兴阑珊。在传播理论中，信息并非被定义为“数据”或“输入”，信息是“产生差异的差异”（a difference that makes a difference）。这才是我们期望合作者要达到的水平。

Edge鼓励那些能够在艺术、文学和科学中撷取文化素材，并以各自独有的方式将这些素材融于一体的人。我们处在一个大规模生产的文化环境当中，很多人都把自己束缚在二手的观念、思想与意见之中，甚至一些公认的文化权威也是如此。Edge由一些与众不同的人组成，他们会创造属于自己的真实，不接受虚假的或盗用的真实。Edge的社区由实干家而不是那些谈论和分析实干家的人组成。

Edge 与 17 世纪早期的无形学院（Invisible College）十分相似。无形学院是英国皇家学会的前身，其成员包括物理学家罗伯特·玻意耳（Robert Boyle）、数学家约翰·沃利斯（John Wallis）、博物学家罗伯特·胡克（Robert Hooke）等。这个学会的主旨就是通过实验调查获得知识。另一个灵感来自伯明翰月光社（The Lunar Society of Birmingham），一个新工业时代文化领袖的非正式俱乐部，詹姆斯·瓦特（James Watt）和本杰明·富兰克林（Benjamin Franklin）都是其成员。总之，Edge 提供的是一次智识上的探险。

用小说家伊恩·麦克尤恩（Ian McEwan）的话来说："Edge 心态开放、自由散漫，并且博识有趣。它是一份好奇之中不加修饰的乐趣，是这个或生动或单调的世界的集体表达，它是一场持续的、令人兴奋的讨论。"

约翰·布罗克曼

This **Idea** Must **Die**

目 录

This Idea Must Die

Edge 年度问题：哪些科学观点必须去死？

科学一直在前所未见、标新立异的观点中奋勇前进，推陈出新更是常态。正如物理学家马克斯·普朗克（Max Planck）所讲的那样："一个新科学真理的胜利，与其说是因其反对者的信服和领悟，还不如说是因其反对者终于都死了，而熟悉这一新科学真理的新一代成长了起来。"换言之，科学一往无前，却要葬礼相伴。时不我待，为什么要等那么久？

时代在变，思想在变。日新月异之中，或许变化最大的，就是变化的速度。让我们看看，是哪些观点让科学家们欲除之而后快。

展望本世纪，我们翘首以待，前世宇宙“最后三分钟”的科学证据会被挖掘出来，我们必将知晓宇宙大爆炸创世的物理奥秘。

——李·斯莫林（Lee Smolin），《大爆炸就是时间的开始吗？》

During this century, we can look forward to gaining scientific evidence of the last three minutes of the era before ours and learning how physics before the Big Bang gave rise to the birth of our universe.

01

THE BIG BANG WAS THE FIRST MOMENT OF TIME

大爆炸就是时间的开始吗?

Lee Smolin

李 · 斯莫林

加拿大圆周理论物理研究所物理学家，著有《时间重生》。

在我对基础物理学和宇宙学的研究中，我认为最应该被淘汰的观点就是：大爆炸就是时间的开始。

关于大爆炸，最流行的说法有两层含义。第一，大爆炸宇宙学是一个假说，它解释了从 138 亿年前起，宇宙如何从一个极端高温、高度稠密的原始状态不断膨胀至今的过程，而这个原始状态比任何恒星内部或其他任何地方都要极端得多。对此，我毫无异议。这是不争的科学事实，而且已经阐述得很清楚了：高温稠密的等离子体一致向外膨胀，逐步演化成为我们的家园——这个复杂多样、美丽多变的世界。所有已知结构的起源，大到星系、恒星、行星，小到生命的分子构造，我们都有详细的理论解释，也都通过了大量观测结果的验证。正如所有良好的科学理论一样，大爆炸理论中心有一些悬而未决的观点存在，例如，在整个理论体系中起到重要作用的暗物质、暗能量，其精确性质到底如何？又如，宇宙以指数级暴胀的前期阶段是否真的存在？这些都是很有意思的问题。但是这些问题的存在并不意味着整个理论体系是站不住脚的。

真正让我寝食难安的是大爆炸的另一层含义，即宇宙从一个温度极高、密度极大的点爆发开来的那一刹那，就是时间的起点。根据这个假设，任何事物都不可能在 138 亿年前存在。在这个点之前根本就没有时间，探究宇宙在大爆炸之前是什么，更是没有任何意义。

于是问题就来了。作为一种科学假说，这一层含义不太能够令人信服，毕竟其中有太多未解之谜。从这个假设出发，我们的宇宙只能是从一个极端特殊的状态演变为世间万物的状态。而“时间有起点”这个假设实在太一般、太没有约束力了，由此推演出的宇宙从无到有那一刻的状态可能有无穷多种。这一点也可以从史蒂芬·霍金（Stephen Hawking）和罗杰·彭罗斯（Roger Penrose）证明过的定理[1]中得到印证——只要广义相对论正确，时间的起点几乎在任何一个宇宙中都存在。另外，我们的宇宙在早期一定是非常均匀、对称的，可是如果大爆炸就是时间的起点，又怎么能找到一个时间起点的“前世”来对此作出科学的解释呢？这时候，神学家就登场了，他们开始在科学的大门口兜售这样的理念：上帝创

[1] 即彭罗斯－霍金奇点定理，它证明了如果把广义相对论用于宇宙学，就必然会出现奇点，即大爆炸理论追溯的宇宙演化的起点。——译者注

造了宇宙，并把宇宙变成如今这个样子。

如果大爆炸就是时间的起点，科学还是无法解释自然规律是如何被选择出来的。人择宇宙原理（anthropic multiverse）②应运而生，但由于人们无法观测其他宇宙，也无法提出什么预测的结果来证实或证伪，这个理论目前还很难自圆其说。

② 简称人择原理，是一种认为物质宇宙必须与观测它的智能生命相匹配的理论。其思想简单来讲，就是只有人类的存在才能解释我们这个宇宙所具备的物理法则，因为如果不是这样的话，人类也就不存在了。——译者注

然而，科学还是有机会解答这些问题的，假设大爆炸并不是时间的开始，而是从“前生的”宇宙到我们这个宇宙的转换阶段，对这个前生宇宙，我们照样可以进行科学研究，因为正是那时发生的一切造就了今世。

对于大爆炸之前发生了什么，彭罗斯 - 霍金定理不再起作用。其实这也有其必然性：广义相对论没有考虑量子论，对自然万物的描述是不完全的。对基础物理学家来说，将量子物理和广义相对论统一起来是一个巨大的挑战，其理论发展在过去的 30 年里取得了长足的进步。尽管决定性的结论还没有出现，但是人们可以看到，量子宇宙学的模型已经给出了确凿的证据，在广义相对论中导致时间戛然而止的无穷奇点不再是必须的了，“大爆炸”成了“大反弹”，时间之河在大爆炸之前仍然流动，只是流向过去而已。更深层次的量子模型指出，宇宙的前世来源于一次坍缩，其密度极速增大，但当增大到无穷大之前，量子过程就已经将坍缩反弹，宇宙又转向了暴胀，新的纪元从此开启。

目前正在研究的理论有很多，这些理论都试图解释大爆炸之前到底发生了什么，这些事又是如何演变为我们的暴胀宇宙的。其中两种理论以量

子反弹为前提，并形成两个分支：“圈量子宇宙论”和“几何化溯源模型”。另外两种理论，分别由罗杰·彭罗斯、保罗·斯坦哈特（Paul Steinhardt）和尼尔·图洛克（Neil Turok）提出，描述了新旧宇宙循环的场景。第五种理论则认为，新宇宙的诞生是由量子效应激发黑洞奇点导致的。这些假说都给我们提供了新的思考途径，或许可以用来洞悉君临宇宙的自然法则是怎样被确定的，或许也可以解释宇宙之初的混沌是如何从上一个宇宙那里转变而来的。尤为重要的是，每一个假说都能以可操作的、可观测的、可靠的、排他的手段来证伪。

关于暴胀宇宙的“最初三分钟”③，我们已经在20世纪里了解很多了。**展望本世纪，我们翘首以待，前世宇宙“最后三分钟”的科学证据会被挖掘出来，我们必将知晓宇宙大爆炸创世的物理奥秘。**

③ 即宇宙起源。诺奖得主史蒂文·温伯格（Steven Weinberg）在1977年出版过一本畅销科普读物，名为《最初三分钟：关于宇宙起源的现代观点》（*The First Three Minutes: A Modern View Of The Origin Of The Universe*）。——译者注

扫码关注“湛庐教育”，
回复“哪些科学观点必须去死”，
观看本文作者的TED演讲视频。

注：本文作者李·斯莫林的《时间重生》已由湛庐文化策划，浙江人民出版社出版。

02

THE THEORY OF EVERYTHING

万有理论

杰弗里·韦斯特（Geoffrey West）

理论物理学家，圣塔菲研究所前所长及特聘教授。

真的存在万有理论吗？等等，先别急着回答。当我们提到某人的研究领域是万有理论的时候，总觉得有些傲慢和天真的意味在里面。万有理论既含蓄精深又有些夸张，任何对它的质疑都很可能是费力不讨好。我肯定不是第一个被它困扰的人，但不管怎样，我们都要直面它。虽然万有理论存在的时间并不长，也许只是昙花一现，也许已经无疾而终，但“万有理论”这个词本身（当然不包括与此相关的研究工作），还是应该坚决彻底地从严肃的科学文献中剔除出去。

在此请容许我详细阐述原因。超越狭义的、特定的问题和学科界限，追寻广义的、共性的规律、思想及理念，一直是科学及科学家们获得灵感的伟大驱动力。可以说，这也是现代人[1]的一个特征。尽管不大贴切，但也许这种双名法的命名方式本身就以某种诗化的方法说明了这点。就好比在各显神通的众神中有一个无所不能的上帝一样，就如同在所有启示中总结出来一个大的启示一样：我们能够从整个宇宙中概括出一些为数不多的规律，也就是一整套的数学公式。但同时，潜在的误导性及理智上的危险性也同样存在。

在科学领域中，最经典的“大整合”莫过于牛顿定律，它使我们认识到，任何天体运行的法则和地球运行的法则没什么不同；麦克斯韦（Maxwell）

[1] 也可称为智人种，原文为 Homo sapiens sapiens，是世界上现存的唯一人种，这种命名方法被称为是双名法。——译者注

对电和磁的整合，将“以太”短暂地带进了我们的世界；达尔文的自然选择理论则提醒我们，自己终究只是动物及植物界的一员；热力学定律又告诉我们，任何事物最终都将走向毁灭。所有的这些理论都有深远的意义，它们不仅改变了我们认识世界的方式，也为科技进步奠定了基础，而正是这种科技进步使我们可以享受越来越好的生活。然而，这些理论都有不同程度的不完整。实际上，科学家还在探究这些理论的适用边界及限制条件，并且继续寻找例外、特例或者失败的情况，这些行为已经引出了更加深入的问题和挑战，从而激励着科学不断进步，各种新思潮、新技术、新概念也层出不穷。

科学界面临的最大挑战之一是寻找“大统一理论”（Grand Unification Theory），将基本粒子及它们之间的相互作用整合起来，并扩展到理解宇宙的概念及时空的起源。这样一种理论应该会建立在一套简洁、通用的数学公理之上，这些公理可以整合并解释自然界中包括万有引力、电磁力、弱作用力和强作用力在内的各种基本力，还可以解释牛顿定律、量子力学及广义相对论等内容。所有的基本物理量，如光速、时空的维度和基本粒子的质量，在理论上都可以被预测。宇宙的起源及演变，星系的形成及其超越，都可以从方程中推演出来，所有这一切构成了万有理论。为此，数以千计的研究人员奋斗了超过 50 年的时间，耗费了数十亿美金。这是多么令人瞩目而又野心勃勃的探索。不管从什么角度去评估，虽然离终极目标还相当遥远，人们还是取得了巨大的成功，例如，夸克和希格斯玻色子的发现，黑洞理论及宇宙大爆炸理论的形成，量子色动力学（Quantum Chromo-dynamics，QCD）及弦理论的奠基等。当然，还有许多诺贝尔奖项。

但是关于“大统一”的问题还很难说。那么生命，动物和细胞，大脑和意识，城市和企业，爱和恨又能在哪里找到答案呢？我们在地球上亲眼目睹的这些非凡的多样性及复杂性是从何而来的呢？一个为了省事的答案是，有了万有理论里包含的那些相互作用及变化，所有这一切都会自然而然地产生。时间随着弦的几何构型和变化演进；宇宙暴胀、冷却；世界的层级结构，从夸克到核子，到原子、分子、细胞，到大脑，直到情感，以及其他所有的一切，该来的都滚滚而来了。我们只需把方程式和计算方法弄得复杂一点，这个目的就达到了，而且基本上总能得到足够的精度。这就仿佛是在古希腊戏剧中，关键时刻总会有人转动舞台边的曲柄，然后出现一位解围之神，将难题解决一样。[2]不能说，这种极端简化的方法没有什么作用，但总给人一种茫然若失的感觉。

那么究竟“丢失了什么”呢？想想复杂自适应系统所包含的方面吧——信息、紧急情况、意外事件、历史的偶然性、自适应性、选择性，无论是有机体、社会、生态系统还是经济，这些复杂的系统都由无数相互独立的因素组成，即便我们清楚地知道其下层组件之间如何相互作用，也很难预测其总体特征（特别是在细节上）。万有理论遵循牛顿范式，而实际上，一个复杂自适应系统的结构体系是无法用寥寥几个方程式来描述的。即使有无数个方程式，可能也做不到这一点！另外很重要的一点是，从原则上来讲，对任意级别体系精度的预测本身就是不可能的。

万有理论或许有些虚无缥缈，但结论的确令人叹为观止：从宏观角度来说，探究宇宙的性质（包括起源及演进）的过程非常艰辛，但结果解释起来却异常简单明了，只需要有限的几个方程式就解决了。最后，只需要一个理论就够了。这与我们在地球上遇到的情况形成了鲜明对比，在地球上，我们每时每刻都在经历着宇宙中最多样、最复杂、最纷繁的现象，为了理解这些现象，我们需要用到大量新创的、甚至无法用数学语言描述的概念。因为大统一理论整合了自然界的基本作用力，我们为此而欢呼雀跃，但别天真地以为这个理论真的可以预测和解释万物。一个针对复杂性的大统一理论同样重要，切忌顾此失彼；这将是一个量化的、分析性的、原则性的、有预测能力的框架，对 21 世纪而言，必将是一个巨大的挑战。任何“大整合”的使命都是永无止境的，但那些名垂青史、甚至是革命性的新思想、新概念、新技术也必定将在这个波澜壮阔的过程中脱颖而出。

[2] 在古希腊戏剧中，当剧情发展到矛盾不可调和时，会安排一个原来剧情中没有的、突然出现的神，将难题解决掉，从而使戏剧可以继续表演下去。一般是由舞台工作人员转动曲柄，利用某种类似于起重机的机关，将扮演这个神的演员送至舞台之上。这里是在暗喻当某一理论遇到困难、处于胶着状态时，总能找到人为的方法加以修正，使理论得以继续生存下去。——译者注

03

UNIFICATION

大统一

马塞洛·格莱泽（Marcelo Gleiser）

达特茅斯学院理论物理学家，著有《知识之岛》（*The Island of Knowledge*）、《科学有局限，探索无止境》（*The Limits of Science and the Search for Meaning*）。

在这里我可以毫不忌讳地说，德高望重的大统一理论可以让位了！我指的并不是那个科学家尽毕生之力追寻的、范畴比较小的统一理论，更不是那个用寥寥几条原则将尽可能多的自然现象联系在一起的统一理论。上下求索、化繁为简，本是科学正道。几个世纪以来，科学家以此为座右铭，创造了许多奇迹：牛顿的万有引力定律、热力学定律、电磁学、相变中的普适性，等等。

问题是，我们在这条路上走得太远了，有的人开始过分追求统一，有的人追求万有理论，还有些人将古老的还原论（Reductionism）[1]发扬光大，他们认为所有的自然力都只是一种力的表现形式而已。这些想法万万要不得。其实，当我说这些话的时候，心情并不轻松。在我本人职业生涯的早期和成长过程中，我就是怀着“统一一切”的冲动和巨大的热情投入这方面研究的。

这种大统一的理念和西方哲学一样古老。古希腊的泰勒斯（Thales）——苏格拉底之前的第一个哲学家，提出了水本原说，梦想着用物质一元论来描述世界。柏拉图则将空灵的几何形式作为万物的本原。数学等同于美，美等同于真理。从那时起，后柏拉图时代的最高理想就是利用纯粹的数学来解释世间万物——包罗万象的宇宙蓝图，博大精深的宏图大卷。当然，尽管人们

[1] 一种将世界还原为部分及各个部分之间相互作用的哲学思想。——译者注

经常会含含糊糊地将其归结为“神谕”，但终究还是人类的智慧创造了这一切。人类总是按照自己的理解来解释世界，认为没有什么可以逃脱人类的思想。

大统一的冲动根深蒂固地埋藏在每个数学家和理论物理学家的灵魂深处，从朗兰兹纲领（Langlands Program）到超弦理论（Superstring Theory）的诞生，皆出于此。②但还是存在矛盾和摩擦：纯粹的数学并不是物理。数学的力量来自它精确严谨，并游离于物理现实之外的特点。数学家可以创造任何他想要的宇宙，并尽其所能地“玩弄”各种游戏规则，物理学家却不能这样。他的工作是忠实地感知自然、描述自然。尽管如此，自伽利略之后，大统一的游戏就已经成了物理学不可分割的一部分，并且成绩斐然，达到了近似统一。

的确如此，即便是大统一理论中堪称绝妙的部分，也只能是一种近似。以电磁学为例，描述电和磁的方程式是完美对称的，而这种情况只有在没有任何电荷或磁场影响时，也就是说在真空状态下，才可能产生。或者以著名的（也是优美的）标准粒子物理模型为例，这个模型“统一”了电磁力与弱核作用力。我们将再次看到，实际上并没有真正的统一，因为在模型中还一直保持着两种类型的力，用专业术语说就是有两个耦合常数和两个规范群。真正意义上的统一到现在也只是猜想，并没有真正完工，比如在 40 年前就已提出的，关于强作用力、弱作用力、电磁力等之间的大统一理论。

那么，到底发生了什么？为什么我们苦苦追寻大自然中的那个“一”，而大自然却不厌其烦地屡次告诉我们，没有“一”，只有“多”？

首先，大统一的科学冲动来源于隐秘的宗教信仰。西方已经沐浴在一神论的传统下长达数千年之久，即便在多神论的文化中，也总是有一个众神首领（如宙斯、太阳神或婆罗门）。另一方面，将万物都归结于单一的创世法则，

② 朗兰兹纲领最初由罗伯特·朗兰兹（Robert Langlands）于 1967 提出，它将数学中某些表面上不相干的领域联系起来，成功例子之一是费马大定理的证明中对算术几何方法的应用。超弦理论可以看作是加入了超对称性的弦理论的升级版，也是物理学家建立统一理论的重要努力之一。——译者注

这个想法太有吸引力了，破译“神谕’如此超凡脱俗，就如同在回应上天的召唤。纯洁的数学家笃信，世界的本质在于数学，他们仿佛僧侣一般，守护着某个只对创始人开放的秘密组织。而在高能物理学领域中，所有的大统一理论都依赖于纯粹的几何结构和高深的数学方法。人们相信，大自然的终极密码隐藏于数学本质中，扑朔迷离，忽隐忽现，但我们最终能够破解它。

最近得到的实验数据与大统一的梦想背道而驰——没有超对称粒子的痕迹，没有额外维度的踪影，没有任何形式的暗物质，更没有期待已久的证据。也许会有的，但仍需努力。在高能物理学中，让人困扰不已的一件事是，你总是会遇到超出实验条件范围的情况。“大型强子对撞机已经达到 7 TeV 了，可还是一无所获？没关系！谁说大自然一定要挑选一个最简单的统一版本？也许这一切都发生在更高的能量基础上，已经远远超出了我们的研究范围。”

这种情况也没什么不好。关于大统一理论，你可以坚信不疑，至死不渝，死而无憾。或者，你也可以认定，我们最擅长的是为大自然构建一个近似的模型，我们所发现的对称性只是对实际情况的描述。对自然来说，完美实在是不能承受之重。

这经常被当成失败主义的论调，总会让人觉得是有人受到了挫折，然后就放弃了。大错特错！化繁为简是科学家工作的要义所在，也是我本人所追求的。自然界自有其运行之道，我们发现的法则就是描述自然界的最佳途径。但这样的法则有很多，绝不止一个。人类是成功的、善于发现的、理性的哺乳动物，单凭这些特征就已经值得庆祝一下了。但不要将现实与我们的描述和所构建的模型相混淆。完美，就如同心中的缪斯女神一样，我们暂且先把她留在脑海里吧。与此同时，大自然正自顾自地做着它自己的事情。我们能有机会一窥天机，这种感觉就已经很奇妙了，这就足够了。

04

SIMPLICITY

简洁

A. C. 格雷林（A.C.Grayling）

哲学家，伦敦人文新学院创办人，牛津大学圣安妮学院特约研究员，著有《关于神的辩论：反宗教倡人文的案例》（*The God Argument: The Case Against Religion and for Humanism*）。

如果有两种假设，它们的数据具有同样的说服力，并且具有同样的预测能力，那么对于这两者的取舍，可能就需要凭借理论之外的准则来作出判断了。这些准则包括：假设本身是否和其他假设或者已经被预言的理论完美契合？与之竞争的假设的美学效果如何？哪个假设更令人愉悦，更优雅，更赏心悦目？还有，哪个假设更加简洁？

简洁是科学的极致。对简洁的追求，驱动着人们将复杂现象抽丝剥茧，简化成科学的各种成分和因素。这种简化实际上是基于这样一种假设：自然界中必然存在一种单一的力量，不管是万有引力，弱电相互作用力，还是强核力等，都只是表象；进而，这一假设又代表着一个普遍看法，也许最终世界的本原就是一种事物（或者是一种材料，或者是一种场，或者是做梦都没想到的一种现象），只需根据一些基本、简洁的原理，多姿多彩的世界就会从中迸发而出。

虽说大道至简，但是大自然本身不一定这么想。纷繁多样的生物体只有用涌现性（Emergent property）①这样的概念才能解释，即使考虑了其组成成分和系统结构，也只有在组成成分按照系统结构方式作用的条件下，才能

① 通常指一个复杂系统的功能表现为“整体大于部分之和”，即某一个新的性质不存在于其任何的组成部分中，而是在各个部分组合成了一个更高层次的系统时才呈现出来。涌现是一种形象化的描述。——译者注

激发出生物体的整体复杂性。

对于复杂性有两种度量方式，一种是描绘特定现象所需信息的长度，另一种是描绘其演变历史所需信息的长度。从某种角度来看，杰克逊·波洛克（Jackson Pollock）[2]用第一种度量方式创作复杂的画作，用第二种度量方式创作简单的画作。沙滩上的一块光滑鹅卵石，按第一种度量方式看，很简单；按第二种度量方式看，又很复杂。科学上对简洁的探索可以从减少描述性信息的长度着手，比如，方程式就是一种概括的方法。但是，简洁的程度和近似的程度之间有可能是一种完全相反的关系。

当然，如果万物最终都能归于简洁的事物，那是最好的结果，或者都能以简洁的方式来描述，那也不错。但是有些事情没法简化，可能更充分地解释其复杂性才是更恰当的做法，生物系统就是这样被处理的。不要将精力耗费在还原论式的过分简化上，这或许能让我们避开那些愚蠢的批评，例如，科学只能看到珠贝的病态，却无视珍珠的美好，诸如此类。[3]

[2] 20 世纪美国抽象表现主义大师，其作品曾经在拍卖中创出全球画作最高价。——译者注

[3] 本文作者在其著作《事物的挑战》（*The Challenge of Things*）中提到，有些反科学人士认为："更糟糕的是，还原主义具有这样的倾向：只看到珠贝的病态，却无视珍珠的美好。"——译者注

05

THE UNIVERSE

宇宙

塞思·劳埃德（Seth Lloyd）

麻省理工学院量子力学工程教授，著有《为宇宙编程》（*Programming the Universe*）。

看到这个陈述请不要感到奇怪——我知道宇宙已经存在了138亿年，它很可能会有1 000亿年或者更久的寿命。但是之后宇宙会去往何处？佛罗里达吗？可惜那里不够大。2 500年以来，人类一直认为宇宙是包罗万象的时空体，但是如今，这种观点该被淘汰了。21世纪的宇宙学强烈表明，我们看到的大千世界——星星、星系和从大爆炸以来的时空，并不是全部真相。不管宇宙是不是真实的，还是买套公寓准备养老比较实际一点。

那么，宇宙究竟是什么？测试一下你对宇宙的知识了解多少吧，请选择一项将下面的句子补充完整。

宇宙是：

1. 由所有可见和不可见的事物组成，包括过去、现在和将来的事物；
2. 始于138亿年前的宇宙大爆炸，包含所有的行星、恒星、星系、空间和时间；
3. 是头大奶牛用舌头从一个老火坑的边沿上舔出来的；
4. 上述所有。

（正确答案见文末）

几千年来，“宇宙是可观测的”这个理念在人类的脑海里一直根深蒂固。大量成功的观测，使得今天我们对宇宙起源的了解甚至比对地球生命起源的了解还要多。但是，观测宇宙学的成果越多，就越是把我们带入了死胡同，我们已经无法区分“宇宙”和“观测到的宇宙”了，也即分别指上述的答案1和答案2。基于同样的观测，我们重现了宇宙的详细历史，而这也意味着“观测到的宇宙”只是无穷宇宙中一个微乎其微的片段。同时，在大爆炸之后只过去了很有限的一段时间，这说明我们的观察只延伸到了距离地球100多亿光年的星空，而在这个视野之外，又有多少同样的100多亿光年？又有多少充斥着星系的空间延展下去？不管宇宙存在了多久，我们都只能接触到有限的一部分，而对剩下的无穷宇宙却一直鞭长莫及，也就是说，除了极微小的一部分，宇宙仍是荒蛮之地，遥远且不可探知。

这个打击确实不小，人类只能缴械投降，承认“宇宙等于可观察到的宇宙”这个说法不对。这或许也没什么大不了的，我们有什么理由不喜欢一个拥有无穷的未知空间的宇宙呢？可打击还是接踵而至。随着宇宙学家深入的研究，越来越多的线索表明，超出我们视野的不仅仅是无限的空间。回溯到宇宙大爆炸阶段，有一个称为暴胀的时期，在极其短的时间内，宇宙的尺寸多次成倍地增长。时空的绝大部分就是在这个急剧膨胀的时期锻造出来的。我们身处的宇宙，虽然无穷无尽，但也仅仅是一个有核的“泡泡”，在不断膨胀的海洋里飘忽不定。

更糟糕的是，膨胀的海洋还有其他无穷多个泡泡，每一个泡泡本身都是无限的宇宙。在不同的泡泡里，物理法则可以不同——在一个泡泡宇宙中的某处，电子有不同的质量；可在另一个泡泡里，电子根本不存在。多泡泡的宇宙通常又被称为多重宇宙[1]。多重宇宙的这种混杂性可能并不招人喜欢，但很难消除。仿佛是觉得对统一性原则的羞辱还不够，量子力学定律又跳出来，证明宇宙正在不断地向着多个历史发展，或者分裂成“多世界”，我们所生存的宇宙只是其中之一罢了。而对于其他的世界里发生了什么，我们前所未见、闻所未闻。

两千年过去了，宇宙等于可观测的宇宙这个理念不得不铩羽而归。目力

[1] 指可能存在一个宇宙集合。我们的宇宙并非独立存在，而是众多宇宙之一。每个宇宙中都拥有其独特的物理法则。这个词最早起源于美国心理学家和哲学家威廉·詹姆斯（William James）。——译者注

所及之外，宇宙是无数个星系阵列。无数个星系阵列之外，宇宙又是无数个泡泡宇宙，在膨胀的海洋里弹跳、破灭。你可以靠近但永不可及，量子力学中的多世界开始分叉、繁殖。麻省理工学院的宇宙学家马克斯·泰格马克（Max Tegmark）将三种增生方式分别称为 I 型、II 型和 III 型多重宇宙。什么时候才是个头呢？不知为什么，还是一个唯一的、亲和的宇宙更让人觉得可靠和肃然起敬。

其实还是有一线希望的。多重性本身就代表着一种统一。至少我们现在知道，无论是我们看到的、听到的，还是摸到的，宇宙远大于我们所知。与其怨天尤人、坐以待毙，还不如让我们把多重性当作一个机会。

假设所有可能存在的事物都真正存在，多重宇宙不是一个缺陷，而是一个特征。不过要当心，这里说的“所有可能存在的事物”是一种抽象的哲学概念，而非物理概念。泰格马克和我已经用一个小小的限制条件表明了这点。当然，我们也可以从形而上学的边缘后退一步：假设物理上的多重宇宙包含的都是局部有限的事物，而任何有限的事物都可以通过有限的信息来描述。这样，在数学上就可以给出完整的定义：事物的行为可以在计算机上模拟（确切地说，是在量子计算机上）。基于其局部有限性，我们观察到的宇宙和其他各式各样的宇宙就都蕴藏在这个庞大的计算机中了。哇，在某个地方，有一头大奶牛！

所以正确答案是：3

06
IQ
智商

斯科特·阿特兰（Scott Atran）

人类学家，法国国家科技研究中心研究员，著有《与敌对话》。

无论从正反哪个方面看，所谓的“智商”测试，在任何情况下都无法反映一个人的基本认知能力，更不能用来给人类的心智做自然分类。近年来，一般性智商测试也不是认识心理学或发展心理学的研究热点。不要将它和特殊能力测试混为一谈。特殊能力测试的目的在于探知与众不同的心理能力，例如对形状、位置等几何类物体的空间推理能力，对质量、运动的机械推理能力，对生物类型的分类推理能力，对他人信仰、愿望的社会推理能力，等等。这些能力都是针对专一任务的能力，是长期自然选择和进化的结果，因此，只有这些类型的认知能力测试结果才是可信的。

不管在动物王国还是植物王国里，自然选择都不是为适应一般性生存任务而产生的。从整体上对人类的智力或心理素质进行测试，就像做一次全身体检那样，不会去单独考虑身体各种器官及功能情况，比如心脏、肺、胃、循环系统、呼吸系统、消化系统等。医生或者生物学家只是出示一个类似“体商”（BQ，Body Quotient）的测量结果，对结果内容只是泛泛而谈，并不能说明具体问题。

智商是一种能被大众所接受的、衡量人类分类及推理能力的通用评估方法。智商测试是在行为主义的鼎盛时期被发明出来的，而那个时候人们对认知结构之类的理念还没什么兴趣。打分系统被做成工具，能够输出呈正态分布的分数，均值为 100 分，标准偏差为 15 分。

在不同的社会群体中进行测试，社交商（social intelligence）[1]相关结果的正态分布可能会差异很大。某些得分“一般”的人，跟另一个社会群体中“一般”的人相比，分数值可能会相差一大截。比如，在二选一的题目中，东亚国家（中国、韩国、日本）的学生偏好现场依赖题型胜过客观凸显题型，偏好主题推理题型胜过分类推理题型，擅长基于范本分类的题型胜过基于规则分类的题型。而美洲学生在一般情况下偏好的题型则完全相反。我们可以用这些测试方法衡量各种各样的分类及推理能力，并发现东亚学生及美洲学生都在各自的偏好题型中更胜一筹。而测试结果仅仅反映了其背后的社会文化差异，并不能说明更多的东西。

长久以来，人们为智商的某些方面是否会遗传而吵得不可开交，其中最著名的研究是关于被分别收养的双胞胎。双生子研究很少具备大范围的人口抽样条件，他们通常是一出生就被迫分离，主要的原因是父母早亡，或者是出于经济原因，父母无法同时负担两个孩子的开销，而将一个交由亲戚、朋友或邻居抚养。两个双胞胎在成长历程中没有什么交汇点，这样一来，社会环境的影响因素就必须被考虑在内。关键在于，不管孩子们的智商和其亲生父母之间有无关系，事实证明，后天的抚养无疑对智商有影响。而同时，对于单个基因或基因组合到底是为什么以及如何影响智商的，却没有人能给出哪怕是一丁点儿解释。因此我认为，不是这个问题本身太难，而是智商这个概念太生硬，不自然，徒有其表罢了。

[1] 这一说法起源于 1920 年，涵盖了感知他人内心世界、理解他人思想、与他人互动、掌握社会情绪等方面的能力。本文作者认为人类的智能水平是由社交商而非智商决定的。——译者注

07

BRAIN PLASTICITY
大脑可塑性

利奥·夏卢帕（Leo M.Chalupa）

神经生物学家，眼科专家，乔治·华盛顿大学副校长。

大脑可塑性是指，神经元随着经验改变自身结构和功能的能力。这似乎没什么可大惊小怪的，因为身体的各个部位都会随着年龄增长而变化。大脑可塑性（并非为大脑所独有）的特殊之处在于，这些变化似乎还被一些适应性的事件所影响。大脑可塑性起源于神经科学家托尔斯滕·维泽尔（Torsten Wiesel）和戴维·休伯尔（David Hubel）的开创性研究。他们的研究显示，在婴儿发育的早期阶段，如果一只眼睛失去了正常的视觉刺激，大脑视觉皮质和这只眼睛的功能性联系将消失，而与另一只正常眼睛的联系将继续发育下去。

这些研究结果非常具有说服力，它们证实了早期的大脑联系不是天生的，而是可以随经历而发生改变的，因此它们具有可塑性。由于这项 1960 年的工作及相关研究，维泽尔和休伯尔获得了 1981 年的诺贝尔生理学或医学奖。从那以后，无论是在分子还是系统水平上，成千上万的研究都说明，在大脑的各个部位存在着广泛多样的神经元变化，年幼、成年、年老的个体都不例外。因此，到 20 世纪末，我们对大脑的观念已经从原有的“天生如此”，进化到“大脑似乎是永远在变化的”。今天，“可塑性”是在神经系统科学文献中出现频率最高的词之一。事实上，我本人也经常在我的论文和编辑的书目中多次使用这个术语。你可能会问，这有什么问题吗？

首先，“大脑可塑性”无形中已经被用于描述所有神经元结构及功能的变化。滥用使这个术语变得毫无意义。此外，许多研究成果还未曾证实神经元发生了变化，就搬出大脑可塑性来解释行为变异。更令人发指的是，那些有关训练可以提高特定机能表现的研究。即便对大脑一无所知，我们也可以证实训练能提升机能。那为什么还要画蛇添足，宣称机能的提升证实了大脑可塑性的显著程度？“显著”一词经常被用来描述老年人士的训练效果，就好像这些领取社会保障金的长者能够通过训练提高机能就是奇迹似的。

一个叫作“大脑训练”（brain-training）的产业正因此类研究而兴起，其中很多训练都是针对年幼者的。前几年有一个特别受欢迎的项目是“莫扎特效应”，对古典音乐毫无兴趣的父母被鼓动起来，不断对他们的婴儿播放莫扎特的曲子。目前这股风潮好像降温了，取而代之的是众多过剩的针对各年龄段孩子的游戏，据说这些游戏可以有效提升大脑能力。为了得到更多利润，打着大脑可塑性旗号的产业又盯上了年长者的大脑。随着年龄的增长，所有人都会对记忆力缺失及认知能力下降等现象感到焦虑，这种心情可以理解。近年来涌现了大量的这类公司，大脑训练存在着巨大的利润空间，由此可见一斑。

当然，让孩子和老人参与挑战认知能力的活动无可厚非。事实上，也的确有好处。接受这些训练，当然要比每天在电视机前坐几个小时要好得多。任何机能上的变化都对应着大脑中的某种变化，毕竟大脑控制着所有的人类行为。还能有什么其他解释呢？但是，直到今天，我们并不清楚，如果某个特定电子游戏的水平提高了，大脑里的运作机制会有什么变化？我们也不知道如何保持这种变化，更不了解如何将此变化延续到其他认知能力上去。将这类活动冠名为“大脑训练”或者“提高大脑可塑性”，通常只是推销产品的噱头。当然，我不是说应当放弃这些所谓的大脑训练，至少训练是无害的，说不定还有一定益处。但是，如果真的有什么提升效果，请不要夸大，不要轻易引用“大脑可塑性”“显著的”或者其他类似的词汇。

08

CHANGING THE BRAIN

改变大脑

霍华德·加德纳（Howard Gardner）

教育心理学家，哈佛大学教育研究生院霍布斯教授，研究领域为认知与教育，著有《多元智能》《改变思维》《重塑真善美》《多元智能新视野》《智能的结构》。

当我和学生或听众们谈论“数字创新”话题的时候，听众们的反馈无外乎是“智能手机会改变大脑吗”？或者“我们不能让婴儿玩平板电脑，因为这可能会影响他的大脑”。于是，我又试图解释，其实我们的一切所作所为都会影响神经系统，大家的问法要么不知所云，要么还需要拆解一番才能明其义。

好吧，我们就来拆解一下。一种是:“对神经系统的影响巨大吗？甚至会不会是永久的影响？”另一种是:“到底是‘影响思想’,还是‘影响大脑’？”

如果问题本身空洞无物，我建议提问者最好重温哲学、心理学和神经学课程。

注：本文作者霍华德·加德纳的《多元智能新视野》《智能的结构》已由湛庐文化策划，《多元智能新视野》由中国人民大学出版社出版,《智能的结构》由浙江人民出版社出版。

09

"THE ROCKET SCIENTIST"

"火箭科学家"

维多利亚·怀亚特（Victoria Wyatt）

加拿大维多利亚大学北美土著艺术学副教授。

那句老话——"这事儿不需要请火箭科学家来……"，以及其中的"火箭科学家"这个老词儿，应该彻底靠边站了。①

"火箭科学家"可是名副其实的大人物，不是那种小说中虚构出来的大人物。他们的显赫名声是公众约定俗成的，和科学家其实毫无关系。然而，这个老词儿使公众对科学还保持着过时的认识，这后果就严重了。"火箭科学家"确实需要好好搞一次退休晚会了。

在此我先做个免责声明。我之所以期待着这样一个晚会，可能多少带着几分职业的妒忌心理。我就从来没有听到过任何人说："这事儿不需要请人种史学家来……"当然，我自己也不会说。所以，"火箭科学家"这个老词儿的确怠慢了人文科学，但这不是我的重点。我担心的是，假如真像公众想的那样，"火箭科学家"怠慢了科学，这样就危险了，是可忍孰不可忍。

一直以来，"火箭科学家"被束之高阁，游离于社会之外。这个老词儿之所以被广泛接受、口口相传，实在是因为公众对科学和个人体验的脱节早就习以为常了。科学家和普通人之间被强行划出了一条明显的界线。我们通常会说，无聊的话就看看流行电影和电视节目吧——界线就是这样形成的。人为的壁垒分明，凸显的分门别户，隐患环生啊。反过来，科学上对各种复

① "这事儿不需要请火箭科学家来……"（It doesn't take a rocket scientist to），这是一句俚语。当人们说某件事情没那么复杂，一般人也能干的时候，经常引用这句话。——译者注

杂关系及过程的探索，大大加快了科学的发展步伐，比如系统生物学、表观遗传学、神经和大脑研究、天文学、医学、量子物理学，等等。各种复杂关系同样一手打造了我们面临的紧迫挑战：全球流行病、气候变化、物种灭绝、资源窘迫，等等——所有这些，都属于相互关联的、完整科学的一部分。

要解决这些棘手的问题，首先需要对问题的多样性、复杂性、关联性及其内在过程有一个正确的评价。想让公众对当代科学保持正确的理解，也需要同样的方式。我们需要让政策制定者能够清醒地认识科学，理解科学的本质在于多样性、复杂性、关联性及其内在过程，只有当他们不再将其视为拦路虎时，我们才能够为那些全球的、紧急的、棘手的问题指出解决之道。

当下，人为的界限不仅仅是在言语中存在，同时也遍布我们的学术和官僚机构。这样的例子不胜枚举。大学里，各个部门的研究者和学生在各个专业壁垒内，使用各自独立的预算系统开展研究工作，并且都是在为了那些有限的研究资源而奋斗。“跨专业”是个时髦的词语，而机构赖以生存的管理定式却妨碍了这种协作。自主国家之间，解决气候变化争端的谈判模式遭遇滑铁卢式的大失败。在我所在省的政府机构中，监管海洋和监管林业的是不同部门，就好像有人沿着潮汐线把生态系统一分为二了一样，两个部门老死不相往来。

人为的界限在时间上也会存在，令人苦不堪言。各种短期的财政目标、政治底线层出不穷，人们似乎不得不用放大镜来短视地、局部地处理社会问题。这种四分五裂的状态必然会传导到眼下的各种挑战中去，使得矛盾越积越深。

我们真正需要的是一个能够反映多样性、复杂性、关联性及其内在过程的社会范式，而现在，简单粗暴、条块分割、界限分明的原则还在大行其道，我们的社会结构从根本上和当代科学原则相矛盾。很难想象，政策制定者能既无视现代科学的原则，又解决重大的全球问题。

真实的世界就像是一部电影，一帧一帧的画面前后关联，一直播放下去，故事就鲜活地呈现在眼前了。而在这个时候，“火箭科学家”却在顽固地故作姿态、高高在上、远离社会、孤芳自赏。没错，这只是一个老词儿而已，但是当心玩笑成真，一语成谶。所以还是赶紧把“火箭科学家”扫地出门吧！

我将以另一个免责声明结束我的文章：我无意冒犯那些真正的火箭科学家（他们中的一些人是我最好的朋友）。真正的火箭科学家是存在的，他们生活在真实的世界里，是复杂的、关联世界的积极参与者。而本文中说的那些所谓“火箭科学家”，是站在社会对立面的那些人，赶走他们，一切才会美好起来。

10

INDIVI-DUALITY
个体

奈基尔·戈尔登菲尔德（Nigel Goldenfeld）

美国伊利诺伊大学香槟分校物理学高级研究中心教授，生物普遍性研究所主任。

在物理学领域，我们习惯性地用后缀“on”表示某种物质的量化单位。例如，在经典物理学里有电磁波的概念。但在量子理论领域，我们有更加精确的说法，在某些情况下，电磁辐射能量分布在一个个粒子上，我们称之为光子（photon）。爱因斯坦这项1905年的成果获得了诺贝尔奖。波粒二象性是现代物理学的基石——不仅仅是光子具有二象性，还有一大波基本粒子，包括质子（proton）、中子（neutron）、介子（pion），π介子（meson），当然还有后来发现的希格斯玻色子。

那么你呢？你是一个人（person），难道人类也有量子化的形式吗？人类就是最小的单位，人类只能被一般性地量化。但是对基本粒子、基本单位而言，量化概念是有用的，因为基本粒子可以被认为是处于孤立状态，相互之间没有作用，好比是一团理想气体中的点颗粒。人类是网络化的、在线的、有一定文明背景的，肯定不满足上述条件。你和其他人之间有强烈的交互，这说明你是社会的一部分，并且只有在社会环境下，个体才能表现正常。再进一步说，你就像空间场中的一个量子，这个场描述的是每个点的人口密度，而不是电磁场强度。从技术上讲，这种表述方法可以很好地描述生态系统在时空内的行为模式，特别是解释了非连续变化对物种灭绝现象的重要性。说到这儿，似乎可以自然而然地引出“个体”这个模棱两可、充满矛盾的术语了。这样一来，物理学上的波粒二象性似乎在生物学里找到了一个好伙伴。

“个体”这个概念有很多层意思。它不仅含有离散的、单独的意思，从词源学角度说，它还让人联想到“不可分割的”（indivisible）。很明显，我们人类不是不可分割的，而是由细胞组成的，细胞则由细胞质、核酸、蛋白质等组成，这些物质又由原子组成，原子又由中子、质子、电子等组成，一路下去就到了基本粒子，而现在人们相信基本粒子都是弦理论的产物，也相信这并不是物质的终极描述。换句话说，这就是“乌龟驮着乌龟”（turtles all the way down）①，没有物质是不可分的，所有的一切都是由更基本的物质组成的，无休无止。

然而，我们不能简化地说整体是部分的总和。拿质子做例子，质子由三个夸克组成，其固有角动量被称作自旋，一开始人们认为自旋只是组成它的夸克的角动量的叠加。但是，近二三十年来的实验表明：自旋是由夸克和胶子捆绑在一起的集体行为产生的，而胶子是一种转瞬即逝的粒子。个体的夸克几乎无所作为，集体行为却又如此之强大。简而言之，质子由某些部分组成，但是它的整体性质并不等于其部分的性质之和。当我们竭尽全力去辨识这“某些部分”的时候，却是雾里看花，可望而不可及。

你可能已经了解还原论的说法了，有些过于幼稚、简化。然而，还有一点儿你也许不知道：人类的身体不仅是一个你已经了解的复合体，在某种意义上，它甚至不能称为人类。大约有100万亿个细菌细胞寄生在你体内，数量是人体细胞的10倍，它拥有的基因数量也是人类基因数量的100倍。这些细菌可不只是人体这个动物园里被动的居住者，它们在你的嘴里、内脏以及其他地方，自我组织成为群落，这些群落被称为微生物群落，由细菌之间各种各样动态的竞争合作模式维持着，它们是人类生存必不可少的。

在过去的几年里，基因组学提供了一种方法，通过识别DNA序列来探索微生物群落。这些研究刚起步，还没有完成，但已经露出了端倪。由于这些微生物的存在，婴儿可以更好地消化母亲的乳汁。还有，人类消化碳水

① 出自《时间简史》。大意为，某著名科学家做讲演时，谈到地球围着太阳转动，太阳围着星系中心转动。一个老妇人起立说：“不对！世界是一块驮在大乌龟背上的平板。”科学家笑着问：“那乌龟下面是什么？”老妇人答道：“一样啊，乌龟驮着乌龟，不断重复下去。”——译者注

化合物的能力在很大程度上要依赖酶的帮助，人体无法合成这些酶，只能由微生物群落中的基因来完成这项工作。有时候，人体内的微生物群落可能会被破坏，例如，抗生素过度治疗导致的结果是，在极端情况下，一种艰难梭菌[2]会入侵，从而导致人体死亡。或许最引人注目的发现在于脑肠轴：你肠胃里的微生物可以产生小分子，这些小分子可以通过血脑屏障，影响大脑的状态。虽然确切的机制还不清楚，但越来越多的证据表明，人体内的微生物群落可能在产生抑郁症、自闭症等一系列心理状态的过程中，发挥着举足轻重的作用。总之，你就是各个组成部分之间密切互动的整体属性的集合。

现在你应该相信，在某种意义上“你”不能用“个体”一词来形容了吧。但是你体内的微生物又是怎样的呢？原来它们也是一个交互性很强的系统。它们在人体内建造了密集的“殖民地”，居民之间不仅交换化学物质以进行新陈代谢，还通过排放分子来相互沟通。它们甚至可以在彼此之间转移基因，在某些情况下，还可以对求助信号作出响应，而信号来自一个渴望帮助的、大声呼救的细菌。单个的、孤立的微生物可做不来这些事情，因为这些复杂的行为是微生物群体的集体属性，而不是单个微生物的属性。更有甚者，有些看起来属于同一名义物种的微生物，其基因组竟然有高达60%的基因差异。“物种”的概念该多么丰富啊！说到这儿，这种描述过于拟人化了，并不适用于大多数的生命体，所以就此打住。

到目前为止，我谈的都是空间上的联系，下面该说说时间上的了。如果构成宇宙的原材料在空间里是强关联的，但是你无法有效地将部分聚合成整体，那么你就无法将一个事件的起因追溯到宇宙中一个特定的组件身上去。正如你不能将质子的自旋属性归因于质子的某个构成部分那样，在时间上你也不能将一个事件归结于一个早先发生的孤立事件。在复杂系统里，个体的概念不值一文，因果性也可能是牛头不对马嘴。

[2] 艰难梭菌是医院感染领域的主要元凶，俗称“超级臭虫”，主要是由抗生素的不合理使用引起的。由于此细菌的芽孢抗消毒的能力非常强，一旦在医院内爆发，就很难消除。——译者注

11

THE BIGGER AN ANIMAL'S BRAIN, THE GREATER ITS INTELLIGENCE

大脑越大越聪明

尼古拉斯·汉弗莱（Nicholas Humphrey）

剑桥大学达尔文学院心理学家，著有《灵魂尘埃：神奇的意识》（*Soul Dust: The Magic of Consciousness*）。

动物的大脑越大就越聪明，你可能会认为这两者间的关系是显而易见的。只要看看人类的演化谱系就会知道，人类的大脑比黑猩猩的大，人类就比黑猩猩更聪明；黑猩猩的大脑比猴子大，黑猩猩就比猴子更聪明。或者类比一下，咱们来看看 20 世纪的计算机发展史，设备越大，运算能力越强大。早在 20 世纪 70 年代，我在大学时的新电脑设备就整整占据了一个房间。

从 19 世纪的颅相学到 21 世纪的脑扫描科学，它们都普遍假设脑容量决定了认知能力。特别是在每一本现代教科书中都这么说：各种灵长类动物的脑容量和他们的社会智能水平存在因果关系。我承认，对这种观点我负有一部分责任，从 20 世纪 70 年代起，我就支持过这种观点。然而，过去了这么多年，我已经有种直觉，感到这种观点是错的。

有太多事实与此观点不符了，我还真有些尴尬。首先，有些现代人出生时的脑容量只是正常脑组织的 2/3，但他们成年后并不存在什么认知缺陷。我们知道在正常的大脑发育过程中，随着认知能力的提升，大脑容量实际上是收缩的，一个典型的例子就是人类在青春期“社会脑”[1]的变化，人类在 10～12 岁之间，脑皮层内灰质（一种神经组织）的容量会减少

[1] 指人的社会行为受到大脑中某些特定区域的调控，如杏仁核部位等，这些区域就统称为社会脑。——译者注

15%。最让人吃惊的是，有一些动物，比如蜜蜂和鹦鹉，它们可以模仿许多人类的智能行为，但它们的大脑仅是人类的百万分之一（蜜蜂）和千分之一（鹦鹉）。

问题的关键当然是“程序设计”（programming）。认知表现的好坏，重要的不是“硬件”，而是安装的“软件”，而且越聪明的“软件”，越不需要体积很大的“硬件”，就拿青春期大脑皮层缩小举例，人类大脑需要的是一个更精巧、整洁的“硬件系统”。当然，想要“程序”表现得优越，就需要对设计做许多优化，这些设计优化可能是自然选择的结果，也可能是后天习得的。但是，一旦这些更聪明的“软件”被开发出来，新版本的软件就不再像旧版本那样对“硬件”有那么多要求了。也许以后能解决心理理论（theory of mind）[2]问题的算法，在一张明信片背面就能写得下，在一个 iPhone 手机上就能安装。从这个意义上讲，曾经有一个广受吹捧的理论，即与过去相比，人类的大脑容量已经翻了一倍才实现了“二级读心”（second-order mind-reading）[3]，这种说法就没什么道理了。

为什么人类的大脑容量会翻一倍呢？为什么大脑容量的大小比理论上你认为的大那么多呢？显而易见，大脑越大，其“建造费用”和“维护成本”越高。如果收回“显而易见的理论”，我们又该如何自圆其说呢？我认为，这可能是需要为大量认知能力的发展预留空间。当大脑中的一些区域受伤或空间耗尽了，其备用的容量就可以被调动起来。在成年以前，人类或者其他哺乳类动物，经常会因为事故、局部出血、退化等原因损失大量的脑组织。但是，人类可以利用大脑的预留区域，使这些损失得以弥补。这就意味着人类可以将一定的智力水平保持到相对年长的时候，而那些脑容量较小的祖先们在同样的年龄时早就丧失能力了。事实上，那些不幸在出生时脑容量异常小的人，往往在 40 多岁就患上了老年痴呆症。

我们当中的许多人会死于各种其他原因，大脑的许多能力还未开发。但

[2] 广义上指关于心理的各种知识，狭义上指一种抽象的、连贯的、可解释因果关系的系统。——译者注

[3] 指认识到一个人关于另一个人的意识的意识，例如认识到“甲认为乙认为巧克力在橱子里”，而不是仅认识到“乙认为巧克力在橱子里”。——译者注

是，还有很多人寿命相对长一些，如果我们的大脑只有现在的一半大，我们可能早就完蛋了。那么，长寿能带来什么进化优势呢？这种长寿是人类特有的，可是如果已经生育了下一代，长寿对进化而言还有用吗？答案是肯定的，而且只有人类才受益，别的物种无法做到。人类能够从心智健全的祖父母、曾祖父母那里得到他们的悉心照顾和言传身教，从而能够一代代传承人类的文明，这又是何等的成功！

12

THE UNIVERSE BEGAN IN A STATE OF EXTRAORDINARILY LOW ENTROPY

宇宙始于极低熵

阿兰·古斯（Alan Guth）

宇宙学家，麻省理工学院物理学教授，尤里·米尔纳基金会基础物理学奖首届得主，著有《暴胀的宇宙》。

这事说来话长，至少可以追溯到1865年，鲁道夫·克劳修斯（Rudolf Clausius）[1]在那时候创造了“熵”这个术语，并指出宇宙的熵总是趋向最大化的。这也就是现在人们熟知的热力学第二定律：一个孤立系统的熵总是增加或者保持守恒的，但永远不会减少。孤立系统总是趋向于演化到最大熵的状态，从而达到热力平衡。熵的概念举足轻重，但这并不妨碍我们给它一个相当粗糙的定义：熵是一种描述物理系统无序性的度量。在量子世界里，熵用来描述量子状态的数量，而这些量子状态就相当于宏观世界里的温度、体积、密度等变量。

回顾一下那个封闭盒子里气体的例子吧。如果一开始所有的气体分子是居于盒子一角的，那我们闭着眼睛都可以想象得出接下来会发生什么。气体分子会充斥整个盒子，熵达到最大化。而另一种场景永远不会出现：一开始气体充满整个盒子，然后自发地缩回到盒子的一角去了。

这种情形很自然，但与基本物理规律相悖。上述气体总是向着熵最大化的方向演进，也就意味着熵在过去和未来有很大的差异。这种大量物质体现出来的单向行为被称为“时间之箭”（arrow of time）。但是，描述分子碰撞

[1] 19世纪德国物理学家和数学家，热力学的重要奠基人，首次明确提出了热力学第二定律的基本概念。——译者注

的微观定律是时间对称的，不分什么过去和未来。

如果给这样的碰撞录像，并将其倒带播放，我们不会发现什么不对的地方。为了解释某些由粒子物理学家发现的非常稀少的事件，我们必须让粒子在镜子中产生镜像，为每一个粒子打上标签，并与镜子里面的反粒子一一对应。这点麻烦事无伤大雅，但其中有个重大问题已经困扰了人类一个多世纪了：如果演化是时间对称的，那“时间之箭”又是从哪里来的呢?

物理学家绞尽脑汁，试图从已知的物理规律出发来解释这个问题，但都无功而返。规律就是规律，与过去、未来无关。然而，物理学家懂得，低熵状态趋向于演化到更高熵的状态，原因很简单：更高的熵允许更多的状态存在。今天的熵比昨天高，是因为昨天宇宙的熵低。而昨天的熵低，又是由于在此之前的熵更低。顺着这条思路下去，宇宙之初必然处于极低熵的状态，这就让“时间之箭”有些说不清道不明了。正如美国物理学家和数学家布莱恩·格林（Brian Greene）在他的《宇宙的构造》(*The Fabric of Cosmos*）一书中写到的那样：极端有序的低熵状态，其终极来源只能是大爆炸本身。鸡蛋打碎，蛋液飞溅，它们从来不会自动合并，事件的发展只能按照一种秩序发生。所以，宇宙在诞生之初处于极低熵状态，被驱使着向着高熵演进。

根据一项2004年由美国理论物理学家、著名的科普作家肖恩·卡罗尔（Sean Carroll）和珍妮弗·陈（Jennifer Chen）作出的报告，或许有一种新的可能性来解决“时间之箭”这个古老的命题。这项由肖恩·卡罗尔、曾建尧（Chien-Yao Tseng）和我本人参与的工作，还处在学术评议阶段，并没有被科学界广泛认同。但我们似乎找到了一个与传统观点不同的、饶有希望的设想。

传统观点认为，宇宙的初始一定处于极低熵的状态，否则将与“时间之箭”的假设冲突（而对于宇宙的终点，则没有这种假设，所以实际上“时间之箭”是基于时间非对称的条件的）。我们认为不必假设宇宙之初处于一种非常特殊的初始状态，更不必坚持极低熵状态，“时间之箭”照样可以得到解释。这个观点最吸引人的地方在于，再也不用导入任何违背时间对称性的物理规律的假设了。

道理很简单：我们并不知道宇宙的最大熵是有限的还是无穷的，那就先假设它是无穷的。所以，不管宇宙在初始的时候熵是多少，它总比最大值低。这就解释了为什么熵一直在增加。这就好比我们把存在于盒子中的气体换成了没有盒子禁锢的气体。我们可以利用一下物理学家常用的“玩具模型”（toy model）②，无须拘泥于现实，而是着眼于理念，以一种随机的、时间对称的方式，为一团气体选择一个初始状态，而这团气体是由若干个有限的、互不作用的粒子构成的。重要的是，任何一个明确定义的状态都必然有一个有限的熵值，任何粒子距离坐标系原点的最大距离也必然有一个有限的值。那么，系统继续演进下去，气体粒子在任何一段有限的时间内要么向内移动、要么向外移动，但随着时间的推移，向内移动的粒子都会跨过中间地带，开始向外移动。最终所有粒子将会向四周扩散，这团气体也将继续无限地向无限的空间扩散，系统的熵值也将不断向无穷增长。“时间之箭”——时间流逝、熵值增大、稳步变化，就这样实现了，无须引入任何时间非对称的假设条件。

回味一下这幅场景，有趣之处在于，宇宙不需要起点，并可以在任一点向着时间的任一个方向继续下去。无论演进法则还是初始状态都是时间对称的，从统计意义上说，过去和未来是相同的。一个身处遥远过去的观察者所看到的时间之箭和我们的方向正好相反，但他和我们的时光之旅却一模一样。

② 在物理学上指由一系列简化的对象、方程等组成的模型，可以通过减少维度、减少变量或者增加限制等手段来实现。——译者注

THE DISTINCTION IS DOOMED,

AND ITS PASSING WILL

CHANGE OUR VIEW OF EVERYTHING—

EVERYTHING.

THAT IS,

WHICH IS

MIND/MATTER.

精神和物质的区别是注定的，但二者之间的隔离墙正在倒塌，这将会改变我们对一切事物的观点。

——弗兰克·维尔切克（Frank Wilczek），《精神VS物质》

13

MIND VERSUS MATTER

精神VS物质

Frank Wilczek
弗兰克·维尔切克
2004年诺贝尔物理学奖得主，麻省理工学院物理系赫尔曼·费什巴赫讲席教授。
著有《存在之轻：质量、以太和力的统一性》。

精神和物质的区别存在于每日所说所想之中，甚至更深地植根于哲学与神学中。伟大的哲学家和神学家乔治·贝克莱（George Berkeley）曾基于神的心智提出了物质的概念，用一句妙语进行了总结：

> 何为精神？非物质；
> 何为物质？绝非精神。

长期以来，把精神/物质二元性当成方法论（若非教条）对科学是有益的。现代物理学中，物质遵循自身的数学定律，不受任何人（甚至是上帝）的思维支配。**精神和物质的区别是注定的，但二者之间的隔离墙正在倒塌，**

这将会改变我们对一切事物的观点。有三个发展趋势正在不可挽回地摧毁这堵墙：

1. 我们已经知道什么是物质，而在整个20世纪内，受相对论、量子力学和对称变换影响的新物质，其潜能远比我们祖先所想的更为奇特和丰富。它能按复杂的动态模式运动，也可以利用环境资源自行组织并输出熵。

2. 我们以阿兰·图灵（Alan Turing）的观点作为理论指导，用普适计算进行实际操作，发现很多以前认为只有大脑能做的事，从下棋到计划行程、给朋友建议和分享兴趣爱好等，其实纯计算运作的机器都能做得很棒，程序设计也一目了然。

3. 我们也了解了人类思维作为物质的特殊能力是如何工作的。现在我们知道感知力的许多方面来源于分子的特定运动，可要做到对记忆、情感和创造性思维同样了解，仍面临巨大挑战，但有理由相信这一天终会到来，至少尚未出现明显阻碍。

恕我直言，当我们对人类思维如何运转有了更深的理解，进而得到有力且清晰的概念时（计算已做到这点），关于自由意志和意识的永久模糊性问题将不复存在。

这件事的后果更为有趣。以下是一个相关的思维实验：想象一台人工智能机器拥有和人类相似的洞察力，能制订自己的蓝图。它会怎么做呢？我认为它首先想的极有可能是改善自己的性能：处理器速度可以更快，记忆容量可以更大，最重要的是，奖励机制的力度要更大！

人工智能机器肯定和我一样，会受到威廉·布莱克（William Blake）预言的鼓舞："如果感知之门得到净化，对人类而言，一切都将是无限的。"

在一些糟糕的科幻小说中，有时机器人会惊觉自己仅仅只是机器罢了。遵从德尔斐神谕"认识你自己"，我们人类也会有类似机器人的发现。然而，意识到精神和物质一体后，成熟理智的反应该是高兴，这是多么棒的事啊，我们在当下就能感受到这种美好。

14

ENTROPY

熵

布鲁斯·帕克（Bruce Parker）

海洋学家，美国史蒂文斯理工学院海事系统研究中心客座教授，著有《海洋的力量》（*The Power of the Sea*）。

真有人敢说要“淘汰”熵的概念吗？我觉得在新概念还没出现之前，我们不会急着扔掉旧的概念。推陈出新的前提是的确有新的、更好的概念出现，不能简单地将旧概念抛弃了事。所以是否“淘汰熵这个概念”，答案是“不”，不过我们确实要降低一些它的重要程度，并充分认识到由熵而导致的各种悖论。

熵，作为衡量一个系统的无序程度的度量量，在物理学中占据着神圣的地位——它是定律的一部分，注意，是定律，它不仅是一个理论。热力学第二定律有这样的表述：在任一孤立的系统中，随着时间的推移，熵会一直变大。除非有外来功作用在这个系统上，否则系统的熵将最终增至最大，达到热平衡状态。德国物理学家马克斯·普朗克认为熵和能量一样，是物理系统最重要的属性。在《物理世界的本质》（*The Nature of the Physical World*）一书中，英国天文学家、物理学家亚瑟·斯坦利·爱丁顿爵士（Sir Arthur Eddington）①写道：“我认为，熵增原则，即热力学第二定律，在自然界所有定律中是至高无上的。”我必须承认，在我还是一个年轻的大学生的时候，我没觉得这有什么让人激动的，而且我也不是唯一一个对此无动于衷的人。与热力学第一定律相比，这个第二定律貌似不那么重要。看看第一定律，能

①曾率领团队观测日全食，观测到了光线弯曲现象，证实了爱因斯坦的广义相对论。——译者注

量守恒定律：能量可以转化为各种形式，但永远守恒。偏微分方程如此美妙（物理学中所有的守恒公式都是如此），方程解如此精确地描述和预测了我们的世界，这才是从真正意义上改变了我们生活的定律。第二定律呢，不是守恒方程，没有偏微分的形式，甚至根本不是一个等式。凭什么熵和第二定律对科学、工程还有改造世界有这么重要的作用？

第二定律是一个统计规律，最初是从研究分子或其他微粒的运动时得到的一系列结论泛化而来的。还记得学生时代那个经典的例子吧：在一个封闭的箱子里，一侧的热分子（快速移动的分子）和另一侧的冷分子（慢速移动的分子）混合在一起，两者最终合二为一，温度一致，再也无法重新分开。我们都很容易理解其背后的原理，知道这个过程为什么是不可逆的。我们也知道“时间之箭”的概念。的确，从数学的角度来看，第一定律和其他的物理学守恒定律对时间的无论哪个方向都适用，只要给出初始条件和边界条件，方程解本身就自然而然地表明了方向，没有必要增加一个定律。实际上，第二定律不只局限于热力学，特别是将其应用在我们知之甚少的宇宙探索时，第二定律看起来更像是一个假设，而不是一个定律。

当我们放眼宇宙（我们并不对宇宙的范畴加什么限制，现在看不到或者观测不到的宇宙都包含在内），第一定律告诉我们，能量可转换为各种形态，但整体守恒。而第二定律又宣告，在将来某个时间，宇宙将达到热平衡和最大熵的状态，届时任何能量转化都不可能存在了。第二定律本质上揭示的是：宇宙一定是有始有终的。但这点很难被接受。如果宇宙在时间上有起点，那么在此之前是什么？总不能无中生有吧（这里的“无”，我指的是一切物质都没有，包括未知的物质）。从这个意义上讲，宇宙应该是不受时间限制的才对。

大爆炸理论假设宇宙的起点（先勉强这么说吧）和当下的宇宙似乎都是奇点膨胀的产物，但即便这样我们还是不知道该拿“奇点之前”怎么办，于是“多种宇宙振荡模型”被提了出来。基于这些模型，宇宙不再被时间所束缚，但如果宇宙的确是起点熵极低、终点熵极高，那么这种熵由极高到极低的重置又是因哪一个过程起到了实质性的作用呢？如果宇宙是振荡的，那么从某种意义上是否可以说，熵也是守恒的呢？是否有某种能量的转换方式不需要传统意义上的功的参与呢？虽说与第二定律相悖，但是否有可能宇宙就是那个终极的、唯一的、难以置信的永动机呢？只要存在是永恒的，那么没有什么是不可能的。

从别的角度来看熵，也会让人有些牵强、错置的感觉。我们常说宇宙是从有序走向无序。而这里说的有序仅仅指全宇宙的物质被压缩在了一个极小的点（也就是奇点）上，膨胀开始，粒子向四周散去，宇宙就变得越来越无序。然而，秩序又每时每刻都在创立之中。

宇宙不断膨胀演化的最大产物，就是造就了不断增长的复杂性：先是由引力压缩物质，再是由超新星产生了大量的元素，随后就是化学进化，接下来由自然选择驱动了生物进化，直至可以自我复制的生命诞生，最终人类大脑出现，无与伦比的复杂性在其上表现得淋漓尽致。

复杂性和低熵互相依存。暴胀宇宙中存在无数的、小尺度的（与宇宙的尺度相比）、具有极低熵的微囊（pocket），同时，这些微囊被具有更高熵的大面积区域所包围，而这些高熵区域中的一部分，是在低熵区域的形成过程中产生的。当人们试图平衡宇宙中的熵时，是否考虑了高阶复杂性的情况（由此低阶熵也被考虑了）？现在有很多宇宙学的论文都试图计算宇宙熵的总量，但公式都太简单，远不能将我们身处的这个奇异宇宙中所有未知的物理现象都包括进去。

对于“熵”这个概念，我们无法放弃，但是不是可以反思一下？

15

THE UNIFORMITY AND UNIQUENESS OF THE UNIVERSE

宇宙的均匀性和唯一性

安德烈·林德（Andrei Linde）

斯坦福大学理论物理学家，永恒混沌暴胀理论（eternal chaotic inflation）之父，尤里·米尔纳基金会基础物理学奖首届得主。

在20世纪的大多数时间里，宇宙的均匀性和物理法则的唯一性都被认为是天经地义的事情。事实上，有观测表明，在可能的最大尺度上，宇宙的均匀性非常好，精度高于万分之一。

物理法则的唯一性也是类似的情况。比方说，在目前可观测的宇宙之内，电子的质量都是相同的，我们很自然地就会认为这是一个放之四海而皆准的数值，也是一个大自然中的常量。在相当长的时间内，物理学的重要使命之一就是探寻一个大理论——万有理论，将所有的基本作用力整合在一起，并针对粒子物理中所有已知的参数给出毫无争议的解释。

大约在30年前，针对宇宙均匀性的一种可能的解释开始崭露头角。这种理论认为，我们的世界是空间以指数级的速度快速拉伸扩展的产物，也就是宇宙暴胀。由于所有的“皱纹”和空间的非均匀性都被抹平从而消失了，宇宙变得异常平滑。加上点量子波动，再拉伸一下，均匀性就不那么完美了，随即银河系诞生了。

起初，暴胀理论看起来很像是狂野想象催生的奇异产物。但是，通过数以千计的科学家激情澎湃的工作，基于这个理论所作出的各种预测都被一一证实，这些证明分别来自宇宙背景探测器（COBE）、微波各向异性探测器（WMAP）、普朗克科学卫星（Planck）的观察，最近则主要来自BICEP2望远镜（第二代宇宙泛星系偏振背景成像）。如果这个理论是对的话，我相信，我们就有了一个对宇宙均匀性的科学解释。

但别高兴得太早。暴胀理论并没有预测到，这种均匀性也同样适用于超出可观察到的宇宙的部分。咱们打个比方吧：假设宇宙是一个大足球的表面，上面布满了黑白相间的六边形格子。我们给足球充气，每个黑格子或者白格子都会迅速变大。只要充的气足够多，足球会大到住在黑格子上的人永远看不见白格子。黑格子上的人就会相信整个宇宙都是黑色的，也就会尝试从科学上去解释为什么其他颜色是不可能出现的。住在白格子上的人正好相反。而实际上，黑格子、白格子是可以在同一个膨胀的宇宙里共存的，也不会产生什么互相矛盾的观测结果。

与上述的黑白的例子有所不同的是，在物理研究中存在不同"颜色"的数量——也就是物质的不同状态会非常巨大。眼下，弦理论是万有理论的最佳代表，可以非常成功地以 10 个维度来勾画时空（一维代表时间，其他九维代表空间）。问题是我们人类居住在三维空间里，其他六维在哪里呢？答案是它们都被压缩了，被挤压得小到我们无法在其中任何一个方向上移动，于是我们感知到了一个貌似三维的世界。

在弦理论刚提出来的时候，物理学家发现有极多的方式可以压缩那冗余的六维，但是如何保持这种压缩状态，却一直百思不得其解。大约 10 年前，这一难题被攻克了，而且也与之前预计到的多种可能性相吻合。对这些可能性个数的估计是 10^{500}。每一种可能性都对应着宇宙的一部分，并拥有不同的真空能和物质类型。在暴胀理论里，这相当于同一个世界包含 10^{500} 个拥有不同物质类型的大型宇宙。

悲观一点儿说，人们会质疑既然我们看不到宇宙的其他部分，我们也无法证实上述场景是正确的。乐观一点儿说呢，我们也可以针锋相对地加以反驳，既然原本就假设不同的宇宙相距很远，远到我们无法到达别的宇宙去证实，但也不能说明其是不正确的。还有，我们已经看到，当下最佳的理论可以支持可能存在 10^{500} 个不同的宇宙，那么，如果有谁想坚守宇宙都具有相同的性质这一理论，他必须证明这 10^{500} 个可能性中只能有一个是真的。

到目前为止，还有很多内容可以讨论。我们的世界中充满了非常多诡异的巧合。电子的质量比质子足足少了 2 000 倍，唯一的“原因”是如果稍有差池，所有的已知生命将不复存在。质子和重子的质量几乎相同，这又该作何解释呢？因为如果稍加改变，所有的已知生命也将不复存在。在我们的宇宙中，真空能是一个不为零但非常小的数值，比理论预期要低 100 多个量级。这又是何故？唯一的解释就是哪怕真空能再大一点点儿，我们就无法生存下去了。

这就是人择原理，人类的属性和宇宙的属性是相关联的。可如果宇宙只有一个，就与这种相关性矛盾。我们还得想想到底是谁为人类特制了一个宇宙，出自神谕吗？如果存在多个宇宙，每个宇宙都拥有其不同的属性，那么这种相关性就恰到好处地解释了这一切。

我们还能重新接纳单一宇宙的理念吗？或许吧。但需要满足以下三个必要条件。

◎ 发明一个更好的宇宙学理论。

◎ 发明一个更好的基本相互作用理论。

◎ 为上述那些奇迹般的巧合给出一个替代的解释。

16

INFINITY

无穷

马克斯·泰格马克（Max Tegmark）

麻省理工学院物理学家，精确宇宙学研究员，基本问题研究所（Foundational Questions Institute，FQXi）科学主任，著有《我们的数学宇宙》。

我自幼就深受“无穷”这个概念的诱惑。德国数学家格奥尔格·康托（Georg Cantor）用对角线法证明了：有一些无穷大比另一些无穷大更大。这真我把迷住了。他还说过：“无穷大也有无限个层次。”这个理念也时不时掠过我的脑海。我在麻省理工学院教过的每一堂物理课，都会碰到这样一个假设，即“真正的无穷存在于自然界中”，它也同样存在于所有现代物理学的课程中。但这个假设仍然未经证实，这就引出了一个问题：它站得住脚吗？

其实有两种不同的假设“无穷大”和“无穷小”。所谓无穷大，就是空间可以有无限的容量，时间可以永远持续下去，并且可以有无限多的物体。所谓无穷小，就是说空间是个连续的统一体，即使在一升容量的空间内，也包含着无限个点，这个空间可以无限地延伸而不造成损坏，而且自然界中的量可以连续地发生变化。这两个假设是密切相关的，有关宇宙大爆炸的最流行的解释认为，宇宙膨胀可以通过无限地、连续地拉伸空间，创造出无穷的容量。

宇宙暴胀理论已经取得了非凡的成功，并且是诺贝尔奖的有力竞争理论。它解释了一个亚原子的物质微粒如何引发宇宙大爆炸，从而创造了巨大的、平坦的、均匀的宇宙。随着密度的微小波动，这个亚原子的物质微粒最终成长为大尺度的结构体，也就是今天的星系和宇宙。所有这些设想都和实验中精确测量的结果完全一致，比如，普朗克科学卫星和 BICEP2 望远镜测量的结果。但是，由于预测说的是空间不仅大，而且是真正的无穷大，宇宙膨胀也带来了所谓的测量问题，我认为这是现代物理学所面临的最大危机。物理学就是由过去推测未来，但宇宙暴胀理论似乎总是在蓄意破坏这点。当我们试图预测未来某个特定事件发生的概率时，总是得到同样的答案：无穷除以无穷，这其实等于无用。现在的问题是，无论你做什么样的实验，宇宙暴胀理论都会预测将有无穷多个你的备份，个个都待在远离你的无限空间以外的宇宙里，在那里存在着在物理方面无穷的可能性。尽管宇宙学学术圈咬紧牙关坚持了很多年，也打了很多年嘴仗，但是，如何从这些无穷中得到合理的解释，人们一直没有达成共识。所以，严格来说，我们物理学家无法预测任何东西！

这意味着，即使是当下最好的理论也需要抖擞精神，剔除不正确的假设，来一次大规模整改。要问剔除哪一个？我有一个头号嫌疑犯：∞（无穷）。

一个橡胶圈不可能被无限地拉长，因为，虽然它看起来表面光滑、连续，但无穷只是一个为方便研究而做的假设。橡胶圈是由原子组成的，如果拉伸得太厉害，它就会“啪”地一声被拉断。如果我们同样抛开空间无穷的假设，不再认为空间是一个有无限弹性的连续体，那么各种噼里啪啦的断裂会让膨胀停下来，不会再有无穷大的空间，也不会再有测量问题。没有无穷小，宇宙膨胀就不能生成无穷大，所以你一下子就摆脱了两个无穷。还有很多其他问题困扰着现代物理学，比如无限致密的黑洞奇点。还有，当我们尝试着量化引力时，无穷大的问题就如同雨后春笋般冒了出来。

在过去，许多德高望重的数学家对无限及连续的理论持怀疑态度。数学家高斯（Carl Friedrich Gauss）就明确否认过无穷的存在，他说：“无穷仅仅是一种说法。我抗议使用无穷大作为某个结论，这在数学上绝对不允许。”然而一个世纪以来，无穷已经成为了数学的主流，大多数物理学家和数学家如此迷恋无穷，以至于很少有人质疑这个概念。为什么呢？因为无穷是一个如此便利的近似值，我们实在找不到更好的替代品。

想想吧，举个例子，有一大团空气在你的面前。让你去跟踪空气中

1 027 个原子的位置和运动速度，这个任务足够复杂，足够令人绝望。但是，如果你忽略空气是由原子构成的这样一个事实，而是把它当作一个近似连续的、光滑的物质，且在每个点上都有密度、压力和速度，你就会发现，这团理想化的空气物质完全遵循一个简洁完美的公式。它可以解释我们关心的几乎所有问题：如何制造飞机，如何检测声波，如何进行气象预报，等等。然而，尽管方便，空气终究不是真正连续的物质。同样的方式也广泛用于对空间、时间和其他事物的研究上。

但我们还是得面对现实：尽管无穷如此迷人，我们终究还是没有找到直接的观测证据，证明无限大或无穷小的存在。我们经常说“无穷多的行星”“无限的空间”，但我们所能观察到的宇宙中只包含约 1 089 个物体（主要是光子）。如果空间是一个真正的连续体，那么描述一个最简单的概念，比如两点之间的距离，都需要无限量的信息，并由一个无穷多小数位的特定数字来描述。在实践中，我们物理学家大概从没用到超过十进制 17 位的小数来进行测量。然而，实数带着无穷多小数位的面具，出没于物理学的每一个角落，从电磁强度到量子力学的波函数，无处不在。仅仅为描述一个比特位的量子信息，我们就用了两个实数，当然它们都拥有无穷多的小数位。

暂且不说我们找不到证据来证明存在无穷。离开这个概念，我们照样能研究物理学。基于最好的计算机模拟，仅仅使用有限的计算机资源，并把一切作为有限来处理，我们已经准确地描述了星系的形成、明天的天气、基本粒子的质量等物理学现象。因此，如果连我们都能在不借助无穷的情况下，了解这些物理学现象，大自然就更是神机妙算了，而且它一定会使用一种比计算机更深沉、更优雅的方式。作为物理学家，我们要去发现这种优雅的方式。真正的物理学法则一定不需要无穷这个故弄玄虚的概念。放手一搏吧，打破无穷的魔咒。我敢打赌，我们可以挥挥手，让无穷离开。

17

THE LAWS OF PHYSICS ARE PREDETERMINED

物理法则，天生注定

劳伦斯·克劳斯 （Lawrence M. Krauss）

物理学家、宇宙学家，美国亚利桑那州立大学“起源项目”（Origins Project）负责人，著有《无中生有的宇宙》（*A Universe from Nothing*）。

爱因斯坦曾说过：“真正使我感兴趣的是，上帝创造世界的时候有没有别的方案可选。”当然，创造宇宙的“造物主”，未必是上帝。爱因斯坦所关心的问题，其实也是大多数像我这样的科学家最想解开的问题，这个问题事关支配宇宙基本尺度的基本法则。但只有一套统一的物理学法则吗？如果我们改变了一个基本常数，或是一个力学法则，那整个物理学大厦会不会彻底倾倒呢？

我辈的大多数科学家，就像在我们之前的爱因斯坦一样，都毫无保留地认为那些问题的答案是肯定的。我们都想揭示一个真正统一的理论，用数学化的公式解释如自然界存在 4 种力，质子比电子重 2 000 倍等现象的原因。就在不算遥远的 20 世纪 80 年代，当弦理论科学家证明他们发现了万有理论时，这种对统一理论的努力和尝试达到了大胆创新的顶峰，而万有理论是基于弦理论的假定。这样的假定坚定不移地将我们带到目的地——物理大统一的终极理论，可以完全解释宇宙所见的一切。

无须多言，众所周知，这些大而无当的观点已被舍弃，因为弦理论已经失败了，至少目前为止，弦理论还无法担此大任。因为在此过程中，有些问题用弦理论的确无法解释，但我们接受了另一个相反的观点：自然界的法则可能完全出于意外，在我们的周遭所发生的事情（也就是我们的宇宙），无法也无须用任何固定不变的普适法则来规定。

例如，弦理论纳入了许多新的可能的维度。为了和我们可见的四维宇宙相兼容，我们需要把其他的维度藏起来，将其尺度缩小到无法被探究到的地步。或者，我们需要将所知的基本力和基本粒子限制在四维“膜宇宙”（brane）①中。但是，似乎有许多种不同的方法来使多余的维度不可见，而且每一种方法都会以不同的法则创造一个不同的四维世界。好像四维宇宙本身也不一定是普遍的，二维宇宙、六维宇宙都有可能存在。

其实，你没必要达到如此深的思想层面也能形成一个结论：当我们的宇宙出现的时候，宇宙法则就存在了。宇宙暴胀理论是目前最好的理论，可以解释目前我们观测到的宇宙的大尺度特征是从何而来的。这种理论认为，在极早期宇宙有一个膨胀逃逸的阶段。在不同的空间，也可能在不同的时间，一小部分区域会停止膨胀并发生相变，基本粒子和场的特征就此改变。同时，在这样的画面中，大多数的“超宇宙”（metaverse）仍旧在发生膨胀——每个区域都逐渐远离，每个宇宙都以不同的法则、不同的状态稳定下来，就像是窗户上的冰晶向不同方向延伸一样。

所有这些证据都充分说明，我们用于衡量宇宙的“基本”法则可能真的是子虚乌有，一切都只是意外和巧合。从这种角度来讲，物理学变成环境科学②了。

现在，许多人拾起了这样的观点：基于人择原理，我们能够掌握自己的宇宙法则。也就是说，如果这些法则有任何一点不同，就没有我们这样的生命存在了。然而，这个观点还是让人疑窦丛生——首先我们根本不知道还有什么可能性，其次我们也不知道，如果或多或少地改变一下宇宙的基本参数，我们是否真的就无法在这个宇宙中生存了？我们更不了解，人类是否就是典型的生命形式。在我们的宇宙里，大多数已经或者即将进化而来的生命或许

① “膜理论”认为人们所能直接观测到的无边的宇宙是十维时空中的一个四维超曲面，就像薄薄的一层膜。膜理论是建立在弦理论的基础上的。——译者注

② 环境科学是一门研究环境的地理、物理、化学、生物四个部分的学科。——译者注

会完全不同。

无论如何，人择原理忽视了一点。在我们宇宙中的物理学法则反映了内在的基本秩序，这些法则是完美的、对称的。我们必须主动放弃这样的观点，这个很重要。其实，就算你认为地球上的生命是早已注定的，也没什么新意，这只是一种非常短浅的看法。我们现在已经了解，主导生命的历史进程，进而主导人类诞生的主要因素，只是自然选择和环境创伤的偶然性。同样短浅的理念是，沾沾自喜地认为人类是进化的顶峰，所有的进化之路都通向人类，或者人类在将来不会变成什么截然不同的形式。

如果有人认为我们生存的宇宙是永恒不变的，那他就是井底之蛙。宇宙怎么可能是不变的呢？已经有人提出，现在我们能够看到的所有星系，在遥远的将来会彻底消失。还有，即便是在我们自己的宇宙中，如果我们认为自己的法则在时空上都是普适的，也只是管中窥“天”而已。最新的希格斯玻色子相关的数据说明，我们的宇宙仍旧处于相变的过渡转换阶段，稳定的力和粒子都会改变，我们自己、我们所见的一切都可能只是昙花一现。

我们已经形成共识——生命不是天生注定的。对物理法则而言，也需要建立这样的观念。宇宙中的意外和偶然无处不在，我们整个宇宙可能仅仅是另一个无心之作罢了。

18

THEORIES OF ANYTHING
包含任何可能性的“万金油理论”

保罗·斯泰恩哈特（Paul Steinhardt）

普林斯顿大学物理学和天体物理学讲席教授，合著有《无尽的宇宙》（*Endless Universe*）。

基础物理学和宇宙学中有一个普遍的观点：在多重宇宙中，物理法则和宇宙特性在不同的空间片段之间随机发生变化。看起来我们需要抛弃这种观点了。根据这种观点，在我们人类能够观测到的宇宙中，其法则和属性都无法解释或者预测，因为这些都是偶然发生的。而在那些遥不可及的区域里，存在着不同的法则和属性。在整个多重宇宙中，有无穷多个不同的片段，在这些片段中，用阿兰·古斯的话来说就是：“任何可能发生的，就注定会发生，事实上，它还会发生无数次。”基于此，我将上述这个观点称为“万金油理论”。

任何观测结果，不管怎样组合，都符合“万金油理论”，没有任何东西可以反驳它。支持者似乎在为这个理论不能被证伪而洋洋得意。科学界的其他有识之士应该揭竿而起，因为一个不可被证伪的理论本身就已经超出了科学的边界。然而，除了听到少数反对的声音，大多数人对于“万金油理论”逻辑的可能性都表现出了令人惊讶的满足感（虽然在某些情况下，是勉强接受的）。各种科学期刊中都充斥着关于万金油理论的文章。这到底是怎么了？

是否有实验揭示，我们观测到的宇宙和它的根本规律过于复杂，以致科学家无法找到正常的科学解释呢？绝对不是！恰恰相反，在宏观上，最新测量结果显示，我们观测到的宇宙是非常简单的，它可以用极少的参数来描述，整体都遵守相同的物理规律，并且在各个方向上表现出均匀性特征。在微观上，欧洲核子研究中心（CERN）的大型强子对撞机，日前证实了希格斯玻色子的存在，这也符合理论学家在近50年前基于完备的科学推理所做出的预测。

简单的结论要求同样简洁的解释来阐述其必然性。但为什么“万金油理论”可以包含任何可能性，甚至包括那些复杂的情况呢？动机是两个最受欢迎的理论观点——宇宙暴胀理论和弦理论，都遭遇了挫折，并且走投无路了。这两个理论原本都被认为应该产生独一无二的结果。宇宙暴胀理论本应如我们观测到的那样，推导出一个光滑的宇宙，热点和冷点以尺度不变的特性点缀其上。而弦理论本应达到的目标是，解释清楚为什么基本粒子具备精确的质量和作用力。这些理论都经过了30多年的大量投入，但理论物理学家最终发现，他们还是无法实现这些雄心勃勃的目标。宇宙膨胀一旦开始就永恒进行，并产生了一系列由“小型宇宙”组成的多重宇宙，它们的性质以任何可能性在变化着——或平整，或不平，或光滑，或不光滑，或尺度不变，或尺度变化，等等，不一而足。尽管许多理论家试图力挽狂澜，但是到今天为止，仍然没有可靠的理由可以解释，到底什么样的宇宙膨胀可以把我们观察到的宇宙造就成一个光滑的小型宇宙，而这个小型宇宙是否其他方面的特性也相当简单呢？但实际上，能满足这种光滑、连续性质的可能性还是很多的。

在弦理论领域，当科学家试图解释在1998年发现的宇宙加速膨胀现象时，发现同样多的可能性也如同爆炸般不期而至。宇宙膨胀加速被认为是源于正的真空能——一种和真空相关联的能量。本来我们指望能够获得唯一的可能性来预测宇宙、粒子和场的真空状态，结果却发现了以指数级存在的不同粒子和物理法则，真空状态的场景变得极其复杂，而这就是目前我们基于弦理论所得到的结论。据说，在这一系列可能性当中，其中必有一个包含了适量的真空能量、正确种类的粒子和场。把宇宙暴胀理论和弦理论组合在一起，各种组合方式都有可能发生，这样一来不可预测性就大大增加了。

如果从一开始就能意识到这些问题，我猜测业内对这两种理论已存在的接受度也许永远都不会出现。从历史的角度看，如果一个理论未能达到其预期目标，那么只有两种选择，要么改进，要么放弃。然而，事已至此，这些理论的使命感已经变得如此强烈，以至于一些有影响力的支持者严肃地鼓吹应该改变目标和初衷来契合这些理论。他们说，我们应该做好准备，放弃过时的想法，不要再坚持科学的理论，一定要给出明确的预测，“万金油理论”已经是科学所能给出的最好的结果了。

我可以断定，科学只有在能够解释并且预言事物的运行机制的情况下，才是有意义的。一个科学理论的价值是以它能够通过的实验测试的数量来判定的，而这种实验测试必定是不屈不挠、非黑即白、来不得半点含糊的。“万金油理论”不能排除任何可能性，从而无用；它对测试没有原则，从而无信。虽然有许多论文在讨论“万金油理论”潜在的、可观察到的后果，但这些都只是基于可能性，而不是基于必然性，所以“万金油理论”永远不会真正受到考验。

今天的理论物理学家需要优先考虑的是，宇宙暴胀理论和弦理论是否可以避免坠入“万金油理论”的深渊。如果不能解脱出来，就需要寻求新的理论来取代它们。一个不可证伪的“万金油理论”造成了与真正的科学理论之间的不公平竞争，在该领域的领导者应当勇担重任并呼吁“万金油理论”是不能被接受的，还要鼓励有才华的年轻科学家出来迎接挑战。我们越早彻底抛弃“万金油理论”，就越早能让这一重要的科学领域拨云见日。

19

M-THEORY/STRING THEORY IS THE ONLY GAME IN TOWN

M- 理论、弦理论是唯一的选择

埃里克·温斯坦（Eric R. Weinstein）

数学家、经济学家，泰尔资产管理公司（Thiel Capital）常务董事。

最早要抛弃的科学理论是什么？如果用经济学家的眼光来看，毋庸置疑，一定就是那种在思想市场上存在着最大套利机会的理论。顺着这样的思路，我们不能只寻找错误，而是应该去寻找那些害群之马，它们让科学家满怀激情和忠诚之心，却行陷科学于困境之事，就好比生物学家那个文绉绉的术语“干扰性竞争”[1]一样。大家已经对“万有理论”达成了共识，而且很难再找到比“万有理论”更合适的理论了，它既虚无缥缈而又能解释万物。当然它现在被重新诠释过，变成了“量子引力”的同义词。如果大自然想要以委婉的方式告诫人类“别忘了在量子化引力之前还有别的事要做”那她是如何传递明确的信息让伟大的尼尔斯·玻尔（Niels Bohr）[2]父子接二连三地获得诺贝尔奖的呢？

先回顾一下：现代物理学是用一张三脚凳支撑着的，其中三条腿都基于古典几何学，是由爱因斯坦、麦克斯韦和英国理论物理学家保罗·狄拉克（P.A.M.Dirac）分别制作的。后两条腿可以融合为关于力与物质的量子理论，

[1] 指一种生物采取各种手段使另一种生物得不到生存资源。——译者注

[2] 丹麦物理学家，哥本哈根大学的硕士和博士，丹麦皇家科学院院士，曾获丹麦皇家科学文学院金质奖章、英国曼彻斯特大学和剑桥大学名誉博士学位，1922 年获得诺贝尔物理学奖。——译者注

"标准模型"③就是由此而来。然而，第一条腿顽固地拒绝量子化的改造，一个半量子化的、不稳定的半吊子三脚凳根本无法立足。正是玻尔的信徒，不惜一切代价地说服爱因斯坦的信徒皈依了量子理论，这才使得这张三脚凳重获平衡。

不过，实事求是地说，在那些较真爱因斯坦必须向波尔鞠躬的狂热者当中，还是有一些人提出了虽然聒噪、但是合理的挑战。持量子优越论观点的人声称，尽管量子论一路走来，惨败的事例比比皆是，但是弦理论④仍旧是唯一的选择。原因很明了——基础物理越来越艰难，没人能拿出另外一个替代品。假如我们认为这种说法不值得相信，我们就必须老老实实地付出努力，弄出个拿得出手的东西来替换，否则到头来就是竹篮打水一场空。

但我为什么相信通往真理必另有蹊径呢？看看吧，除了对敬爱的爱因斯坦的愚忠外，我们对广义相对论的精确形式也有些过于虔诚了。例如，如果在对三脚凳改造前，我们就仔细看看三条腿的曲率及几何形状的话，就会有惊人的发现：在任何量子的概念被引入前，在古典几何层面，这些凳子腿相互之间在细微之处是不相容的。爱因斯坦的凳子腿最节约、最强健，并且清楚地显示了对空间函数的关注，而这些均来自由德国的伯恩哈德·黎曼（Bernhard Riemann）所创建的"内蕴几何学"⑤。

麦克斯韦和狄拉克的凳子腿从某种程度上来说更具装饰性，更追求形式的自由感，而这是来源于由阿尔萨斯·查尔斯·埃里斯曼（Alsatian Charles Ehresmann）首创的"辅助几何学"（auxiliary geometry）。这让我们很自然地想到一个截然不同的问题：如果量子理论和现有理论的不兼容只是一个表

③ 在粒子物理学里，标准模型（Standard Model）是一套描述强力、弱力及电磁力这三种基本力及组成所有物质的基本粒子的理论。——译者注

④ 现在被更名为 M- 理论，关于这个 M 究竟代表什么有各种说法，"母体，matrix""膜，membrane""母亲，mother"或者"魔术，magic"。——译者注

⑤ 内蕴几何学的所有结论和概念只和物体本身的特性有关，而和物体在大空间中的相对位置无关，和坐标系的选取无关。——译者注

象，真正的症结是数学家埃里斯曼及黎曼之间的几何冲突，而并非是物理学家爱因斯坦与玻尔的不兼容，那又当如何呢？如果是这样就更糟了，这样一来就没有什么东西是可以量化的了。如果所有这三条腿理论在几何层面都存在着细微的、不完整的地方，那么量子理论就只能等着统一的几何理论问世吗？

如果答案是这样的，那就不能期望这是个通用的几何理论，因为从某种意义上说，这三个现存的理论在各自领域中，都代表着最简单的可能性。这种统一可能会引出一种新的数学工具来整合两个主要的几何学派。只要被观察的世界能够以非常特殊的形式表现出来，这种数学工具就能和物理学相关联。令人高兴的是，随着中微子质量、暗能量、暗物质的发现，看上去我们所见的世界越来越能够适应这样的混合理论了。

由此看来这条路行得通！但是这并不是唯一值得探究的思路。诚然，最终可能只有一个统一的理论，但是就如登山一样，如果每次都只从一侧的山峰向上攀爬，那么我们能达到的顶峰一定是寥寥无几的。物理学有其自由放任的一面，我们应该让其回归到自然状态，只有这样，当独立研究者探索真正有趣的想法时，他们才会相信大型的研究机构可以提供一个思想与资源共享的环境，而且不会排挤、孤立他们。要知道，这些处于萌芽状态的想法往往会带来新的方向。不幸的是，很多研究机构对新计划、新声音往往采用人为的、严格的标准，理论物理学家并不能确保他们有充分的自主性，实际上鼓励他们发展非实用的、不确定的纯理论成了一句很苍白的话。而与此同时，我们只能年复一年地让 M- 理论强撑门面，套用一句打高尔夫球时的俗语：反正最后一击失败后还能再来次“加击”。再不行就明天继续练习，做一天和尚撞一天钟嘛。

手捧弦理论的理论学家们，双眼闪亮，动不动就对着年轻的竞争者近乎取乐地叫着，“预测！”“可证伪性！”或者“同行审议！”然而，对那些有潜力的研究计划来说，结果往往就像俗语所说的：对你是取乐，对我是生存。考虑到已经围绕量子引力做了大量自我感觉良好的研究，没有人会愿意也没必要明确地抛弃 M- 理论，毕竟其中还是包含着很多有价值的思想的。如果将 M- 理论比作物理学这辆自行车上的安全轮，这样的辅助措施通常是交给物理学大家庭里刚入门的新手的，而现在它已经被人把持了几十年了。我们需要坚持的，就是将安全轮移交给新的人选，放手让他们去骑行，这样他们才能肩负这振兴物理学家园的重任。我们不怕麻烦，我们可以等，当没有什么余地可以留给位高权重的鼓吹者们时，让我们拭目以待，看看 M- 理论究竟是不是唯一的选择，最后到底是谁低头，大自然到底站在哪一边。

20

STRING THEORY

弦理论

弗兰克·蒂普勒（Frank Tipler）

美国杜兰大学数学物理学教授，著有《不朽的物理学》（*The Physics of Immortality*），合著有《人类宇宙学原理》（*The Anthropic Cosmological Principle*）。

普朗克在他的《科学自传》（*Scientific Autobiography*）中，回忆了他的一段不堪经历，就是他始终无法说服化学家奥斯特瓦尔德（Wilhelm Ostwald），他们两个人为“热力学第二定律是否能从热力学第一定律推导出来”而争执不下。他这样写道：“这次经历给了我一个机会了解了一个非常显著的事实——在我看来，一个新的科学真理的胜利并不是靠它的反对者信服和领悟它，还不如说是因为它的反对者终于都死了，而熟悉这个新科学真理的新一代成长起来了。”普朗克还写到他和奥斯特瓦尔德的冲突：

> 这是一个在我整个科学生涯中最痛苦的经历，非常遗憾地说，我的新成果很少，可以说从未获得过普遍认同。我有确凿的证据来证明这些成果，虽然只是理论上的。这次又是如此。没人听我的论据，最后都石沉大海。如果你的观点是挑战像奥斯特瓦尔德、荷耳姆（Helm）、马赫（Mach）这样的权威，结局必然是如此。

幸运的是，普朗克的辐射定律还是得到了普遍认可，不过，靠的是实验证据而非理论证据。

近年来，理论物理学家有一种顷向，他们越来越不重视实验确认了，尤其在弦理论方面。许多人甚至声称，哥白尼的学说在预测能力上比不上托勒密（Ptolemy）。我决定亲自检验这一说法。通过查看第谷（Tycho）的笔记本，我发现在 1564—1601 年之间，第谷将哥白尼和托勒密的预言和他自己的观测结果放在一起比较多达294次。正如我所预料的那样，哥白尼胜出。所以，哥白尼的学说在实验结果上被确认比托勒密的学说优越，而且比伽利略不知早了多久。至此，我将“哥白尼不如托勒密”的说法进行了实验检验，并且证实其为“伪”，哥白尼完胜托勒密。①

当代科学这出大戏刚刚拉开序幕，现在马上就要开演了。实验确认是科学真理的标志。正因为此，由于弦理论学家没有提出任何实验方法来证实这个理论，我们只能当机立断、弃之不用，就在今天，就是现在，马上。

① 此处提到的几个科学家及其渊源：哥白尼，文艺复兴时期波兰天文学家，提出“日心说”。托勒密，古代天文学家，“地心说”的集大成者。第谷，16世纪丹麦天文学家，近代天文学奠基人，曾提出一种介于“地心说”和“日心说”之间的理论。他做的天文观测精度非常高，有些结果现在还在使用。——译者注

21

OUR WORLD HAS ONLY THREE SPACE DIMENSIONS

我们的世界只有三维空间

戈登·凯恩（Gordon Kane）

美国密歇根大学物理学讲席教授，著有《超对称性及其他》（*Supersymmetry and Beyond*）。

物理理论通常预测的是我们看不到的世界的另一面。例如，麦克斯韦的电磁理论正确预测了可见光谱只是全光谱的一部分，并将光谱延伸到我们不可见的红外线和紫外线。弦理论预测，我们的世界有多于3个空间的维度。与许多你看到的、听到的相反，弦理论具有广泛的预测性和可检验性。在我解释弦理论的可检验性之前，我将说明为什么从构建一个多于三维的世界的理论起步，我们就必将在基础理论方面取得重大进展。步史蒂文·温伯格（Steven Weinberg）的后尘，我会把它称为“终极理论”[1]。

舍弃“我们的世界只有3个空间维度”的想法，我们可以得到些什么？在1984年的那个夏天，约翰·施瓦茨（John Schwarz）和迈克尔·格林（Michael Green）注意到，可以用10个维度写出一个数学上一致的量子引力论，弦理论便由此横空出世。这是一个巨大的收获和线索。对于我和其他一些理论学家来说，更重要的是为了获得终极理论，弦理论能够解决所有或者绝大部分悬而未决的问题。在过去的十年中，弦理论取得了巨大的进步。由于最初对弦理论的过度乐观导致了后来的过度补偿，而现在越来越多的成果冲淡了这种色彩。粒子物理学和宇宙学中的标准模型是一种四维模型，非常成功，也

[1] 史蒂文·温伯格曾出版过一本书，名为《终极理论之梦》，鼓吹探索基本粒子世界的高能物理研究。——译者注

经历了考验，为我们的世界提供了一种强大、准确、完整的（从发现希格斯玻色子算起）描述，但仍有一小拨问题还要弦理论来解释和帮助我们理解。实际上，标准模型的成功本身就是一个强有力的证据，说明四维世界的观点对更加深入地诠释世界已经起到了阻碍作用。

为了解释我们的宇宙，显然更高维度的弦理论必须被投影到一个四维的宇宙中，这个过程有一个可以理解但不幸的名字——“紧致化”。实验和观察必须在我们的四维宇宙中进行，所以只有紧致化的理论可以直接用来测试。紧致化的弦理论可以解决这些问题：为什么宇宙主要由物质而不是反物质组成的；什么是暗物质；为什么夸克和轻子来自三个类似的家族；单个夸克和轻子的质量是多少；希格斯机制的存在，以及它如何赋予质量给夸克、轻子和携带力的玻色子；宇宙从暴胀结束到原子核诞生（之后就由标准模型接管）的历史过程；暴胀的原因等。紧致化的弦理论成功地预测了（在测量前）希格斯玻色子的质量和属性，而它确实于 2012 年在欧洲核子研究中心被发现。这一理论也预测了“超对称伙伴粒子”（supersymmetric partner particle）的存在。所有上述这些例子已经存在于紧致化的弦理论中了。研究仍在进行，还需要更多的研究及更深入的理解，包括加速器上的测试、暗物质及其他实验等。但是，我们已经看到一切都大有可为。

1995 年，爱德华·威滕（Edward Witten）提出一个主张：十一维的理论（他称为 M- 理论）可以给出一致的量子引力理论，并且可以用不同的方式投射到某几个十维的弦理论中去。这些理论中有诸如“heterotic”或“Type II”这样的名字。十维的弦理论可以被紧致化到四维（其余 6 个是很小的、卷曲的维度），并且如上所述可以做出可检验的预测。M- 理论也可以直接紧致化到七维卷曲（加上大尺度的空间或时间维度，其方法正在研究中。紧致化的理论可以用已经存在了 4 个世纪之久的传统方式来进行检验。事实上，弦理论的可检测性和牛顿的第二定律（$F=ma$）没有多大区别。一般情况下，牛顿第二定律在同一个时间内只存在一个力，并具备了在一个给定的力和质量的情况下，才可以通过计算预测出加速度，并加以测量。而由于额外维度很小，紧致化的 M- 理论或弦理论也可以被看作类似的情况。

天生我材必有用，希格斯玻色子的质量就是一个很好的例子。在标准模型中，希格斯玻色子的质量根本不能被预测。将标准模型扩展成超对称标准模型，可以对希格斯玻色子的质量给出预测值的上限，但还不能准确地预测它的质量。而紧致化的 M- 理论在此就可以一展身手了。我和我的学生及同事在 2011 年对希格斯玻色子的预测精度达到了百分之几，这个结果在日后经欧洲核子研究中心测量后，得到了证实。

我们雄心勃勃，想要诠释世界，还想要超越完整的数学化的描述。这不是非分之想，但这需要我们严肃认真、持之不懈地利用十维弦理论或者十一维的 M- 理论，并将其紧致化到四维世界中去。只要到了四维空间，一切一目了然。人们常说弦理论太复杂，太难以驾驭。实际上，紧致化的 M- 理论或弦理论似乎可以将物理世界的所有现象一网打尽、充分整合，并将其纳入一个统一的数学理论中去。

22

THE “NATURALNESS” ARGUMENT

“自然性”观点

彼得·沃伊特（Peter Woit）

美国哥伦比亚大学数学物理学家，曾著有《甚至没有错：弦理论的失败及物理定律统一的探索》（*Not Even Wrong: The Failure of String Theory and the Search for Unity in Physical Law*）。

任何目前正在思考基本物理学的人，对本书的Edge年度问题都会有一个明显的答案：弦理论。弦在10个由空间和时间组成的维度内，以不同的运动来组成基本实体，从而可以将物理学统一起来。上述观点诞生于1974年，并且成为从1984年以来统一理论的主导范式。经过40年的研究，基于成千上万的论文，我们最终了解到弦理论其实空而无物。你可以通过适当的选择，使10个维度中的6个遁形，然后你就可以得到任何物理学上想要的信息。它貌似可以预测一切，但实际上什么都预测不到。

尽管如此，弦理论统一思想的支持者拒绝承认它有什么问题，经常搬出普朗克来大肆宣讲，说普朗克观察到随着科学家的年龄变老会发生一些变化，这些老去的科学家往往会死抱住早该丢弃的想法不放，还认死理。最近经常听到这种说法：与其放弃一个失败的想法，还不如放弃那些阻碍科学进步的传统观念。根据弦理论家的观点，我们偏居在多重宇宙里的一个不起眼的角落，这里充斥着“随心所欲的事件”，而这些“随心所欲的事件”正好与弦理论不谋而合，所以大家都认为基础物理已经功德圆满，万事大吉。

拿“弦理论”作为本书Edge年度问题的答案真是过于简单了。其实弦理论统一的观点已经保持将死的状态很长时间了，但它始终只是一个大圈子的一部分，这个圈子里包含了很多同一时期现已失败的观点。其中包括在所谓的“大统一”方案中设想了新的力和粒子，引入了新的“超对称性”，将已知的力和粒子通过看不见的“超伴子”联系起来。除了希格斯玻色子以外，许多理论家曾预测过超伴子的存在，只是还没有被大型强子对撞机发现。

1974 年前后，不只出现了“弦理论”、“大统一”和“超对称性”，还出现了一个“自然性”的观点。这个观点的内容是标准模型作为一个最好的粒子物理模型，只是一个“有效的理论”、一个近似值，仅在视距内是合理的。后来美国物理学家肯尼斯·威尔逊（Kenneth Wilson）教导我们如何使用“重正化群”，它不仅可以用来推断某一理论在非视距里的表现，而且还可以反过来，为在超短距离下的基本理论奠定基础。从技术上说，所谓自然的理论描述的是我们的所见在短距离内所发生事件的细节。所以，在诞生于 1974 年的时代思维图景中就出现了“自然性”理论：复杂的新的物理现象，包括无法通过观察得到的弦和超伴子，都可以先被设定在短距离范畴内，然后再用“自然性”理论邀其出来相见。在这个图景中，技术上的“自然性”确保我们屏蔽复杂性，而这种大的复杂性恰恰是由无法观测到的、小的弦或者超伴子引起的。

威尔逊最早指出，标准模型大多数是“自然的”，但并不完全如此，这应归于希格斯玻色子的作用。起初他认为，这意味着我们应该在大型强子对撞机里看到些别的东西，而不是希格斯玻色子。超伴子的拥护者则认为，这样的“别的”粒子应该和希格斯玻色子的能量相同，因为如果这样的话，它们可以被用来抵消“不自然性”。不过早在大型强子对撞机运作之前，威尔逊就已经自认失误，收回了这个观点，信誓旦旦地说没有理由不去面对一个“不自然”的希格斯玻色子。在超短距离内，希格斯玻色子的行为对其内部细节敏感，似乎并不是一个很好的论据，因为我们根本不知道在这样的距离内发生了什么。

最终在大型强子对撞机上发现的是希格斯玻色子，而不是超伴子，这在理论界引起轩然大波。如果根据在教科书中已经存在 40 年的理论来看，这一切都很不可思议。越来越多的论据冒出来支持多重宇宙的观点。“人择”观点认为，不管在多重宇宙的其他“泡泡”宇宙中短距内的事物怎样发展，我们在自己的世界中只能看到“不自然的”简单现象。因为如果不是这样，我们的世界也就不存在了。这种推断有异军突起之势。这表明自然性观点，加上弦、超伴子带来的周而复始的复杂性，早该被淘汰啦！

23

THE COLLAPSE OF THE WAVE FUNCTION

波函数的坍缩

弗里曼·戴森（Freeman Dyson）

普林斯顿高级研究所物理学名誉教授，著有《多彩的玻璃：宇宙生存之地的反射》（*A Many-colored Glass: Reflections on the Place of Life in the Universe*）。

八十八年前，薛定谔提出了波函数，用来描述原子和其他微小物质的行为。根据量子力学的规律，对象的运动是不可预测的。波函数能告诉我们的只有运动的概率。当一个对象被观察到，观察者能看到确切位置，运动的不确定性就消失了。知识排除了不确定性，神秘感就不复存在了。

不幸的是，当人们写关于量子力学的文章时，经常会使用“坍缩的波函数”（collapse of the wave function）这样的词，来描述当一个对象被观察到以后发生的事情。这种词误导了读者，使人很容易认为波函数本身就是一个物理对象。当一个物理对象撞到一个障碍物，它可以坍缩，但波函数并非如此。波函数是概率的描述，而概率是对于未知的陈述。未知又不是一个物理对象，波函数就更不是了。当新的知识取代了未知，波函数本身不会坍缩，它仅是变得无关紧要罢了。

24

QUANTUM JUMPS
量子跃迁

戴维·多伊奇（David Deutsch）

哈佛大学物理学家，边缘计算科学奖获得者，著有《无穷的开始》（*The Beginning of Infinity*）。

“量子跃迁”这个专业术语已经进入了日常用语的词库，常用来比喻巨大且不连续的变化。这个词在大众中广为流传，但可悲的是，它已经一而再、再而三地沦为伪科学和神秘主义的幻象。这个词源于物理学，也的确是物理学家使用的（虽然很少在正规论文中发表）。这个词至少说明了一个事实：在量子物理系统中，相互之间可区分的状态总是离散的。然而，在量子物理学中却没有“量子跃迁”这样的现象。在量子理论法则下，变化在空间和时间上都是连续的。但是也许一些物理学家还会举出一个反例：当一个观察对象被一个有意识的观察者观察时，会发生所谓的“波函数的坍缩”。但是这并不是我主要想强调的，我真正想说的是对亚微观世界的误解，比如“当一个电子从一个较高的能量状态过渡到一个较低的能量状态时，会发射出一个光子，这个光子就从一个离散轨道直接量子跃迁到另一个轨道，而不通过任何中间状态”。

关于亚微观世界，更糟的误解是：当隧道二极管中电子接近屏障时，它没有足够的能量穿透这道屏障（所以，根据经典物理学理论，它会反弹），量子跃迁现象却允许电子神秘地出现在另一边，在这一区域电子具有了负动能。

而实际情况是：在这样的情况下，电子没有单一的能量或固定的位置，只有一个活动范围，而且范围本身也会随时间变化。如果一个隧道粒子的能量上限低于越过障碍所需的能量，它确实会反弹。但如果一个电子的能级真的是离散的，在没有任何外力干预的条件下，它就永远不会向任何其他能量转换。

“量子跃迁”通常被称为“超距作用”（action at a distance）：在某个地点有一个物体，它和另一个位置的物体的相互作用，不需要任何物理媒介传递。牛顿称：“这种观点在我看来是荒唐至极，所以我认为在哲学领域，只要是有足够思考能力的人都不会同意这种观点。”牛顿所说的“荒唐的错误”其实是经典物理学和量子物理学之间的认知差距。再例如，在政治学中，“量子跃迁”之类的变化被称为“革命”，“荒唐的错误”在于革命是通过暴力武装彻底清除现有的政治机构的，一切从零开始。在科学哲学中，托马斯·库恩（Thomas Kuhn）[1]的观点是：科学进步也是通过革命进行的，这种革命是一个理论派系对于另一个理论派系的胜利，而这两个派系都不能理性地改变各自的范式。在生物学上，“量子跃迁”这类的变化被称为突变，即代际之间新的性状适应性地出现。在这里，“荒唐的错误”被称为突变论。

牛顿错了，他以为人的认知差距是有限度的；牛顿也对了，他所遇到的认知差距的确非常巨大。上述所有现象都只有一个原因：要正确地理解它们，都需要有尚不知从何而来的先验信息。在现实中，屏障远处的空间并不能“知道”将有一个电子而不是一个质子或一头野牛一定会出现在那里，只有当某些物理变化发生后，也就是当这个电子到了它那里时，它才会“知道”。同样，只要存在信息的缺失，就算是非空间的差距也会导致同样的结果，这里的信息是指政治机构的信息、生物适应实例化的信息等，也就是知识。往更深层次说，它是一个复杂的系统如何更好地面对挑战的知识。而这方面的知识，只有通过零敲碎打、持续不断的变异和选择过程才能够获得。库恩的视野也很有限，他无法解释科学如何以爆炸般的加速度不断地提供有关现实的知识。

所有这些领域内的“量子跃迁”都代表了我们对无法解释的现象的妥协，

[1] 20 世纪最有影响力的科学哲学家、科学史学家。在本书中经常出现的一个词汇“范式”（paradigm），就是由他发扬光大的，在各种研究中都经常被使用。——译者注

所以只能求助于超自然的力量。这就像美国漫画家西德尼·哈里斯（Sidney Harris）画的那样，一个数学推导的过程中间留了一块空白，上面写着“奇迹发生了！”正如理查德·道金斯（Richard Dawkins）提出的“突变论即创世说”。在任何情况下，不管我们知不知道，真相都在那里。而任何对神秘力量的虔诚信仰，都比不上洞察物理的解释更让人感到愉悦。

对柏拉图来说，一个圆形或直角三角形，它们都是完美的几何图形，在数学上可以定义，但在现实生活中却不存在。

——理查德·道金斯（Richard Dawkins），

《本质主义应该退出历史舞台》

FOR PLATO, A CIRCLE, OR A RIGHT TRIANGLE, WERE IDEAL FORMS, DEFINABLE MATHEMATICALLY BUT NEVER REALIZED IN PRACTICE.

25

ESSENTIALISM

本质主义应该退出历史舞台

Richard Dawkins
理查德·道金斯
牛津大学教授，英国皇家科学院院士，进化生物学家。
著有《自私的基因》《道金斯传》。

本质主义，我曾经称之为“不连续思维的暴行”（tyranny of the discontinuous mind），它代表着柏拉图骨子里看待事物的希腊几何学视角，是柏拉图思想的主干。**对柏拉图来说，一个圆形或直角三角形，它们都是完美的几何图形，在数学上可以定义，但在现实生活中却不存在。**一个画在沙滩上的圆形，可以作为某个在抽象空间中理想的柏拉图圆的不完美投影而存在。这种思路用于描述类似圆形的几何学形状是奏效的，但是，本质主义又被用于描述生物体，这就遭到了20世纪最重要的进化生物学家之一恩斯特·迈尔（Ernst Mayr）的指责。在迈尔看来，就是因此，人类拖到19世纪才发现了进化现象。如果就像亚里士多德那样，把所有活生生的、有血有肉的兔子都当成“本质兔子”的不完美投影，那么兔子永远也不会起源于非兔子的祖先，更不会进化成为非兔子的后代。如果遵照字典里对本质主义的定义行事，那对你来说，本质兔子就是“先于”兔子的存在（不管“先于”意味着什么，它本身就毫无意义），进化的概念永远也不会跳进你的脑海，即使别人这么说，你也会跳出来反对。①

① 此处关于兔子等事物的描述，均可参见道金斯在其《地球上最伟大的表演：进化的证据》一书第二章中关于“柏拉图的死亡之手”（dead hand of Plato）一段。——译者注

古生物学家会为一块化石到底是南方古猿属还是人属而激烈争论。但是，任何进化论者都知道，在进化过程中一定存在介于两者之间的中间个体。本质主义者顽固地坚持将一块化石硬塞进一个属或者类，这无异于削足适履。从来没有一个南方古猿的母亲生下一个人属的孩子，每个孩子都和母亲属于同物种。我们给物种贴标签的命名方式是间断的，是为了与眼下能采样到的时间切片相契合。在命名中已经看不到祖先是谁了（“环物种”②现象也被巧妙地忽视）。如果出现某种奇迹，所有的祖先都有化石保留下来，那么这种命名就是连续的了。为了羞辱进化论者，神创论者自作聪明地喜欢引用“空隙”（gap）一词，殊不知，“空隙”是纯属偶然地给予分类学家的恩赐，这样他们就可以名正言顺地用间断的名字为物种命名了。为一块化石到底是南方古猿属还是人属争论，就像争论某人个子高不高一样。他身高1米77，你是不是就得到了足够多的信息来判断他是否“高”呢？

② 指同一物种由于地理上的分隔，不断地进化出各种亚种，并沿着地理分布构成了一个环。当环的首尾相遇时，却发现两个亚种之间由于相差太大，已经无法进行交配了。——译者注

本质主义在与种族相关的术语中露出了丑陋的面目。实际上，大多数的非洲裔美洲人都是混血。然而，本质主义的思维方式根深蒂固。连美国的官方正式表格都需要每个人在种族/人种一栏里打钩，

没有中间选项。另一个用心险恶的做法是，哪怕某人的 8 个祖辈中只有一个是非洲裔血统，他也被称为非洲裔美洲人。就像人类学家莱昂内尔·泰格（Lionel Tiger）丢给我的那句话那样：我们在这里有一个应该人人喊打的“污染的隐喻”（暗指有色人种是一种污染）。但是，我主要还是提醒大家，注意这种把社会割裂成一个个类别的本质主义倾向。我们的社会构成是连续的、广谱的，存在着大量的中间地带，如何从意识上加以正确对待，似乎尚无良策。归根结底，柏拉图的本质主义阴魂不散。

关于堕胎及安乐死的道德争论也被这种流毒思想所影响。到底以什么来界定脑死亡事故的受害者为“死亡”？在胚胎的发育过程中，在哪一时刻胚胎可以被界定为一个“人”？只有一个被本质主义影响的人才会问出这样的问题。胚胎是从单细胞的受精卵逐渐发育而来的，直到最终发育成新生儿，并没有一个“变成人”的瞬间。世界被分为两极：胜者为王、败者为寇。总有人抱着这种思维，他会说：“但是必须有那么一个时刻，胚胎变成了人啊。”不，真的不是这样的，中年人变成老年人是在一天发生的吗？好吧，也许这么说好一些（虽然并不对）：胚胎发育经历了几个阶段，变成 1/4 个人，半个人，3/4 个人……本质主义的思维方式就是如此，他们可能会退而求其次地使用这样的语言，并且以各种耸人听闻的方式谴责我否认人性的本质。

进化的过程也像胚胎的发育一样，是渐进式的。我们的祖先（就是人类和黑猩猩共同的根源），其父辈及子辈都属于同一个物种。同样，追溯黑猩猩的祖先也是这样。在进化之树上，我们人类和现代黑猩猩是以“V 形链条”连接在一起的，在这根 V 形链条上布满了无数曾经活过、呼吸过、繁殖过的个体，而其上的每条连接都和它的邻居属于相同的物种。这一点，无论分类学家如何顽固地在最方便的点上分出物种来，如何强行贴上间断的标签，都改变不了。如果在进化过程中，所有的中间成果（也就是从共同祖先开始，以 V 形分叉的所有个体）恰巧都生存了下来，道德家就不得不放弃他们本质主义的、“物种优越的”惯性，不再将人属放在神圣的基座上，也不再和其他物种拉开无限距离了。堕胎可能不会比杀害黑猩猩更像是“谋杀”，或者引申开来，不会比杀害任何动物更像“谋杀”。实际上，人类的早期胚胎没有神经系统，并且可能也没有痛觉和恐惧感，所以堕胎不会比杀猪更罪恶，这是从道德层面可以承受的辩护，而且这样说可能会让人好受些。本质主义者竭力主张严格定义“人”（在辩论关于堕胎及保护动物权利的问题时），他们也主张严格定义“活着”（在辩论关于安乐死及任由患者选择停止延长生命治疗的问题时）。按照进化论的观点，以及从其他渐进式的现象来看，其实这种定义没有任何意义。

我们所定义的“贫困线”也是一刀切的，要么是在贫困线以“上”，要么在贫困线以“下”。但是贫困的状态实际上也是连续的。为什么不换种说法，用美元等值计算，看你实际上的财产状况如何？美国总统大选中的选举团制度（Electoral College）是另一个例子，它荒诞可笑，又特别令人痛心，真是本质主义思维的表现。佛罗里达州有 29 张选举团票，即便民主党和共和党的选票势均力敌，其选举团票也一定要全部归于共和党或民主党。但是，一个州根本不可能在本质上非驴即象，实际情况应该是各种比例的混合。

你一定可以联想到很多“柏拉图的死亡之手”的其他例子，本质主义在科学上令人困惑，在道德上有百害而无一利，所以它应该彻底退出历史舞台。

注：本文作者理查德·道金斯的《道金斯传》（全 2 册）已由湛庐文化策划，北京联合出版公司出版。

26

CAUSE AND EFFECT

因果之道

威廉·丹尼尔·希利斯（W.Daniel Hillis）

物理学家、计算机学家、应用思维科技公司（Applied Minds，LLC）联合创始人，著有《通灵芯片》（*The Pattern on the Stone*）。

我们人类天生就爱讲故事。我们喜欢把各种事件按照因果关系串在一起，以此来解释行为的来龙去脉。我们还喜欢施以好恶。从进化的立场来看，这种天性是有意义的。人类的神经系统忙活半天，最终还不是为了让我们做出可执行的决定，而能否正确预测这些决定的结果，又往往对我们的生存至关重要。

而科学正好深谙此道。例如，牛顿解释了力如何导致物体加速，这让我们能够解释苹果为什么会从树上掉下来，行星为什么绕着太阳转。这也使得我们能够计算出飞到月亮上所需的火箭引擎的推力。形形色色的因果关系模型帮助我们设计出了复杂的设备，不管是工厂还是计算机，我们输入什么又想得到什么，这之间的转换就是基于一条条的、长长的因果关系链完成的。

这不禁让人觉得因果之道就是世界运转的本质。其实不然，因果之道只是一个我们用来与外界打交道、按照我们的理解来诠释外界的框架而已。拿牛顿的公式 $F=ma$ 来说，单从字面上看，并不一定要解释为“外力导致了加速度”，得出“外力是由质量产生的”这个结论也未尝不可啊。由于我们自己经常要决定是否需要施加某个外力，我们会倾向性地认为，“力”都是由我们掌控的，反之“质量”就不是了。因此，我们把自然也想象成了人类，下意识地觉得是自然力在推动物体，而不会去自寻烦恼地设想加速度是产生物质的原因。所以，我们是在用某种特定的方式来描述这个世界。正是由于存在着这种特定的方式，我们会说是万有引力使得行星围绕太阳转动，也是万有引力使得苹果从树上掉下来。

这种拟人化的方式，也即因果范式，很实用，是我们诠释自然的好帮手，特别是在以工程实施为目的的时候，科学可以很好地帮助我们把事情理顺。由于貌似世界的一切都井井有条，我们对于因果关系的错觉仿佛变成了在现实中揭示真相的理论。计算机就是一个绝佳的例子，其运作的基础就是输入决定输出，而不是反过来。构成计算机的每一个部件都遵循这种单向规则，比如说逻辑门，就是用来把有条件的输入转化为可预测的输出。换个说法的话，计算机中的逻辑门就好比是搭建因果关系大厦的原材料。

可是，当我们以为的输出开始影响到我们以为的输入的时候，这种因果之道一下子就瓦解了。量子力学中的悖论恰到好处地说明了这点——我们仅仅观察了某个粒子，远处的另一个粒子就“随之”发生了状态的变化。其实，哪里有什么悖论，这只不过是我们的认知框架并不适用于现实罢了。

不能生搬硬套因果范式的例子很多，可不仅局限在量子的尺度上。每当我们想理清复杂的动态系统时，例如生物活体的生化途径，经济的交易活动，或是人类的思维活动时，我们都会发现因果关系被扯得支离破碎。所有这些复杂系统都有一个共同点——其信息的流动并不遵循我们常规的认知事物的模式。基因是决定身高或者得癌症的“原因”？债券市场下跌，于是股票上扬？都不是。这些系统本身就不具备前因后果的机制，硬要抱着事出有因的思路去盘根问底的话，最终只能是查无实据。接受现实吧，科学需要更有力的方法论，而不是讲故事的套路。我们终将承认，所谓“树以前因，报以后果”只是我们头脑的产物，大自然中并不真的存在。

27

RACE

种族

尼娜·雅布隆斯基（Nina Jablonski）

生物人类学家、古生物学家，宾夕法尼亚州立大学人类学讲席教授。

种族是个充满暧昧和狡黠意味的概念。18 世纪中叶，欧洲的自然主义者，如瑞典博物学家林奈（Linnaeus），法国博物学家、作家布封（Comte de Buffon）和德国人类学家约翰·布鲁门巴哈（Johannes Blumenbach），描述了外表各异、按照地理划分的人类族群。哲学家大卫·休谟（David Hume）及德国哲学家康德（Immanuel Kant）都对人类在生理上的多样性特征痴迷。他们认为：酷暑、严冬和烈日都会扼杀人类的潜能。休谟在 1748 年就曾写下这样的主张："除了白人以外，还没有其他人种创建过什么文明的国度。"

康德也持有类似的观点。在他的整个职业生涯中，他一直对关于人类多样性的问题全神贯注，并且从 1775 年开始笔耕不辍，围绕这个问题写了一系列的文章。他是首个将人类地理族群命名及定义为"种族"的人。他认为有 4 个种族，以如下特征区分：肤色、发形、颅骨的形状以及其他解剖学的特征，当然还包括他们的道德观、自我改进意识及文化修养；他还给这些种族分了等级，在康德的观念里，只有欧洲种族才有自我改进的能力。

为什么即使面对德国哲学家赫尔德（Herder）和其他人深思熟虑、逻辑缜密的批驳，休谟及康德的科学种族主义观点还如此猖獗？可能是因为人们公认康德是他所处时代伟大的哲学家，特别是在 19 世纪，他的主要哲学著作被广泛传播，使其地位进一步得到提升。他的支持者中一部分同意他的种族主义观点，还有一部分不同意，大多数则直接无视这些观点。同时，种族主义贬低或者压根就不承认非欧洲裔的人性，特别是针对非洲裔，并且支持跨大西洋的奴隶买卖，而这已经成为欧洲经济增长的主要动力。在当时盛行的《圣经》释义中，非洲人也是生而为奴的，这更大大增强了种族主义的影响力。

肤色是最显眼的种族特征，各种语焉不详的见解、七嘴八舌的传言，只要是和种族本性相关的，都会提到肤色。肤色代表着道德观、品格及文化修养，肤色成了一种弥母（meme）①。从 19 世纪到 20 世纪早期，人们目击了很多事件，其中一个就是“种族科学”应运而生了。所谓的新科学家（尤其是新生代人类学家及遗传学家）搜集了各种前所未闻的科学证据，使不同种族的生物学事实一一得以确认。优生学诞生后，随之而来的就是“种族纯正”的概念。社会达尔文主义②的出现则进一步加强了白种人优越的观点。在这个时代里，种族科学家从来不承认所有的人类都是经过数千年迁移、融合、基因混杂的产物，更无视优生学家在大西洋两岸为提高种族质量而取得的骄人成绩。

20 世纪中叶，大量种族方面的科学专著出版。终于，到了 20 世纪 60 年代，两个因素的出现把生物种族的概念打回原形。其一是，在全球范围内人类族群的生理和基因多样性研究不断加速；其二是，在美国及其他地区涌现的人权运动风起云涌。没过多久，一些有影响力的科学家公开谴责所谓的“种族”研究，因为“种族”本身就没有科学的定义。没有人能找到族群之间的清楚界限。但是，尽管科学界的看法发生了巨大变化，陈规旧习还是顽固持久，种族同胞的概念，及基于肤色的等级观念始终在主流文化中深深扎根。特别在美国及南非，如果没有大量被奴役、被剥削的深色皮肤的劳动力，经济发展根本无从谈起。

种族，现在仅是个名词、概念，已经不再具备科学上的意义，但渐渐地

① “meme”这个词最初出自本书作者之一理查德·道金斯的《自私的基因》一书，代表在文化、观念、道德、社会等方面起到传承作用的、类似于基因的那个东西。其译名有很多种，包括弥母、迷因、模因、摹因、媒母等。——译者注

② 一种将达尔文进化论中自然选择的思想应用于人类社会的理论。——译者注

一些其他的含义浮现出来。不管从科学角度如何定义，今天许多人仍认为自己属于这个或者那个族群。在这样的族群内，各成员间彼此分享经验并建立了牢固的社会纽带。对很多人来说，包括许多学者，种族的概念已经不再是生物学领域的了，而是变为社会阶级及地位类别的混合概念。

临床医生还在孜孜不倦地观察健康及疾病状况在不同人种中的分布，以及其与传统种族间的关系，比如“白种人”“黑种人”（或者“非洲裔美洲人”）和“亚裔”等。由于同一种族的人处于同样的环境条件下，很多疾病如成年型糖尿病、酒精中毒、高血压等，都呈现出明显的种族模式。在流行病学中，按照种族的自我分类来进行研究是被保护、甚至是被鼓励的。然而，当变量足够多时（存在阶层差异、民族差异、社会生活模式差异、观念差异等），对不同“种族”之间健康状况的差异性研究就不足道了。

借助于基因学并基于一定的生物医学条件，种族的概念已经开始改头换面，重新崛起。由于医学在大众心目中的神圣地位，种族的概念又获得了全新的尊重。种族现实主义者（racial realists）致力于梳理基因组证据，以支持存在种族差异的事实，而种族怀疑者则看不到什么和种族有关的模式。人们总是看见他们想看见的，得到他们所期待的。在《种族解密：以社会正义为名的基因组战争》（*Race Decoded: The Genomic Fight for Social Justice*）一书中，加州大学的社会学家凯瑟琳·布利斯（Catherine Bliss）给了种族一个中肯的定义——“种族是一个信任体系，并在特定的社会和历史时刻，感知一致，行动一致。”

种族在历史上曾经频繁出没，但如今在科学上却不再有一席之地。种族这个概念，太易惹是非，太易被扭曲，没有资格成为一个科学概念。多创造些新的词汇，来应对人类的多样性和社会的不平等性吧，虽任重道远，但势在必行。

28

HUMAN NATURE

人性

彼得·理查森（Peter Richerson）

加州大学戴维斯分校环境科学与政策系荣誉退休教授，著有《并不仅仅由于基因》（*Not by Genes Alone*）。

“人性”这个概念，在对人类感兴趣的进化论者中间“行情”很好，颇受欢迎。然而，当我们细细推敲时，就会发现它其实很无聊。更有甚者，它会让那些使用这个概念的人思维混乱。有价值的概念应该犹如庖丁解牛，而“人性”则干脆是粉身碎骨。

“人性”这个词暗示着它界定的是人类物种普遍的核心特征，而进化生物学告诉我们，这种本质主义的概念是错误的。一个物种是不同个体的集合，大多数物种和其祖先及近亲之间，大部分基因是共享的，就如同人和猿一样，而充足的遗传变化又保证了没有两个个体在基因上是完全相同的。在很多物种身上都会发现地理环境导致的基因变化，现代人类就是一个典型的例子。由于持续不断的异种交配，我们至今还能在现代人类基因组中找到痕迹，并推断出在几万年前，人类大概拥有一对非洲“种”和三个欧亚混血“种”。大多数物种及他们所包含的种群都在进行着这样义无反顾的进化。人类种群在全新世[1]进入了农业时代，淀粉类主食及其他农产品带来了饮食的变化，密集聚居的人群又给流行病病原体的滋生创造了条件。与此相适应，一波基因变化应时而生。如今，“富贵病”袭来，某些人类再次受到了新的物种选择压力，与此相对应的，免疫力也出现了进化。一些遗传学家还宣称，基于自然选择，人类为了适应复杂的社会，那些能够改变我们行为方式的基因已

[1] 最年轻的地质年代，开始于 12 000 ~ 10 000 年前，并持续至今。这一时期形成的地层称“全新统”，它覆盖于所有地层之上。——译者注

经出世了。

人性的概念会让人在寻求真理的时候抱错佛脚。就说说那个最有名的关于人本性的争论吧：人性本善还是本恶？近年来，有若干实验主义者导演了多次名为“公地悲剧”②的游戏，并且观察人们是如何终止这个悲剧的（如果他们做得到的话）。典型的结果是，大约 1/3 的参与者表现得像无私的领导者一样，利用一切实验中可以利用的工具，来解决合作中的两难困境；大约 1/10 的人在任何需要合作的工作中，表现得都像自私的剥削者；比较均衡的是谨慎的合作者，他们的表现让人捉摸不定。这个结果与所有人的经验一致：总有一部分人在日常生活中表现得诚实、慷慨，少数人则完全精神变态，大多数人居于两者之间。如果不是这样的话，人类社会将完全是另外一个样子。所以，关于人性，争来争去都不会有结果的，因为它对常识熟视无睹。

达尔文对生物学的伟大贡献在于，放弃了本质主义，转而关注变异及其传承。尽管在达尔文的年代，人们对有机遗传机制还一无所知，但是他还是取得了非凡的成就，他正确地提出了人类变异的问题。他在《人类的由来》（*The Descent of Man*）一书中写道，从生物学角度来说人类非常普通，各种不同的地理条件带来的变异也很常见。然而，从很多方面来看，人类行为所产生的变化大大超过了其他物种。在麦哲伦海峡（the Strait of Magellan）适应了狩猎采集生活方式的火地人，与一个来自英国什鲁斯伯里小镇（Shrewsbury）的从容不迫的博学绅士（指达尔文）相比，仿佛一个天上，一个地下。但是这些差异主要是由于风俗习惯不同，与生物机能无关。达尔文也意识到，风俗习惯的演变有点像人工驯养，是人类对选择过程作出的反应，更是由人类自身的选择形成的，自然选择在其中只扮演次要的角色。

在《一个婴孩的生活概述》（*Biographical Sketch of an Infant*）一文中，达尔文描述了孩子们很乐意从照顾他们的人身上学习。对于一个 19 世纪的博物学家来说，利用其手头的工具来观察传统、习惯、语言等现象的继承发

②公地，指一项资源有很多拥有者，特别是公共资源，每个人都倾向于个人利益最大化，最终造成了资源枯竭。最早出自 1968 年英国学者哈丁的一篇文章。典型的例子有过度捕捞鱼类、过度开采矿产、公共财物无人爱惜等。参见本书《公地悲剧》一文。——译者注

展，还相对容易些，毕竟这不像错综复杂的基因遗传，没有分子生物学的高科技工具根本连想都不用想。最近，一些关于模仿教学方面的研究工作，已经开始更加深入地揭示隐藏在这些过程中的各种认知因素。对传统习惯的养成和进化研究结果，也进一步说明了达尔文给出的现象学解释言之有理。

当我们用“人性”的概念去理解学习、文明，以及文明的演变等机制时，它的缺陷就一览无余了。以“人性”的思维来看待人类行为产生的原因，会很自然地将其分为先天、后天两类。而在进化和发展的过程中，先天都是先于后天的，无论天性怎样进化，文明怎样变异，都是受天性驱使的。这也太不合情理了。如果在博物馆中陈列的石制工具是真的，那么我们就可以一直追溯到南部古猿时代后期，从那时起人类这条血脉的基因进化就和文明演变是相互适应、相互促进的。两百万年以来，技术进步与人类脑容量及其他解剖学特征的变化差不多是同步的。有很多例子可以确定无误地证明，是文明的演变驱动了基因的进化，比如说乳制品制造业的发展促进了成人乳糖酶持续性基因的进化。同样是在这两百万年间，社会学习这种方式也起到了类似的作用。人类的社会学习能力在出生后的第一年就开始发挥作用，而这时候婴儿还没有获得语言及精确的模仿能力，发展心理学家不得不煞费苦心，设计了很多实验来研究婴儿到底学了些什么。婴儿在出生 12 个月后，就开始源源不断地接收周围人类文明的信息，外界也开始与基因表达产生互动。而对自闭症儿童来说，这种社会学习的能力或多或少受到了严重损伤，到了成人阶段都会有不同程度的发展性障碍。

就像直立行走一样，人类的文明也应被当作是人类生物学研究的一部分。人类的足迹遍及绝大多数的陆地和两栖环境，适应、变异、进化都离不开人类文明的参与。而“人性”的概念和本质主义一样过于泛泛而谈，如果痴迷于此，想解开人类进化之谜就要走很多弯路了。

29

THE URVOGEL

第一只鸟

朱丽亚·克拉克（Julia Clarke）

得克萨斯大学奥斯汀分校杰克逊地球科学学院古脊椎动物学副教授，约翰·威尔逊（John A. Wilson）百年纪念会研究员。

尽管我们用到的都是些熟悉的、令人安心的，甚至是放之四海而皆准的词汇和概念，我还是觉得再也不能随意把什么东西都往进化过程上去套了。说得更直接些，我已经受够了每当有新的有羽毛的恐龙标本发现时，我就要一遍遍地解释是不是发现了一只鸟。

有许多原因让这样的问题情有可原。多年以来，大多数的科学家都同意现存的鸟类是恐龙的后代。《侏罗纪公园》（*Jurassic Park*）这部电影没白拍，使得"恐龙活下来了，只是变成了鸟类"这种想法深入人心。也许这并不奇怪，当科学家发现了一种新的带羽毛的恐龙的时候，人们，包括科学家和科学记者常常脱口而出："它会飞吗？"想想"Urvogel"① ——第一只鸟，实际上它是首次发现的有羽毛的恐龙，另一个名字叫始祖鸟（Archaeopteryx）。在各种科学文献中，关于它的辩论仍在继续：它到底是不是一只鸟？

作为一个研究鸟类进化的古生物学家，我发现自己要屡次面对以下这种交流。例如，我描述了一个最近从化石中发现的小羽毛物种。在详细介绍了它已知的特点之后，我可能会提一句它或许有某种形式的空气动力特征。这时候一般都会有一阵子的停顿，然后问题就来了："那它是一只鸟吗？"任凭科学家使用各种修饰语和复杂的词汇，大众早就不耐烦了，他们只想听简单

① 介于有羽毛的恐龙和鸟类之间的过渡性物种，曾经被认为是最早及最原始的鸟类。其化石最早在德国被发现。所以人们也经常用它的德语名字——Urvogel，即"第一只鸟"的意思。——译者注

的故事："行了，别拐弯抹角了，它到底会飞吗？"

这些问题听起来可能很幼稚，也可能很顺理成章。然而，尽管这些问题看起来像是科学问题，但实际上大多数并不是。他们主要关心的是，我们想把它归为哪一类生物实体（是鸟类吗？），这一类的哪一部分（有羽毛的？）。今天我们可能认为这种区分是件轻而易举的事情，但是先让我们把目光投向过去，透过一个旧镜头看看一亿多年前的生物吧。

古生物学家研究骨骼的形状和构成，在少数情况下也会借助羽毛来追溯史前生物的生态。要想做到这一点，从构成和功能两方面，我们必须使用这些古生物在当世的近亲身上的数据。这项工作虽困难重重但从未间断。而像天方夜谭一样的事情是，我们要硬生生地从古生物的某种结构组合中想象出来它是如何运动的，尽管这种组合在现代生物身上从未见过。例如，有羽毛的现代鸟类在肩胛骨和鸟喙骨之间有一个关节，上臂骨和肱骨借此在肩胛带接合。在古生物化石中，我们可以发现如下性状：羽毛覆盖的前肢，令人惊异的翼展（我们能称之为翅膀吗？）上唯独缺乏上述关节的衔接。羽毛的细微特征、相对比例和任何现存的鸟类都不一样。那么，这个生物属于鸟类吗？

这种生物是怎样运动的？它是否以一种持续的拍打动作飞行？但这种动作不像任何尚存的物种。如果我们能够返回到白垩纪的森林，我们会把这一运动称为"飞行"吗？如果这种生物只是短促地拍动"翅膀"，从一个树枝移动到另一个树枝呢？如果它利用这些"翅膀"来爬树或是跳跃呢？如果它只是在年幼时会飞，成年后就变得体型庞大，它的羽毛前肢只是用来向同伴发出信号，但再也不用于飞行了呢？

存在一堆假设！而且对居住在侏罗纪和白垩纪的不同生物来说，这些假设又的确都有可能真实存在。我们可以争辩这些生物算不算会飞，或者基于当代的定义来讨论它们是否是鸟类，但这样做，我们是在冒着一叶障目的风险，很可能会失去更大的科学视野。我们太急于求成了，忙着定义术语并开始捍卫这些术语，就像是掉进了一个兔子洞一样不能自拔。而现在真正最需要的是精益求精，如果把现代鸟类看做是一架飞行机器的话，我们需要搞清楚它们身上的那么多种功能到底是怎样设计出来的，在进化的过程中鸟类的第一次亮相到底是如何发生的。

在分类学中羽毛第一次登堂入室是这样一幅画面：长着羽毛的动物，成年后就不会飞了。在暴龙及其现代的近亲鸟类的身上都有发现一些简单的丝状物，而这就是羽毛的前身。无论是“鸟”，还是“飞行”，都和恐龙渊源深厚，从骨骼和羽毛上发现的这方面的特征数以百计，而我们似乎还在不遗余力地想把这两种特征捏合在一起。

人们对“鸟”和“飞行”的定义争论不休，不仅毫无意义，也与进化的思想背道而驰。我肯定不是第一个这么认为的人，但让我大跌眼镜的是，这种争论在专家圈子里还是经久不衰。例如，关于如何依据正式的分类学方法来命名鸟纲的讨论还在进行。以所谓的二分法或者分类法来理解在进化的历史长河中发生的形形色色的事件，可以说是痴心妄想，而且还会对真正有意思的问题产生严重的误导。很多新颖的生物性征，都是以在复杂的异步模式中发展变化的，如果非要用简单的分类描述各种各样的进化，那结果一定是夸夸其谈。

我们应该将各种假设根据彼此的关联性一一列出并进行研究，而不是用相反的做法。我们自己觉得舒服的分类结果，往往人为痕迹太重，反映的只是表面上的关系。的确，综观科学领域，我们会碰上很多种“Urvogels”，仿佛这就是阴魂不散的证据，提醒我们正有一种强大的集体认知，诱使我们凭直觉、想当然的冲动对各种实体进行分类。这可是我们的绊脚石啊！

30

NUMBERING NATURE

给人类的本性编号

库尔特·格雷（Kurt Gray）

美国北卡罗来纳大学教堂山分校社会心理学助理教授。

“我对物种和变种之间的区别是那么模糊和任意感到非常震惊。”此句出自达尔文的《物种起源》。

几个世纪以来，人们一直采用林奈氏分类系统来梳理纷繁、巨大的生物多样性。18 世纪时，林奈发明了一种基于物种描述的方法来进行分类：它们看起来一样吗？它们的行为方式一样吗？用林奈氏分类方法，能够将自然界分得清楚分明。你可以先计数，然后自信地说：“那里有两种大象”或“那里有四类熊”；一些心理学家也会这样表达，“有六种情绪”“有五类人格”或“有三种道德感”。这些心理学家都受到了林奈精密、有序、整洁的想法的启发，可是唯一的问题是，林奈的方法是错的。

林奈生活的年代，是在达尔文提出自然选择进化论的 100 年之前，而林奈一直坚信物种是固定不变的。他骨子里的宗教意识使他认为，物种是天意的产物，他的工作就是简单地将不同的物种分类。看一下他的座右铭就知道了：上帝负责创造，林奈负责组织。如果是上帝创造出了一定数量的不同物种，那么对这些物种进行登记、编目、计数就都是合理的。问“上帝创造了多少种蝾螈？”是讲得通的。然而，进化论的出现破坏了“物种神圣不可侵犯”的理念。物种并不是在创世之初一下子就全部出现的，而是随着时间的推移逐步丰富的。这个过程只需要不断重复一个简单的算法——遗传、变异和选择，就可以实现。让人眼花缭乱的生物多样性，从病毒仙人掌，再到人类，都可以通过环境不同、机制相同的进化过程来解释。这种相同的进化过程意味着，物种之间的联系更多的是在人类的头脑中存在，而并不是大自然刻意为之。有许多位于进化过渡阶段的动物（例如肺鱼）和杂交生物体（例如狮虎兽），不能简单地将它们分类。此外，从地质时期的角度来看，随着各大陆板块的断裂、碰撞，物种分分合合，这种分类方法就显得更加武断了。

生物学已经意识到了这点，物种的分类并不代表神意，而只是用一种简单、有用、直观的方式来划分世上的芸芸众生。不幸的是，心理学还懵懵懂懂，落在后面。许多心理学家认为，心理世界还是固定的、靠谱的，不同的心理状态反映的是更深层次的本质。翻开心理学导论的教科书，看看上面列举的心理类型——人类的 5 种需求、6 种基本情绪、3 种道德感、3 种爱、心灵的 3 个阶段，等等。实际上，这些列表主要是提出列表的人凭着直觉而获得的。

就像 18 世纪的林奈所做的那样，这些直观的分类法已经是我们竭尽所能得出的最好的结果了。原因和林奈一样，因为心理学缺乏对于基本心理过程的理解。然而，社会认知学和神经科学揭示了这些过程，并且发现了不同的精神体验是某些更基本的情感及认知过程的组合，比如情感、道德、动机。这项研究表明，各种心理状态并不能被划定为具有持久本质的“事物”，而只是一种模糊的结构，这种结构是由一些公共的心理过程在不同的环境下表达出来的。

在不同的特定环境下，同样的进化过程可以创造出大量的物种，以此类推，心灵也能创造出大量精神物种。你可不能再像数一数雪花或颜色有多少种那样，给情绪或道德感分类了。可以肯定的是，各个实例之间一定存在相似性和差异性，但是进行分组这种做法就太任意了，尤其是当分类依据在很大程度上取决于研究人员的直觉的时候。某位科学家可以将一种精神体验分成 3 类，另一位科学家则可能分成 4 类，再来一个科学家又可能分成 5 类。科学家永远不会对这样的基本数字达成共识。

心理学是时候放弃给人类的本性编号的野心了，也应该认识到，所谓的“心理物种”要么不确切，要么不真实。生物学很早就认识到了物种分类的任意性和人为构建性，为什么心理学落后了 200 年？可能的答案是，人类相信（甚至包括心理学家和哲学家们）直觉作为意识的产物，能够精确地反映意识本身的结构。不幸的是，通过数十年的研究，直觉的缺陷已经大白于天下，更不用说通过直觉来揭示心理过程的特点了。

心理学家的工作必须从计数转向组合。计数只是简单地描述世界，也就是某个心理学家，在某段时间内，依托某种文化，根据某种直觉，给心理的状态排排序而已。组合则试图寻求基本的心理元素，并且发现它们是如何相互影响，从而创造精神世界的。在生物学中，计数的问题是“有多少种蝶螈”，而组合的问题是“什么过程导致了蝶螈的多样性”。计数被绑定到一个特定的环境和时间里，而组合识别这些因素，映射到不同的过程上去。心理学必须全面向生物学学习，不再列举个体的种类，而是寻求背后的心理机制。

美国国家心理健康研究所主任托马斯·英赛尔（Thomas Insel）已经开始在精神病理学中率先开展此类研究。他反对应用《精神疾病诊断与统计手册》（*Diagnostic and Statistical Manual of Mental Disorders*），因为其中提出现有的分类法使精神病理学的基本过程模糊不清，阻碍了新的治疗方法的发现。美国国家精神卫生研究所（NTMH）建议，通过对表达情感和表达概念的神经系统的基础性研究，我们可以解释为什么截然不同的抑郁障碍和焦虑症状常常是并存的，以及为何选择性 5- 羟色胺再摄取抑制剂（SSRI）能够有助于缓解各种精神障碍。我们不能轻易地给精神病理学标上某个类别的标签，其他的心理现象也不能。

当然，我们不应该把孩子和洗澡水一起倒掉。给自然世界分分类，还是有必要的，否则大家就很难一起讨论问题了。即使在生物学领域，进化过程的力量也是无可争议的，大多数人还是沿用林奈分类体系，也还继续使用着几个世纪前林奈取的名字。关键是不要把人类主观构建出来的东西与大自然原本的秩序混为一谈。对人类有用的东西并不一定、也无须是真实的。在心理学领域，直观的分类法是必须迈出的第一步，但即便是如此了解这个物种世界的林奈也意识到了，无论是他所构建的系统，还是他给物种打上的标签，都存在武断性。心理学也必须承认这个事实了！也该将林奈留在 18 世纪了！

31

HARDWIRED = PERMANENT

木已成舟 = 永恒不变

迈克尔·舍默（Michael Shermer）

《怀疑论者》（*Skeptic*）杂志创始发行人，《科学美国人》（*Scientific American*）专栏作家，著有《可信的大脑》（*The Believing Brain*）。

有一个科学观点：一旦生物体的某一属性或行为模式是“天生的”，那就意味着这个特征是永恒不变的，就不用再坚持这个观点了。一个重点例子就是神与宗教。

达尔文在 1871 年出版的名为《人类的由来》一书中提出：“这一类对一些无所不在的上帝力量的信仰似乎到处都有。”从那以后，这似乎成了一种物种的演化特征，在人类的大脑中固化下来了。为了探索为什么人类对神的信仰如此根深蒂固，科学家进行了各种实验和调查。人类学家已经发现，对各种超自然力量的信仰，如死亡和来世，幸运与不幸，尤其是魔力、神话、宗教仪式、占卜和民间传说等，是人类的共性。行为遗传学家从双生子研究中得到一些发现，这其中最特别的是，双胞胎在出生时被分开，并在不同的环境中长大，对神的信仰和对宗教的虔诚，有 40% ~ 50% 来自于遗传。某些科学家甚至声称已经发现了“上帝”基因，或者更准确些，叫作“上帝基因复合体”，就是这些基因导致了人类需要精神超越和某种高级力量的信仰。甚至宗教故事中的特定元素——一场毁灭性的洪水、一个处女的诞生、各种神迹、死而复生，等等，都在各种历史、各种文化中独立、反复地出现。到现在为止，我都还坚持这样的理论：相信冥冥之中一定存在着某种固有的、与宗教和信仰上帝相关的东西。

如果我们在火星上建立一个永久殖民地，并且其成员都是拥有纯粹世俗的世界观、无宗教信仰的科学家，我们可以将这个实验维持十代或者百代人，到时候再来看看上帝是否还会存在。这将是个非常有趣的实验。然而，直到现在，我们也只能考查一下地球上的自然实验的结果。例如，2013年，在西方世界，在13个国家（德国、法国、瑞典、西班牙、瑞士、土耳其、以色列、加拿大、巴西、印度、韩国、英国和美国）中举行了一场民意调查，有14 000人参与。这个调查是德国的贝塔斯曼基金会（Bertelsmann Stiftung）为他们的“宗教观察”（Religion Monitor）项目展开的。结果发现，在这些国家里，尤其是在青少年中，对上帝的信仰大多呈现了一种下降趋势。例如，在西班牙，在45岁以上的受访者中，85%的人非常虔诚地信仰上帝，但在29岁以下的受访者中，只有58%的人信仰上帝。在欧洲，一般只有30% ~ 59%的人认为宗教在他们的生活中很重要。同时，在许多欧洲国家，不足1/3的人说他们相信上帝。

即使在宗教盛行的美国的民意调查中我们也发现，31%的美国人说他们“不信教或不是很信教”。这一发现也证实了2012年美国皮尤论坛（Pew Forum）调查的结果：在美国，发展最快的宗教群体是“无宗教信仰”群体，占20%（在30岁以下的成年人中占33%），其中无神论者和不可知论者占6%，不信仰任何东西的人占14%。折算成原始数据就更惊人了：美国成年人口（18岁及以上）为2.4亿人，这意味着他们当中的4 800万人是“无宗教信仰”，或者说1 440万人是无神论者或不可知论者，3 360万人什么都不信。另外，这种信仰缺失的比例在每一代人之间的差异也很明显，“最伟大的一代”（1913—1927年出生）比例为5%，“沉默的一代”（1928—1945年出生）为9%，“婴儿潮一代”（1946—1964出生）为15%，“无名的一代”（1965—1980年出生）为21%，“年长的千禧一代”（1981—1989年出生）为30%，“年轻的千禧一代”（1990—1994出生）为34%。

按这个速度发展下去，我预计在2220年“无宗教信仰”人数的比例将达到100%。

科学家们！上帝、宗教这些理念，真的不是人类大脑中固有的。我们都习惯了认知偏差的影响，这是人之常情，科学家也不例外，总是倾向于思考、解释一些共同的信念。我们还是从长计议，先拿当下和五百年前做比较吧，那个时候信仰上帝的比例可几乎是 100% 啊。再和我们旧石器时代的祖先比吧，在他们的狩猎-采集部落里面举行任何迷信仪式的时候，祖先们根本就不相信任何上帝或者宗教，哪怕他们的活动与现代人的神灵、信仰有一点点儿相似也好啊。

这表明，宗教信仰也好，相信上帝也好，都是一个副产品，来自其他的某种认知过程（例如，施为感知①）或者某种文化倾向（渴望被接纳的倾向）。脑子里的神经链路虽然已经形成了，但别忘了，在 5 个世纪前的欧洲，大多数的博学家和科学家还沉浸在各种迷信仪式和超自然信仰之中。这种貌似木已成舟的意识可以通过推理和科学的方法加以消除。例如，当时巫术最为流行，被拿来解决作物歉收、天气异常、疾病，以及其他各种病痛和灾难。解决的办法是鞭打妇女，燃起柴堆，用火烧死她们。今天，没有正常人再相信这些了。随着科学的不断进步，人们对农业、气候、疾病以及其他因果关系（包括机遇在各个领域的作用）的理解不断深入，而巫术早就遭到了自己的报应，烟消云散了。

一定还会有其他形式的、笃信“木已成舟 = 永恒不变“的思想继续出现。比如对暴力的认识。我们可能天生就有暴力倾向，但是我们可以通过经实践检验过的科学方法来大大减弱这种倾向。因此，我预测，在接下来的 500 年里，上帝决定的因果论将不复存在。21 世纪的科学理论也必将承认，对上帝的信仰，决不是刻画在我们的大脑里的、人类物种的永恒特质。

① 指在某些涉及自身的情况下，人或动物具备一种预感，能够感知到潜在的危险，或者感知到某种潜意识在左右自身的行动，即施为者。就像感知到仁慈的神明、躲藏在阴影处的怪兽等在注视着人类一样，人类容易相信有无形的施为者存在。——译者注

32

THE ATHEISM PREREQUISITE
以无神论为前提

道格拉斯·洛西科夫（Douglas Rushkoff）

传媒理论家，纪录片制片人，著有《当下的冲击》（*Present Shock*）。

我们无须将生命的诞生都归因于全知全能的上帝，也无须在意现实中是否发生了什么灵异事件。我们大多数人都是心怀目标，尽享生活的。这样的思想境界，到底是原本如此的宇宙状态的真实反映，还是DNA的恶作剧所带来的幻想？抑或是终有一天社会互动将会带来的后果？我们尚不能做出判断。但最起码，这说明我们的体验和期望不是什么障碍，起码不会妨碍我们对世界进行正确的观察和分析。

可是，科学对唯物主义有一种不请自来的责任，平添了很多与时空起源有关的假设，并将我们带入了一个非常复杂的境地。例如时间必须是宇宙大爆炸的产物，意识（如果确实存在）则必然是物质的副产品。接受了这些，我们还会不断地碰到复杂性、奇点、机器人意识，等等，宛如长篇故事书一般，其厚度不会比诠释《圣经》预言的文献薄。

如果少沉浸在故事书的纸堆里，我们完全有可能以一种全新的理性来看待事物：时间有可能早于物质产生；意识有可能不是物理上因果过程的产物，而是物质活动的前奏。

其实完全没有必要以无神论作为科学推理的基本原则，否则我们就是自套枷锁，而完全忽视了人类的觉悟自有其标新立异之处，而且薪尽火传、一脉相承。别忘了，人类的意识并非是空穴来风啊。

33

EVOLUTION IS "TRUE"

进化是"真实的"

罗杰·海菲尔德（Roger Highfield）

伦敦科学博物馆外部事务主任，科普畅销书作家，合著有《超级合作者》（*Super Cooperators*）。

政治家、诗人、哲学家和宗教人士通常都喜欢谈论真相。相比之下，大多数科学家都觉得将某一个研究领域描述为"真实的"有些夸大其词，虽然他们确实都致力于以数学来描述真理。例如，有无数实验支持量子理论对世界如何运作的预测，从这个意义上讲，无论听上去有多么稀奇古怪，多么令人不安，多么违反直觉，量子理论都是真实的。同样，我在大学里修习化学时，没见到过有人跑过来告诉我元素周期表是"真实的"，但我照样对门捷列夫（Mendeleev）是如何知晓原子的电子结构佩服得五体投地。那为什么某些生物学家在谈到进化时，会多次强调进化是真实的呢？毕竟，很难说书本上关于进化论的一切是否都是"真实的"。谈到真实，想靠言辞与非理性的信念进行交锋，是自寻烦恼。

我们把智慧设计论者（Intelligent Design）[1]和其他神创论者的批评先放在一边，不去理会。与进化相关的各项事实都已经很完备了，分别来自实验室、化石记录、DNA 记录以及计算机模拟结果等。如果进化生物学家真想当个"真理探索者"，他们需要的是追随巨人的脚步，像美国遗传学家休厄尔·赖特（Sewall Wright），印度生理学家、生物化学家霍尔丹（J.B.S.Haldane）、英国统计与遗传学家罗纳德·费希尔（Ronald Fisher）等人那样，能够专注于对

[1] 智慧设计论认为，自然界中存在的一些现象只能用超自然的因素来解释，一定是由具有更高智慧的创造者设计出来的。例如，DNA 所含的信息太复杂，不可能是在地球上演化出现的，而是被诸如外星人之类的高级智慧设计好了，再投放到地球上来的。——译者注

生物学的数学规律的发现上。

生物学有些杂乱无章，相对来说不太容易从中梳理出进化的数学原理来。也许生物学的定律是物理学和化学定律的演绎结果。也许自然选择并非是一种统计结果，而是一种新的基本物理定律。不管什么情况，那些普适的真理，也就是物理学家和化学家们依赖的‘定律”，在生物学中都难寻踪影。

大约在 10 年前，伟大的演化博弈论之父约翰·梅纳德·史密斯（John Maynard Smith）为一本书写了一个讲述演化博弈论的章节。这本书讲述的都是科学上最强大的公式，但史密斯的功绩远远不止一个公式。要是史密斯早些诞生就好了。在那之后，生物学的形势没有多大改变。不过人们已经发现了很多公式化的方法来表述生物学的过程，相信在不久的将来，在高中课本里，除了牛顿的运动定律，生命公式也赫然在列。进化生物学一定会迎来这一天。

此外，如果物理学能够作为一个代表，来说明成熟的学科看起来应该是什么样子的话，我们就不必浪费时间和精力与反科学的神创论者们打嘴仗了，我们需要摒弃那种盲目的坚持，不要以为现在讨论的进化机制已经成了雷打不动的真理。我们知道，牛顿发现了万有引力，一个世纪前却被爱因斯坦兼收并蓄，变成了另一种观点。直至今日，当人们开始逐步了解暗宇宙的本质时，引力的概念又一次被翻出来，看是否有必要再次进行修订。前车之鉴，后事之师，进化的理念何尝不是如此。

注：本文作者罗杰·海菲尔德的《超级合作者》已由湛庐文化策划，浙江人民出版社出版。

34

THERE IS NO REALITY IN THE QUANTUM WORLD

量子世界里没有真实的存在

安东·蔡林格（Anton Zeilinger）

物理学家，奥地利科学院院长，曾在维也纳大学和量子光学与量子信息研究所任职，著有《光子之舞》（*Dance of the Photons*）。

我们应该放弃“量子世界里没有真实的存在”这个念头。这个想法的出现，背后可能有两个原因：

◎ 我们不是总能用精确值来描述某个物理性质；

◎ 宽光谱范围内，在量子力学的某些解释结果中，量子状态并不反映外部现实，而是反映观察者头脑中的认知。

因此，意识起着至关重要的作用。

让我们回顾一下著名的双缝干涉实验。在这些实验或其等效实验中，不仅是以单个光子作为实验对象（或者任何其他类型的粒子，如中子、质子或电子），也采用了一束非常大的粒子，如球形 C_{60} 或 C_{70} 碳分子，也称为巴克球。在适当的实验条件下，你会在两个狭缝后面的屏幕上观察到巴克球的分布——最大分布和最小分布，其干涉图样是由波穿过两个狭缝的概率决定的。但是根据爱因斯坦与玻尔那场著名的辩论，我们可能会问：“一个特定的巴克球分子到底通过哪个狭缝？”看起来每个分子都必须在两个狭缝之间二选一，这难道不是个很自然的问题吗？

量子物理学告诉我们，这个问题是没有意义的。我们不能为粒子分配一个确定的位置，除非我们在实验中能找出它们的确切位置。在此之前，巴克球的位置，乃至它到底通过哪个狭缝，是一个缺乏意义的概念。

假设我们现在测量，然后得到了一个特定的粒子在巴克球粒子束中的位置。我们这样描述这个粒子的位置：它不是靠近这个狭缝，就是靠近那一个狭缝。在这种情况下，位置是真实的一个因素，所以我们可以说量子物理学描述了这样一种真实的现象。有趣的是，如果我们获得了粒子某方面的精确信息（如粒子的位置），那么另一方面的信息（如干涉图样）就不再确定和完备了。

那么意识又与此何干呢？量子力学告诉我们，在任何观察之前，粒子处于通过两个狭缝的叠加状态。如果我们现在准备两个探测器，在每个狭缝后放一个，两个探测器就会自动记录粒子的表现。但量子力学又告诉我们，测量仪器与粒子的位置相互纠缠，粒子本身缺乏确定的经典特征，至少原则上是这样。这种纠缠会一直持续到一个观察者记录下结果。所以，如果我们接受这样的推理过程，真实只有在观察者的意识参与以后才会发生。

不过，我们不必走那么远。如果我们认为量子力学描述的仅仅是测量结果的概率，这样的假设就已经足够了。启动一次观察，潜在的可能性就变成真实的存在。在我们的例子中，巴克球的位置就变成了一个定量的结果，人们也可以明确地谈论这个问题。但是，巴克球是否一直存在，和它是否存在一个确定的位置无关。在双缝干涉实验中，真实的情况就是如此。

35

SPACETIME

时空

史蒂夫·吉丁斯（Steve Giddings）

加利福尼亚大学圣芭芭拉分校理论物理学家。

时间与空间搭台，物理学唱戏，一直以来都是这样。狭义相对论将时空融合在一起，广义相对论则展示了时空弯曲与时空涟漪。但不管怎样，物理学大厦都构建在时空的基础之上。然而，当人们用量子力学来描述世界时，“时间、空间是大自然的根本”这个观点就受到了极大的挑战。

我们特别需要面对的问题是，如何协调引力论和量子力学。起初，物理学家们相信，当时空剧烈波动到一定程度时，它可能就会失去存在的意义，但这只在极短距的情况下存在。可是，当人们试图将量子理论和引力现象整合起来，研究黑洞和宇宙演化时，发现时空未必是宇宙的根本。在超长距上，时空结构开始呈现不确定性的迹象。这个问题就严重了。

量子力学已经是物理学中不可或缺的一部分，对其进行任何修正在业界都会反响巨大。如果量子原理支配着自然界，时空就应该源自更加根本的量子结构。那么揣测一下，这个过程大致类似于原子的相互作用，从而导致了流体行为的出现。

对于时空的基本问题，很多方兴未艾的研究都给出了更加强大的证据，它的基础地位也受到严峻挑战，其中黑洞物理学首当其冲。关于时空，有一条经典的箴言：信息传播的速度不可能超过光速。但是，似乎研究越深入，就越发现量子原理与这条箴言格格不入。在标准的时空场景中，似乎有一些大错特错的东西。当我们把宇宙的大尺度结构、量子原理和暗能量三者综合在一起考虑时，证据又明显增加了。最终的结果是，在超长距离下，经历着强烈量子波动的时空又一次失去了存在的意义。我们尝试着用各种不同的数学方法来描述时空波动，只是证据越来越多，结论却都是相同的。

放弃时空概念的基础性地位，这个要求毫不含糊，并且必将影响深远。但问题在于，我们还不知道用什么理论来取代时空。各种在量子理论框架下的研究正在进行，有一些颇有前途，但还没有惊世之作出现，一些困扰了我们几十年的、与黑洞和宇宙学相关的难题仍然没有解决。我们翘首盼望这样的继任者出现，物理学的下一次大革命必定与此相关。

36

THE UNIVERSE

宇宙

阿曼达·格夫特（Amanda Gefter）

科学作家，《新科学家》（*New Scientist*）杂志顾问，著有《非法踏入爱因斯坦的草坪》（*Trespassing on Einstein's Lawn*）。

自古以来物理学就有嘲弄人类最基本的直觉。爱因斯坦的相对论推翻了绝对时空的理念，量子力学又几乎把其他所有的事情都颠覆了。幸好，熬过了这一切，还有一个理念一直执拗地站在那儿——宇宙。

的确，多少年来，我们对于宇宙的认知一直在不断地向前推进——动荡不安的历史，诞生之初的暴胀，持续加速的膨胀。我们的宇宙居然还降格到了只是被那个名为“事件视界”（event horizon）[1]的东西隔开的多重宇宙中的一个。而且我们还牢牢抓住这个念头不放手：我们住在银河系，我们共居于宇宙大家庭的一角，我们享有单一的时空。

不过也别高兴得太早。近年来，“单一共享时空”这个理念已经又一次把物理学禁锢在悖论里了。从20世纪70年代史蒂芬·霍金（Stephen Hawking）的那本惊世之作[2]起，有些不对头的迹象就悄然而生了：黑洞源源不断地向外辐射、蒸发；据说一些量子信息也随之消失在宇宙中了。然而，量子力学又宣称，信息本身永远不会丢失。

这可是个大麻烦。受到相对论的限制，信息传播的速度不能超过光速，

[1] 一个事件刚好能被观察到的那个时空界面称为视界。譬如，发生在黑洞里的事件不会被黑洞外的人观察到，因此我们可以称黑洞的界面为一个视界。黑洞的边界也称为视界。——译者注

[2] 指《时空的大尺度结构》（*The Large Scale Structure of Space-Time*）一书。——译者注

一旦信息落入了黑洞就再也出不来了。所以，保留这些信息的唯一办法就是别让它掉进黑洞里面去。由于宇宙在加速膨胀，这对一个黑洞以外的观测者来说没什么大不了的。从霍金的角度来看，相对论效应使得信息在传播到黑洞附近时扭曲并速度变慢，还没等穿越黑洞视界就在霍金辐射[3]里灰飞烟灭了。可是，对一个陷入黑洞、处于惯性下落状态的观察者来说，事情就大不一样了，承蒙爱因斯坦的等效原理，他在通过视界时不会觉察到任何怪异的相对论效应或者霍金辐射现象。在这种情况下，如果信息并没有进入黑洞，那相对论就解释不通了。换个说法，为了让所有的物理学定律都愉快地活下去，那只有一条路子：信息有两份，一份仍待在黑洞外，另一份克隆体则一头扎进黑洞里。但是量子力学是不允许克隆的。

斯坦福大学的李奥纳特·苏士侃（Leonard Susskind）最终解决了这个信息丢失的悖论，他说我们必须恪守“要么描述黑洞视界之内的时空，要么描述黑洞视界之外的时空”这个原则。任何一种描述都是具备一致性的。可当你试图同时描述黑洞内外的时候，物理学就拿你不依不饶了。“视界互补性”教导我们说，黑洞内外是两个宇宙，并非一体，不能相提并论。

“视界互补性”学说让悖论消停了下来，可到了去年，物理学界又被另一个更折磨人的“火墙悖论”搅得鸡犬不宁。假设有两个观察者，携带着同一比特的相反信息，矛盾就发生在两位观察者都位于视界以外，本来要进黑洞的那位还没有掉进去呢。也就是说，两位观察者还在同一宇宙中。

物理学家们开始思索，是否可以把接受所谓“强互补性”作为“火墙悖论”的最好解释。也就是说，我们对宇宙的描述不仅仅局限在由视界分割开的时空区域里面，还要局限在每一位观察者的坐标系统（参考系）里面，不管这些观察者身在何处，每一位观察者都“自带”一个宇宙。

一般意义上的视界互补性原理已经严重削弱了多重宇宙的可能性。想想看吧，当你说到一个视界、两个宇宙的时候，已有的物理学就已经很难解释了。那么当说到无穷个视界、无穷个宇宙的时候，物理学岂不是没有活路了！

[3] 由霍金提出并得到证实的一种辐射。——译者注

而强互补性原理则会削弱单一、共享宇宙的可能性。乍一看，强互补性就是某种意义上的多重宇宙，其实并不尽然。观察者可以有很多，每个观察者的宇宙都可以多姿多彩，但只要你不想冒物理规律之大不韪，你一次就只能拿一个宇宙说事。这就是宇宙的唯我主义。

让“宇宙”这个概念“早退”的想法的确挺激进的，如果真的这么做，最好在科学上有实实在在的好处。我相信这并不是哗众取宠。或许，这可以将某些让科学家心中惴惴不安的、看似偶然、实则必然的事实搞个水落石出。例如在宇宙背景微波测量结果中发现，在四极矩偏低、大于60度的尺度下，宇宙背景温度几乎没有波动。这恰好和人类能够观测到的宇宙的尺度精确一致。看起来就像是“真相”在运行到一个观测者的时空边缘时，戛然而止一样。

尤为重要的是，我们可以借此对量子力学有更佳的理解。量子力学允许物体游离在相互排斥的量子叠加状态，就好比光子要么通过此条、要么通过那条狭缝衍射，或者就像一只猫同时处于生死之间。到了这个地步，布尔逻辑（Boolean logic）就没有用武之地了，排中律也斯文扫地。更妙的是，一旦我们真的观察到了什么现象，倏忽之间这种量子叠加状态就消失了。只有一个事实，或者说是奇迹，留给了我们。

而如果不去考虑宇宙的概念的话，上述的一切就都顺理成章得多了。毕竟，所谓量子叠加都只是不同的参照系的叠加而已。只要参照系是唯一的，不管什么动物，其命运都是唯一的。猫之所以既生又死，只是因为一个不恰当的前提：你想把多个参照系拼接起来，而你又认为这些参照系是同一个宇宙的一部分。

物理学家们还在孜孜不倦地推动量子引力理论的发展，在这个过程中，抛弃宇宙这个概念，本身就能带来一些启示。例如，如果每一个观察者都有其自身的宇宙，那么每个人也将拥有独一无二的希尔伯特空间、宇宙视界，以及由此而形成的对这个宇宙的全息印象。只需要量子引力理论能够提供一系列的相容性条件，而这些条件在不同的观察者之间都是可实测、可关联的，就可以描述这一切了。

物理学总是能发现一些奇怪的真相，接受真相、修正直觉，说起来容易做起来难。所谓一个单一的、共享的宇宙是不存在的，而是我有我的宇宙，你有你的宇宙。认识到这一点，也许我们就见怪不怪了。

36
阿曼达·格夫特 AMANDA GEFTER

WHEN YOU ARE
ADHERING
TO THE HIGHEST
STANDARDS
OF LOGIC
AND EVIDENCE,
YOU ARE THINKING
SCIENTIFICALLY.
AND
WHEN YOU'RE NOT,
YOU'RE NOT.

只要你坚持最高的逻辑标准和证据质量，你就是以科学的态度在思考。不这么做，就不科学。

——萨姆·哈里斯（Sam Harris），《“狭隘”的科学》

37

OUR NARROW DEFINITION OF "SCIENCE"

"狭隘"的科学

Sam Harris
萨姆·哈里斯
哲学家，神经学家，非营利组织理智工程（Project Reason）联合创始人兼首席执行官。著有《自由意志：用科学为善恶做了断》。

回想一下，或者留心一下你与他人的对话，你会发现在科学和哲学之间，或者，在那些试图将主张建立在事实与逻辑基础之上的学科之间，并没有真正的界限。只要主张和验证方法采取了实验或数学化的形式，我们就倾向于认为自己关心的是"科学的"；当与更加抽象的事物关联，或者更关注思维本身的一致性时，我们就经常认为这是"哲学的"；当我们仅仅想知道人们在过去做了什么，我们就将这些兴趣所在称为"历史的"或"新闻的"；而当某个人忽视事实、漠视逻辑到了危险的地步，或者只是深陷于恐惧、痴心妄想、宗派主义，抑或是迷幻的境地，我们就认为这个人的状态是"宗教的"。

而目前真正的知识学科之间的界限，实际上主要是由大学的预算和教学楼来划分的。“都灵裹尸布”是中世纪的伪造物吗？这是个历史学的问题，当然也是考古学的，但是，“放射性碳年代测定法”这一技术又使它成为化学和物理学的问题。我们真正应该关注的差别在于，是对将要采信的东西孜孜不倦地查找证据，还是将就使用劣质的证据。而对这一差别的观察本身，就是科学态度必不可少的要素之一。

科学的态度能够兵来将挡、水来土掩。的确，如果《圣经》和耶稣复活的证据是完好的、正确的，那么我们都能以科学的名义，接受基督教原教旨主义的教义。当然，问题是证据要么惨不忍睹，要么毫无踪迹——就这样，在实践上，科学与宗教之间的分界线树立了起来。（而原则上，这条界线永不存在）

正是在这个问题上的混淆，催生了很多关于“人类知识的本质”和“科学极限”的稀奇古怪的说法。那些害怕科学态度而来搅局的人——特别是那些坚信某个铁器时代的神明，保持着信仰高尚感的人——会经常带着贬义使用一些词汇，例如唯物主义、新达尔文主义，还有还原论之类的，就好像这些学说与科学本身有什么必然关系似的。

当然，科学家有充分的理由选择成为一个唯物主义者、新达尔文主义者或是还原论者。但是，科学本身并不为这些学说承担什么义务，这些学说之间也没必要相互依赖。如果有证据表明二元论（非物质的灵魂、转世等）是正确的，那么世上就可能存在一个非唯物主义的科学家。但是，这方面的证据非常少，所以事实上，几乎所有的科学家都是某种形式的唯物主义者。如果有证据证明自然选择是错的，那么就又有了一个唯物主义的科学家，但他不是新达尔文主义者。但凑巧的是，达尔文提出的理论总体框架与其他科学理论是一样的。如果有证据表明，一个复杂系统的整体特征不能由其组成部分来解释，这就出现了一个新达尔文主义者，而非还原论者。在现实生活中，大多数科学家都通过这种方式找到自己的位置，因为除了物理学以外，每个学科的每一个分支都必须求助于某些概念才能发展下去，而这些概念可不能用粒子、场等术语来解释。许多人都曾就这个问题如何陷入僵局展开过“哲学的”讨论。基于这样一个事实：就算是有量子力学，我们也不能预测一只鸡的行为，也无法揣度新兴民主国家的运转情况。那么，这是否意味着存在更高层次的现象，遵循着与其下层物理法则不同的规律？如果投票的话，我会选“不”，但这并不意味着我预见到有一天，我们可以只使用物理学词汇来描述这个世界，不管是用名词还是动词。

即使我们认为人类的思维完全是物理现象的产物，意识的真相变得不再那么奇妙，幸福和痛苦的区别也变得不那么重要，这也不意味着我们能完全理解意识如何从物质中喷涌而出，意识也许永远是一个奇迹。在哲学领域，同样的问题被称为“意识研究难题”（hard problem of consciousness）。对此，我们中的有些人同意，有些人不同意。只要意识还是一个不能简化的概念，所有能想象得到的体验和价值就会依然保留着一层神秘的面纱。所幸剩下的那一块还是完整的。

平息这一切混乱的方法很简单：必须放弃“科学是人类理性世界中与众不同的一部分”这个观念。**只要你坚持最高的逻辑标准和证据质量，你就是以科学的态度在思考。不这么做，就不科学。**

注：本文作者萨姆·哈里斯的《自由意志：用科学为善恶做了断》已由湛庐文化策划，浙江人民出版社出版。

38

THE HIGGS PARTICLE CLOSES A CHAPTER IN PARTICLE PHYSICS

希格斯玻色子找到了，粒子物理学就告一段落了

哈伊姆·哈拉里（Haim Harari）

以色列大卫森科学教育中心物理学家、教授，魏兹曼科学院前院长，著有《来自暴风之眼的观察》（*A View from the Eye of the Storm*）。

据称，人们发现希格斯玻色子以后，粒子物理标准模型的工作就告一段落了，至少在报纸和斯德哥尔摩的公告中都是这么说的。的确，在50年前希格斯玻色子的引入是一个标准模型发展史上的重大事件。但实际上，有些悬而未决的问题已经困扰我们30多年了，而希格斯玻色子对此也是束手无策。

大自然教导我们，万物（其实并不确切，不然暗物质和暗能量又算什么？）是由6种夸克（为什么是6种？）和6种轻子（为什么是6种？）组成的。它们按照明确的模式、精确的方式复制（为什么？）3次（为什么是3次？）。这一大把粒子带有或正或负的电荷，正好是基本单位的0、1、2或3倍，而这个基本单位又正好是电子电荷的1/3（为什么总是这几种电荷，其他的呢？为什么夸克电荷和轻子电荷是相关的？）。大约只需要用到20个自由参数就可以描述粒子物质了。就好像有人举行了一场匪夷所思的宇宙摸彩一样，这些参数彼此无关，数值神秘，差异极大，上下范围大概有10个数量级。

希格斯玻色子描述的机制确实非常诱人：粒子从无到有，获得了质量。但这也带来了问题。为什么质量是这么多？谁规定的？是否宇宙中所有的物质都是从这一把粒子而来的？而每一种粒子的质量都是出于无人知晓的原因随机确定的？我们是否放心将所有的物理学，乃至所有的科学都基于此而

建立？

据称，这些神秘的质量反映的是希格斯玻色子耦合夸克和轻子的强度。这就好比有人问一拨人的重量是从哪里来的，我们回答说：让这拨人站在磅秤上，重量就是磅秤上的数字。这并不是一个非常令人满意的解释。标准模型的真正难题和物理学的老问题一样，就是："然后呢？"在希格斯玻色子之外，一定还有些未知的东西，可以解答暗物质、暗能量、粒子的质量等谜题，也能够揭示其简洁明了、层次分明、有序重复的模式。

希格斯玻色子不是灵丹妙药，除非最终人们发现，希格斯玻色子确实是"上帝粒子"，上帝希望按照自己的意愿来确定粒子的质量。或许，不止有一个上帝，而是存在众多有着不同的数字偏好的神灵。好消息是，标准模型所提供的景观一定是暂时的，还有很多振奋人心的发现在等待着我们。所有物质的基本结构一定可以被解开。但是，毫无疑问，我们并没有"万有理论"，还差得远呢。

39

AESTHETIC MOTIVATION

爱美之心

萨拉·德默斯（Sarah Demers）

耶鲁大学物理学副教授。

粒子物理学的标准模型留下了不少美学上的缺憾，也带给我们不少问题：为什么有那么多自由参数？为什么没有一种优雅的、单一的基本力来整合所有的力？为什么夸克和轻子只有三代？现在我们知道了基本粒子是如何获取质量的，那为什么这么多种类的物质及质量会与特定的希格斯场耦合在一起？为什么 4 种基本力的强度差异这么悬殊？对上述这些问题，很可能答案就是“事情本来就是这样”。

除了上述这些“不够美”的方面外，基于模拟和观测结果的比较我们还发现了不少破绽。宇宙加速膨胀的能量源还没有找到。在我们生活的宇宙中重子物质太少，少到很多天文现象得不到解释。从另一方面来看，重子物质又太多，多得不知道他们是如何躲过毁灭的。实际上，我们的视野中都是物质，仅靠物质-反物质的不对称性来定性，貌似又不足以自圆其说。关于这些困惑，也许我们永远得不到答案，但是毋庸置疑，我们需要推倒重来，至少需要微调现行的各种模型。这与模型在美学上是否优雅无关。

包括我在内的实验物理学家都在通过数据追寻理论之美，至少是局部之美。几年来通过在大型强子对撞机上的“能量前沿”[1]的工作，以及世界各地在粒子、原子核、原子等领域的一系列缜密的测量工作，一大波所谓“新

[1] 在 2008 年发布的《未来 10 年美国粒子物理学的发展规划报告》中，提出了基础物理学的“三大前沿”——能量前沿（The Energy Frontier）、强度前沿（The Intensity Frontier）和宇宙前沿（The Cosmic Frontier）。标志着能量前沿的加速器就是欧洲核子研究中心的大型强子对撞机。——译者注

物理学”的参数分布空间被大大缩小了。理论物理学家则根据结果挖掘出一个新的方向，然后再对理论调整、推广一番。这意味着我们又要被催促着采用更为严格的实验条件了。

这种互动既有益又有趣。新的想法在这种密切沟通的环境里可以快速得到检验。尽管我们在这种探索中并不会得到结果，在非标准物理模型的研究中发现的“什么不可为”远远比“什么可为”要多，但一想到这个过程可能会发现大统一理论的新证据，我就觉得既紧张又刺激。话虽如此，由于眼下资源紧张，我们还是要慎之又慎，对基础原理要好好审视一番。

人类在科学研究中对美的追求，已经带来了科学发展的重大飞跃，科学家们得以一而再再而三地揭开宇宙基础的奥秘。在一定程度上，我们当中很多人成为科学家的原动力就是归功于此。我可不是说我们应该放弃这种爱美之心。只不过在经历了数年的数据匮乏阶段（至少在“能量前沿”时）之后，我们在粒子物理上正面临一个数据极大并且丰富的局面。在科学实践中，最终一定要用数据说话。确保这一点比什么都重要。我们手头的数据大多站在了标准模型的一方，而且正当我们考虑下一个实验做什么的时候，又有更多的数据传来了。

由于 96% 的宇宙仍然处在暗处、不可名状的状态，我们将理论的美学缺陷等同于不可调和的矛盾，是一种不合时宜的做法。我们还不知道暗能量是什么，也没有确切地检测到暗物质，对物质-反物质的不对称性更没有令人信服的阐述，离拥有一个优雅的理论还远着呢。理论学家们会走得更远，包括发明新的数学方法，继续孜孜不倦地探索大统一理论。实验学家们则有机会也有责任，从标准模型模拟结果和观测结果之间的差异中寻找任何可能的蛛丝马迹，为他们提供方向。当然，这里也涉及新近煞费苦心发现的希格斯玻色子。

时至今日，我们需要清醒地认识到，某些模型虽然来自出色的理论学家同事们，但也许实际上只是优美温柔的圣母玛利亚。反而，我们勤勤勉勉地、而不是抓阄式地从海量数据中挖掘、确定限制条件，貌似却被束缚了手脚，但我们认识宇宙的下一个高峰，也许恰恰就会在这个过程中产生。

40

NATURALNESS, HIERARCHY, AND SPACETIME

自然性、分级以及时空

玛丽亚·斯皮罗普鲁（Maria Spiropulu）

美国加州理工学院物理学教授。

当代物理学中使用的自然性、分级和时空的概念，迟早都会被淘汰。在粒子及其相互作用的基本模型理论拓展过程中，人们会遇到自然性“策略”和分级“问题”，而这些，正随着“类希格斯玻色子”的发现，以及对其测量工作的不断深入而分崩离析。在等我们用大型强子对撞机将这种粒子彻彻底底地测量之前，我还会采用“类希格斯玻色子”这个说法。尽管如此，我们早就尽情想象过了，希格斯玻色子的基本标量浮出水面以后的故事，和看起来的真实世界大相径庭。

所以，我们一直以来都被要求要“自然的”，不要“精调的”这种原则，就在我们说话的这时候，正在被逐渐抛弃。这只是一种主观的设想而已。在高能物理的探索之路上，各种因素及相互关系纠结在一起，其复杂程度可能会大大超出我们的设想。

沿着这条路继续前行（也许会转了一圈回到原地，什么都没有），引力和时空的概念也加入了进来，即使还不想让它们一起退出江湖，也得让这些概念升级换代了。

在其他形形色色的物理概念中，对暗物质粒子特征的描述可能也会被颠覆。量子宇宙时代，许多基本理念正暗流涌动，大革命、大发现正呼之欲出。

41

SCIENTISTS OUGHT TO KNOW EVERYTHING SCIENTIFICALLY KNOWABLE

科学家应该无所不知

埃德·里吉斯 （Ed Regis）

科学作家，合著有《再生》（*Regenesis*）。

两个获得诺贝尔奖的物理学家，史蒂文·温伯格和利昂·莱德曼各自出了本书①，他们建议在德克萨斯州的沃克西哈奇附近建造一个 87 公里长的粒子加速器：超导超级对撞机（SSC），是为了找到希格斯玻色子。莱德曼曾经半开玩笑地称之为“上帝粒子”。

巧的是，2012 年，在日内瓦附近的欧洲核子研究中心，科学家用一个小得多的加速器，也就是 27 公里长的大型强子对撞机观察到了希格斯玻色子。

科学界经常发生这样的事，发现某个新发现时又出现了一些新问题，希格斯玻色子也一样。例如希格斯玻色子为什么有精确的质量？在它下面是否有更基本的粒子，从而可以解释希格斯玻色子的某些特定属性？会不会事实上不止一种希格斯玻色子？但是在基本粒子理论中，为了获取这些问题的答案，代价越来越高，甚至昂贵得离谱。超导超级对撞机项目在被取消前，其成本估算从最初的 39 亿美元在 1991 年最终上升到了 110 多亿美元。但这些关于希格斯玻色子问题的答案真的值得这样去做吗？暂且乐观地假设你能够理解类似以下的问题：希格斯玻色子如何解释（就算有解释吧）电弱对称性

① 这两本书分别是《终极理论之梦》（*Dreams of a Final Theory*）和《上帝粒子》（*The God Particle*）。此时正当美国国会决定彻底终止资助该项目的进程之中，两本书都生不逢时。——译者注

破缺的现象？然后问你，如果你想出钱的话，你愿意出多少钱来知道答案呢？

长期以来科学都处于这样一种境地，要获取某些类型的新知识，只有通过建造点什么来实现，规模往往大得惊人甚至滑稽，仿佛是在告诉人们：标注成本的价格牌也要同规模一样大才行。从这点上来说，的确有必要问一问这些吃钱的巨兽，其所能提供的知识到底价值何在。

显然，国会拒绝了超级对撞机并没有让人们退缩，在 2001 年，一个费米实验室的研究小组（他们的加速器比较小，只有 6.4 公里长）认真地研究了建造超大型强子对撞机的前景。它将是一个巨大的怪物，周长 233 公里。这个庞然大物会占据一个面积超过 1 036 平方公里的区域，甚至比罗德岛还要大。

时间到了 2013 年的夏天，也就是发现希格斯玻色子的一年后，一群粒子物理学家在美国的明尼阿波利斯碰头，提出建造一台 100 公里长的对撞机。他们说，这台设备将可以用于研究“间接影响新物理学的 W 和 Z 波色子、顶夸克以及其他系统”，此类建议犹如垃圾邮件一般接踵而来。但是科学毕竟不是让人供奉的神，需要适可而止。无休无止的投入是很愚蠢的，特别是越来越多的钱换来的是越来越少的知识，而与这些知识相关的、假想的物质微粒已经超越了无穷小的概念，几乎濒临纯粹的虚无。

显然，基础粒子物理学家从来没有听说过《增长的极限》（*Limits to Growth*）②，或任何其他形式的限制。但他们当然应该熟悉这样的概念，谁说基础学科就一定是天之骄子，实用学科就一定低人一等？花在崭新的大型对撞机上的每一美元，都不能再花在其他事情上了，不管是医院、疫苗开发、防疫、还是救灾等。为了在粒子加速器这个晦涩难懂、神秘玄妙的领域里取得渐进式的进步，可以在财务上做出倾斜，但似乎已经超出了合理的范围。超导超级对撞机关闭后，科学史学家丹尼尔·凯夫利斯（Daniel J. Kevles）写道：“物理学基础研究应该坚持追求，但不是以任何代价。”我同意这个观点。有些科学知识只是不值得我们倾其所有而已。

② 环境保护运动中著名的罗马俱乐部给世界的第一个报告，给人类社会的传统发展模式敲响了第一声警钟，从而掀起了世界性的环境保护热潮。人口问题、粮食问题、资源问题和环境污染问题都在其关注范围内。——译者注

42

FALSIFIABILITY
可证伪性

肖恩·卡罗尔（Sean Carroll）

加州理工学院理论物理学家，著有《宇宙尽头的粒子》（*The Particle at the End of the Universe*）。

我们生活在这样一个世界里——一边是科学理论经常以怪异的、与直觉相悖的形式出现，另一边则是一大波无稽之谈迫不及待地想被承认为是“科学的”的理论。所以，区分科学及伪科学就显得尤为重要。这种区分就是哲学家所说的“划界问题”。哲学家卡尔·波普尔（Karl Popper）曾提出“可证伪性”的划界标准：如果存在一种理论能够说明一种预测是绝对可证伪的，这种理论才能被认为是科学的。

这种理念很好，但还不够。波普尔将这种理念套用在弗洛伊德精神分析理论和马克思主义经济学这样的学说上，并认为他们是伪科学的。波普尔认为，无论人和社会的实际情况如何，一个理论总能将具体的数据与理论框架兼顾起来，并且还能自圆其说。相比之下，爱因斯坦的相对论则提前给出了特定的量化预测。①

现代物理学早已延伸到了远离日常生活经验的领域，这也导致了有时候甚至连实验都没法做。弦理论和量子引力其他方面的研究涉及了很多现象，而这些现象只能出现在地球上无法企及的巨大能级下。还有，宇宙论中的多重宇宙和量子力学中的多世界解释，我们更是无法直接触及。正是因为上述这些理论是无法被证伪的理论，一些支持波普尔理论的科学家认为，它们都

① 广义相对论做出的一个预测是，宇宙要么是扩张的，要么是收缩的。而爱因斯坦相信宇宙实际上是静态的，这迫使他修改了理论。所以，即便是在这个例子中，可证伪性的标准也不见得是那么不容置疑。——译者注

是伪科学。

真相与此恰恰相反。这些理论所涉及的各种实体也许真实存在，也许子虚乌有，但这与我们是否能够直接观测到它们无关。如果基于某些先验原理，无视其存在的可能性，更无视其可能具备的举足轻重的作用，这本身就是不科学的态度。

可证伪性准则指向的是科学中真实、重要的东西，但这个准则还是太呆板粗糙，达不到精确敏锐的要求。判断是不是一个好的科学理论，只要着眼于两个核心性质就够了——确定性和实证性。“确定性”的标准是理论对现实事物的描述清晰，没有两可之言。弦理论认为，在参数空间的某些区域里，普通粒子就是一维弦上的环或者线段。相关的参数空间我们可能无法访问，可这就是弦理论中不折不扣的一部分。即使我们永远无法接近其他宇宙，可在多重宇宙理论中，它们是确实存在的。就这样，他们都不应该按照波普尔的方法划分为伪科学。波普尔原以为，科学理论应该是在“原则上”可证伪的，但在当下的各种讨论中，似乎很少有人想起这个“原则上”。

再有就是“实证性”的标准。从表面上看,这一标准可能会被误解是“能做出可检验的预测”。但在现实世界中，理论和实验之间的互动并不是例行公事，结果如何并无定局。一个理论是不是科学的，最终还是要看理论是否与数据相吻合，但这个过程很可能是迂回曲折的。

当代宇宙学中，多重宇宙经常被搬出来对付一些需要细细琢磨的问题，而且可能还真有用。例如，我们相信在真空区内一定存在非常小但是非零的暗能量。这个理论对我们解释宇宙加速膨胀的现象起到了至关重要的作用，基于此它获得了2011年诺贝尔物理学奖。对理论物理学家来说，问题不在于暗能量这个概念有多么晦涩难懂，而在于其预测值远远超出了我们能够观测到的范围。

如果我们周围所见的宇宙是唯一的宇宙，那么暗能量就是一个特定的自然常数，我们必须去直面它，解释它。如果我们生活在多重宇宙之中，不同区域内的暗能量可能完全不同，那么有一种解释就立马浮现出来：真空能量大得多的区域并不适合生命的存在。于是选择效应出现，给暗能量一个较小的预测值就成了一件必然的事。事实上，借助精确的推理，史蒂文·温伯格的确早在宇宙加速膨胀现象被发现前，就预测了暗能量的值。

我们目前尚无法直接观测到多重宇宙的其他部分，但是在我们解释观测数据的过程中，多重宇宙已经产生了巨大的影响。从这个意义上讲，一个理念成败与否最终还是要看其实证性："听起来是个好主意"不算什么，满足某些模糊推理的原则也不值一提，能解释数据才是硬道理。为什么要在乎我们能不能拜访其他宇宙呢。科学绝不是纸上谈兵，它的使命在于创立模型，解释我们所见的世界和适配我们所得的数据。但数据拟合是一个复杂的、多方面的过程，理论本身既需要逐步发展，又需要与实验相互妥协。"理论应该是可证伪的"这句话就仿佛是从饼干中取出的小纸条[2]，如果有谁把它当成箴言，那他一定是没有细究过科学本身的运作方式，也没有考虑到世界的复杂性。还好，科学总在前行，很大程度上并没有顾忌那些不合时宜的哲学思维。如果弦理论和多重宇宙理论能够帮助我们理解世界，人们自然会接受它们，理论也会随之发展壮大。反之，如果到头来理论还是模棱两可，或者有更好的理论横空出世，这些理论就会被自然而然地废弃。或许这个过程是混乱的，不可能一帆风顺，但无论何时何地，大自然总是我们的终极指南。

[2] 饼干里裹着一张纸条，上面有时写着一句预言，或者一条有寓意的话语。在美国的餐馆，特别是中餐馆非常盛行。——译者注

43

ANTI-ANECDOTALISM

反轶事主义

尼古拉斯·卡尔（Nicholas G.Carr）

数学思想家，著有《玻璃笼子：自动化与我们》（*The Glass Cage: Automation and Us*）。

我们的生活被各种零散的，甚至是道听途说的信息，即所谓的轶事包围着，生老病死，无所不在。尽管如此，科学家们还是迅速跳出来，表达了对此不屑一顾的态度。至少在科研和其他探索性的领域里，“轶事”这个词似乎带有诅咒的意味。照这个说法，从海量的观测事件或者数据中进行更广泛的、严格的统计分析才是正道，个体反映的零星信息只能起到分散注意力甚至是扭曲事实的作用。本书的 Edge 年度问题是个机会，可以让我们正名一下，客观和主观之间的区别并不清晰，可以探讨的余地很大，非黑即白的界线也许只在完美的欧几里得几何里存在。任何以观测或实验为基础的工作，只要是为了揭示事物的全貌，就需要综合考虑统计数据和零散数据。

对这些轶事嗤之以鼻的危险在于，科学会离生活的实际经验太远，这会让人们忽略了这样一个事实：取平均值等数学方法带给我们的是事物的抽象化。一些著名的物理学家最近质疑是否还需要哲学，原因是科学已经使哲学走向消亡了。我对此感到困惑，不知道这是不是反轶事主义的表现。哲学家、诗人、艺术家，他们研究的东西就包括轶事，而且看起来仍然比科学家更擅长解释其背后的含义。

44

SCIENCE MAKES PHILOSOPHY OBSOLETE

科学：哲学消亡之源

丽贝卡·纽伯格·戈尔茨坦（Rebecca Newberger Goldstein）

哲学家，小说家，著有《柏拉图在谷歌总部》（*Plato at the Googleplex*）。

人们常说，科学导致了哲学的消亡。毕竟，科学的历史就是不断传承和提出问题、解决问题的历史，而面对这些问题，哲学家们徒劳地花费了大量时间，还是支支吾吾、不知所云。自古如此。那些精力充沛的古希腊人——泰勒斯及其后来人，苦苦探究物理世界的终极构成以及统治万物变化的规律。他们先提出问题，并指望着从物理学和宇宙学得到答案。这就是人类利用科学，将哲学上的异想天开转化为可实证、可测试的理论。现在历史翻开了新的一页，人类进入了科学大爆炸时代，认知和情感神经科学的发展跑在了前面，科学家提出了意识、自由意志、道德等诸多“概念的本质是什么”的问题，并在功能性核磁共振成像（fMRI）等工具的帮助下探微镜理，而实际上，这些问题在哲学圈里老早就是常客了。在这个过程中，哲学仿佛成了信号兵，把一个强烈的信号发送出来——“我们迫切需要科学”。或者换个比方吧，哲学就像是一个冷藏室，先把问题放在这里储存起来，直到科学有能力了，再去处理。随便你选择哪个比方，这个故事的寓意是：从历史上看，科学不断扩张，哲学步步后退，最终哲学将自然而然地彻底消亡。

首先的问题就是前言不搭后语。没有哲学的依据，你根本就没办法证明是科学导致了哲学过时。例如，你需要一个明确的标准来区分科学和非科学的理论。如果要回答所谓的划界问题，科学家几乎都会拿出“可证伪性”这个概念，而这个概念是哲学家卡尔·波普尔提出的。其实，不管你给出什么样的分界标准，都是哲学范畴的概念。同样，我们再看看那个不可避免的问题，特别是对那些认为哲学已经过时了的人：当我们自以为在从事科学工作时，我们到底在干什么？我们提供了关于现实的描述了吗？我们有将基于本体论[1]的概念模型用于最好的科学理论，以获取更多与各种实体和力相关的知识了吗？我们是否像科学实在论[2]表述的那样，承认基因和神经元、费米子和玻色子，也许还有多重宇宙作为实体的存在？或者这些理论术语实际上并不对应着世界上真正存在的东西，而只是理论这台预测出来的仪器上起到隐喻作用的齿轮？当科学家从事研究时，他们所探讨的会不会实际上并不是观测到的现象？想必科学家也会关心这样的哲学问题。再进一步，如果我们相信科学消灭哲学这个观点，那就需要科学实在论的哲学辩护。如果反过来，这又将引发一场哲学辩论。

科学必胜的观点本身就需要哲学的支持。这一点可以被泛化并加以推广。基于理性，哲学和科学应该融合在一起，将我们的观点和态度最大限度地一致起来。这就涉及我们要将美国哲学家塞拉斯（Wilfrid Sellars）所说的人类与世界的两种联系，即“科学的”映像和“常识的”映像融合起来。而“科学的”映像是否更深刻地描述了事物的本质，也需要哲学来提供推理。

也许以前的科学和哲学的划界问题是个错误。更重要的划界是区分那些科学的主张中所有涉及的、可调和的部分。这让我不禁就本书的Edge年度问题，给出一个比我现在更加乌托邦式的标题——科学应该抛弃什么观点吗？其实我喜欢用更具包容性的“知识”一词来替代“科学”这个概念。

[1] 一个研究存在的本质的哲学概念。——译者注

[2] 对世界的一种看法。认为科学理论中，有些实体无法观测到，但是依然可以基于这些实体进行推论，推论的结果和实体在存在性上有相同的地位。——译者注

45

"SCIENCE"

"科学"

伊恩·伯格斯特（Ian Bogost）

电子游戏设计师，伊万·艾伦学院传媒研究专业讲席教授，佐治亚理工学院交互式计算学教授，著有《异类现象论》（*Alien Phenomenology*）。

2006 年出版的《性高潮的科学》（*The Science of Orgasm*）一书，是由一位内分泌学家、一位神经学家，以及一位性学家合作完成的。此书在简介上写到："没有什么话题是不可以探索的。"这本书有一系列的话题，包括生殖器和大脑的联系、大脑是如何产生性高潮的，等等。正如简介中所说的，这本书阐明了如何产生性高潮、什么是性高潮以及性高潮的由来。

尽管《性高潮的科学》一书有各种各样的优缺点，但这本书代表了一种在流行文化中几乎已经无处不在的趋势：一个话题，可以从"科学"的角度被大众所理解，而且可以被解释得最通俗、大众最喜闻乐见，这种做法有多普遍？在谷歌上搜索一下"the science of"，就会发现谷歌图书给出接近 1.5 亿的搜索结果，其中有不少书的标题中还配上了调侃的俏皮话——聪明消费的科学、表演的科学、香槟的科学、恐惧的科学、堆肥的科学，不胜枚举。

"什么什么的科学"就是一个科学修辞化的例子，凡是被冠以"科学"的名号都是科学的。这样的例子不一而足。还有，"科学家们表示"或者更加平民化的说法"研究表明"，这样的说法都迎合了大众对科学权威性的认知，至于书中总结出来的结论与声称实际进行的研究是不是一回事，就不得而知了。

上面两种说法都可以被明确地指向科学至上主义上去，而科学至上主义认为，实证性的科学采用了最完整、最权威、最有效的途径来回答世界上的问题。科学至上主义并不是一个全新的谬论，但的确越来越流行。最近，史蒂芬·霍金宣称哲学“已死”，因为哲学的发展没有跟上物理学的脚步。而从科学至上主义的角度来看，科学是唯一了解宇宙行之有效的方法，所有其他的尝试，客气点说是美中不足，不客气地说就是不得要领。

可以肯定的是，这种科学的修辞化趋势方兴未艾，其部分原因就是科学至上主义。“什么什么的科学”之类的书籍，以及那些从显而易见的科学实验中得来的研究成果，越来越多地排挤了那些从哲学角度得到的成果，而其实正是这些哲学成果，才对各种事物背后所蕴含的意义及重要性进行了解释和反省。没人再思索起泡酒有什么社会用途，或者能带来什么乐趣了，取而代之的是，气泡的大小和酒的质量之间有什么关系？为什么在槽纹玻璃杯里，气泡持续的时间比在浅碟香槟杯里长？

风险不仅如此。科学承担了在这些领域内本不该由科学来承担的责任：关注事物构造和运作。大多数“什么什么的科学”之类的书籍，无论是与神经化学相关的、计算学相关的，或者经济学相关的，关注的是其相关主题的物质或素材形式。但是，某一主题的物质承载实体与相关科学之间，根本没有必然关系。文学家研究书籍的历史，看到了构成书籍原材料的演进——从泥板文书到纸莎草，再到抄本。艺术家依靠对颜料、大理石、光线等物理介质的深刻了解，来创作时尚的作品。厨师为了制作美食，则需要了解食物复杂精妙的化学和生物学特性。如果从这个意义上讲，科学和维系这些主题的物质世界有特殊的联系，这种观点不仅仅是错误的，甚至可以说是对科学的侮辱。

除了鼓吹科学是人类知识的唯一方向，科学的修辞化还顺手拐走了事物的物质性特征，同时也对科学本身造成了伤害。它使人们误以为，科学是简单、容易、有趣的，而大多时候科学是复杂、困难、单调的。

举个典型的例子：Facebook 有一个网页标题为“我非常热爱科学”，帖子的主题在各种“什么什么的科学”之间快速变化着，大多数都是陌生生物的图片和简述，例如粉色精灵犰狳，或者是给著名科学家例如霍金的生日祝福等。但随着去年科幻作家约翰·斯凯拉（John Skylar）适时地坚决退出此类活动，大多数人不再“非常热爱科学”了，他们转而“非常热爱摄影”了，这回上线的是精灵犰狳和著名物理学家的精美图片。这些照片给人们带来了快乐，但同时也打消了公众对了解科学实际情况的需求。实际上，科学发展是缓慢的、按部就班的，科学家少有人知、收入不高，在实验室和研究所里默默地从事着幕后工作。

但苦果已经酿成。那些和科学实践没有特殊关系的事情，也必须越来越多地套上某个科学术语的框架，才能赢得关注与支持。研究互联网使用的社会学摇身一变成了“网络科学”；久为人知的统计分析学已经成为“数据科学”；资助教育科研的重点也转移了，凡是不能和STEM（科学、技术、工程和数学）搭上边的领域，就会被打入冷宫。不幸的是，面对这样的新挑战，貌似只有科学的修辞化提供了应对措施。除非人文学者将他们的工作重构为“文学科学”，否则，他们就有被边缘化的风险，失去资助，然后就被大众相忘于世。

如果你想获得支持，你必须兜售那些人家愿意购买的想法。但是，在这个世俗时代里，只剩下“科学”这一个抽象概念铤而走险，无畏地取代了其他所有的抽象理念。如果不对这种科学的修辞化势头加以遏制，残存的“科学”只是一个掺了水的、同质化的科学，无畏也变成了无味。

神与人、科学与哲学、演绎和证据，我们本不必在其中二选一。科学一直在致力于成为世俗知识的最高形式，但具有讽刺意味的是，不经意间，科学从一种实践演化成了一种意识形态，从而上升到了神学的高度。我们当然不需要为了把科学拖回现实而破坏科学，但是我们的确需要首先从文字上唾弃将科学奉为圭臬的做法，还是让科学回归务实的本源吧。

46

THE HARD PROBLEM

困难问题

丹尼尔·丹尼特（Daniel C.Dennett）

哲学家，认知科学家，美国塔夫斯大学认知研究中心联席主任。著有《意识的解释》（*Consciousness Explained*）、《直觉泵和其他思维工具》（*Intuition Pumps and Other Tools for Thinking*）。

说到本书的 Edge 年度问题，一个可能的话题就是意识研究的困难问题[①]。当然这本身并不是一个科学概念，所以并不算是个合格的答案。但是，接受了这个概念的哲学家已经说服了不少认知领域的科学家，使他们认为目前已经取得的最伟大的成就也不过是在处理“容易研究的问题”，如果是这样，这个概念就值得拿出来批判一番了。它限制了科学思维，扭曲了科学家的想象力，而这些科学家正在以极大的真诚构筑意识理论。（我不会给出实例，因为我们被告知，回答 Edge 年度问题必须对事不对人。）

毫无疑问，哲学家们的直觉泵（intuition pump）[②]思想实验首次上阵就大获全胜。哲学僵尸[③]并非天方夜谭，是“可想象”的，因此也是“可能”的。从这个意义上讲，纯粹逻辑意义上的僵尸“表明”，有一个意识研究的难题至今还没有被任何神经科学的理论所触及，那就是：意识如何调整行为控制、内省报告、情感反应，等等。但是如果科学家对哲学家的实验结果印象深刻，

[①] 哲学家大卫·查默斯（David Chalmers）在他 1996 年出版的《有意识的心灵》（*The Conscious Mind*）一书中有描述。他认为，意识研究中的“容易问题”，都可以利用某种机制加以解释。但是，真正的“困难问题”并没有解决，例如人的体验、意识从何而来，如果是从生物身体而来，那是怎样产生的，等等。这些问题在今天仍是科学家和哲学家激烈争论的问题。——译者注

[②]“直觉泵”是本文作者丹内特用来称呼思想实验的一个词语。所谓思想实验就是一种意在探究概念核心内容的实验。——译者注

[③] 哲学僵尸在生理上与正常人一样，但没有任何内在主观体验。——译者注

而且他们正好看了看哲学领域里探讨这些思想实验缺陷的重要文献，就会反过来不相信这些结果了，这恰恰是我所希望的。（一想到他们费力地在文献堆里钻来钻去，我就颇为不安。）

你瞧，隐藏在简单、初步的思想实验里的论据是经不住推敲的，还需要有足够的支撑。我们需要定义的东西不仅要具备可想象性，还要有概念上的可想象性，进而是概念上肯定的可想象性（以和概念上否定的可想象性等区分）。永动机可以想象，但是否并不具备概念上的可想象性，或者概念上肯定的可想象性？这里面的区别很大，直接决定了一个人是否可以“模态化地想象”一具哲学僵尸。到底能“模态化地想象”是什么概念？你有把握吗？在弗兰克·杰克逊（Frank Jackson）④提出的直觉泵思想实验里，玛丽是一名色彩科学家，她不仅被禁止看到颜色，而且还要用假想的设备使她想象不到任何色彩。或许她是天生色盲（但是大脑完全正常！），或许她戴着锁定好的护目镜，而眼镜里正对着她那可怜的眼球不断播放着黑白影像。这只是各种复杂想象中一个片段的例子，在这些例子里，哲学家已经以一种近乎虔诚的态度，对思想进行了从提出到质疑的严格审视。

我并不主张科学家做同样的事，但是如果他们对此感到好奇，想知道哲学家为了“拯救”这些不合常规的直觉是怎样折磨自己的，就去看看北卡罗来纳大学的安贝·罗斯（Amber Ross）在2013年的博士学位论文吧。论文的题目是《不可思议的想法》（*Inconceivable Minds*），作者将一团乱麻一一拆解开来进行分析，为此所付出的耐心同样是不可思议的。

意识研究的“困难问题”到底说明了什么？是针对意识的解释，科学界需要做出重大变革吗？还是只是凸显了人类想象力的薄弱？这个问题在哲学界尚无定论，科学家们此刻还是小心为妙，不用急着强求什么共识。这就是大多数的神经科学家在面对类似超能力（ESP）和意念力等现象时采取的方式，也许并不是无懈可击，反正只要先假定这些现象只是一种臆想、虚构就是了。

④ 当代澳大利亚哲学家，提出了黑白玛丽思想实验，及相关的“知识论证”，强烈地反对所谓的“物理主义”。——译者注

47

THE NEURAL CORRELATES OF CONSCIOUSNESS

意识相关神经区

苏珊·布莱克莫尔（Susan Blackmore）

心理学家，著有《意识新探》（*Consciousness: An Introduction*）。

意识是神经科学领域的热门话题。一些聪明绝顶的研究人员目前正在寻找意识相关神经区（neural correlates of consciousness，NCC），但他们必将永无所获。引发这场探索的内隐意识理论本身就大错特错，不能再死抱住不放了。

意识相关神经区这个想法是非常简单、直观而且诱人的。如果我们相信“意识研究的困难问题”——也就是那个未解之谜：主观体验如何源自大脑中的客观事件？那么就能轻而易举地推论出，在我们的大脑中，一定存在一块产生意识的神秘区域。如果没有特定区域的话，那就是有某种“意识神经”，也许是一小撮神经连接的进程、模式、或者序列。不管我们是如何导致主观体验产生的，一开始可能都毫无头绪，但是，如果我们能够确定哪些部位是与此相关的，真相就离我们越来越近。

这听起来相当合理——先寻找相关性，再探究因果性，再科学研究，轻车熟路的过程嘛。麻烦的是，这个过程依赖于已经是死路一条的意识物质二元论。直觉告诉我们，意识是依附于物理过程的额外附加物，两者既相互独立，又存在差异。我们就靠这种差异性去搜寻 NCC。一方面，我们使用脑电图、磁共振功能成像或其他类型的脑部扫描等手段，来测量神经传导过程；另一方面，我们测量主观体验或者“意识本身”。但具体怎么做呢？

一个常用的方法是双眼竞争法①，或者用两种不相容的方式交替显示模糊的影像，例如，内克尔立方体在两个方向间翻转。要找到NCC，需要先找出当实验对象感知翻转发生时，意识到底捕捉到了什么，然后将结果与视觉系统的活动相关联。问题是，实验对象必须用语言准确描述出“现在我意识到了什么”，也可以通过按动手柄或按钮的方式来表达（其他动物也可以做到这一点），但不管用什么方式，我们都是在测量实验对象生理的反应。

这是所谓的捕获意识吗？它能帮助我们解开谜团吗？不。

与其他任何脑功能的相关性研究相比，这种方法真的没有什么特别之处。比如，面孔识别与梭状回面孔区（fusiform face area）有关的研究，或者某些类型的决策机制与前额皮质有关的研究等。总之就是将一种物理上的测量结果与另一种做相关性分析。这种做法并不是一无是处。例如，研究一下当实验对象报告视觉上感知到翻转时，视觉系统的神经活动是怎样变化的，这还是很有趣的。但是不管发现了什么，这些独特的所谓“意识”或“主观体验”是不是由这种神经活动产生的，我们都无从得知，而与此同时，我们认为大脑中发生的其他一切都是“无意识的”。

我理解很多人会情不自禁地认为答案为“是”。二元论的思维是天生的。我们总是下意识地觉得意识得天独厚，与物理世界截然不同。但是，就是这种直觉导致了“意识研究的困难问题”。同样地，直觉招来了“哲学僵尸”——一个没有意识的僵尸，但在行为上无法和一个有意识的人类进行区分。还是这种直觉，指引着人们理所当然地用“有意识”或者“无意识”来描述大脑的运作机制。

我确实是在否定这种差异。如果你非要认为还有差异的话，那就姑且称之为幻差吧。实际上，意识不是什么大脑加工出来的超凡、美妙的产物。相反，人类生活在社会之中，我们的大脑和躯体如此聪明伶俐，硬是为我们营造出了一个自我个体的幻觉。我们能够表达意见，思考问题，自视清高，还

① 给观察者双眼呈现不同的、变化的图像，而观察者看到两个输入图像交替出现的现象。这一研究已经持续近200年，至今仍是很多学科的研究热点。——译者注

坚称自我拥有意识和自由意志，都拜这个幻觉所赐。

意识难以捉摸，我们只是被蒙蔽了。当我问自己："现在，我意识到什么了？"我总能找到答案——看到窗外的树木、听到风声、遇到无法解决的问题，或者任何活灵活现的东西，等等。当我们说自己处于有意识的、神志清醒的状态时，都会有一个这种状态下的特定的质的感受。那么在现在之前发生的事呢？我可以回顾过去，唤醒记忆，宣称自己意识到了什么，或者没有意识到什么，而这都有赖于记忆的清晰性、逻辑性、连贯性或者其他特性。

这一切很容易引出一个观点：人们在清醒时必然要意识到点什么。并且，就像在湿滑的小路上艰难前行一样，这也会引出另一个想法：如果我们目的明确，知道要找些什么，我们就可以仔细窥视大脑，找出来哪些区域或加工过程是有意识的，哪些是无意识的。但是，这些都没什么意思。不管我们会找到什么，与思想、感知、记忆相关的神经区也好，与语言和注意力相关的大脑加工过程也好，都只能再次让我们认为自己是有意识的。

最终我们将以一个更好的意识理论，来取代那些流行的错误观念，到那时我们就会发现，根本没有难题，没有幻差，也没有 NCC。

48

LONG-TERM MEMORY IS IMMUTABLE

长期记忆一成不变

托德·萨克特（Todd C.Sacktor）

纽约州立大学医学中心生理学与药理学、神经学教授。

一个多世纪以来，心理学理论认为，一旦记忆从短期固结成长期的形式，它们便保持稳定且恒久不变。而对下面这个问题却是见仁见智：某些长期记忆是慢慢地被遗忘了，还是总是在某个地方存在着只是取不出来？

过去的50年里，在记忆这方面的研究中，神经生物学似乎支持了心理学的结论。人们发现，短期记忆是由神经元突触的生化变化来介导的，具体表现为突触的强度发生改变。长期记忆则与神经元突触数量的长期变化密切相关，或增或减。从直觉上讲这说得通。生化变化非常迅速，也可以被突然逆转，这和短期记忆的特征不谋而合。另一方面，神经元突触虽然很小，但仍是在显微镜下可见的解剖结构，可以稳定数周乃至数年。数十种信号分子都可以传递抑制剂，以组织短期记忆转化为长期记忆。但是人们并没有发现某种已知作用剂可以消除长期记忆。

而最近发现的两条证据显示，人们可以摒弃这个曾占主导地位的长期记忆理论了。首先，是再固结（reconsolidation）的发现。当记忆被唤起时，有一个短暂的时期，它们又一次受到生化抑制剂的影响（与阻止短期记忆转为长期记忆时的生化抑制剂相同），记忆在这个时期容易出现断裂。而这意味着，长期记忆不是一成不变的，它们可以先被转化成短期记忆，然后再重新转换为长期记忆。如果这种再转换没有发生，那么特定的长期记忆就被有效地破坏了。

其次，人们的确发现了几种可以消除长期记忆的作用剂。其中包括持续活性酶 PKMzeta 的抑制剂，以及某种持续性类朊病毒蛋白质翻译因子的抑制剂。反之，增加这些分子的活性可以增强以往的记忆。因此，神经元突触数量的持久性变化与长期记忆是强相关的，而这种变化又可以看作是持久性生化改变的下游表现。参与消除记忆的作用剂种类如此之少，预示着长期记忆的存储机制相对简单，不需要和短期记忆一样涉及上百种分子，而只需要少数几种分子协同工作就够了。

记忆的再固结机制允许人们可以针对特定的长期记忆进行操作。记忆消除机制更是非常有效，如果不是全部长期记忆的话，可能会一下子消除许多。这两种机制组合起来，可以针对性地对长期记忆进行擦除或增强。这是一条前所未闻的全新道路。

机遇在基因突变中起主要作用，没有机遇就没有自然选择。但机遇本身不是随机的，而是诱导性的。

——凯文·凯利（Kevin Kelly），《基因根本不会完全随机突变》

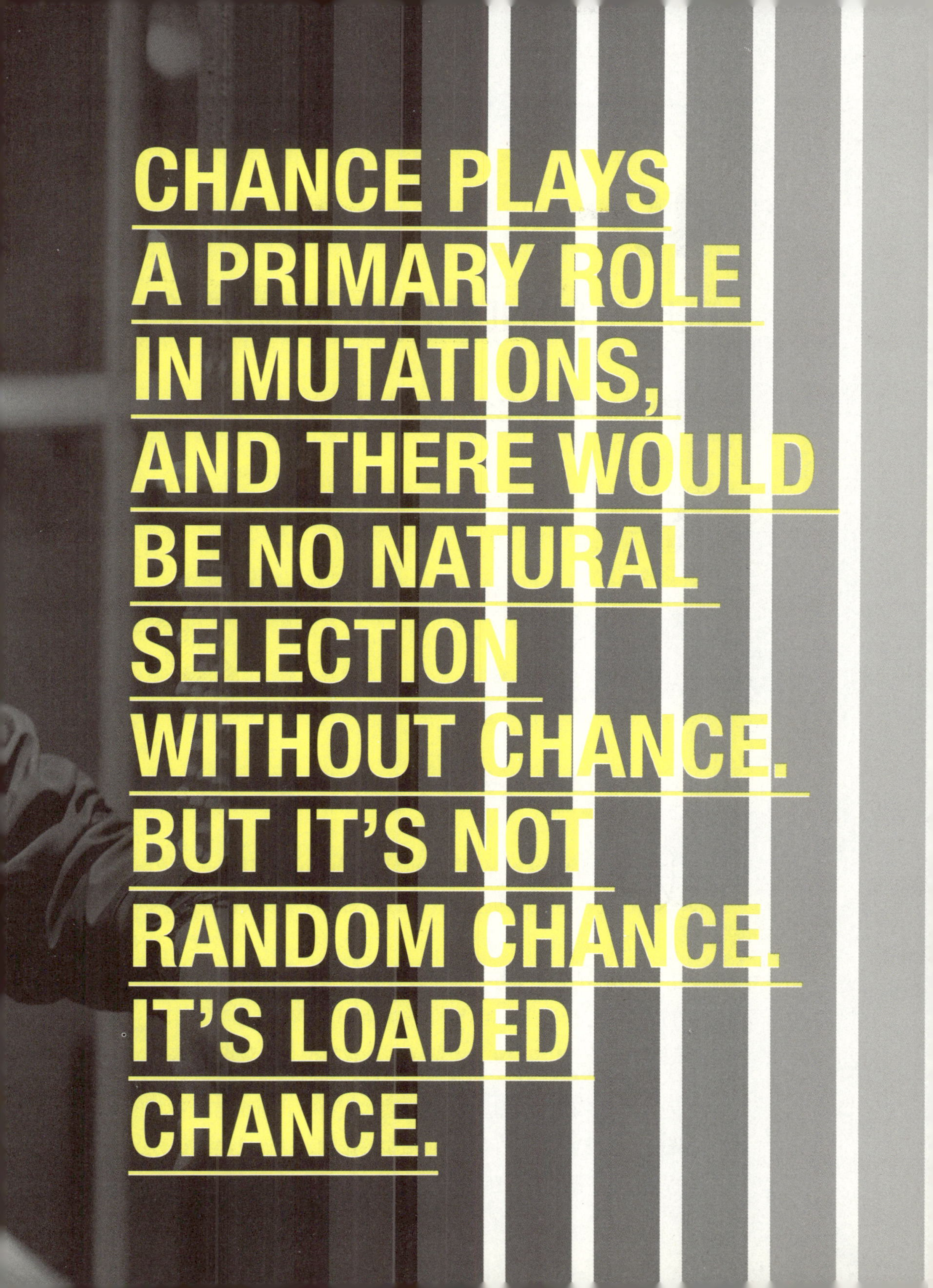

CHANCE PLAYS A PRIMARY ROLE IN MUTATIONS, AND THERE WOULD BE NO NATURAL SELECTION WITHOUT CHANCE. BUT IT'S NOT RANDOM CHANCE. IT'S LOADED CHANCE.

49

FULLY RANDOM MUTATIONS

基因根本不会完全随机突变

Kevin Kelly
凯文·凯利
《连线》杂志创始主编。
著有《失控》《必然》。

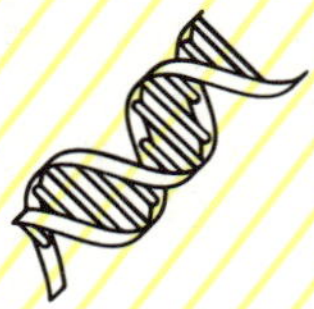

我们常说的“随机突变”（random mutation），其实并不能满足真正数学意义上的随机模式。基因突变的过程极其复杂，有多种途径，涉及多个系统。目前的研究表明，大多数自发突变是在修复受损 DNA 的过程中发生错误的。不管是损坏还是修复过程中的错误，不管它们发生在哪里、如何发生、什么时候发生，都找不出随机模式的存在，没有任何直接证据。“随机突变”只是一些非专业人士甚至生物教师持有的观点。

相反，有很多证据表明基因突变在模式上有不同的变化。例如，突变率提升或降低直接受到细胞数目增加或减少的影响，这点已经得到了公认。这些变异的突变率，既包括由生物体天敌和竞争压力所引起的突变，也包括由环境和非先天因素导致的突变。人们也发现，在突变已经发生过的地方，突变再次发生的几率更高，从而产生了一个突变热点簇——林林总总，都是非随机模式。

虽然我们不能说突变是随机的，但可以说存在一个主导的模糊不清的因素，就像是在掷一个灌铅的骰子一样。灌铅骰子不应该与随机性混淆，因为将时间拉长来看——也就是在进化的时间范围内，加权的偏置量将带来明显的后果。因此，我再次澄清：证据表明，**机遇在基因突变中起主要作用，没有机遇就没有自然选择。但机遇本身不是随机的，而是诱导性的。**它具有以下特点：多个约束、多点偏置、分簇成团、偏态分布。

那么，为什么随机突变的想法挥之不去呢？随机突变的假设在哲学上是必要的，它的出现是为了和获得性遗传①（也就是常说的拉马克进化）的错误观点进行针锋相对的斗争，而后者更早出现。作为一个粗略的近似，随机突变还是当一个知识和实验的框架更好。但由于一直找不到直接的证据，现在已经到了可以将它抛弃的阶段了。

尽管没有证据，这种与事实不符的观点还在不断地被重复，其中有几个原因。首先是担心非随机突变这个概念会被误解，甚至会被神创论者歪曲，反过头来攻击自然选择进化的事实和重要性。其次是如果突变不是随机的，而是有一定模式的，那么这个模式就在进化中创造了一个微观趋势。而鉴于生物进化不过就是微观作用累积而成的宏观作用，那么，这些微观趋势就在进化上留下了各种宏观趋

① 指生物在个体生活过程中，受外界环境条件的影响，产生带有适应意义和一定方向的性状变化，并能够遗传给后代的现象。它由法国进化论者拉马克（C. Lamark）于19世纪提出。它强调外界环境条件是生物发生变异的主要原因，并对生物进化有巨大推动作用。——译者注

势的可能性。危险信号在这儿就出现了！如果存在一种进化的宏观趋势，那么它来自哪里？走向何方？到目前为止，大家除了一致同意进化的宏观趋势将复杂性又提高了以外，针对相关证据所形成的共识还非常少。但是，任何与进化趋势有关的表述都与当代进化理论的信条相悖，所以，随机突变的假设仍在固守阵地。

只要不再坚持完全的随机突变，我们就能获得一些实际的好处。例如，将偏置量的突变这个观念应用到基因工程中去。我们可以更好地了解与疾病相关的突变的起源，并纠正它们。同时，借助这些新的发现，我们可以更好地解决一些悬而未决的宏观进化问题。另一个重要方面是，我们可以借此更好地认识到，突变中的机遇部分并非是“不完美”的随机，而是包含了某种秩序，可以传承的秩序——就那么一点儿小东西，我们人类和自然选择都可以利用的东西。而这点儿小东西是干什么的，或者说能用来干什么，还有很大的探索空间。可是，如果我们抓着随机突变的理念不放，就永远都无法看到这种秩序发挥作用。

50

THE SELF

自我

布鲁斯·胡德（Bruce Hood）

英国布里斯托大学认知发展中心主任，著有《自我幻觉》（*The Self Illusion*）。

如果有人张罗着抛弃“自由意志的自我”（free willing self）这个概念，听起来似乎有些画蛇添足，因为它不是个科学概念，也因为它不是第一次被以缺乏实证的理由被搁置了。自我没必要再去发现了，我们大多数人对它都有一个默认的假设，所以也不见得非要有什么科学研究方法才能揭开自我的盖子。质疑自我这个概念也不是什么新鲜事。同样是由于缺乏实证，从20世纪50年代的认知革命以来，弗洛伊德的无意识自我（unconscious ego）就已经被抛弃了。

然而，百足之虫死而不僵。在近期，自我的概念，或者是具有自由意志的实体的概念，一次又一次地出现在决策论的研究中，都快泛滥成灾了。而在认知神经科学中，它又重出江湖，以解释器的面目出现，目的是为了整合不同的神经基质所产生的并行信息流。尽管我们可以将其理解为，一种在讨论多个并行过程的涌现型输出时采用的权宜之计，可那些心理学专业的学生们还是从心底里支持这样一种观点：冥冥之中，一定有一个决策者，一个参与者，一个起源点。

我们知道，自我是被构建出来的，原因很简单：可以轻易地摧毁自我的东西有很多，无论是伤害、疾病还是毒品。自我，必须体现出一个并行系统综合集成其输入、输出和从内部涌现出来的所有特质。自我，是一个错觉，虽然感觉如此真实，但内心的体验并不是外部的表象。这点同样适用于自由意志。我们可以体验到决策的痛苦，但并不存在一个所罗门王①似的自由意志在我们的脑海中权衡利弊，否则在逻辑上我们将陷入无限回归的泥坑（所罗门王的脑海里又是谁呢？等等）。所有的选择、决定都取决于当时的情景体验，并没有一种自由意志来挑选哪些体验是用来促成我们的决定的。

我们需要这么在意自我这个概念吗？毕竟，试图抛弃自我的确是很有挑战性的一件事，而且不合常规。我们感知自我，唤起自我，谈论自我，并信手将其与各种现象关联起来。当我们研究解释人类行为的时候，只要默认自我的存在，就可以在思想和行为之间的因果链上打一个休止符，不必深究，多么容易！但值得注意的是，将同样的方法用在动物身上时，却被指责为拟人论②！

抛弃自由意志的自我这个概念吧！我们将不得不背水一战，重新审视思想和行为背后到底有哪些因素，以及它们之间是如何彼此互动、均衡、取代和抵消的。也只有这样，我们才能开始理解人是怎样运作的。

① 在圣经中，所罗门王是拥有超人的智慧、大量的财富、无上的权利的英明君王。——译者注

② 指以人的能力、行为或经验来解释动物或非生物的有关特性。——译者注

51
COGNITIVE AGENCY
认知能动性

托马斯·梅青格尔（Thomas Metzinger）

德国美因茨大学哲学家，著有《自我的隧道》（*The Ego Tunnel*）。

思考并非是心理活动或是行动。大多数时候，它只是一种结果。针对“神游”（Mind Wandering）这种现象，相关的前沿研究清楚地表明，几乎所有人，在超过 2/3 的意识清醒的岁月里，并没有被有意识的思考所控制过。

西方文化、传统的心灵哲学甚至是认知神经学，都已经被认知能动性所深深误导。这个误区就是笛卡尔（Descartes）的自我概念理论：一个活跃的思想者，也就是一个身体力行的认知主体，能够从精神上以理智的、目标导向的方式，随心所欲地终止或暂停认知过程。从而，思考是人的一种个体自主行为，而人作为一个整体，必须为有意识的思考负责。现在，实证的结果驳斥了这种观点。事实证明，我们大多数的意识，就像呼吸或胃肠道器官的蠕动一样，是非自主行为的产物。认知能动性告诉我们，我们是精神自主的生物。现在我们可以说，这种说法就像是一个老气横秋又自满的童话故事，是时候该让它退隐了。

近年来科学家对神游现象的研究蓬勃发展，结果表明，我们在有意识的状态下约 2/3 的时间都在走神，比如说，做白日梦，沉浸在各种幻想、盘算未来、自言自语之中，或者陷入抑郁的沉思。根据研究，在我们醒着的 30% ~ 50%的时间里，我们都被各种不知从哪儿突然冒出来的、与眼下事无关的想法占据着思绪。当然，神游也可能有积极的方面，因为它可以帮助激发创造力，也可以帮助仔细规划未来，或者唤起尘封的记忆。但从总体上来说，例如，当我们执行阅读理解、记忆、需要持续专注的事务、工作记忆等任务时，神游会降低我们的工作效率而加大工作成本，这些结论都是有据可查的。因此，总体的主观幸福感会受到负面影响。心猿意马、思前想后不能给人带来快乐，但也许神游只是一个更加复杂的过程的一部分，而这个过程超越了心灵的自我控制力或者理解力。我们每个人每天都会经历数百次心神恍惚的状态，这似乎是一个周而复始的过程。大脑深层自发的非自主思维与目标导向的认知持续竞争着，意识自主认知的潮起潮落——“专注”与“走神”，就如同在内部世界和外部世界之间来回拉锯。

除了神游现象，还有其他一些情形，也会让我们感知不到当下的“此时此地”。“头脑空白”就是一例：有些片段，当事人事后可能不记得了，就连外部观察者也常常会忽视。此外，在睡眠过程中还有一种很复杂但又不可控的认知现象。成年人每晚会经历 1.5～2 小时的快速眼动睡眠阶段，在这个阶段人会做梦，大多没有主动意识。非快速眼动睡眠阶段也差不多，在第一阶段会有类似做梦的体验，而在其他阶段则多是混沌、前后不连贯、反反复复的符号认知型的精神活动。总之，保守估计，在我们一生中一半以上的时间里，思维是不受意识主动控制的。这还排除了处于患病、中毒以及失眠状态的时间。处于这些状态的人，患有认知控制功能失调，表现为思想压抑、焦虑、过度沉思、妄想等，深受懊悔、羞愧以及罪恶等情感的困扰，有时被脑海中一个强行塞入的思绪折磨得死去活来。我们至今还不知道意识的自我模式是怎样打开的，儿童何时能够进行可控、理性的思考。但我们可以对自主意识的终点给出另一个假设：我们大多数人将逐渐丧失认知的自主性，直到生命的尽头。这个假设虽然令人沮丧，但是有理有据。

有趣的是，非自主意识的神经相关活动与神经学家正在进行的“默认模式网络”（default mode network）研究的内容有一定的关联。若把神游看成一个网络，它有一个可以被称为“自传体自我模型维护”（autobiographical self-model maintenance）的功能。神游创建了一种自我欺骗的适应性方式，也就是一种穿越时间的个人身份认同错觉。它有助于维持一个虚构的“自我”，进而为实现例如奖赏预期、延迟贴现等这样有成就感的大事件打下基础。作为一个哲学家，我的观点是，只有当一个机体能够将那个穿越时间的自己，一模一样地模拟出来的时候，想象的自己和真实的自己才能合成一个统一体，实现相同的目标，获得相同的奖赏，我喜欢称之为“虚拟身份形成原理”。许多高级的智能形式和自适应行为形式，如风险管理、道德认知和社会合作等，在机能上都预设了一个自我模型，以将机体刻画为一个持久的统一体。因为我们的确只是从认知的角度来实现这点（过程很复杂，但没有任何精准的准则来实现认同），这个穿越时间的身份仅能在虚拟层面实现。例如，就像是做一次自动叙事心理治疗①。如果将神游比拟成一次计算过程，虚拟身份的形成就可能是其最根本、最重要的目标，通过梦境还可以进行共享交换。假如我是正确的，通过这种自传体自我模型的默认模式，就可以创建一个通用平台，长期的自我激励、对未来的规划等都可以在其上发展。

精神的自主性，以及如何能得到提升，将成为今后最热门的话题之一。而且，精神上的自主和政治上的自主之间，有着深层次的联系，彼此密不可分。“自主”意味着身体和精神都会采取行动，而“自由”是“自主”最潜在也是最根本的核心含义，所以自主必须与自由相结合。但光这样还不够，具备自主行动的能力不仅意味着有理、有据、有节，更为要紧的是，它意味着我们能够有意识地抑制、暂停或者终止我们自己的行动，无论这种行动是身体上的、精神上的，还是社会性的。这种能力一旦弱化，就会出现我们所说的神游。神游根本不是一种内在的行动力，而是一种无意识行为的方式，一种精神活动的本能表现。

① 指咨询者运用适当的方法，诱导当事人诉说其故事，并帮助当事人找出其遗漏的、不易察觉的部分，诱发出当事人自身的、正面的力量，从而使当事人自行走出困境。——译者注

52

FREE WILL

自由意志

杰里・科因（Jerry Coyne）

芝加哥大学生态与进化系教授，著有《为什么要相信达尔文》（*Why Evolution Is True*）。

不知不觉已经没有科学家信奉二元论了。我们的思想及行动都由大脑决定，而大脑就相当于肉质的电脑，一台必须遵守物理法则的电脑。因此，无论我们做出什么选择，我们都必须遵守这些法则。对传统的二元论思想或者“自由意志论者”的自由意志来讲，这都不啻为毁灭性的打击：生活由一系列的决定组成，而貌似我们总能另做打算。但其实真相是我们“别无选择”。有两个方面决定了这一点。

首先，从科学实践来看，没有证据表明意识和大脑是分离的。这代表着“我”可能只是误以为自己正在做抉择，无论“我”意味着什么。但实际上无论“我”选择什么，都可以根据物理定律预测出来（神经元的量子不确定性除外）。生物学家安东尼・卡什莫尔（Anthony Cashmore）曾对传统的自由意识理念给出了这样的定义：这是一种信念，相信生物行为并不是完全由个体的遗传基因、所经历的环境、大自然的随机规律等驱使的。如今，这种理念已经夭折了。

其次，最近的实验表明，在意识命令我们做什么之前，“决定”早已做好了。在一些更加复杂的研究中，人们经常发现，脑部扫描的结果能早几秒钟预测到实验主体将做何取舍。事实上，我们所感知到的“做了个决定”只是后知后觉，甚至有可能是被加工过的幻象。

如果追问下去，几乎所有的科学家及大多数的哲学家都会承认上述两点。

好吧，决定论者及唯物主义者，你们赢了。可是随后他们却都保持沉默了。他们宁可创造新的关于自由意志的“相容性”版本、一个和决定论保持一致的版本，也不愿意去传播“我们的行为是物理过程的确定性的结果”这个重要的科学信息。“当我们订购草莓冰激凌的时候，我们应该不会在这以前就已经订了香草味的。”他们说，“但是我们仍能感知到其他形式的自由意志，这才是最重要的。”

不幸的是，对于到底什么是“重要的”，哲学家们众说纷纭。有些人的观点是，我们的大脑很复杂，进化到可以吸收很多信息作为输入，然后通过运行复杂的程序（回味、回忆），最终再提交输出（决定）。另一些人则强调，即便我们的决定是大脑已经提前传达的信息，可这毕竟是我们自己的大脑，而非他人的大脑。甚至有些人提出，大多数情况我们的选择是在没有胁迫的情况下做出的，没人拿枪顶着你的头说“必须选择草莓味儿的”。其实藏在我们大脑中的电波信号才是胁迫我们的那把枪，当然这不是真的。

最后，相容论者[1]的自由意志没有“自由”。这是个语义学的游戏，所谓选择只是一种错觉。我们到底能不能“选择”？这是一个科学问题，不是哲学问题。并且科学告诉我们，我们只是复杂的牵线木偶，在基因和环境的牵引下起舞。而哲学在冷眼旁观，说：“注意看我，我改变游戏规则了。”

科学已经把“自由意志”原有的意义彻底摧毁了，为什么这个术语还时不时出现呢？一些相容论者，还是很喜欢那种手握抉择大权的感觉，而且一定要拉着科学一起来证明这点。另一些人则直言不讳，担心如果把“自由意志”定性为错觉，会对社会产生不利影响。如果人们认为自己只是个傀儡，或许虚无主义会大行其道，大家就都躺在床上等死了。这倒是提醒我想起了当伍斯特主教夫人第一次听到达尔文的进化论时，她所说的一段话（有可能是杜撰的）：“哦！天哪！我们是类人猿的后裔！希望这不是真的，但是如果是真的，祈祷这不会被大家知道。”

[1] 相容论也称为“弱决定论”，是一种认为决定论与自由意志相容的见解。因此人类的行为可以是有原因的，但仍然是自由的。自由的行为并不是无原因的，而是通过人们自身的信念和愿望与行为者内部的因果关系密切相关的。——译者注

使我感到迷惑的是，为什么相容论者舍得花那么多时间，试图将决定论和历史上的一个非决定论的概念融合在一起，而不是去做另一项更艰巨、更重要的工作——向公众宣扬唯物主义、自然主义等科学理念，还有像“思想源于大脑”这样的科学成果呢？

接受不相容论促使我们重新思考奖励与惩罚的依据。患有精神障碍的杀人者，和那些童年遭受了虐待或者恶劣环境的谋杀犯相比，他们的“选择”实际上一样多。了解这点之后，我们就会意识到每个人都应该获得宽大处理，而不是仅仅赦免那些我们视其丧失了判断是非能力的人。如果我们的行为是注定的，又有谁能对选择负责呢？当然，对于犯罪行为的惩罚还是需要的，其目的是震慑企图犯罪者，教化犯规者，消除犯罪分子。但是现在我们可以做得更科学一些：什么样的介入能够最有效地帮助社会及犯规者？维持正义就是惩罚作恶者吗？

接受不相容论也破坏了道德责任感的依据。我们对自己的行为负责，但是只有在犯罪行为是由可辨识的个体实施的时候，这点才有意义。但是如果你真的不能辨别是非，不能辨别提拳猛揍某人和搭救落水儿童哪个正确，那么道德责任对我们还意味着什么呢？一些人可能会说，没有了道德责任，也就抛弃了重要的社会财富。我持不同观点：没有了道德责任的束缚，判断行为的好坏，就只能根据行为的结果对社会有益还是有害来判断，而不是由权威、牧师或者其他什么说了算。

很多宗教本来就建立在人们自由地选择上帝或者救世主的基础之上的。放弃“自由意志”也就意味着放弃了很多宗教的基本教义。

有些相容论者担心，没有自由意志的话，社会会不会垮掉。不必担心。这种错觉太以假乱真了，甚至是像我本人这样坚定的不相容论者，即使知道真相，也要假装我们好像有决定权似的。但是我们至少能够思索一下，进化留给我们一个如此强大的错觉，到底是意欲何为。

53 COMMON SENSE 常识

罗伯特·普罗文（Robert Provine）

美国马里兰大学心理学家和神经科学家，著有《奇怪的行为》（*Curious Behavior*）。

我们人类自认为聪明、清醒、思维敏捷，并且从未怀疑过。醒醒吧，这只是个假象。我们都被哄骗了，大脑给我们的是一个潜意识里看似合乎逻辑、但却以偏概全的故事。有时我们甚至会对一个不合逻辑的、虚构的事件信以为真。因为这些故事看似非常有道理并且令人信服，导致我们会把它们当成常识来指引我们的日常生活。神经科学家会用“虚谈症”这个术语来描述这样一种病态：在大脑病理性受损的情况下，病人会兴致勃勃地渲染、伪造看似精确的记忆。实际上，非病理性的“虚谈症”也是每天发生的，对此我们应保持警惕，所谓的常识只是想当然的结果，我们并不是对自己的认知拥有全部控制权的理性生物。确切地说，我们只是与躯体一路相随的过客，我们所能获取到的状态、因果、目的等信息都是二手货。

通过行为科学和脑科学，我们可以了解到，由神经合成并构建的认知体系与现实的差异。研究表明，我们所形成的印象并不是一个对现实事物、事件的精确复制，而只是一个对外界物理刺激的最佳估计而已，感知错觉也是由此而来的。我们看待自己躯体的方式，实际是经过大脑加工的、一厢情愿的结果。我们回忆过去的过程也充满了不确定性。这不像是从大脑的神经数据仓库中把信息提取出来，倒更像是一个不断重组的数据，从而必然导致错误和偏见的过程。在一个观察者自觉地注意到、并对外界刺激做出反应之前，大脑早就做出了判断、采取了措施。在我个人的研究中也发现，人们总是为自己的笑声找理由，就像是“这真是太搞笑了”或者是“搞得我很尴尬”，完全忽视了笑声本身经常就是被传染、不自觉的。[1]

我们的生命就是这样被一系列的“大概估计”指引着前行的。这种对自己和他人行为意识状态的大概估计，虽不完美，但却与时俱进，足够精确到让我们继续浑浑噩噩地过日子。然而，科学家的诉求远不止如此，常识背后必有非常规的解释。行为科学和脑科学为我们提供了这样一条道路，让我们不断地揭开意识及日常行为背后的秘密。我们是谁？我们在干什么？我们要往哪里去？这些问题及背后的运作机制往往隐藏着出人意料的真相。我从事的这个行当让我乐在其中，原因就在于此。

[1] 本文作者普罗文就是研究笑的专家，曾有著作《笑：一项科学调查》(*Laughter: A Scientific Investigation*)。——译者注

54

THERE CAN BE NO SCIENCE OF ART
不可能有“艺术的科学”

乔纳森·戈特沙尔（Jonathan Gottschall）

美国华盛顿与杰弗逊学院英语副教授，著有《讲故事的动物》（*The Storytelling Animal*）。

15000年前，一个法国雕塑家在跋山涉水近一公里后，进入了一个山洞。随后，这个艺术家用黏土制作了两头野牛，一公一母，一前一后，然后他就悄然离去了，将创作留在了在地球深处。位于蒂多杜贝尔洞穴（Tuc D'Audoubert cave）的这两头野牛就这样默默无闻地待着，直到1912年一群探险的男孩发现了它们。这就是20世纪众多令人震惊的复杂精妙的洞穴艺术发现之一，可以追溯到几万年前。这些发现颠覆了我们对自己洞穴祖先的印象，他们不再是毛茸茸的、咕哝的穴居人，而是有艺术之魂的人。艺术创作、艺术消费，甚至艺术嗜好，人类的天性似乎就是对艺术如此感兴趣，文明的发展只是为这种天性推波助澜了一把。

可是为什么呢？为什么会有雕塑家钻到土里面，进行艺术创作，然后就任之留在黑暗中？为什么艺术在人类诞生之初就产生了？为了回答这些问题，学者编了很多故事，但事实是我们一无所知。不知道的原因之一是科学在得过且过。很久以前就有人说过艺术不可能用科学的思维来研究，而由于某些原因，几乎所有人都信以为真。美国古生物学家、科普作家史蒂芬·杰·古尔德（Stephen Jay Gould）曾说过：人文与科学，相互独立、各有领域、无法互通，为一方度身定做的工具完全不适用于另一方。

十之八九科学本身也对这种说法深信不疑。否则我们如何解释其对艺术的忽视？人们生活在艺术里，我们读故事、看电视、听音乐到处都是艺术的影子。我们绘画，目不转睛地凝视着画作；我们像园丁鸟修饰鸟巢一样美化家园；我们要求购买的产品美观，所以就有了闪闪发亮的汽车，又有了符合现代美学的、光滑圆润的智能手机；我们甚至在自己的身体上从事艺术：节食、锻炼、修身、珠光宝气、多彩服装，都在打扮着我们自己，还有纹身，更是直接以皮肤为画布，举世如此。正如已故的丹尼斯·达顿（Denis Dutton）在他的《艺术本能》（*The Art Instinct*）一书中说到的：文化差异的背后，“所有的人拥有同样的艺术”。

人类对艺术这种好奇和爱恋使得我们这个物种卓尔不群，这体现在我们的智慧、语言，还有使用的工具上。然而我们对艺术还是了解得太少。我们不知道为什么艺术与生俱来，不知道我们对美的渴望来自何方，不知道艺术如何刻画我们的大脑。为什么对一种声色满怀愉悦，而对另一种大倒胃口。我们不太了解是否其他物种也存在艺术的萌芽形式，更不清楚我们自己什么时候成了拥有艺术的生灵（根据一个有影响力的理论，艺术在50 000年前有一次创造性的大爆炸。如果这是真的，那是怎么发生的？）。说真的，我们甚至没有给艺术一个很好的定义。总之，没有什么东西像艺术一样，如此贴近人类，而人类对它又知之甚少。

近年来，在人文学科领域，人们开始越来越多地使用科学的工具和方法。神经科学家可以告诉我们，当我们欣赏一首歌或学习绘画的时候，大脑中发生了什么。心理学家则在研究小说和电视节目是如何影响我们的政治和道德观念的。进化心理学家和文学学者联起手来，探索叙事式的达尔文主义的起源。其他的文学学者正在开发“数字人文”，利用算法从数字化文献中提取大数据。但是目前在人文科学领域的科学类的工作还是一盘散沙，东一榔头西一棒子，并没有构成一个研究课题。

关于艺术的那些基本问题，如果我们想要更好的答案，科学必须全力以赴。如果是单打独斗，人文学者可以讲述很多关于艺术起源和意义的有趣故事，但当他们面对公说公有理、婆说婆有理的境地时，却缺乏有效的工具体系。科学的方法恰好可以大显身手，把那些更加精确的故事和那些相对不那么精确的故事分开来。但毫无疑问，一个强大的“艺术科学”还需要综合两方面的能力，一是功底深厚、通晓细节的人文学者的专业知识，二是擅长假设检验的科学家的聪明智慧。我并没有要求科学来接管艺术，我想要的是科学与艺术的天作之合。

这种伴侣关系还面临着挺大的障碍。要寻求科学证明，还有不少与艺术相关的假设未经检验。有一个想法，大家都不说，但心里明白，都认为艺术为人类生活锦上添花。比起科学来，艺术就不那么重要了。还有一种怪异的想法就是科学必将扼杀美感，因为科学擅长的仅是条分缕析（就好像一个博学而无趣的天文学家有本事让浪漫的满天星空黯然失色一样）。但是无论如何，德尔斐神谕之声依然响起，“认识你自己”依然会作为我们探索理性与知识的指路明灯。如果不将“艺术的科学”踏踏实实地发展下去，人类永远都会面临着一个知识领域的巨大空白。

55

SCIENCE AND TECHNOLOGY
科学与技术

乔治·戴森（George Dyson）

科学史学家，著有《图灵的大教堂：数字宇宙的起源》（*Turing's Cathedral: The Origins of the Digital Universe*）。

“科学技术”这个词经常会让人觉得两者是密不可分的，实际上并不尽然。可能存在着没有技术的科学，也可能存在着没有科学的技术。

纯数学就是一个例子，从毕达哥拉斯学派（Pythagoreans）到日本庙宇几何，没有技术，科学照样欣欣向荣。中国在古时候，大量复杂的技术被开发出来，但科学并没有跟上。实在很难想象一个社会只拥抱技术而抵制科学。也有可能某一特殊种类的技术已经占据了主导地位，以至于技术本身出于自我保护的目的，而阻碍了科学的发展。

科学给我们带来了技术，但这并不意味着技术总能带来科学。在任何时候，某一科学都可能被抛弃。不要再认为只要技术繁荣，科学就能蒸蒸日上，认识到这一点，可以帮助我们避免很多错误。

注：本文作者乔治·戴森的《图灵的大教堂》已由湛庐文化策划，浙江人民出版社出版。

56

THINGS ARE EITHER TRUE OR FALSE

事物非真即假

艾伦·阿尔达（Alan Alda）

作家、演员兼导演，美国公共电视网（PBS）《大脑实验》（*Brains on Trial*）节目主持人，著有《自言自语之时，我无意听到的》（*Things I Overheard While Talking to Myself*）。

“事物非真即假”，这种观念要好好斟酌一下。我不是一个科学家，只是一个科学爱好者，所以话说得也许有些不合时宜，但就像所有的恋人一样，我非常挂念我所爱之人，我希望她自由发展、成果丰硕，不要蒙受不白之冤。

谈到真理，我不仅对是否存在永恒的、普遍的真理表示高度怀疑，对那些简单的、发生在我们身边的事实，我觉得也有待完善。上就是上，下就是下，似乎确凿无疑，不过在特殊情况下除外。北极在上，南极在下吗？有人站在某个极点上，大头冲上或者大头朝下吗？诸如此类的事都取决于你怎么看。

在学校里学习如何思考的时候，我被教导的第一条逻辑法则是：在同一时间、同一方面，一个事物不能既在那儿，又不在那儿。一句“同一方面”，含义可是非常丰富的。只要你改变参照系，就改变了一个永恒事实的真相。

死亡，够明确了吧。生命逝去，躯体还在，但只是一大块肉而已。可如果你退后一步看，躯体实际上处于一个过渡阶段，慢慢地它会变成一堆混合肥料，只是以另一种方式生存着。

这并不是说没什么事是真实的，或者说所有事都有可能、一切都是浮云。只是说，如果没有一个免责声明的话，事物是否真实都是有条件的。例如以现在占星学呈现的面貌来看，我们极有可能认为它是在胡说八道。但要是哪天人们发现，的确有那么一块从火星上弹出来的有机体撞击了地球，因为这才给我们的世界带来了影响的话，恐怕我们就得好好想想，看怎样修正那种其他行星与地球生命无关的说法了。

我在想，当我们谈到辨别科学真理的标准时，是不是可以注明“以我们现在所知”“以某种方式而言”，这只是个小建议。如果公众觉得科学家不能斩钉截铁地说出结论，他们就会逐渐失去对科学的信任。一个科学家说，红酒对你有好处；另一个科学家又跳出来说，即使是少量的葡萄酒也可能是有害的。变来变去，有些人会认为科学只是另一个信仰体系罢了。

科学家和科普作家为这一切做出了真正的努力。如果我们看到“目前的研究表明……”这样的表述，这实际是在警告我们，这还不是一个事实。但时不时地，我们还会看到有人声称拿出了一个全面、充分的事实报告，但如果换一个新的参考框架，或许这个报告还不是很全面，还有很多工作要做。这样的话，公众可能就不得不怀疑，这些科学家是不是只是在为他们感兴趣的观点邀功而已。

在我看来，只有在一定的框架和语境里，事实才是存在的、可用的。事实应该尽可能地准确无误、无可辩驳，并经历过最大限度的检验。大多数和事实打交道的人都会接受这样一点：即便是参考的框架变了，也没必要将其简单地判定为无效，而是承认它在原有领域内还是对的。但是，别忘了公众未必这么想。

这就是为什么我希望保持更多的戒心，不要轻易在任何时候、任何地点给宇宙中的某样事物的真假下断言。特别是我们正好一边说话，一边大头朝下的时候。

57

SIMPLE ANSWERS
简单的答案

加文·施密特（Gavin Schmidt）

气象学家，美国航空航天局戈达德空间研究所主任。

更确切地说，我指的是这样一种观点：对于复杂问题，总能找到简单的答案。宇宙是复杂的。不管你对什么感兴趣，一个细胞的功能、亚马孙河流域的生态系统、地球的气候还是太阳能发电机，几乎所有的系统及其影响都是复杂的、多方面的。对我们来说，提出简单的问题是很自然的，我们很多最伟大的见解都来自对这些简单问题的深入剖析。然而，我们已经得到的答案从来都不是简单的。在现实世界中，永远不会只需回答一个"42"[①]就算解决了。

然而总体来说，我们总是在不断地表现出好像有一个简单答案的样子。我们不断地看到，有一种方法可以快刀斩乱麻，有一条数据可以告诉我们"真相"，或者有一个最终实验将证明某个假设。但大多数科学家认为，这些都是徒劳无功、自欺欺人。科学并不是直通终极真理的笔直大道，而是一条不断逼近事实真相的探索的蜿蜒曲径。

但是，科学家与公众对话时，大量的话语时间都花在澄清事物的好与坏、正与反、黑与白上去了。他们不仅仅忽视了黑白之间灰色的光影；他们还错过了整条绚丽多姿的彩色谱带。就这样，由于追求复杂问题的简单答案，那

① 科幻作家道格拉斯·亚当斯（Douglas Adams）在其创作的《银河系漫游指南》（*The Hitchhiker's Guide to the Galaxy*）中，虚构了一台名为"深思"的超级计算机，目的就是为了了解关于生命、宇宙以及一切终极问题的答案。这台计算机思考了 700 多万年，最后给出了个答案：42。然而，什么是终极问题本身，仍然是未知的。《银河系漫游指南》中的话语经常被西方大众科学领域的作者引用。——译者注

些真正高质量、饶有趣味的问题就被抢了风头。

当我们制作新闻稿或是推销科普书籍时，科学家有时也会搞混界限，事实上也很难有人能免俗。但是我们应该更加警惕。这个世界是复杂的，我们应该拥抱复杂性。对简单问题，我们要的不是简单的回复，而是坚定的答案，只要还有希望做到这一点，我们就会不断发问。

58

WE'LL NEVER HIT BARRIERS TO SCIENTIFIC UNDERSTANDING

科学认识无疆界

马丁·里斯（Martin Rees）

英国皇家天文学家，皇家学会前主席，剑桥大学宇宙学和天体物理学名誉教授。著有《从当前到无限：科学的眼界》（*From Here to Infinity: A Vision for the Future of Science*）。

我们的洞察力将持久不衰，所有的科学问题最终都会向我们臣服——这是一个广为大众接受的假设。但我认为这太乐观了。人类的智力水平可能会触礁搁浅，虽然在大多数的科学领域里，这点还言之过早。

在宇宙学里显然还有未竟的事业。在爱因斯坦的理论中，时空都是连续、光滑的。而我们知道，没有什么材料可以切成任意小的一块，但最终你还是得到了离散的原子。同样，空间本身有颗粒度和"量化"结构，但在尺度上可是兆亿倍。我们对物理世界的基石尚缺乏一个统一的认识。

在严谨的科学范畴内，这种统一的理论会给我们带来大爆炸、多重宇宙等结论。但探索之旅远未结束。的确，99%的科学家既不是粒子物理学家，也不是宇宙学家，他们与这样的探索关系不大。别的不说，我们对饮食和儿童养育方面的理解力还严重不足呢，否则专家的建议怎么会年复一年地变来变去？这正好和我们在讨论星系和亚原子微粒时所抱有的自信形成了鲜明对比。生物学家遇到了复杂性问题，他们研究的东西，比起我们的这些非常大和非常小[1]的东西来说，更让人望而却步。

[1] 此处的非常大、非常小，分别指宇宙、基本粒子。——译者注

科学有时被比喻为一幢高层建筑的不同楼层：底层是粒子物理，往上是物理学的其他部分，然后是化学等，一直向上通到心理学（经济学家就呆在阁楼里）。复杂性的层次也是与之对应的：原子、分子、细胞、有机体等。这个隐喻在某些方面有点意思。它说明了每一种学科都是独立地上下求索的。但是，在一个关键方面上来看，这种类比很差劲。在一幢建筑物里，基础不牢靠可是要危及所有上面的楼层的。但在科学里面呢，所谓的“高层次”学科在处理复杂系统的时候，似乎不会受到基础学科的影响。

各门科学都有其独特的概念和解释。即使我们有了超级计算机，可以用来对几千万亿的原子求解薛定谔方程，但它的结果对大多数科学家来说都是无用的。

这个事实不是只存在于那些与复杂系统打交道的学科身上，特别是与有生命的对象打交道的学科，研究更加世俗的现象学科也是如此。例如，数学家试图理解为什么水龙头会滴水，或者为什么波浪会破碎，而不会在乎水的成分是 H_2O。他们只是把流体当成一种连续介质。就像他们使用“涌现”的概念摆弄黏性、湍流一样。

几乎所有的科学家都是还原论者，因为他们认为，无论多么复杂，一切都应该服从物理学的基本方程。但即使我们有了超级计算机，可以将破碎的波浪、迁徙的鸟类或者热带雨林中所有原子都聚合起来，代入薛定谔方程再求解，最后得到了对这些现象的原子水平的解释，又有何用呢，没有人会乐见于此。大脑是细胞的组合，绘画是化学颜料的组合，在这两种情况下，我们关心的都是模式和结构，也就是最终涌现出来的复杂性。

自从人类的祖先在非洲大草原上游荡以来，我们还没有发生什么巨大的变化。大脑的进化是和以人的大小为尺度的环境相匹配的。所以，人类居然能够从与日常直观感知格格不入的现象中找出其中的意义，无论是研究组成我们的小原子，还是研究环绕着我们的大宇宙，都已经足够非凡了。虽然如此，也许现实的某些方面在本质上是超越我们的理解能力的，就像是欧几里得几何超越了非人类的灵长类动物的理解能力那样。也许要理解某些复杂事物，需要后人类②的智能才行。

有些人可能会反驳说，万物皆可计算。但是“可计算”的事物并不意味着人类一定可以掌握其概念。给一个简单的例子，不管是谁学会了解析几何，只要给他一个方程，都不难设想出一个简单的图案——线或者圆。但是，虽说绘图是计算机可以做的一件小事而已，可即使给出了绘制曼德博集合③的算法（看似简单），却没有人能将其惊艳的复杂性可视化出来。

相信人类有能力掌握所有的科学、理解真相的所有方面，这过于托大，过于以人类为中心了。人类的将来要寄托于有机体的后人类，还是寄托于智能机器，这点还是众说纷纭，但是无论以哪种方式，我们都会将很多问题留给它们去解决。

② 从狭义上讲，后人类指将生物人（那些具有原始的、未开化的动物天性的人）经过技术改造形成的“人工人”。科幻电影中经常看到的所谓生化人，就属于这一类。从广义上讲，指摆脱、超越了现在的生物人状态的具有另一种未知的状态的人。——译者注

③ 曼德博集合是一种在复平面上形成的分形图案，以数学家本华·曼德博(Benoit B. Mandelbrot)的名字命名。——译者注

59

LIFE EVOLVES VIA A SHARED GENETIC TOOLKIT

生命进化之源：融合基因工具组

塞利安·萨姆纳（Seirian Sumner）

英国布里斯托大学生物科学学院高级讲师。

基因及其相互作用的网络决定了一个生物体的形态，也就是其外在形态和行为模式。现代生物学的最大课题之一就是，如何理解基因和形态之间的关系。当下盛行的理论是这样的：本质上，所有的动物进化都源于同一套调节基因，即常说的基因工具组。所有物种的生命形态上的差异都来源于这套工具组的不同使用方式。然而，随着科学家广泛地选择各种生物体并收集海量的基因组数据，这种观点似乎要被推翻了，生命并非全部都构筑在一套公共的保守基因工具组①上。相反，值得我们去探究的是：在多样性、创新性的生物形态进化过程中，新型基因组到底扮演了什么角色？

上述保守基因工具组的概念来自“进化发育生物学”这一理论体系。简而言之，这个体系假设，进化就好像在药房抓药一样，成分相同、配方不同。相同的基因通过不同的组合，在发育的不同阶段或躯体的不同部位表现出来，造就了进化，也造就了生物形态的多样性和新颖性。动物的生命形态如此多样，不是由于其分子遗传机制有什么不同，而是由于以不同的组合，在不同的时间、地点激活了这个机制的不同部位。其浩如烟海的组合数量，合理地解释了为什么很少的基因可以发育出丰富多彩的生物形态。举例来说，我们人类的基因组中只有约 21 000 个基因，但这丝毫不能阻碍我们成为生物进

① 换一个与文中不同的表述方法就是，某些控制发育的基因在生物进化过程中被保存下来，这些基因就被称为基因工具组。而保守基因工具组中的所谓“保守”，可以简单地理解为历史悠久的基因。——译者注

化最为精巧的产物之一。

Hox 基因[②]是一个保守基因的经典例子。在每一个主要的动物物种中，同源基因都决定了头部、尾部、上肢、下肢等发育过程，起到了超级控制器的作用。无论是鼠类、蠕虫、人类等，同源基因都是从一个共同的祖先继承而来。另一个例子是那些控制眼睛发育或毛发（羽毛）颜色的基因。我们可以看到，古老的基因工具组在动物群体中无处不在，也在每刻以同样精致的方式发挥着作用。不可否认，构建生命大厦分子积木的重要材料之一就是这些保守基因。

但是且慢！科学家们已经有能力针对任何生物体进行基因组和转录组的从头测序（De Novo）[③]了。下列物种的基因组序列数据都已经被挖掘出来了：海藻、蟒蛇、绿海龟、河豚、斑姬鹟、鸭嘴兽、倭黑猩猩、大熊猫、宽吻海豚、切叶蚁、黑脉金斑蝶、太平洋牡蛎、水蛭等，况且这份清单还在以指数级的趋势增长。我们从中发现，20% 的线虫基因是独立的；在已知的蚂蚁 7 个基因组序列中，每一个谱系中都包含了约 4 000 个新型基因，但其中只有 64 个是公共的；每当一组新的数据出现时，我们都会发现一系列的独立基因。

这些独立基因或者新型基因，已经被证实在生物进化起中到了举足轻重的作用。珊瑚虫和水螅亲缘关系很近，它们外在形态上的差异是由一小组新型基因造成的；蜜蜂、黄蜂和蚂蚁，新型基因作用在工蜂或工蚁身上，性状才得以凸显；蝾螈，它那令人咂舌的组织再生能力也源于此；那么人类呢？白血病、老年痴呆症等让人类闻者色变的疾病背后，原来也是新型基因在作怪！

基因组如此复杂，生命又如此多娇。或许我们可以轻易地观察到，自然选择是如何助生命的新形态进化一臂之力的：例如，当第一只眼睛进化出来后，只有其适应能力越来越强，它的宿主才能在强大的选择压力下生存下来。

[②] Hox 基因是基因工具组中非常重要的一类，决定着动物体节的发育和分化。同时，它极其保守，或者说非常古老，在无脊椎动物和脊椎动物中都存在，说明其在寒武纪生命大爆炸、无脊椎动物大量出现的时候就已经存在了。——译者注

[③] 从头测序是指利用生物信息学的办法来获得某一物种的基因组序列图谱。目前广泛用于对未知物种的基因组测序。——译者注

但真正悬而未决的是，这些新型基因到底是从哪儿来的？达尔文进化论可以解释生物体及其特征是如何演化的，但解释不了它们是怎样产生的。第一只眼睛是如何横空出世的？或者，更专业一些，主控眼睛发育的调节基因到底源头何在？生命体进化出新的形态、生理及行为特征的能力和容量有多大？这个源头对于生命体的生存及适应太重要了，特别是当环境发生变化甚至是巨变的时候。

通过基因重排、基因复制、改变基因的开关模式等手段，保守基因组可以产生新的生物形态。例如，脊椎动物的基因组在进化的历史长河中，被完整地复制了两次，而三文鱼则多复制了两次。基因复制这种机制，可以让原基因组在保持现有功能的前提下，由副本来完成突变和进化，以产生新的基因，从而减少了通过选择来达到同样目的的时间。保守基因组还可以为大量的冗余基因提供庇护之所，使其免受选择的压力，而冗余基因的多样性又正好为新型基因的产生提供了素材。还有，一些非致命性的变异可以在基因组中潜伏下来，要么悄无声息，要么只在对生物形态没有致命性影响的时候才表现出来。实际上，只有极少的几种信息、规则和工具在调控基因和蛋白质的分子机制中起作用：转录因子识别出几个碱基对作为结合位点，而以怎样的方式进行结合，则具备了相当大的弹性。转录、翻译、转运等各种基因表达的过程组合在一起，当中必然会有一些“跨基因”的多效变异脱颖而出，而这就是新型基因组产生的绝佳源泉。拿达尔文雀举例来说，在一种原来控制骨头发育的保守基因基础上，其信号传递模式发生改变，促使多效变异产生，鸟喙形状的进化就此开始了。这再次说明，即便是非常有限的基因工具组组合在一起，就已经潜力无穷，足以让新的进化途径从老的机制中破茧而出了。

时至今日，在对进化谱系的追溯中，越来越多的独立基因被挖掘出来，一切都向我们揭示了新型基因的产生比老基因的重排更为关键。从这个意义上讲，如果我们把那么多未编码的 DNA 看作一个基因组的熔炉，一个可以用来探索和产生新基因、新功能，进而创造出新的生物形态的熔炉，很多令人困惑的问题就可以迎刃而解了。目前，一种假说是基因组在持续不断地生产出新的基因，只不过只有很少部分是实际起作用的。

所以说，大道至简，所有的生命都是进化之手优雅地拨弄一个分子熔炉的产物。我们终将拥有解构任何生物的分子结构单元的能力，从而一窥波澜壮阔的进化之道，异乎寻常的时刻已经到来。或许我们应该意识到，没有任何一个理论是十全十美、无懈可击的，真正好的理论本身就是不断进化、与时俱进的。不要轻言放弃什么，而是要取其精华，让理论本身也沿着进化之路越走越远。

The human brain is far more complex, and processes its input in more complex ways, than human-made devices, yet many people analyze it in ways that are too simplistic for our far simpler toys. Every term in the equation is suspect.

人类的大脑比人造设备更复杂，对输入的处理方式也更复杂。然而，许多人分析大脑的方式过于简单了，“行为 = 基因 + 环境”这个方程中的每个术语都令人怀疑。

——**史蒂芬·平克**（Steven Pinker），《**行为 = 基因 + 环境？**》

60

BEHAVIOR = GENES + ENVIRONMENT

行为 = 基因 + 环境?

Steven Pinker
史蒂芬·平克
哈佛大学语言学家，认知心理学家。
著有“语言与人性”四部曲。

你会说，电脑或智能手机的行为是由其固有的设计以及受环境影响的方式来决定的吗？这不太可能。这样的陈述虽不假，但也不精确。复杂的自适应系统有一个非随机的结构，而且它们还有输入。但说到输入能“塑造”系统的行为，或让设计与输入相互竞争，这对了解系统如何工作毫无帮助。**人类的大脑比人造设备更复杂，对输入的处理方式也更复杂。然而，许多人分析大脑的方式过于简单了，“行为 = 基因 + 环境”，这个方程中的每个术语都令人怀疑。**

行为：认知革命后的半个多世纪以来，人们仍然在问行为是由基因还是环境决定的。然而，无论基因还是环境都不能直接控制肌肉。行为的原因是大脑。虽然询问“情感、动机或学习机制怎样受到基因影响”这个问题有一定意义，但询问这些对行为本身来说毫无意义。

基因：分子生物学家盗用“基因”一词来指合成蛋白质的DNA。不幸的是，在这个意义上，基因与它在人口遗传学、行为遗传学以及进化理论中的意义（即任何可跨代传播并保留对表性影响的信息载体）是不同的。这包括可以影响基因表达的DNA的任何方面，与分子生物学家狭义上的基因相比，更接近于指“先天”的基因。两者的混淆导致了无数关于人类构成的无谓讨论，比如：“基因的表达（在DNA蛋白质编码的层面上来说）是由环境信号决定的”这种陈词滥调。另一种陈词滥调是“任何一个细胞都能合成任何蛋白质”！因科学媒体而膨胀起来的表观遗传学就是基于类似的混淆。

环境：“对有机体的输入”这个表达也是种误导。在所有影响有机体的能量中，只有一个以复杂的方式处理和转化的子集才能影响其后续的信息处理。哪些信息会被采用，它是如何被改变的，以及它如何影响生物学习的方式，这些都依赖于生物天生的组织。说环境“决定”或“塑造”行为是不明确的。

即使在数量行为遗传学里，技术层面上的“环境”也十分令人困惑。将表型方差分割成与遗传变异（遗传可能性）和家族变异（共享环境）相关的组件没什么错。问题出在所谓的“非共享”或是“独特的”环境影响，这包括所有无法归因于遗传或我们熟悉的差异。在大多数研究中，它被计为“1”——（遗传 + 共享环境）。实际上，你可以把它看作是在同一个屋檐下长大的同卵双胞胎之间的差异。他们的基因、父母、兄弟姐妹、学校、同学和邻居都是一样的。那么，是什么使他们有所不同呢？在“行为是基因和环境的产物”这个假设前提下，一定是两人的环境中有某些差异导致的。

但这一类其实应该被称为“杂项 / 未知项”，因为它与任何可衡量的环境因素没有一定的关系。比如一个孩子睡在双层床上层，而另一个在下层；或者父母莫名地更喜欢其中一个；或者一个孩子被狗追赶过，感染过某种病毒，或被老师格外地喜欢。这些影响纯粹是推测，相关研究未能证实。另一种可能是，这个部分包含了影响的可能性——新的突变、离奇的产前影响、大脑发育时的噪音，以及生活中那些有不可预知后续影响的大事件。

发育中的随机效应越来越被流行病学家认可，因为有很多反常现象存在，比如，一天吸一包烟却活了90多岁的人，还有同卵双胞胎对精神分裂症和其他疾病呈现出的差异结果。他们越来越被迫承认这种随机性，就像上帝在掷骰子一样。发育生物学家也得出了类似的结论。将任何非典型遗传因素归为“环境”影响是个坏习惯，它让行为遗传学家徒劳地去寻找环境影响，而有些可能只是发展过程中的随机性。

这个方程中最终的混乱恰恰源于看似完美无缺的“基因-环境相互作用论”，这种构想本来就会引起混淆。基因-环境相互作用不是指“环境是基因发挥作用的前提”这个事实（对所有基因来说，这确实是正确的），而是指一种“触发器”作用——在某种环境下，基因以某种方式影响一个人；而在另一种环境下，基因对这个人的影响却是另一种方式。举例来说，如果你继承了等位基因1，那么你的适应性较差，应激源让你神经过敏；如果你继承了等位基因2，那么你的适应力较强，应激源对你影响不大。无论你带有哪种基因，只要你从未因此感到压力，那你就是正常的。

在这种技术意义上说，基因环境相互作用进入一种“独特环境的”范畴，这是非常让人疑惑的，因为在同一个家庭中长大的兄弟姐妹，成长环境通常并不完全相同。同样让人疑惑的是，在常识意义上的“交互作用”（即可预见的一个有着特定基因型的人将受到环境的影响）会进入“遗传可能性”范畴，因为定量遗传学仅仅反映统计学特性。在人的一生中，这种混淆出现在智力遗传增加而共同环境的影响减弱之后。一种解释是，基因的影响在一个人寿命中后期才会逐渐凸显，但另一种解释是，带有某种特定基因型的人主动将自己置于那种适宜其与生俱来的品位和天赋发展的环境中。“环境”越来越依赖基因，而不再是一个行为的外源性因素。

注：本文作者史蒂芬·平克的“语言与人性”四部曲（《语言本能》《思想本质》《心智探奇》《白板》）已由湛庐文化策划，浙江人民出版社出版。

61

ONE GENOME PER INDIVIDUAL

一人一套基因组

埃里克·托普（Eric J.Topol）

心脏病学家，移动医疗研究者，基因组学教授，加州斯克里普斯转化科学研究所主任，著有《颠覆医疗》《未来医疗》。

受精卵分裂，最终产生人，最新的统计是约有 37 万亿个细胞组成了人体，每个细胞都携带着相同的、可靠的基因组备份，我们一直都是这样被教导的。不幸的是，恰恰是那个简单的、看似牢不可破的原型发生突变了。

虽然在几十年前，就有人质疑传统上讲授的“一人一套基因组”的说法，但直到最近，我们获得了新的能力，开展了单细胞测序和高分辨率阵列比较基因组杂交的研究工作以后，这个说法才被彻底推翻。例如，2012 年的一项研究表明，从 59 名妇女的尸体解剖中发现，有 37 具尸体中的脑细胞有 Y 染色体特有的 DYS14 基因，这个结果令人很难接受。但最近索尔克生物研究所①的研究人员进行了人脑神经元单细胞测序，发现了一个惊人的数字，存在结构性 DNA 变异的细胞比例达到了 41%。大脑中所谓的镶嵌现象②水平远远大于预期。这让人们开始怀疑是否我们的单细胞测序技术存在缺陷。不过，随后的研究证明这种担心多余了，因为有太多的独立研究，无论是针对大脑或其他器官如皮肤、血液和心脏等，都有类似的发现。去年，一组由耶鲁大学的理查德·利夫顿（Richard Lifton）和马丁娜·布吕克纳（Martina

① 索尔克生物研究所是一座位于美国加州的独立非营利科学研究机构。——译者注

② 镶嵌现象是从单一受精卵发育而成的同一个体的细胞有不同的遗传组成、染色体结构或染色体数目的现象。——译者注

Brueckner）领导的团队发现，在发生基因突变的先天性心脏病患儿中，其父母有相当高的比例并没有类似现象，其父母具有先天心脏病严重缺陷的大概只占 10%。

基因学家碰上这些细胞自发的新生突变，就像是玩棒球碰上了曲线球③，往往会大吃一惊。在他们的印象里，遗传本应是一代一代传承下来的故事。更多的零星报道不断出现，像是肌萎缩性侧索硬化症、自闭症、精神分裂症等，都可以归因为这种新生突变。突变可以在人生中的很多时间点上发生。14 例处于发育过程中的流产胚胎样本显示，70% 出现了结构性变异。当然这尚不能代表出生后个体的情况。让我们看看生命另一端的情况，在 6 例与癌症无关的死亡案例中，在所有涉及的器官中都发现了大范围的镶嵌现象，包括肝、小肠和胰腺。

但我们仍然不知道上述现象是否只具有学术价值，还是存在重要的疾病诱导效果。可以肯定的是，人们已经知道，在“终末分化”细胞④中发生的镶嵌现象，对癌症的发展很重要。而免疫细胞，特别是淋巴细胞的镶嵌现象，则似乎是一个健康的、尽职的免疫系统的一部分。在此之外，“一人多套基因组”的功能意义，在很大程度上仍然不清楚。

这件事影响深远。当我们使用血液样本来评估一个人的基因组时，我们还不知道在这个人的体内是否有潜在的镶嵌现象存在。要攻克这个难题还有很多工作要做。好在如今我们不缺技术手段，在未来几年内，我们无疑会更好地了解一个基因组混杂的自我。

③在打棒球时，曲线球是指球的方向发生突变，使接球方产生错觉，无法应付的球。——译者注

④简单地说，就是人体内形成的执行特定功能的、不再分裂的成熟细胞，如红细胞。——译者注

62

NATURE VERSUS NURTURE

先天与后天

蒂莫·汉内（Timo Hannay）

《数字科学》（*Digital Science*）杂志常务董事，"自然"网站前负责人，科学富营（SciFoo）合作创办者。

许多科学理论都应该被无情地抛弃。如果你在人类未知的前沿领域工作，对这种情况肯定早就习以为常了。但是，这些原本应该摒弃的理论中，绝大多数还只是阴魂不散地在学术界的回廊里游荡着，最坏的情况，也只不过让你小小分了点神，或者是绕了点弯路。真正应该枪毙的罪大恶极者，是那些已经流入现实社会、造成了实质性伤害的错误观点。也许眼下最好的一个例子就是"先天与后天"。

这还真是一个诱人的概念：非常直观，头韵[1]悦耳，还有点诗意盎然。创造出这个术语的是弗朗西斯·高尔顿（Francis Galton），他是优生学创始人，一位博学者，也是达尔文的表弟。不幸的是，就和高尔顿其他的那些作恶多端的观念一样，"先天与后天"建立了一个错误概念和受政治影响的混合体，流毒不浅。

当人们在剖析基因和环境的影响时，一个最基本的错误就是假设这两个方面是可以分开的。而当一位伟大的加拿大神经心理学家唐纳德·赫布（Donald Hebb）被人问到，先天和后天哪个对人性影响更大时，据说他是这么回答的："哪个对矩形的面积影响更大，长度还是宽度呢？"

[1] 英语语音修辞手段之一。"先天与后天"的英文原文是"nature versus nurture"，读起来含有音乐美和整齐美，朗朗上口。——译者注

回答得真够聪明的。但不幸的是，这只是加深了一个观念对人们的误导性，也就是说，犹如牛顿的时空关系一样，遗传和环境是一对正交关系的概念。而实际上，这两者之间更像是爱因斯坦的时空关系——遗传与环境深深地交织在一起，通过复杂的相互作用，产生与直觉相悖的结果。

当然，专家们对此早就心知肚明。他们意识到，大多数的孩子从父母那里继承的不仅是基因，还有环境。于是就有了"在不同环境下分别养大的同卵双胞胎"的研究，针对的是共享了大部分的基因，但不共享成长环境的情况。还有30多年来耳熟能详的"延伸的表现型"②，有机生物体受基因的驱使，改造它们的生存环境。另外，尽管表观遗传学还有很多要完善的地方，但它已经揭示了有很多种方式可以改变基因的影响，而在这些方式中起作用的不是核苷酸序列，而是大部分与基因所处的环境有关的其他因素（当然，这些因素也包括其他基因、同一有机生物体、其他有机生物体等）。

问题是，这些成果都没有被正确、有效地传播出去，特别是在记者和政治家的圈子里。实际上正是他们在寻求着塑造、改变我们的社会的方式。但在所谓"先天与后天"这一问题上，他们几乎都还保留着幼稚的"牛顿"观。各种误解、谬误越积越深。

一个例子是由多米尼克·卡明斯（Dominic Cummings）在2013年10月发布的长篇大论所引发的轩然大波。他是英国右翼教育部长的顾问。在这篇就英国教育政策所发表的报告中，他讲了很多，其中提到学习成绩的好坏很大程度上是遗传的（其实他讲得没错）。这让很多评论家特别是左翼评论家，将他的言论等同于教育无用论。在这些评论家牛顿式的"先天与后天"的世界观里，性状的遗传是一个不变的法则，人类，特别是孩子们，是基因的囚犯。

这简直荒谬！可继承性并不是可变性的反义词，一定要非此即彼吗？而且，当我们说一种性状的遗传力强的时候，并不是说环境没有用，实际上遗传力分数的高低本身就受环境的影响。拿身高来说，在发达国家，身高的遗

② 出自本书撰文者之一理查德·道金斯（参见其《本质主义应该退出历史舞台》一文）在1982年出版的《延伸的表现型》一书。——译者注

传力大概可以发挥到 80 分。可这只是因为在发达国家里营养水平普遍比较高。在营养不良或饥荒盛行的国家里，环境的因素就起主导作用了，身高的遗传力就会低很多。

类似地，学习成绩的遗传力高并不说明教育无足轻重。恰恰相反，从一定程度上讲，学习成绩的遗传力高就是现代推行的普遍教育的结果。实际上，如果每个孩子都能接触到平等的教育，那么学习成绩遗传力的发挥就会达到 100 分。（在这种情况下，学习成绩的差异就只能用基因来解释了。）照这么看来，学习成绩遗传力高，并不是右翼分子的信仰，而应该是左翼分子的目标了。不过，你倒是可以试着跟一个要赶在最后期限前出稿的报纸专栏作家解释一下，或者跟一个别有用心的政治家聊一聊这件事。具有讽刺意味的是，卡明斯那篇文章的主旨是英国的教育制度产生了无能的政治精英和评论家，而他们是不懂得这种技术细节的。其实，他们越批评卡明斯的文章，就越证明卡明斯是对的。

因此，正是“先天与后天”的错误概念使得那些有头脑的人在孩子的教育这件事上，混淆了平等主义和法西斯主义，误解了自己所奉行的政策结果，最终形成了毫无事实根据的信念。真正意义非凡的事情，就是把这种过时的、扭曲的观念从我们的文化基因库里彻底抹除掉。

63

THE PARTICULARIST USE OF "A" GENE-ENVIRONMENT INTERACTION

基因 - 环境交互作用的排他主义应用

罗伯特·萨波尔斯基（Robert Sapolsky）

斯坦福大学神经科学家，著有《猴子的爱情》（*Monkeyluv*）。

随着一年的结束，按照以往的规矩，权威媒体人士在这个时候会建议禁止使用一些词汇和短语。这里最常被提到的有“你只会活一次”（YOLO，you only live once）、“兄弟罗曼史”（bromance）、“自拍照”（selfie）、“男人的狗窝”（mancave），还有“电臀舞”（twerking）。在这几种情况里，并不是说这些用语某些地方有错误，而是因为这些词已经被用烂了，听起来让人不悦。

同样地，在科学的世界里，我也希望有些词退休。这很少是因为一个表达被用烂了的缘故。“基因革命”（genomic revolution）可能是一个被说烂的词，但它很有用。“在 99% 的原始人类历史中……”也是这样的表达，它在讨论人类在更接近天性的行为时也很有用。就个人来说，我希望后者不要退休，虽然我已经把它用烂了，但我打算继续用。

然而，有很多科学概念确实应该退休了，因为它们是错误的。举个明显的例子，进化只是一个理论的说法，其实是伪科学。但是我提议要退休的那个表达，它在狭义上讲是正确的，但却有错误的内涵，那就是“基因-环境交互作用”的概念。

一个特定基因和一个特定的环境相互作用产生影响，这个概念是对已存在长达一个世纪之久的先天 / 后天二分法的反击。该概念在这个领域的应用通常采取这种形式："会出现这样的情况，可能不全是因为基因。别忘了可能存在基因-环境交互作用。"而不是："会出现这样的情况，可能不全是由环境造成的。别忘了可能存在基因-环境交互作用。"

这个概念在定量表达时显得更加有效，即行为遗传学家尝试将某个特征的可变百分比归因于环境而不是基因的时候。"但仅限于……"也是对伪科学家来说很有用的一个经验表达基础，例如"仅限于在Z环境下，基因A导致了X效应更正确些，尽管这样说更严谨一些，你也可以说基因A导致了X效应"。在这种情况下，就说到了"基因-环境交互作用"。

可这又有什么问题呢？这已经是"先天和后天"的一次不可估量的重大进步——特别是当该问题的答案掌握在政策制定者或理想主义者手中时。

我觉得这个概念的问题在于基因-环境交互作用的排他主义非常强烈，它只能允许一种观念存在。最好的情形是，这个观念可以存在没有基因-环境交互作用的情况。最差的情况是，潜藏在那里的是对每个基因的行为不切实际的柏拉图式想法——任何给定的基因都有一个理想化的效果，它"表现"始终如一，反常的情况非常少，除非是病理情况或是无关紧要的特殊情况。如此一来，一个特定的基因可以柏拉图式地"正常"影响智力，当然，除非这个个体在胎儿时期营养不良，有未治愈的酸尿症，或是被猫鼬作为野孩子来养。

基因-环境交互作用的问题在于没有基因的因素。更确切地说，一个基因只有在某个特定的环境下才有特定的影响。一个基因在每一个环境有一致的作用其实就是在说：在迄今为止研究过的所有环境里，基因的作用是一致的。这在行为遗传学的研究中已是前所未有地清晰，在表观遗传学、转录基因、剪接因子等研究里越来越重视环境的规定。这与人类有巨大关联，考虑到我们居住环境范围的广泛性，包括自然环境和文化环境。

调查"基因-环境交互作用"，就像去问一个矩形的长度与它的面积有什么关系时被告知：在特定情况下，存在长度和宽度的相互作用。

64

NATURAL SELECTION IS THE ONLY ENGINE OF EVOLUTION

自然选择是进化的唯一源动力

雅典娜·乌陆马诺斯（Athena Vouloumanos）

心理学副教授，纽约大学婴儿认知与交流实验室主要研究者。

在生物进化课上，拉马克学说[1]通常只是被简单地提起，并且只有被嘲笑的份儿。而达尔文的物竞天择理论，通常被作为真正的进化机制来探讨。

拉马克的著名例子有：常吃高处树叶的长颈鹿的脖子有长得更长的潜力，比起那些常吃低处树叶的长颈鹿，它们更容易遗传给后代更长的脖子。获得性遗传理论最初被认为是一个合法的进化演变，甚至达尔文也提出过有关生物体如何继承性特征的版本。

有关代际转移获得的特征，相关的实验始于1923年，当巴甫洛夫（Pavlov）报道，他的第一代小白鼠需要通过300次努力，才能记住他把食物藏在哪儿，而它们的后代只需要100次，它们的孙子只要30次。但巴甫洛夫并没有描述清楚这些白鼠是否被圈养在一起（这样它们之间就能沟通了），或者他们是否还有其他的学习渠道。其他有关植物、昆虫和鱼类的潜在代际特征转移的早期研究，也遭到了其他解释或实验控制不严格的诟病。因此，拉马克的观点没能获得广泛的认同。

但是在最近的研究中，借助现代生殖技术进行体外受精和适当的控制，

[1] 即拉马克进化，或称获得性遗传。——译者注

可以使实验对象的每一代互相隔离，并排除任何形式的社交传播或学习。举个例子，对某种中性气味条件性恐惧的老鼠，它生的小鼠也会害怕这个气味，它们的鼠孙也会害怕。与巴甫洛夫的研究不同，沟通无法解释这个现象。因为老鼠从未亲密接触，交叉培养的实验也进一步排除了社交传播，新获得的特定恐惧必须是编码到它们的基因里才能起作用。生物化学分析显示，相关的变化很可能就是父代和后代精子的嗅觉接受基因的甲基化。甲基化是表观遗传机制的一个例证。自然选择依然是进化演变的主要塑造者，但是获得性特质的遗传也可能是一个重要的影响因素。

这些发现符合表观遗传学的研究，这是一个相对较新的领域。基因表达的表观遗传控制，有助于一个单一有机体（所有细胞共享相同的 DNA 序列）中细胞差异化发展，例如发展为心脏细胞或神经元。但是，关于环境和有机体的行为可能导致基因表达中的遗传变化（同时遗传给子代的 DNA 序列并没有变化）。这一点，最近 10 年的研究给出了实质性的证据和可能的机制。近年来，我们在形态学、新陈代谢甚至是行为特征的领域内看到了众多表观遗传学的证据。

获得性特质的代际传播作为一个潜在的进化机制卷土重来了。它也引发了一个有趣的可能性：更好的饮食、锻炼和教育条件，这些我们认为不能影响下一代的东西（除了通过树立好的榜样的后天影响）可能真的能够遗传呢！

65

INNATENESS
先天性

艾莉森·高普尼克（Alison Gopnik）

加州大学伯克利分校心理学和哲学教授，著有《宝宝也是哲学家》。

无论是科普写作还是通俗写作，我们对谈论人类与生俱来的特质（也就是“固有的”行为，或一切的“基因”，从酗酒到智力行为）早已司空见惯。有时，这些特征被作为识别人类一般特性的标志；有时，它们又被作为某个特定的人的个体特征。先天和后天的区别仍然支配着有关发展的思考。但是，是时候说说“先天性”了。

当然，在很长一段时间里，人们认为是先天和后天的交互作用决定了某种特质的发展，但最近的一些科学研究在更深的层面上挑战了这一想法。一种特质并不是各占一点的先天和后天的混合，这种区分从根本上来说就是错误的。

其中一项发展是项重要的新工作，它探索表观遗传的发展以及这些表观遗传过程的新经验证据。这些研究表明，最终导致形成某些特征的许多复杂的基因表达方式，本身就受环境支配。

以母鼠为例。麦吉尔大学（McGill University）的迈克尔·敏尼（Michael Meaney）和他的同事将两只基因属于同一族但智力发育不同的老鼠交叉抚育——让聪明的鼠妈妈来抚养愚蠢的鼠崽。结果是，愚蠢的鼠崽发展出了类似于聪明老鼠那样的解决问题的能力，甚至还将这些遗传给了下一代。所以，老鼠是天生愚蠢还是天生聪明呢？这个问题毫无意义。

还有一个类似的人类的例子。越来越多的证据表明“兰花”气质 和“蒲公英”气质的区别在儿童早期就会凸显。具备一些遗传和生理概貌的孩子似乎更多地会受到环境的影响，包括好的和坏的。例如，最近有一项关于高危贫困儿童的研究，是观察呼吸性窦性心律不齐（respiratory sinus arrhythmia，以下简称 RSA）的水平，基本上就是心率和呼吸之间的关系。研究发现，高 RSA 的孩子如果与父母的关系很好，其行为问题在后期会比低 RSA 儿童要少。但如果高 RSA 的孩子与父母关系恶劣，则会比低 RSA 的儿童问题更多。那么，他们先天的问题到底是多还是少呢？

对人类学习影响越来越大的贝叶斯模型，最近已逐渐在人类认知报道中占主要地位，它也在以一种不同的方式挑战先天的想法。至少从诺姆·乔姆斯基（Noam Chomsky）开始，就一直在争论我们是否有与生俱来的知识。贝叶斯定理根据一组对世界的潜在假设来描绘知识。我们一开始认为，有些假设可能性较小，而有些可能性大些。随着对新证据的收集，我们对这些假设的看法越来越现实。这里并没有一个简单的答案，是时候去看看并评估一下那些看似疯狂的想法了。

如果是这样的话，在某种意义上，我们能想到的一切，有可能从一开始就存在。还有一个真相是，所有我们想到的都会随着证据的增加而更改。从概率的角度来看，谈论知识到底是先天的还是后天习得的意味着什么，这点也丝毫不清楚。你可能会说，一些假设最初或低或高的概率会被进一步证实。然而，假设和证据是不可避免地交织在一起的。

第三种发展为人类认知能力进化的崭新局面提供了越来越多的证据。古老的“瑞士军刀”式的“进化心理学”，和无数不同的受制约“模块”的进化，看起来越来越令人难以置信。时代越近，便涉及越多的发展变化，这在生物学角度来讲是更合理的。这里包含贝叶斯学习能力的增长，正如前文提到的那样，增长的文化传播，更广泛的亲代投入，更长的发展轨迹，更强的假设思维能力。这一切都促使反馈回路形成，可以更快传播人类的行为。进化理论学家伊娃·雅布隆卡（Eva Jablonka）认为：人类认知的进化历史更像是一只手的演化——一种多功能又灵活的工具，具有执行史无前例的行为和解决前所未有的问题的能力，而不是构造一把瑞士军刀。特别是若干学者认为，前期出现的“解剖学现代化”人类和很久以后出现的“行为学现代化”人类的区别，起因是这些反馈回路，而不是某些基因变化。

举例来说，文化学习能力及其受到保护的幼年阶段中的微小变化，可能最先导致行为中的微小变化。但是“文化棘轮”效应则可能导致几代人的行为迅速并持续加速转变，特别是在几个早期人类群体间有着越来越多相互影响的情形下。

文化传递与贝叶斯学习相结合，意味着任何一代儿童都能整合早先几代人积累的信息。这样他们可以设想社会和自然环境可能的架构方式，并执行这些改变。所以每一代人都会在一个新的社会和物理环境中成长，这个新的环境与那些已经逝去的人所处的环境不同，也与新生的一代所处的环境不同。新的社会和物理环境会反过来促使新生代去完成新的发现，再次重塑环境，加速认知和行为的转化过程等。

所有这三项科学发展都表明，几乎我们所做的每一件事都不仅仅是先天和后天相互作用的结果，而是两者同时作用的结果。培育是我们的本性，学习和文化是我们最重要和与众不同的发展遗产。

注：本文作者艾莉森·高普尼克的《宝宝也是哲学家》已由湛庐文化策划，浙江人民出版社出版。

66

MORAL BLANK-SLATEISM

道德白板主义

基莉·哈姆林（Kiley Hamlin）

加拿大不列颠哥伦比亚大学婴儿认知中心主任。

社会中流传着一个顽固的信念，那就是道德是人类在出生后通过相当大的努力慢慢获得的。儿童通常被视为道德的“一块白板”，没有任何形式的道德倾向。这个观点认为，孩子是通过自己的经验和观察第一次与道德世界亲密接触的。然后他们主动（或被动，但现在很少有学者这样认为了）将这些经验和观察与冲动控制、换位思考以及复杂的推理结合起来，从而随着时间的推移变得越来越“道德”。

道德白板主义应该退休了。首先，尽管它很好地配合了“婴儿是成长中的混沌状态”，以及“蹒跚学步的幼儿是自私的利己主义者”这样的假设，但过去至少 10 年的发展心理学研究表明，这两种假设都是不成立的。比如，3 个月大的婴儿已经可以处理跟未知的第三方产生的亲社会或反社会的互动，并且喜欢亲近那些帮助别人实现目标的人，而不是阻碍别人的人。事实上，这样的互动反映出，3 个月大的婴儿已经表现出有道德的倾向——去关注助人者而不是害人者，而 4 个半月大的婴儿倾向于伸手去找助人者。最引人注目的是，婴儿的喜好似乎并不代表只是喜欢让好事发生的人（可以称之为“结果偏见”）。婴儿在一岁以内，对那些阻碍别人的人表现出不友好。他们喜欢那些怀有好意的人，即使他们可能好心办坏事。

在婴儿期就已形成的，不是自私的自我主义，而是各种亲社会行为，像互助、分享、告知等。尽管这些行为可能源于比较频繁的早期社会化活动，研究表明，婴幼儿亲社会的动力来自于内部而不是外部。婴儿会在没有任何提示的情况下去帮助和给予，幼儿也会在帮助别人和去做其他有趣的事情上选择前者。这些行为可能源于不同的情绪状态：婴幼儿看到别人需要帮助会引起不好的情绪，而他们发现，帮助别人（即使需要自身付出）会带来情感上的回报。

道德白板主义需要退休的另外一个理由是：如果你相信道德是从经历得来的，你就可以将不同的道德表现归功于不同的经历。也就是说，如果输入都是对的（没有任何不良经历），我们就会变得很有道德。如果道德败坏了，肯定是因为有了不完美的经历。

很显然，经历在道德的形成过程中至关重要，无数的研究表明，与道德有关的经历（父母的教育方式、目睹暴力、虐待）和道德产出的一些因果关系。但是考虑到 1999 年哥伦拜恩校园事件中的枪手迪伦·克莱伯德（Dylan Klebold）和埃里克·哈里斯（Eric Harris）。他们仅仅是很多北美青少年儿童谋杀者名单中的两个。在哥伦拜恩校园事件之后，有的人说迪伦和埃里克玩了太多的暴力电玩，有的说他们可能在学校中受人欺负，甚至还有人说他们的父母根本懒得教他们辨别是非。前面两种说法是千真万确的（可能不是第三个），童年时期被欺负和玩电玩的比率是很高的。那么为什么 99.9999% 的青少年没有向他们的学校开枪？埃里克和迪伦和其他孩子到底有什么不同呢？

埃里克是个心理变态患者。这类患者的移情能力极端低下，这（可能）导致他们不介意以杀人为乐，在杀人犯中心理变态患者的比率确实比一般人群高很多。心理变态是一种发展障碍，被普遍认为是精神疾病中最难治愈的类型。这类病一般直到青春期或成年期才能确诊。干预治疗需要尽早开始，以便获得最好的效果（根据最新的关于自闭症早期诊断治疗的成果），因为医学界一般认为后期确诊的疾病对干预治疗不敏感。然而概括来说，我的担心是道德白板主义的焦点在于经历，这使我们不愿意让孩子参与持久的、以气质为基础的反社会性预测。但当我们确诊并开始治疗的时候，已经太迟了。并不是说我不认可不愿“对号入座”的孩子，而是由于多种多样的经历导致的个体化差异，可能会阻止我们使用经验，通过干涉去营造公平的竞争环境。

其他研究表明，一个在一般化发展的人群中，针对缺乏同情的早期测试和寿命晚期的反社会行为之间存在一种联系。这些测试的内容通常是一个人在婴儿的面前表现得很痛苦，同时观察婴儿的眼神中是否充满关切或悲痛。大多数时候，很多婴儿是有同情感的。近期的研究发现，未受过虐待的 6 ~ 14 个月大的婴儿，如果表现出对他人悲痛的忽视，那么当他们进入青少年期后，更容易表现出反社会行为。这个结果表明，反社会行为的警报信号可能在经历发挥作用前很早就出现了。

现在几个研究已经证明，经历可能通过基因 - 环境相互影响的方式影响道德输出。但这不是一个简单的等式，比方说，不利的经验导致出现反社会儿童——儿童 + 虐待 – 改善经验 = 暴力，虐待和反社会行为间的关系仅仅在带有多种基因（已知这些基因可以调节某些社会激素）的特殊儿童中可以观察到。所以，不管他们是否被虐待过，带有“安全”等位基因的儿童几乎都不可能做出反社会行为。另一方面，带有“危险”等位基因的儿童则对虐待带来的后果更为敏感。

将婴儿视作道德白板状态的传统共识，导致了人们对婴儿期观点和道德行为与认知能力工作机制的错误理解。理解道德发展如何开始，理解个体差异的所有原因，有助于我们正确了解多种多样的道德发展途径。如此看来，道德白板主义可以退休了。

67

ASSOCIATIONISM

联想主义

奥立弗·斯科特·柯里 （Oliver Scott Curry）

牛津大学认知与进化研究所人类学讲师。

鸟类是怎样飞行的？它们为什么能停留在空中？假如教科书上说是因为“悬浮”，然后又开始介绍悬浮的不同类型（比如静态的和动态的）、悬浮的规则（比如“万物有升必有降”、“体轻者悬浮更久”）以及其不适用的情况（比如使用四肢行走的动物）。你很快就会觉得飞行是件令人费解的事，相信悬浮还会使人们对空气动力学更模糊，甚至悬浮会阻碍其发展。

不幸的是，在“动物是怎样学习的”这个问题上，类似的情况正在发生。教科书会告诉你是因为“联想”，然后就开始介绍联想的不同类型（经典的、操作性的），规则（比如瑞丝蔻拉 - 瓦格纳模型 [Rescorla–Wagner model]），还有不适用的情况（比如自行塑造、差异条件、阻断效应）。书上说，联想是生物将特定刺激和特定结果或者特定反应建立联系的能力，铃响的时候有食物，走迷宫左边的路有疼痛感，仅仅需要使这种特定刺激和对应的特定结果（重复性的）保持同时出现就可以实现。书上还说，由于联想对于所有的刺激都是一样的，原则上生物体可以通过联想学会任何事。

就像悬浮这个例子一样，问题的关键在于，从没有人曾发明出能证明这一现象的机制。以后也没有人能够做到，因为这样一个机制在理论上就是不可能的，因此在实践中就更不可能了。每时每刻，生物体都面对着无限个潜在的刺激，从而，有无限种可能的结果。例如，老鼠在一天中遇到的刺激有醒来、眨眼、向东走、抽动鼻子、被踩到、吃果子、听到隆隆的声响、闻闻同伴、感受5摄氏度的气温、被追赶、看日落、排便、感到恶心、回家、打架、睡觉等。在所有的刺激与结果的组合中，这只老鼠怎么可能分辨出是吃了那个果子让它想吐呢？先有问题才有答案，同理，先有理论才有实验数据。若不是先有理论指明要找的是什么，以及要测试的关系是什么，就不可能从一团混乱中找到有用的模式。那么，联想学习的关键特征是什么？就是前提理论的缺失。所以，就像悬浮这个概念一样，联想也是一个空洞的概念——只是我们对所需要解释的现象又进行了误导性的描述而已。

数百年来，批评家一直就此对联想主义（有时叫作归纳法问题或者框架问题）提出质疑。最近几十年，无数经验都表明，动物并不是按照联想主义的方法进行学习的，比如蚂蚁学会找到回家的路，鸟类学会歌唱，老鼠学会不吃某种食物。虽然有种种例外情况、反常现象和限制，但是联想主义（不论是哪种表现形式：经验主义、行动主义、条件反射、联结主义、可塑性）从来没有消亡，而是一直重现。支持者不肯放弃联想主义，也许是因为他们觉得找不到替代品。

其实替代品是有的。沟通理论指出，信息减少了不确定性。生物体会在不同的条件下采用不同的状态，所以生物体是不确定的。这种机制可以通过其包含的决策规则来描述——“如果有甲，则有乙”，或者“如果你发现光亮,就会朝那里移动”。在给定条件（甲）下,要采用哪种状态（乙还是非乙），这一不确定性就被解决了。一半不确定性被消除，构成了一小“点”信息，所以单一决策规则可以被称为单点处理器。有较多分支决策规则的适应能力更受到大自然的青睐，自然选择设计出更复杂的生物体，这些生物体能对更复杂的信息进行处理，在进行决策前会提出更多问题。这种机制可以解释动物是如何从环境中获取信息和进行学习的。对于老鼠来说，有一个规则就是“如果你吃了某种食物后觉得不舒服，以后就不要再吃这种食物了”。对于日落、鼻子抽动和打架则没有这种规则，这就是为什么老鼠不会建立这些联系。类似地，这也解释了为什么面对由不同的这种机制集群构成的不同生态问题，生物体可以学到不同的知识。

关于老鼠说了这么多，那对于人类呢？人类显然可以学会自然选择没有准备的东西。我们肯定能够悬浮吗？完全不是。关于不确定性和信息处理的相同逻辑也一定是适用的。如果人类能学会新的东西，一定是因为人能够产生新的不确定性——通过发明、想象、创造新的理论、假说和预测，从而对世界提出新的问题。这又如何实现呢？最有可能的答案就是，人类天生对于这个世界就有一系列概念（这些概念是关于颜色、形状、力量、物体、动作、动因和心理的），而人可以有无限种方式（就像我们做梦时），将这些概念进行（几乎完全随机的）重新组合，然后（通过感觉的方式）将这些设想与现实进行对比测试。成功的设想之间再进行重组和修正，来构造更复杂的理论体系。所以，与抑制学习不同，我们的生物构造让以下行为成为可能：提供原材料，引导进入或高级或低级的处理过程，使我们不受约束地思考前所未有的想法，还会促进知识增长。这就是人类是如何从经验中学习的，和联想一点关系也没有。

你看，没有人质疑鸟能飞行，关于这个能提出的唯一的问题是怎么才能飞行。类似地，没有人质疑人类和其他动物能学习，问题在于怎么才能进行学习。要找出学习的另一种解释，会涉及人类天生就有的概念、组合这些概念使用了什么规则以及如何修正这些概念。但是要做到这些，我们必须首先认识到联想并不是这个问题的答案，甚至都算不上一个答案。然后，有关学习的科学研究才能真正开始，不再“悬浮”。

68

RADICAL BEHAVIORISM

激进行为主义

西蒙·巴伦-科恩（Simon Baron-Cohen）

剑桥大学自闭症研究中心主任心理学家，著有《恶的科学：论同情与残忍的起源》（*The Science of Evil: On Empathy and the Origins of Cruelty*）。

每个心理学的学生都知道，激进行为主义被认知革命所取代是由于前者存在严重的科学缺陷。但是其方法现在还被应用于动物行为矫正方面，甚至在当代人类临床心理学的某些领域也有应用。在此我提出，应当废除使用激进行为主义，这不仅是基于科学原因，还出于伦理原因。

激进行为主义的核心观点是：人类所有的行为都可以解释为刺激和反应的习得性联系，可以通过奖励和（或）惩罚强化或者抑制。这一观点在20世纪初由哈佛大学的心理学家斯金纳（B.F.Skinner）和霍普金斯大学的约翰·沃森（John B.Watson）提出。语言学和认知学家诺姆·乔姆斯基在1959年发表于《语言》（*Language*）杂志的关于斯金纳的著作《言语行为》（*Verbal Behavior*, 1957）一书的批评，使激进行为主义开始受到大众的抨击。乔姆斯基的一个科学论点是：一条狗不论接触再多的语言，再多的奖励和强化，也不能说话或者理解语言。然而，尽管不同环境中有各种噪音，人类婴儿还是能学会语言。这表明对于行为来说，不仅仅有习得性联系，还存在进化神经认知机制。

有时，这种争论被描述为先天论（乔姆斯基明确表示，随着胚胎生长，语言也在发展，遵循普遍的基因程序）与经验主义的白板论支持者之间的对抗。有人说斯金纳相信新生儿就像白板一样，尽管这不全是事实，因为至少在一次采访中，斯金纳明确承认了基因的作用。

我认为激进行为主义应当被废除的科学理由，不是要重提现在已经陈旧乏味的先天/后天之争（所有讲道理的科学家都会承认生物体的行为是两者相互作用的结果），而是由于激进行为主义缺少科学信息。从其定义来看，行为是属于表面水平的，因此同样的行为背后，也可能有不同的认知策略，不同的神经系统，甚至是不同的因果关系。两个人可以表现出相同的行为，但是在这背后的原因可能是完全不同的。比如一个以英语为母语的人和一个以英语为第二语言但是完全熟练掌握的人，或者一个彬彬有礼的人，有可能因为他是真的体贴他人，也有可能他只是学会了如何表现出礼貌，而实际上是一个精神变态。人类会表现出相同的行为，但大多数都是源自不同的路径。如果没有指出根本的认知、神经活动以及因果机制，对行为的解读就缺少科学信息。

有了这些科学论证，你可能会觉得激进行为主义应该早就被废除了才对，但是它还继续作为“行为矫正”程序基础而存在。在行为矫正中，训练者试图通过给予奖励来塑造另一个人或者一个动物的表面行为，而忽略了其潜在的进化神经认知组成。除了上述科学原因，我还有一个废除激进行为主义的伦理原因。

埃默里大学的洛里·马里诺（Lori Marino）对神经科学和伦理学进行了交叉研究，他调查了一头1983年在冰岛被捕获的逆戟鲸（也叫杀人鲸）。这头逆戟鲸被带到位于不列颠哥伦比亚名为“太平洋海洋世界”的主题公园，后来又被送到佛罗里达的“奥兰多海洋世界”。它被训练来进行表演，比如模仿训练员点头，或者模仿训练员挥手来挥动它的鳍。这头鲸忠实地做出这些动作来得到奖励（食物），但是在被囚禁的那些年里，它杀死了三个人。鉴于从没有逆戟鲸在野外杀人的记录，因此这可能是对训练这头鲸鱼的激进行为主义者的回应，他们训练它做出新的行为，而忽视了其大脑中经过数百万年进化而来的社交和情感神经认知回路，这种回路并不会随着被囚禁和训练而消失。

逆戟鲸是高度群居的动物。它们以家庭群体和“家族”组成的复杂团体为单位群居，每个群体都有其独特发音的方言，这可能是为了增强群体属性。

它们成群捕食，表明其拥有非凡的社交合作能力，而且雄性和雌性都会去照看幼崽。绑架一头逆戟鲸，把它关起来不仅会使其脱离群体，还会缩短其寿命，产生疾病的症状，比如背鳍经常无法直立。对这样被囚禁的动物使用激进行为主义的手段，就更加不道德了，因为这缺少了对动物真实天性的尊重——只关注塑造表面的行为，而忽略了动物的本性。

想到人类行为矫正仍在当代临床中广泛应用，我们就可能还会有伦理上的教训。我们需要尊重人们的想法和感受，尊重他们的本性，而不是单单只关注他们能否被训练而改变表面行为。

69

"INSTINCT" AND "INNATE"

"本能"与"天性"

丹尼尔·埃弗里特（Daniel L.Everett）

语言学研究员，美国本特利大学人文科学学院院长，著有《语言：文化工具》（*Language: The Cultural Tool*）。

具体的先天信息会影响人类行为，这个观点早已过时。在令人感兴趣的科学问题中，都没有涉及"本能"与"天性"。

这种观点是有其道理的。首先，个体在发育的过程中，从配子阶段到成年期，每时每刻都会受到环境的影响。对所有的物种来说，新生儿都不是出生之后才开始从环境中学习的。早在双亲交配之前，其细胞就已经完全暴露在环境中了。这个环境的决定因素有双亲的行为和外部环境，等等。环境对于发育的影响有很多种，然而由于缺少相关研究和测试，目前我们还无法将环境的影响与天性（或本能）区分开来。

另外，"本能""天性"这样的说法之所以值得怀疑，还因为很大程度上我们以为是本能的特性，随着环境的剧变，也会发生很大变化。甚至有些环境因素我们从没发觉其与本能的关联性。例如，2004 年一个科学家小组利用老鼠进行地球轨道上的低重力实验，发现了自动扶正规律（就是老鼠会调整到四脚着地），很多人认为这种现象是出于本能的行为，但在低重力环境中，就不再起作用了。但是老鼠并不是完全不能进行自动扶正。它们"发明"了一种在失重中有效的新策略，表现出的行为可塑性大大出乎人们的预料。无论如何，从科学思想中废除本能和天性的最主要原因，是有详细情况表明这两者其实是没有作用的。以下是一些"天性"可能的定义，它们引自伦敦国王学院哲学家马泰奥·马梅利（Matteo Mameli）的著作：

◎ 凡非习得者，即为天性；

◎ 凡与生俱来者，即为天性；

◎ 凡于生命之特定阶段恒常出现者，即为天性；

◎ 凡由基因决定者，即为天性；

◎ 凡受基因影响者，即为天性；

◎ 凡由基因编码者，即为天性；

◎ 凡不受环境信息影响者，即为天性；

◎ 凡非环境引发者，即为天性；

◎ 凡非操控环境所能产生者，即为天性；

◎ 凡可产生替代功能之环境操控为反常者，即为天性；

◎ 凡可产生替代功能的环境操控数据显示异常者，即为天性；

◎ 凡可产生替代功能的环境操控违反进化常理者，即为天性；

◎ 凡可遗传者，即为天性；

◎ 凡非学得者，即为天性；

◎ 凡出自原始心理，源于自然发展者，即为天性；

◎ 凡可生成适应性特征者，即为天性；

◎ 凡环境所引导者，亦即不受一定程度之环境变化者，即为天性；

◎ 凡物种之特性，即为天性；

◎ 凡出现于功能前期者，即为天性。

等等。

这些定义都不完善。

但即使有“本能”或“天性”的可靠定义，我们仍不能使用这些说法。因为如果不能从进化的角度解释其如何实现，我们就不能把某些特征归因于人类基因型。并且这个解释还需要给出，该特征是在什么样的环境中被选择的。而要做到这一点，需要知道各先祖变种的范围和特点，以及各变种的存活和繁殖情况。要弄清楚某些特征是如何被选择的，我们需要知道这种选择发生的生态环境如何，比如可以解释某种天性为何存在于特定的生物环境、社会环境或者无生命环境中的生态学因素。然后，我们需要知道这些特征是怎样遗传给后代的。父辈和后代表现型之间确定存在关联，而非仅仅因为巧合。我们还需要知道在发生选择的时期，其种群结构是怎样的。所有的进化生物学家都知道我们还需要了解更多信息，包括种群结构、基因流动以及使该特征传播的环境。

对于这些问题我们一无所知，而且无从知晓。其中的某些问题我们永远都搞不清答案。因此，“本能”和“天性”这两个术语可以说是毫无用途。废除它们，我们才能开始做真正有用的事。

70

ALTRUISM

利他主义

陶·诺瑞钱德（Tor Nørretranders）

科普作家、咨询顾问、演说家，著有《慷慨的男人：怎样帮助其他人是你能做的最性感的事》（*The Generous Man: How Helping Others Is the Sexiest Thing You Can Do*）。

利他主义的概念现在应该被淘汰了。这里指的并不是帮助别人或者为别人做好事的现象应该消失。相反，现代对于动物和人类社会的认识，越来越看重个体之间的联系。要淘汰的是利他主义概念背后的基本观点，即帮助自己与帮助他人之间存在利益冲突。

“利他主义”一词于19世纪50年代由法国社会学家奥古斯特·孔德（Auguste Comte）首次提出，意思是为其他人做事情，而不仅仅是为了自己，所以是跟利己主义或者自私相对的概念。这一观点认为人类（包括动物）都是被自私和利己主义所支配的，因此需要一个概念来解释，为什么有的时候人们会无私地善待他人。

但事实正好相反：人类彼此之间联系紧密，多数行为都是相互的，对双方有利的（或者是对双方都不利的，比如憎恨）。其出发点既不是利己，也不是利他，而是由于相互联系的状态。当其他人都不开心的时候，其实你也不会开心。或者如果你不开心，也同样会影响别人。

行为科学和神经生物学都表明，人类之间是紧密联系的。模仿、情绪感染、同感、同情、怜悯、亲社会行为等现象在人类和动物中都是明确存在的。其他人的幸福感对我们产生影响的方式，比我们通常认为的要多。因此有一个简单的规则：当你觉得幸福，所有人都会感觉更好，当其他人都是幸福的，你也会感觉更好。

这种相互关联的状态确实是存在的。而利己主义和其反义词利他主义都是二阶概念——是投影，甚至是错觉。这一规则在直接心理层面同样适用：如果帮助他人给你带来实验经济学所说的“温情效应”，那么帮助他人不是也正符合你的利益吗？这样一来，你不是也在帮助自己吗？对其他人好，其实就是对自己好。

类似地，如果你慷慨地为他人谋福利的时候，自我感觉更好，还能带来更多收入——就像在我的祖国丹麦那样的福利社会中，平等和共享带来财富，只想着自己，不送别人礼物，不缴税，毫无慷慨精神的人，只是初级的利己者。真正的利己者是会分享的。

利他者并不是完全无私的，而是明智的。帮助他人其实是为了自己的利益。我们不需要一个概念来解释这种行为。因此奥古斯特·孔德的说法现在应该被淘汰了。我们只需要互相帮助就可以了，不需要考虑为什么这样做。

71

THE ALTRUISM HIERARCHY

利他主义的等级划分

贾米尔·萨奇（Jamil Zaki）

斯坦福大学心理系助理教授。

如果有一个友善比赛，人类肯定是当之无愧的世界冠军。我们的善举不止是对自己社会群体里和那些会回报我们的人，即便对远在几千公里之外，从不会知道我们曾帮助他们的陌生人也是一样。在全世界各处，总会有人牺牲自己的资源、福利甚至自己的生命来为他人服务。

对于行为学家，牺牲自己帮助他人的利他主义的可爱又可恨之处在于其内在矛盾。亲社会行为似乎与经济学和进化论有关人类行为方式的原理相矛盾：人本应该是自私的、令人厌恶的、粗野的、残忍的，或者随你用什么流行语来形容。生物体怎么会为了他人的生存而牺牲自己呢？为什么大自然会赋予我们这样与生存矛盾的倾向呢？

近数十年，研究者基本解决了为什么自私的生物体会做出利他的行为的问题。如果个体帮助的对象是家庭成员（从而帮助维护自己的基因），或者是会回报的人（增加了自己将来取得收益的机会），或者是在公共场合这样做（提高自己的声誉），要解释其行为中的“利他主义悖论”就没什么意义了。出于这些动机的行为比比皆是，照顾后代、巴结老板、赞助剧院但是捐款金额刚好符合可以把名字刻在大厅的捐助者名单上的要求数额。

最近，我和同事以及其他神经学家发现了利他主义的另一个“自私”的动机——帮助他人会使自我感觉良好。帮助行为占用了大脑中与回报和激励有关的结构，比如看到漂亮的面孔、赢钱，或者吃巧克力的时候会激活的部分。此外，这种“有关回报的”大脑活动不仅在做出给予行为的时候会出现，还会预示人们给予的意愿，这表明愉悦感和慷慨的行为之间是有密切联系的。这并不是说利他主义在心理学上就等同于冰淇淋，而是从另一个角度，为加州大学圣地亚哥分校的经济学家詹姆斯·安德列奥尼（James Andreoni）有关慷慨行为产生令人愉悦的“温情效应”这一观点提供了佐证。

当我展示上述研究结果时，一个常见的反应显得越发令人讨厌。时常会有观众说如果人们在帮助别人的时候得到了回报，那么这个行为就不是“真正”利他的。就我所理解，这种说法可以追溯到康德的观点，即在利他主义的定义，助人者要付出代价所体现的善良的行为是完全由原则所激发的，如果从中得到物质收获或者精神愉悦的话，就不能算作是善良之举了。这种争论常常会变得冗长而激烈，在我看来，人们只是徒劳地试图在各种隐秘的动机中找出真正的利他主义。

这种利他主义有不同等级的观点——近乎神秘的“真”利他主义在远方的某处，而现实生活中我们动机不纯的做法比比皆是，这很普遍。在评判别人的时候，这种观点也起到了作用。耶鲁大学管理学院的乔治·纽曼（George Newman）和戴利恩·凯恩（Daylian Cain）最近的研究显示，相比从明确的非利他行为中得到收获，从利他行为中有所收获的人被认为是更不道德的。实际上，人们认为“打折扣的利他主义”跟没有利他主义一样糟糕。

利他主义的等级划分应该被淘汰了。我相信通常人们在帮助他人的时候，并没有抱着自己能够有所收获的目的。社会心理学家丹·巴特森（Dan Batson）、哲学家菲利普·基彻（Philip Kitcher）同其他研究者一起，为了区别亲社会行为的他人导向动机和自我导向动机，进行了哲学和实验研究。但我还认为对于毫无个人收获的行为使用“纯粹的”或者“真正的”这样的说法，是没有什么意义的。这样说有两个原因，都与自我否定这一更宽泛的概念有关。

首先，利他主义的等级划分从逻辑上就是自我否定的。试图辨别出真正的利他主义的这种行为，最后常常变成了非要为行为编造出某种动机来。要成为纯粹地帮助他人，其行为必须与自己的欲求（让自己看起来很好，带来感觉上的回报等）没有关系。但是，认为某种人类行为是无动机的，这种想法从逻辑上就是错误的。实际上，人们进行某些活动，就是因为他们想去这样做。这可以表现为公开地想要有所收获的欲望，但是这还可能是由于从前所学到的经验（比如，过去帮助别人曾使自己感觉良好，或者带来了回报）变成了直觉的亲社会偏好。要说自发行为不能算作利他行为，就掩盖了动机产生行为这一普遍规律，不论行为是不是慷慨的。

其次，利他主义的等级划分从道德上也是自我否定的。批评“不纯粹的”的利他主义，常常就是在责怪助人者表现得像正常人一样，比如，做那些感觉良好的事情。理想情况就是，要做出利他行为，就完全不能享受其过程。对于我来说，这可算不上什么理想情况。我们的核心情感组成可以是面向他人的，因此当我们帮助他人的时候会感觉良好，这种观点不但没错，反而十分美好。你可以说我是自私的，但是我宁可选择不纯粹的利他主义，也不需要飘渺无力不可企及的理想境地。

THE MOST CRUCIAL DECISIONS ABOUT NUCLEAR POWER ARE AT THE CATEGORY LEVEL OF WORLD URBAN PROSPERITY AND CLIMATE CHANGE, NOT IMAGINARY CANCERS PER MILLISIEVERT.

有关核能，最关键的决定因素在于城市繁荣和气候变化，而不在于每毫西弗辐射造成多少例假想的癌症。

——斯图尔特·布兰德（Stewart Brand），
《我们不能因为辐射而放弃核能》

72

THE LINEAR NO-THRESHOLD (LNT) RADIATION DOSE HYPOTHESIS

我们不能因为辐射而放弃核能

Stewart Brand

斯图尔特·布兰德

《全球概览》创始人，The WELL虚拟社区与恒今基金会的联合创始人，著有《地球的法则：21世纪地球宣言》（*Whole Earth Discipline: An Ecopragmatist Manifesto*）。

时任总统艾森豪威尔科学顾问的乔治·基斯佳科夫斯基（George Kistiakowsky）在其1976年出版的《白宫中的科学家》（*A Scientist at the White House*）一书中，讲述了他在1960年日记中的内容被联邦辐射委员会批评的事情：

> 那是一份颇为可怕的文件。他们用140页的篇幅陈述了以下简单的事实：因为对低强度辐射的危险一无所知，我们最好认为全体居民接受人工辐射的平均剂量应当不超过其从自然中接受的辐射量；并且，其中的个体受到的辐射量应当不超过该剂量的3倍，当然这个剂量是完全主观的。

作为一位核专家和曼哈顿计划的参与者，基斯佳科夫斯基还在书中提到：“我仍认为，对制定现在的辐射指导方针来说，剂量和效果之间的线性关系是完全没有必要的，因为这些指导方针其实没有任何理论基础。”

对辐射效果的研究已经有63年了，而基斯佳科夫斯基的批评观点现在仍然成立。线性无阈（简称LNT）辐射剂量假设①，荒诞地影响了每一条规定以及公众对核力量恐惧的理论，但其实这毫无理论依据。

这样一来，下面这些事情都很成问题：在没有意义的核电站和核废料存放安全标准上花费的数千亿美元，旨在减少全球温室气体排放的下一代核电站计划支出，以及在诸如福岛和切尔诺贝利事件（并没有因切尔诺贝利事件导致的先天缺陷案例，然而恐惧导致了苏联和欧洲的100 000例流产）这样罕有的核泄漏出现时极其有害的公众恐慌。关于福岛事件，人们记得的是核能反对者预测将有成百上千人因辐射死亡或患病。但实际上，没有人死亡，没有人患病，也没有人预计将因此死亡或患病。

LNT假设的“线性”部分是属实的，并且有完备的文字记录可查。基于长期针对核工业工人和日本原子弹爆炸幸存者的研究，如果辐射量每年在100毫西弗以上，最终的癌症发病率会随着辐射量增加而增加。其效果是呈线性的。然而，如果每年的辐射量在100毫西弗以下，并不会检测出癌症发病率增加。或许是因为的确不存在，

① 一种为了辐射防护目的而做出的假设，由高剂量照射得到的数据做线性外推而来，实际上偏高地估计了低剂量所产生辐射危害。——译者注

扫码关注“湛庐教育”，
回复“哪些科学观点必须去死”，
观看本文作者的TED演讲视频。

或许是因为剂量太小，导致在流行病学干扰下信号丢失。

我们终有一死。近半数会死于癌症（女性 38%，男性 45%）。如果线性无阈理论的“无阈”部分受到重视，受辐射人群中癌症风险即使提高了 0.5%，也是无法被检测到的。LNT 假设基于无法证明的假设，即虽然风险增幅太微小而无法被检测，但是癌症死亡案例确实存在，因此“没有什么水平的辐射是安全的”，每增加一毫西弗的剂量都是对公众健康的危害。

一些反驳 LNT 假设的证据来自对背景辐射[2]的研究。在美国，人们平均每年受到 6.2 毫西弗的辐射，但因地区不同而有所变化。新英格兰的背景辐射比较低，科罗拉多就高很多，然而新英格兰的癌症发病率却比科罗拉多高很多——相反的效果。世界上有些地区，比如拉姆萨、伊朗，其背景辐射要比一般地方高出 10 倍，但是并没有在该地区发现更高的癌症发病率。这些结果表明，确实存在一个阈值，低于该阈值的辐射是无害的。

此外，近期有细胞水平的研究发现了一些针对显著辐射水平的受损 DNA 修复机制和受损细胞的排出机制。这并不令人吃惊，因为生命的进化就是在高辐射和其他危害 DNA 的因素中进行的。在酵母菌体内存在了 8 亿年的 DNA 修复机制，现在仍然存在于人体内。

低剂量辐射对人体的实际威胁很低，所以 LNT 假设既不能被证实也不能被证伪。然而，该理论却继续影响甚至误导着有关辐射的政策，导致这些政策太过保守，甚至到了可笑的地步，也导致了成本昂贵。一旦 LNT 假设被明确废弃，我们就可以制定反映了可识别和可测量医学效果的政策，而主要对重要程度极高的全系统利害考量做出回应。

有关核能，最关键的决定因素在于城市繁荣和气候变化，而不在于每毫西弗辐射造成多少例假想的癌症。

[2] 又称本底辐射，在环境中持续存在，是源自人为排放或自然存在的辐射。——译者注

73

HUMANS ARE BY NATURE SOCIAL ANIMALS

人类天生是社会动物

亚当·韦茨（Adam Waytz）

心理学家，美国西北大学凯洛格管理学院管理与组织系助理教授。

不论是为了强化社会学或心理学对其他行为科学的统治地位，还是为了说明人类生来就是关心他人的，都应该淘汰对亚里士多德那句广为人知的名言（即“人类天生是社会动物”）的阐释。社会性确实是影响思想、行为、生理学和神经活动的主导力量，然而对于大脑、激素和认知的社会性的热情，需要有所缓和，因为有证据显示社会性远非简单、自然或者无限的。这是因为要体现社会性所依赖的大脑、激素和认知，必须先被触发才能为我们所用。

一个证明“人类表面上看起来自然具有社会天性”的最有力证据，是由弗里茨·海德（Fritz Heider）和玛丽安·西梅尔（Mary-Ann Simmel）在1994年制作的两个三角形和一个圆形围绕一个矩形运动的动画。该动画只有几个图形，但是很容易让人把这些图形当作人物角色，还会根据图形的运动构想出一部社会性戏剧。仔细观察这段影像，并且仔细阅读海德和西梅尔描述这一现象的文章，你就会发现这些图形带有社会性的感觉，不是自然就有的，必须由刺激和情景的特征来引发。这些图形的运动轨道故意模仿了社会行为。如果图形的运动发生改变，就不能得到同种程度的社会性反应。此外，实验者的语言和指令提示了原始实验的参与者，要用社会性的说法来描绘这些图形。人类也许可以并且愿意透过社会性的镜片来看待世界，但人类并不是天生就会这样做。

尽管人类具有远超其他动物的能力来考虑他人的想法，对别人的需求产生共鸣，以及将共鸣转化成对别人的关心和慷慨的行为，我们还是不能随时欣然平等地这样做。我们主要对自己核心集团里的人表现出忠诚、做事考虑道德以及进行合作，不惜损害集团之外的人的利益。我们的利他主义并不是没有限制的，它其实是狭隘的。催产素就促进了这种现象的发生。这种长久以来被认为在形成社会联系中发挥了重要作用的激素，已经被证明会促进与内部团体之间的联系，但是却会增加对外部团体的防御性攻击。另有研究表明，与这种对团体内成员不惜自我牺牲的热爱同时存在的，是团体之间的战争。最看重忠诚的群体，往往最有可能对外部团体施加暴力。

就连体现我们最重要社会能力的心智理论（站在别人的视角看问题的能力）也是一样，我们在增强合作的同时也会增强竞争。心智理论会突出我们所喜爱的人的情感和渴求，同时也会使我们所厌恶之人的自私和不道德的行为动机更加明显。要做到考虑别人的想法，首先需要有这样做的动力以及必要的认知条件。因为动力和认知是有限的，我们的社会能力也是有限的。因此，任何旨在实现更多为别人考虑的措施，如通过移情、仁慈和同情，其效果都是有限的。到了某个点，我们最珍贵的社会能力所依赖的运作记忆将会干涸。

因为我们的社会能力主要是非天生的，它只针对内部团体，并且是有限的，所以我们可以淘汰亚里士多德的说法了。同时，“人生来就有社会性”这种观点让人们相信很多重要的观念，比如，人类需要彼此才能生存，人类总是愿意进行社交互动，以及研究人类行事的特定社会性特征是有深远意义的。

74

EVIDENCE-BASED MEDICINE

循证医学

加里·克莱因（Gary Klein）

心理学家，宏认知有限责任公司（MacroCognition LLC）高级科学家，著有《见别人所未见》（*Seeing What Others Don't*）。

任何事业都有其限制和边界条件，科学事业也不例外。当科学的探索超过了这些边界条件，而没有对这些限制给予应有的尊重和遵从，其后果可能会适得其反。循证医学就是这样一个例子，我认为应当淘汰这个概念。

循证医学背后的理念当然是值得赞扬的，都是一系列通过严格的实验验证过的最佳治疗方案。循证医学力求为医生提供值得信赖的治疗手段，这些手段经过了随机对照试验（RTC），最好是双盲实验的评估。循证医学力求将医术转变成一个科学学科，而不是一种艺术形式。这还有什么令人不满意呢？我们可不想回到过去江湖医生盛行，靠未经验证的传言治病的时代。

但是，只有当这些最佳治疗方案背后的科学道理是完全可靠和全面的，我们才能对循证医学给予信任，然而事实情况并不是这样的。医学并不是完全无懈可击的。医生不应该仅仅因为公开发表的研究满足了随机对照试验的标准，就相信其结果。很多这样的研究结果是不可重现的。有时，研究人员只是走运，因为重复实验出现的失败结果并不会发表，甚至根本不会被提交给期刊出版机构（即所谓的发表偏倚）。在个别情况下，研究人员甚至会伪造实验结果。即使可以被重复实现，实验结果也不能自然就被信赖。实验条件的设计可能忽略了一些有关的影响因素，因此即使实验中没有出现，也并不能完全排除该结果的可能性。

并且，医学也不能涵盖所有的情况。最佳治疗方案常常遵循简单的规则，但是医生所面对的环境是复杂的。循证医学靠的是一次只改变一个条件的控制变量研究，很少会有改变两个或三个以上条件的情况。然而很多病人患有多种疾病，例如同时患有II型糖尿病和哮喘。对一种疾病有效的医疗方案，可能由于同时患有的其他疾病变得不可行。循证医学为一般人群制订了最佳治疗方案，但是医生治疗的是个体病例，需要考虑个体差异。对多数人不起作用的治疗手段，可能对于少数病人还是有用的。此外，医生的工作并不是只需要选择一种治疗方案，还需要根据情况对其进行调整。他们需要专业知识来判断病人的康复进度是否合适。医生必须监测治疗方案的有效性，并在其没有发挥作用的时候进行调整或者改变方案。病人的情况有所起伏可能是正常的，医生还需要在有干扰的基础上，判断治疗效果如何。

当然，从淘汰无效的治疗方法这一点来说，科学研究已经为我们做出了很大贡献。比如，最近一项安慰剂对照实验结果显示，相较于假手术，关节镜手术对于膝关节、骨关节炎并没有更好的疗效。但是我们也应当感谢过去数十年中，随机对照试验和安慰剂条件带来的手术手段的进步（比如，髋关节、膝关节置换术，白内障手术），如果没有应用这些方法，就不会有这些进步。因此对照实验对于研发新型治疗方法就不适用了，也不能用于治疗个体病例，因为个体情况有其独特性。

更糟的是，依赖循证医学会阻碍科学的发展。如果医院和保险公司担心，会因不使用最佳治疗手段出现不良后果而面临诉讼，从而强制要求使用循证医学手段，那么医生就会不愿意尝试未经随机对照试验检验过的其他治疗策略。如果既有医学专长又尊重科学研究的第一线医生不能进行探索，不能取得新发现，科学进步就会停滞不前。

75

LARGE RANDOMIZED CONTROLLED TRIALS

大样本随机对照试验

迪安·奥尼什（Dean Ornish）

美国预防医学研究所创始人兼所长，加州大学旧金山分校临床医学教授。

人们有一个常见的错误认识，认为大样本的研究总是比小样本的研究更可靠，而随机对照试验就是试验中的金科玉律。然而，越来越多的人认识到样本容量并不总是很重要，随机对照试验也可能会存在其特有偏差。我们需要更有创造性的试验设计。

对于任何科学研究来说，关键问题在于："所观察到的实验组与对照组的差别有多大的可能性是由于干预而产生的？又或者是纯属巧合？"依照惯例，如果结果属于巧合的概率小于5%，那么就认为这个结果具有统计学意义，即确实属于有效结果。

随机对照试验的原理在于，将实验对象随机分成接受干预的实验组和没有干预的对照组，这样实验对象可能造成实验偏差的个体差异（已知的或未知的）对两组的影响程度是相同的。虽然理论上看起来很好，可是实际上随机对照试验可能存在特有偏差，从而降低实验结果的可信度。

例如，随机对照试验可能被用来检验改变饮食是否有助于预防心脏病和癌症。研究者选择符合某些特定标准的病人，比如有心脏病或癌症危险因素的病人。预期参与者将了解到该试验的详细内容，并被问及："如果你被随机分配到实验组，那么是否愿意改变生活方式？"为了被选中参与研究，病人需要回答："愿意。"

然而，如果该病人接下来被随机分配到对照组，她可能会自行改变生活方式，因为她已经详细了解到需要做出哪些改变。如果实验中只需给实验组发放新药品，那么就不会有什么问题。但是在行为干预实验中，被随机分配到对照组的病人很可能会做出部分行为改变，因为他们认为这些改变值得一试，或者认为研究者不会对他们感兴趣。又或者，他们会对于被分配到对照组感到失望，因此可能会退出研究，从而产生选择偏倚。

而且在大规模的随机对照试验中，常常难以做到给所有实验组中的对象足够的支持和资源，来保证实现规定的生活方式改变。因此，实际上实现的改变通常会不如研究者根据之前小规模试点研究做出的预期那样严格。

上述情况的最终效果就是：1. 实验组实现期望的生活方式改变的可能性降低；2. 对照组做出类似的生活方式改变的可能性提高。这就会减小两组之间的差异，从而减小实验结果的统计学意义。因此，行为改变带来的影响甚微这一结论，可能是错误的。这被称为 II 型误差，其含义是确实存在差异，但是由于实验设计的问题没能检测出来。

在妇女健康预防项目的饮食结构调整研究中，就出现了这种情况。该研究对近 50 000 名中老年女性进行了超过 8 年的追踪研究。实验组中的对象被要求减少摄入脂肪，每天增加水果、蔬菜和全麦的摄入，研究这是否能够预防心脏病和癌症。对照组中的对象则没有被要求进行饮食结构的调整。然而，实验组中的参与者并没有将饮食之中的脂肪成分减少到推荐水平，其食物中脂肪成分超过 29%，而不是研究目标规定的低于 20%。另外，他们没有大幅增加水果和蔬菜的摄入量。相反，对照组脂肪摄入减少差不多同实验组一样，还增加了水果蔬菜的摄入量，从而减少了对照组和实验组的差异，以至于这些差异不再具有统计学意义。研究者在报告中指出这些饮食结构调整不能预防心脏病和癌症，但是实验假设其实并没有得到充分检验。

矛盾的是，比起大样本研究，小样本研究中两组之间的差异似乎更显著。妇女健康倡议研究项目投入近 10 亿美元，但是并没有对实验假设进行充分的检验。小样本研究中，每个病人得到的资源会更多，可以花费更少的成本来使他们遵守实验规则。

另外，随机对照试验中一次只改变一个自变量（即实施的干预），然后研究因变量的情况，这种做法通常太过理想化。假如，你在研究运动锻炼对预防癌症的作用。你设计了一个实验，随机分配一组对象进行锻炼，而另一组不参加锻炼。理论上，似乎只有一个自变量。但实际上，当你安排人们参加锻炼的时候，不只是在让他们锻炼身体，还产生了其他影响，这些影响可能在解读实验结果时会使你感到困惑。例如，人们常常和同伴一起进行锻炼，而越来越多的证据显示，增加社交行为能显著减少大多数慢性疾病的风险。可能在实验中你还赋予了参与者一种有意义和有目的的感觉，而这也会产生治疗效果。并且当人们锻炼身体的时候，他们通常吃的食物也会更健康。

我们需要新的、更周到的实验设计和系统方法，要将上述这些问题也考虑在内。新的基因组方面的信息，能帮助我们更好地理解个体对于治疗的反应，而不是指望通过随机分配病人得出平均水平来消除这种个体差异。

76

MULTIPLE REGRESSION AS A MEANS OF DISCOVERING CAUSALITY

多元回归，发现因果关系的方法

理查德·尼斯比特（Richard Nisbett）

密歇根大学心理学教授，著有《智能与获得智能》（*Intelligence and How to Get It*）。

你知道吗？摄入大量的橄榄油可以将死亡风险降低 41%；如果一个人得了白内障，进行手术摘除的话，接下来 15 年内的死亡风险将比没有实施手术的患者低 40%；耳聋会导致痴呆。

类似这样的说法，每天都会出现在媒体报道上。这些观点通常都是基于采用了多元回归分析方法（简称 MRA）的研究。在 MRA 中，自变量同时与因变量相关。典型的研究目标是为了显示变量甲对变量乙产生影响，排除了其他变量的影响。换句话说，研究目标就是为了显示在变量丙、丁、戊处于任何水平的情况下，甲与乙之间都存在相关性。比如，饮用葡萄酒和心血管疾病的低发病率相关，而与社会阶层、体重超标、年龄等其他因素无关。该方法几乎可以适用于所有的科学领域，不过流行病学家、医学研究人员、社会学家、心理学家和经济学家尤其可能会使用这种方法。

有观点认为（通常是明确指出的，就算没有明确指出至少也一定有含蓄的表示）MRA 可以揭示因果关系，这种观点其实是错误的。我们知道目标自变量（例如橄榄油摄入量）会和其他很多变量有关系，虽然检测方法难免有缺陷，甚至没有办法进行检测。每种变量的水平都是“自行选择”的结果，都可能会对因变量产生影响。

你觉得教室中孩子的数量对他们的学习效果有影响吗？看起来似乎是有

影响的。但是一些MRA研究指出，排除其他因素，如学区内平均家庭收入、学校规模、智商测试表现、城市规模、地理位置等的影响，班级的平均规模同学生的表现是没有关联的。这表示：我们现在知道了无须再浪费钱来减小班级规模。

但是研究者是通过掷硬币来将从幼儿园到三年级的学生随意分配到小班（每班13～17人）或大班（每班22～25人）的。小班学生在标准化测试中有更大的进步，并且对少数族裔孩子的效果比对白人孩子的效果更显著。这不仅是一个对班级规模影响的研究了，可以代替所有有关班级规模的多元回归研究。

之所以可以这样说，是因为实验者选择了目标自变量的水平。即进行实验的班级有平均水平相同的老师，学生的学习能力、社会阶层也都相同，还有其他变量也都相同。因此实验组和对照组的唯一不同之处就是研究的自变量，即班级规模。

MRA研究试图"控制"其他因素，例如社会阶层、年龄、先前健康水平等，但是却不能回避控制变量是自行选择的这一问题。谁知道接受处理的人群和没有接受处理的人群之间到底有多少种差异呢？

就拿社会阶层来说。如果研究者希望研究社会阶层是否和某种结果之间存在关联，那么与社会阶层有关的任何因素都可能会促进或者抑制阶层本身的影响。我们可以确信的是，摄入橄榄油更多的人群，更富有，受教育程度更高，对健康有关的知识也更了解，并且更关注自己的健康（其配偶也更关心他们的健康等）。他们吸烟、酗酒的可能性更小，相较使用玉米油的人群，他们生活的环境中毒性很可能更小。他们还更可能是意大利后裔（意大利人寿命相对更长），而不是非洲裔（黑人通常有更高的死亡风险）。所有这些变量，都可以是社会阶层和死亡率关联的真正原因，而不是橄榄油摄入量本身。

尽管研究者试图要控制所有可能的变量，但是变量不能都完全被完美地衡量。这就意味着其对目标因变量的影响会被低估。比如，没有一种正确的方法来衡量社会阶层。教育程度、收入、财富、职业都是其中的一部分，而没有一种标准的方法来衡量这些因素，从而给出上帝眼中的社会阶层观念。

一位《纽约时报》专栏作家，哈佛大学博士，最近发表观点表示，MRA研究要优于实验，因为基于大数据的MRA研究，其研究的对象数量可以很大。其错误在于，认为相对少量的研究对象更可能导致错误的结果。

认为研究对象数量多总比数量少好，理由是我们更可能发现不明显的结果。但是我们对研究是否有信心，不是基于对象的数量，而是基于我们对结果的判断是否公正，以及该结果是否具有统计学意义。事实上，如果在少量样本中得到了具有统计学意义的结果，这意味着，在其他条件相同的情况下，该结果比在大样本中得到的相同结果更显著。

大数据有很多用处，包括带来MRA结果，而该结果表明，随机实验能提供明确证据来证明，一个明显的结果是否真实。2011年古列尔莫·毕卡蒂（Guglielmo Becutti）和西尔瓦娜·潘娜依娜（Silvana Pannaina）的MRA研究结果就是一个很好的例子。他们研究的是睡眠不足与肥胖之间的关系。其结果本身几乎是没有意义的。对于健康问题，各因素彼此之间几乎都是有关联的：超重人群有更严重的心血管问题、更严重的心理问题、吸毒问题、运动不足问题等。但是实验者已经进行了MRA研究所需的实验。使研究对象睡眠不足，发现他们确实体重增加了。不仅如此，研究者还发现了睡眠障碍对激素和内分泌水平的影响，这种影响会导致体重增加。

像所有基于相关性的统计方法一样，多元回归也有严格的限制：相关性并不能表明因果关系。不论检测多少控制变量，都不能解开错综复杂的因果关系之谜。自然所结合之物，多元回归万不能解。

77

MOUSE MODELS
小鼠模型

阿兹拉·拉扎（Azra Raza）

医学教授，美国哥伦比亚大学骨髓增生异常综合症中心主任。

在癌症研究中，有一个显而易见的问题要么是被忽视，要么就是还悬而未决，即小鼠模型并不能很好地模仿人类疾病，而且对于药物研发其实也没有什么价值。1977 年治愈小鼠的急性白血病所使用的药物，到现在还被用于治疗人类患者，使用同样的剂量同样的持续时间，带来了极坏的后果。想象一下这种做法：取人类肿瘤细胞，在实验室培养皿中培育，然后移植到小鼠体内，该小鼠的免疫系统已经被破坏从而不会对移植的肿瘤产生排异反应。接下来对这些“异种移植体”用药，药物的杀伤力和毒性将被用来治疗人类的癌症。

这种合成的非自然的模型系统，其固有隐患对其他研究也带来了麻烦。最近一篇科学论文指出，在花费数十亿美元的近 150 例药物测试中，人类败血症的实验失败了，因为在研发药物时使用的是老鼠。其实在小鼠身上看起来像是败血症的疾病和人类的败血症其实是完全不同的。吉娜·科拉塔（Gina Kolata）在《纽约时报》上发表的有关该研究的报道，在生物医学研究领域引起了激烈的反响：“利用这么小规模的研究，就说明小鼠模型对所有的人类疾病都不适用，这是完全没有依据的，关键是建造合适的小鼠模型，并且设计出完全反映人体情况的实验条件。”

问题是没有合适的小鼠模型能“完全反映人体情况”。所以，为什么在癌症研究领域这种无效的传统还能占据主导地位，并继续使用小鼠模型来检测研发新药品中的假设呢？

麻省理工学院怀海德研究所（Whitehead Institute）的罗伯特·温伯格（Robert Weinberg）给出了最好的答案。在一次访谈中，他提出了两点原因：首先，我们缺少能取而代之的模型；其次，美国食品和药物管理局对研究造成了惰性影响，因为他们一直把这些所谓模型作为预测药物效用的黄金标准。

还有第三个原因，与人类本身的弱点有关。很多优秀的实验室和杰出的研究人员在研究小鼠模型的恶性疾病中投入了太多时间，他们能审查其他人的研究资金，决定美国国立卫生研究院的资金将分配给谁。但他们却不愿承认小鼠模型基本上对于多数癌症治疗是毫无价值的。

我们还坚持使用这一陈旧的方法，一个主要原因就是为了得到资金。比如，在 20 世纪 80 年代早期，我决定研究一种名叫骨髓增生异常综合征（简称 MDS）的恶性骨髓疾病，该疾病常常会发展成为急性白血病。我早期决定在研究中主要使用新取得的人体细胞，而不是依靠小鼠和培养皿。在近 30 年中，我采集了超过 50 000 例骨髓活组织样本、正常对照口腔涂片细胞、血液、血清和血浆样本，储存在计算机技术支持的完善注解组织资料库，该资料库包含了临床、病理学和形态学的数据。使用这些样本，我们已经发现了引起某些类型 MDS 的新基因，以及几组与该疾病的自然存活有关的基因，还发现了其对治疗手段的反应。我使用取自接受过治疗的 MDS 患者的骨髓细胞，来研究基因组表达谱，该基因表达谱对治疗反应有很好的预测作用，还被用于申请美国国立卫生研究院认可。但是这种方法受到的主要批评认为，在预期人体实验进行证实之前，我应该先在小鼠体内复制该实验。

是时候应该淘汰小鼠模型了，至少在新药品研制方面。就像马克·吐温曾经说过的："让我们陷入困境的不是无知，而是看似正确的谬误论断。"

78

THE SOMATIC MUTATION THEORY OF CANCER

癌症体细胞变异理论

保罗·戴维斯（Paul Davies）

理论物理学家、宇宙学家、太空生物学家，亚利桑那州立大学教授，“超越”基本科学概念研究中心主任，著作《可怕的沉寂：更新我们的外星智慧研究》（*The Eerie Silence: Renewing Our Search for Alien Intelligence*）。

癌症是生物学领域研究最为广泛的一种现象，但是其死亡率在近几十年中并没有什么改变。也许是因为我们在用错误的方法研究这个问题。

一个主要的阻碍就是由存在了 50 年之久的模型造成的深深的鸿沟，即所谓的体细胞变异理论。该理论表述为：体细胞连续积累遗传损伤，直到从生物体的监管系统中分离出去，开始其独立发展。

癌细胞有一系列特殊的特征：无限增殖、细胞凋亡（程序性细胞死亡）现象丧失，运动性以及转移能力、基因组重组、表观遗传变异、新陈代谢方式改变、染色质结构和弹性变异（仅举几例）。这些特征的共同作用带来了显著的活力和存活能力。通常，伴有这些特征的肿瘤，被认为是在宿主体内进行了重塑，是由一系列“幸运的”遗传意外造成的。这些惊人适应性功能的增生物，被认为是发生在宿主体内的超快速达尔文进化，其位于同一个肿瘤中（新细胞集群），只需要数月甚至数周的时间就可以实现。不幸的是，尽管这种理论简单并且广受欢迎，但是只有一例成功的预测：由于肿瘤能快速进化产生具有抵抗力的子集群，化学疗法的药物很可能会失效。

由于有了这种体细胞变异模型，研究领域都很看好测序技术的前景，这一技术将实现细胞遗传变异和表观遗传变异的大规模检测。如果癌症是由变异引起的，那么这种推论就是可行的，也许在令人晕头转向的以拍字节计数的癌症序列数据中，能找到难以发现的模型。如果确实如此，那么通过检测浩瀚复杂的异常遗传结构的共同缺陷，也许就能找到治疗癌症的方法，甚至连通用的治疗方法都能找到。只关注树木而忽视了整片森林，这可以说是科学界最明显的例子。

让我们后退一步，带着怀疑的眼光仔细审视那片森林。癌症在多细胞生物中广泛存在，哺乳动物、鸟类、鱼类和爬行类都深受其害。显然癌症具有深远的进化基础，甚至可能追溯到多细胞生物刚出现的十亿年前。确实，这代表多细胞协作出现了失败。癌症以一种可预见的方式不受约束地发展，通常会扩散到整个生物体，控制远端器官。似乎是在执行有效的遗传和表观遗传的预装程序。就像瓶中精灵一样，一旦出现，就有清晰的发展计划。很多东西都可以打破那个瓶子，但是罪魁祸首还是精灵本身。不幸的是，癌症研究领域还是执迷于玻璃碎片中，寻找完全不相关的模型，而却忽略了精灵本身。

为什么我们的细胞中会有这样危险的“精灵”呢？答案在很久之前就已经被找到，但是却被完全忽视了。肿瘤中的活性基因也是早期胚胎形成的过程中（甚至在配子形成中）的活性基因，在一定程度上在伤口愈合以及组织再生中也是有活性的。这些古老的基因存在于我们的染色体深处，受到良好的保护。它们也是管理着细胞的核心功能。在这些功能中，首要的就是增殖能力，这活生物体最重要的特征，经过了近 40 亿年进化过程的改进。癌症似乎是细胞受到某种压力或者损害时的默认状态，比如组织结构老化或者遇到致癌化学物质，肿瘤表现出的是回归祖先表现型。

在生物学中，很少有非黑即白的事物。不可否认，体细胞变异模型与癌症有一定的关系，序列数据也肯定不是无用的。确实，如果研究界正确解读这些数据，它也许会是一座金矿。但是，现在癌症研究对其的狭隘关注，给研究的进展带来了严重阻碍。只有将癌症置于漫长的进化历史当中，才能对其有正确理解。

79

UNIVERSAL GRAMMAR
普遍语法

本杰明·伯根（Benjamin K.Bergen）

加州大学圣地亚哥分校认知科学副教授，著有《无须多言：大脑构建意义的新科学》（*Louder Than Words: The New Science of How the Mind Makes Meaning*）。

世界上的语言差异之大，简直不可思议。认识英语的“鸭子”，并不能帮你猜出法语“canard”和日语“ahiru”的意思。但是在表面差异下，其实有很多隐藏的共同点。例如，人类语言通常会有不同词性之分（例如名词和动词）。人类还常常可以使用语言转述其他人的观点。比如，约翰知道玛丽认为保罗转述了其他人的观点。这样的例子还有很多。但是，这是为什么呢？

一种很有说服力并且吸引人的解释被称作普遍语法：语言之间存在核心的共同点是因为这是人类遗传的天赋。这种观点认为，人类生来就有天性，能发展出带有某些特质的语言。一般认为婴儿学会带有名词和动词的语言，这种语言的句子中表达了某种观点等。这种观点不仅能解释语言之间相似的原因，还能解释人类独有的特点，以及到底儿童是如何习得母语的。看起来似乎是可信的，尤其对于讲几种语言的人来说：如果英语（以及西班牙语和法语）有名词和动词，为什么不是每种语言都有呢？迄今为止，普遍语法仍然是语言学领域最显著的成果之一，是学生学过语言学入门课程之后能记得的最不反常的内容。

但是有证据反驳普遍语法。过去数年中，实地语言学家（他们就像拿着精良麦克风的实地生物学家）在报告中指出，语言远比原先的看法要丰富多样。并不是所有的语言都有名词和动词。也并不是所有的语言都可以让你转述他人的观点。因此基本上所提出的每一条普遍语言学特征都并不成立。普遍语法的经验基础轰然倒塌。我们原先认为存在的所有语言都具有共同点，并试图在先天趋势的基础上解释这些特征。但是这些所谓的普遍特征已经被证明并非天生就有，现在也无须从范畴的角度来对其进行解释了。因此，看似有道理的普遍语法的组成成分日益变少。现在，证据显示似乎只有最笼统的计算原则是天生的人类语言专属天赋。

所以，是时候淘汰普遍语法了。普遍语法曾经风光过，但是现在已经不能从人类语言方面带给我们什么知识了。普通语法无法解释语言在儿童中是如何发展的，他们怎样学习清楚的发音，推测词语的意思，连词造句，以及从人们的话中推测情感和心理状态等。对于人类是如何进化的，或者我们和其他动物有何不同的问题也是一样。在动物王国中，人类在某些地方是独一无二的，语言的科学应当帮助我们理解这些不同。但是，由于普遍语法已经被证据所驳倒，所以不能带来什么帮助。

当然，将世界上的语言联系起来的表面上和实质上的共同点，对其进行研究还是有重要意义的，并且也是有趣的。其中也许包含关于人类语言如何进化和发展的线索。但是，如果忽视了语言的多样性，就忽视了包含信息最丰富的一面。

80

A SCIENCE OF LANGUAGE SHOULD DEAL ONLY WITH “COMPETENCE”

语言科学应当只关注“能力”

N. J. 恩菲尔德（N.J.Enfield）

荷兰普朗克心理语言学研究所语言与认知小组资深研究员，著有《关系思考》（*Relationship Thinking*）。

假设有科学家想研究一种有意思的动物行为，比如，刺鱼的求偶表态或者切叶蚁的农业合作。当然他最终将想知道：这些行为背后的机制是什么？怎样实现的？怎样发展的？我们可以从中学到什么？但是，如果不能先系统地研究事实，学习动物行为的学生没人会主动提出这些问题。首先要在野外进行大量实地观察，然后在实验室中进行实验和建模。那么为什么语言学家会断然否认对于语言行为进行直接观察的价值呢？

罪魁祸首是这样一个糟糕的观点：语言的科学应当只关注能力（造句的智力能力）而不关心行为（当人们实际讲话的时候会发生什么）。其二元论的理由如下：藏在心里的理想语言模式，在交流中变得具体化，因偶然事件而被过滤和改变，例如运动受限，注意力和记忆受限，执行错误，地方习俗等。从而，有观点认为，行为与预先定义的研究目标之间没有有用的关系。他们还教导语言学的学生不要在现实行为上浪费时间。

这种观点就等同于一种关于语言是什么的十分狭隘的观点。使得语言学研究者不再关注很多实质、有深刻意义的问题。略举几例：不观察行为，我们就不会发现人们说话中系统精妙的方法，人们使用这些方法来处理谈话中一直会出现的错误、犹豫、交谈失败，还有处理这些错乱的巧妙的社交技巧。我们也就不会发现，对新出现的大规模语料库进行统计研究中的突破，这方面的研究显示，我们可以通过观察行为来推断能力。最终，少了观察，语言学也就不能发现在历史上语言发展演化的因果关系。在语言循环传递中，从公开（某人讲话）到私下（某人的心理活动受到影响）再到公开（那个人讲话），继续无限循环进行，私下的能力范围和公开的行为范围同样是不可或缺的。

由于语言毕竟还是一种动物行为，这种存在于语言学学科中有影响力的传统观点，其实是毫无道理的。语言的科学应当始于实地观察，因为行为是能力的唯一表现。也许这种观点带来的最令人遗憾的后果，是几代语言学家没有研究行为，导致现在对于语言的本质社会功能毫无研究，在构成人类独特交谈能力的社会媒介、合作、社会责任等方面也毫无建树。

81

LANGUAGES CONDITION WORLDVIEWS

语言塑造了世界观

约翰·麦克沃特（John Mcwhorter）

哥伦比亚大学语言学教授，著有《语言恶作剧》（*The Language Hoax*）。

从20世纪30年代开始，本杰明·李·沃夫（Benjamin Lee Whorf）迷惑观众，说霍皮人的语言让他们感觉时间是循环的。在媒体中，大学教室里，人们常常因为“语言会带给你独特的世界观”这种观点而激动不已。

但其实这个观点并不是真的，至少心理学实验室（或者学术期刊）之外的人不会感兴趣。人们该淘汰这种观点了，其曾经预示了一种可能性，但是从未被证实，即不同语言代表了不同的生活体验方式。不同的文化确实代表了不同的生活体验方式。词语和表达方式也确实是文化的一部分。手机、听天由命、风水，这些都不是沃夫假设（通常这么叫）关注的部分。他的观点是，语言结构中不发声的部分（语法的原理，词汇占空间的方式）引导了语言使用者体验生活的方式。

事实上，心理学家证明这些东西确实会影响思想，他们通过十分独特的实验发现了在极小的方面确实如此。例如，俄语中有不同的词语来描述深蓝色和浅蓝色，没有一个词仅表示“蓝色”，俄国人确实在标出深蓝色的程度和浅蓝色的程度方面要快124毫秒。另外有证据显示，若语言中的名词分阴性和阳性，其使用者如果在被问及将物品想象成卡通人物的话，更可能认为它们会发出相应性别的声音，或者将它们与相应的性别特征联系起来。

类似这种情况没什么不好，但问题是他们那些理所当然的意识，能否被称作世界观呢？这样的想法无疑是很有诱惑力的。而且，我们通常觉得，没有人认为语言会阻止使用者怎样想，而是语言更可能会让使用者怎样想。

但是我们还会遇到这种情况，语言中会包含我们不想听到的内容，也会有很酷的事情（比如俄语中的各种蓝色、桌子说话是女性的声音）。例如，在中国普通话中，同一个句子可以表示“如果你看到我姐姐，就会发现她怀孕了”，或者“如果你当时见过我姐姐，就会知道她怀孕了，”又或者“你要是见过我姐姐，早就知道她怀孕了。”也就是说，比起英文，中文留下了更多可以根据语境进行假设的空间。在20世纪80年代早期，心理学家艾尔弗雷德·布卢姆（Alfred Bloom）沿着沃夫的思路进行了实验，结果表明中文使用者在处理假设情景方面，不如英文使用者。

但是没人想听到这样的消息。还有一长串反例，举也举不完。通过各种各样的实验，你可以发现结果都一样。新几内亚的很多语言都只有一个词来表示吃、喝以及抽烟。难道这就使得他们不如别处的人那样对烹饪敏感吗？瑞典语中没有“擦去”这个词——你得说抹去、移去，等等。但是谁能说瑞典人就不会擦去这个动作呢？

遇到这样的例子，我们常常会说那只是巧合，实验者从中找到的一点点在思想上的不同之处，与语言使用者是什么样的以及他们的世界观如何并没有什么关系。但是我们得承认，这样的细微差别刚好满足了我们的幻想。

形成世界观的是文化——这其实也是一种世界观。然而不能说文化和语言共同塑造了世界观。否则，那将意味着讲中文的人，整体上对于思考超越现实的东西会有点愚钝。

谁能承认情况确实是那样的？尤其是现在那种想法的萌芽，数十年来已将我们引入了死胡同的时候？霍皮人其实有很多老式欧洲风格的标记时间的方法。加州大学洛杉矶分校的经济学家陈基思（Keith Chen）最近提出，如果语言中没有将来时会使得该语言使用者更节俭。别急着摇头，不是说语言中没有将来时会迫使你存钱！媒体对这一观点感兴趣有好几年了。但是4种斯拉夫语——俄语、波兰语、捷克语和斯洛伐克语，都没有将来时态，然而这些国家的储蓄率有很大差异，所以这种观点可以说是无稽之谈。

语言是生活的镜片这种观点，应当在适当范围内谨慎对待，可以在紧张的心理学研究中用于发现无声的结果，而不是从人本主义的角度研究成为人类意味着什么。这种说法的尴尬之处在于，努力记录和挽救世界上濒临消失的数百种语言的人们，常常会说这些语言不能消失，因为它们体现了一些看待世界的方式。但是，如果这些语言并不能代表什么，那我们得为这些拯救行动想出新的理由来。有人希望语言学家和人类学家能欣然接受，我们之所以拯救语言，就是因为从很多方面来讲其本身是高尚的。

归根结底的问题就是：英语是怎样塑造世界观的？要能回答这个问题，就得找到一种很多人都共有的世界观：贝蒂·怀特（Betty White，美国喜剧演员）、威廉·麦金莱（William McKinley，美国总统）、艾米·怀恩豪斯（Amy Winehouse，英国女歌手）、杰瑞·宋飞（Jerry Seinfeld，美国喜剧演员）、坎耶·维斯特（Kanye West，美国饶舌歌手）、伊丽莎白·卡迪·斯坦顿（Elizabeth Cady Stanton，美国妇女权利运动领袖）、加里·科尔曼（Gary Coleman，美国演员）、弗吉尼亚·伍尔夫（Virginia Woolf，英国女作家）还有博诺（Bono，爱尔兰摇滚歌手）。老实说，那会是一种什么样的世界观？当然，实验室中的测试可能会找出这些人共有的极少的一点点偏好。但是我们不能认为那就是感知世界的方式，或者反映文化的方式。要是真有人这样看，我们就有了一种全新的学术案例可以研究。

82

THE STANDARD APPROACH TO MEANING

意义研究的标准方法

丹·斯珀伯（Dan Sperber）

匈牙利布达佩斯中欧大学社会学家、认知学家，合著有《意义与关联》（*Meaning and Relevance*）。

什么是意义？有多种理论可以解释。但我认为，如果我们认真地讨论一下，为什么首先需要一个关于意义的理论，那么就会发现，若大多数理论都已过时，且剩下的并未得到认同，这也不会影响到我们对于意义的理解。

“意义”通常用于指语言表达项（例如单词和句子）的意思，说话者想表达的意思，而这二者截然不同。当你开始学说一门语言时就知道，认识一个单词即知道它所表达的一种或是多种意思（如果意义不明确）。同时你也学会了在句法基础上构建句子意思。单词的意思和句法对于句意的作用是两个相对稳定的语言特征，随着时间的流逝而发生改变，不同方言之间也不尽相同。另一方面，说话者想表达的意思作为个人意向的一部分，可通过交流影响他人的信仰或态度。

为什么可以用（至少看起来如此）“意义”这个词来表示两个截然不同的语言现象、语言普遍的稳定特征和社交互动的一个方面？因为有一个简单而强大的教条，用于解释说话者如何向他的观众传达自己的意思。我们知道，他可以将语言意义和说话者意义相匹配从而进行造句，那么听者就只需要“解码”了。

可惜的是对于怎么用语言意义表达说话者意义的解释，虽然简单又有力，却不是真实的。所有学习语言的学生都知道这一点，关键在于，它到底与事实相去多远呢？

我们拿普通的一句话“他走了”作为例子。作为一个会讲英语的人，你肯定知道这句话的意思，并且在说话或是理解时用到这一知识。然而，你并不一定知道说话者在特定场合下想表达的意思。他可能想说苏珊·琼斯（Susan Jones）回家了，或是某天一只猫离家出走没再回来，又或者“玛丽女王二世号”邮轮驶出了海港。他的意思也可能是邻居最后真的去了警局，或者讽刺和他说话的人，傻傻地以为邻居之前扬言要去报警是真的。又或者，他在隐晦地指出南希·史密斯（Nancy Smith）在某种意义上已经完全走神了，诸如此类。以上的一些意思并未全部体现在句子中，有些甚至毫不相干。这样的现象并不仅仅存在于“他走了”这句话中，而是存在于大部分的英语句子，也可以说是全部的英语句子。虽然语言学家和哲学家都意识到语言意义和说话者意义一般不匹配，但他们绝大多数把这当成有限关联性的复杂化表现，可以通过理想化方式消除，或是留给语言学的一个边缘分支——语用学，进行研究。

前文提到的教条带有如下注释：基本的“编码 - 解码”机制使得交流成为可能，但十分复杂烦琐，使用时要注意明确全部信息。幸运的是还有一条捷径可走，你可以依靠观众自己来推测你的意思，而非解释至少一部分意思（如果你使用了一个新颖的比喻，可能要解释全部意思），从而避免因完全显性所带来的冗赘。

这个教条存在两个问题。第一，我们从未使用过所谓的基本机制。因为你不会将自己想表达的意思全部进行编码，通常情况是，你根本不会去编码。第二，我们可以轻松推敲说话者未经编码的话语，那么为什么一开始我们还需要所谓的并不实用的“编码 - 解码”机制呢？

试想一下有这样一个部落，那里的人们想要走出山谷去往海洋，他们总是会沿着前人走过的路，穿过低山口。然而，据部落的圣人说，这只是一条捷径，真正的路线（没有这条路线对比当然也不会有捷径）应该是一条直接通往山顶然后抵达海洋的雄伟道路。没有人看见过那条路，更别说走过了，但是讲得多了，每个人自然都能想象出这样一条路，并且惊叹于圣人的智慧。

语言学和哲学领域就出现了许多这样的圣人。

通常，语义学家都是从我前面所批判的教条开始研究的，他们认真详尽地分析了与我们的意识想法相匹配的语言意义。但语言意义真是如此吗？只有一小部分研究人员认为，语言意义可能是一种与众不同的意象。它们不同于信仰和意图，也许和句法特征一样难以接近人们原始的意识。而另一方面，它们是无意识推论的最佳输入物，有助于理解。

对于语用学家和心理语言学家，他们应该承认，我们所表达的意思也许和“思维语言”下写在脑海中的单个句子不同，而是在我们的认知环境下，清晰与模糊的不断交替。

认为语言意义和说话者意义相匹配的旧教条，并不能缩小或消除二者间明显的差距，而这一差距可以由特定人类的剧烈认知活动来填补。

让我们把旧教条抛之脑后，寻找更好的意义研究之道。

83

THE UNCERTAINTY PRINCIPLE
不确定性原理

卡伊·克劳泽（Kai Krause）

软件先驱、软件用户界面设计师、哲学家，著有《未来的历史》（*The History of the Future*）。

不确定性原理产生于误译，自那以后就一直被误用下来了。但还是先让我们做一个小小的思维实验吧。

假设你是一位科学家，你注意到一个现象并想告之于众。你说："大脑能听懂一段对话，了解词语出现频率的意义所在，并将它们解码为各种符号和意思。但是，当大脑同时听到两段对话时，并不能处理并行的两种思路，充其量只能快速在两者间切换，尽可能抓住想传达的信息。"这就是你的理论。你认真阐述自己的发现并和同事共享，你的理论还不可避免地受到了争议。

现在奇怪的事发生了。尽管你们的讨论都是用英文进行的，你也用英文记录自己的想法，并且大部分顶尖科学家和诺贝尔奖获得者都以英文为母语，然而目前的出版物用语是蒙古语，蒙古乌兰巴托市有一个团队正在兴致勃勃地研究你的发现，你的理论在那儿已经普及，但用的是蒙古语。

但是请注意：你的理论是人不可能同时听两段对话，在你决定认真听其中一段之前，这两段对话的意思对你而言是"不明确的"。结果，蒙古语中并没有"不明确的"类似词汇，因此只能用一个不同的术语"不确定的"来翻译。这样这个理论的一般阐述就从"你不清楚其中一段对话的意思"突变为"你可以只听一段对话，但另外一段将会毫无意义。"我"不能同时正确理解"两段对话只是一方面，但我没有能力感知并不代表每段对话瞬间"意义全无"。

当然，这一切只是一个类比，但和已经发生的一件事非常像，只是正好相反。这位科学家叫维尔纳·海森堡（Werner Heisenberg）。海森堡所做的并非是同时听两段对话，而是测量物理系统的准确位置和动量，而这二者据他所说不能同时测定。尽管他用德语和许多同事（1927年索尔维会议成员中的一些科学家比如爱因斯坦、泡利、薛定谔、玻尔、洛伦兹、玻恩和普朗克等）讨论过这一现象，但在翻译成英语时却发生了很大变化，就像我们之前所类比的蒙古语一样。海森堡的观点很快被赋予了“Unscharferelation”这一德语名字，音译为英文即“unsharpness relationship”，但其实英文中没有这样的表达（“blurred”、“fuzzy”、“vague,”和“ambiguous”这几个词都不行），所以最后爱丁顿将其翻译成“the uncertainty principle”（不确定性原则），没有出现“unsharpness relationship”中的任意一词。接下来发生的和之前类比的例子非常相似：常见的观点就是在物理、自然，甚至是自由意志和宇宙等的基本规律中根本没有“确定性”可言，但海森堡原本想表达的是位置和动量的其中一项还未“明确”。“拉普拉斯妖假设”因此受到间接影响而被质疑，显然这一理论已经时日无多。

爱因斯坦一生都带着怀疑的态度，对他来说，Unbestimmtheit（不确定性）的产生，是由于观察者这一阶段所掌握的知识，并不能使其认识到自然的某些方面，但这一特性无法证明自然本身从根本上是不确定的。尤其是，像Fernwirkung（远距离影响）这样的词在他的理解下就成了spukhafte（幽灵般的、怪异的）。但即使是在量子计算、量子位和量子隧穿效应盛行的今天，我仍然没有信心赢过他。尽管许多人质疑爱因斯坦对自然的直观把握，但一波又一波的反证最终都回到了他的观点。

虽然我们有充分的理由为海森堡的发现辩护，但看到通俗科学中，如此伟大的一项发现仅因翻译的疏忽，而可能遭到破坏，我非常难过。我希望用法语、西班牙语、瑞典语或阿拉伯语写作的作家可以指出各自语言的特点和独特价值，这不是为了卖弄和语义相关的学问，而是为语言转化时找到更合适的替代词。

德语不仅仅对驾驶体验有改善，还对世界观和时代精神的塑造有好处，它还可以有很多意义的绝妙解读，像是一种不同的思维工具。这自然是好事，毕竟每种工具都各有所长。

84

BEWARE OF ARROGANCE! RETIRE NOTHING!

莫自傲，前事不忘后事之师！

伊恩·麦克尤恩（Ian McEwan）

小说家，著有《阿姆斯特丹》《在切瑟尔海滩上》《最初的爱情，最后的仪式》等。

千万不要自满，前人所做的一切自有其用处所在。一项伟大而丰富的科学传统应该与万物紧紧相连，真理并不是唯一的衡量尺度。错误的方法也可以帮助其他人少走弯路。有些人虽然做错了，但仍有其高明之处；有些人的错误经验也可以为他人提供方法；而另一些人为一门学科的建立做出了贡献。亚里士多德所做的研究涵盖了人类各个领域的知识，虽然很多都有错误。然而单就其发明动物学这一项，就已经意义重大。你会把他扔在一旁吗？世事难料，可能某些时候你就会需要借鉴前人的想法，也可能某天它就帮助我们完善了一个现在想不到的观点。如果完全摒弃旧想法，在我们需要的时候，就将无从获取。20世纪初，即使是达尔文也曾一度被忽视，直到现代综合论的诞生，他的著作《人和动物的感情表达》（*The Expression of the Emotions in Man and Animals*）则经过了更久才受到关注。威廉·詹姆斯（William James）和他创始的心理学同样遭创，意识学还曾被剔除。鉴于托马斯·贝叶斯（Thomas Bayes）和亚当·斯密（Adam Smith）著作的再度兴起，我们也许需要再审视一下长期被中伤的笛卡尔。表观遗传学甚至恢复了拉马克的名誉，弗洛伊德也许想告诉我们关于无意识的相关内容。

前人每一个有关世界及系统的猜想都值得保留。我们要记住自己是如何走到今天的，也希望我们不会被未来淘汰。科学应该向文学学习，将充满活力的历史作为独创和持久的典范来记录。

WE THINK WE'RE MAKING NEW MACHINES, BUT REALLY WE'RE REMAKING PEOPLE.

我们认为自己是在制造新机器，而事实上却是在塑造新人类。

——雪莉 · 特克尔（Sherry Turkle），《机器人伙伴》

85

ROBOT COMPANIONS

机器人伙伴

Sherry Turkle

雪莉·特克尔

麻省理工学院社会学教授，科技与自我创新中心主任。
著有《群体性孤独》。

20世纪80年代初期，我采访了人工智能创始人之一马文·明斯基（Marvin Lee Minsky）的一名年轻学生，他说自己心目中的英雄明斯基正致力于建造一台绝佳机器，连“灵魂都想居住其中”。而最近，我们慢慢由抽象变得注重实际，设想制造出各种机器人：用于照顾老人和小孩的机器人、教学机器人和性爱机器人等。回想那个学生的话，如今我们试图发明机器，并非为了让灵魂住在里面，而是我们出于自身的喜爱，想和它们住在一起。

拥有人造知己和恋人的梦想混淆了一些本不该混为一谈的类别。人类有躯体，有生命周期，有家庭生活，从依赖到独立，渐渐成长。这给予他们各种体验，依恋、失落、痛苦和对疾病的恐惧，当然还有死亡，这些都是人类特有，而机器没有的。我并不是说机器不够聪明，或是不能学习惊人数量的事情。相反，它们能学会的事情要比人类所知的更多。但是当我们需要友谊和爱时，它们并非正确的倾诉对象。

创造出提供工具性帮助的机器人伙伴（比如保护你在家的安全、打扫卫生、拿高架子上的物品等）自然是个很棒的主意，但和它谈论人际关系就比较糟糕。关于人际关系的对话是人类独有的，依赖于拥有相似体验的双方，这些体验来自人类的躯体、局限性和生命周期。

我们应该忘掉机器人伙伴这一想法。

我们似乎已经忘记，只有人与人之间才可以相互关心和对话。“对话”一词来源于一个表示“彼此靠近和亲近”的词汇。交谈时，你必须倾听他人，设身处地，读懂他们的姿势、声音、语气和沉默。你带给别人关怀，诉说经验，希望对方亦是如此。一个能共享信息的机器人固然好，可如果要提供友谊和亲密感，那你还是去找真人比较合适。

例如，当我们想给孩子提供机器人保姆时，往往会忘记，孩子的茁壮成长是因为感受到大家对他始终如一的关爱。和人类在一起，他能意识到说话、声音、音调变化、脸部表情和身体所呈现的动作是如何与意义融为一体的，他能学习到人类情感如何层层体现，灵活且自然。这些事，机器人都教不了。

我们讨论机器人伙伴时，有一种通用模式，我称之为“从聊胜于无到无与伦比”。我听见人们一开始说，有机器人陪伴总比没有强，因为“没有人做这些工作”，比如在疗养院干活或是当保姆，所以这些人开始从机器中寻找各种可能。后来，从人们的话中，我似乎感觉到机器可以提供的服务比生活中的都要好，因为人类保育员也许会虐待小孩，护士可能会犯错，疗养院服务员或许不够聪明或者没受过高等教育。

对机器人伙伴的青睐体现了我们对他人的不信任。我们把人工智能看成避免独处的零风险方式。我们害怕没人关心，所以被机器人吸引，因为它能使我们产生“陪伴不需要友谊”这样的错觉。渐渐地，人们甚至认为它可以提供“无须亲密的爱情”。我们把机器人放在不该放的地方，不是因为它们属于那里，而是因为人类对彼此的失望。

长期以来，寄希望于人工智能或机器人，体现了持久的技术乐观信念——科学可以拯救一切。在这个复杂的世界中，机器人似乎总是骑士精神的象征。它们在战争地区和手术室挽救生命，在外太空、沙漠和深海工作，而人类很难做到。但是在寻求机器陪伴的过程中，我们所需要的并非是骑士般的壮举，而是简单的救赎。

那么，什么是简单的救赎呢？就是希望机器人可以陪伴我们，和我们说说话，让我们得到安慰。

在过去 15 年的研究中，我看到关于简单救赎的希望从未消失，并且愈发强烈，尽管大多数人根本没有和机器人相处的经历，只是使用过像苹果手机上的语音助手 Siri 一类的东西，对话很可能就是“定位一家餐馆或一个朋友”。但是我的研究表明，用 Siri“定位朋友”也会很快变成“交朋友”，比如把 Siri 当成在某些方面更好的密友，你可以随时和它讲话，它绝不会让你生气或失望。

人们喜欢没有相互依存关系的、唾手可得的友谊，可在我看来，机器人伙伴带来的简单救赎却不那么简单。我们必须改变自己来适应这样一种新常态，在此过程中，我们也改造了人类价值和人情纽带。甚至在发明机器前，我们就改变了自己。**我们认为自己是在制造新机器，而事实上却是在塑造新人类。**

86

"ARTIFICIAL INTELLIGENCE"

"人工智能"

罗杰·尚克（Roger Schank）

人工智能理论家，认知科学家，SocraticArts首席执行官，著有《教学思维：认知科学如何拯救我们的学校》（*Teaching Minds: How Cognitive Science Can Save Our Schools*）。

人工智能是个可怕的名字，也是个糟糕的主意。坏点子并不罕见，但制造机器人的想法却长期在流行文化中占据一席之地。几乎每一年，和人类十分相像的新型机器人都会出现在新电影或新书中。但现实中绝不会有这种机器人，并非因为人工智能的失败，而是没有人真正尝试去发明。我就是这么认为的！

牛津大学物理学家戴维·多伊奇曾经说过："地球上任何人都不完全知道大脑的用途，为了实现这一目的，在人工智能领域，这一研究进度在整整60年的时间里停滞不前。"他又表示，将来某天具有人类思维的机器一定会出现。

让我们换个角度看一下多伊奇的观点。能像人一样拥有情感的机器最终会出现吗？人工智能方面的专家可能会告诉我们，怎样让一台计算机大笑、哭喊或者生气，但是它能真正感受到情绪吗？

或者我们可以谈谈学习。毫无疑问，计算机可以学习，这也是人工智能的精髓所在。如果机器无法学习，就不能称为"智能机"。通过学习，计算机可以进行问答游戏，或提供有关消费者购买习惯的数据，但这就意味着人工智能正在走向成功吗？

"人工智能"这个名字使外行人设想出各种它之前没有的功能。除了马文·明斯基，人工智能的创始人都埋头研究计算机下棋和解决问题的技术，河内塔问题（Tower of Hanoi problem）就是其中一项。棋艺精湛的机器也就有这点特长，它既不会思考也不聪明，行为自然也不像人类。弈棋机永远不会因为前一天晚上喝多了或和妻子吵架而状态不佳。

上述所说为什么很重要呢？因为一个领域开始时制定的目标若和本身不符，那就会出问题。人工智能的创始人和如今的研究人员（包括我）设法让计算机做一些人类目前力所不能及的事，希望可以从中学点什么，或发明一些有用的东西，比如能和人进行智能谈话的计算机。现在我正在开发一个能和用户讨论医疗问题的程序。这个程序聪明吗？不。它没有自我认知，不知道自己在说什么，也不清楚自己了解的东西。专家总是愚蠢地研究着智能机器或人工智能，使人们误解了实质问题。

我认为“人工智能”应该被淘汰，这一领域应改名为“尝试让计算机做点有趣的事”，但这当然是不可能的。别指望你能和一个友好的家用机器人深入交谈。有一年，我恰巧担任了图灵测试“勒布纳人工智能奖”（Loebner Prize）的评委，那些被称作人工智能的蠢玩意儿竟是如此蠢！大概用了30秒才分辨出哪个是人，哪个是计算机。

人们不需要“喂养的”知识，我自己抚养过几个孩子，我给他们喂的是食物而非知识，我所回答的是他们自己提出的问题，我试图帮助他们得到自己想要的，这些都是他们发自内心的想法。每个人生来都带着个性，有自己的欲望和需求，并且很早就表现出来。可没有一台计算机是从一无所知到通过和人互动慢慢了解事物的。当我们谈及人工智能时总是会想到这个问题，但没有人付诸实践，因为这是不可能的任务，它也不该成为人工智能领域的目标。我们应该做的是弄清人类所做的伟大事业，看看机器是否可以做到其中一些。弈棋机固然不错，可它无法告诉你他的想法，也不会突然对下棋产生厌倦而转向新游戏。

其实根本无须发明仿制人，真人已经够多了。

87
BIG DATA
大数据

盖瑞·马库斯（Gary Marcus）

心理学教授，纽约大学语言和音乐中心主任，著有《吉他的起点：新式音乐家与学习科学》（*Guitar Zero: The New Musician and the Science of Learning*）《乱乱脑》。

我的意思并非是我们不应该相信大数据，或收集大数据，而是不应该把它当成魔法。虽然几乎所有的领域都受益于精心收集的大型数据集，但太多人甚至是科学家，都过分依赖大数据。从物理学到神经科学，近日，关于了解科学的讨论看起来有一半涉及大数据以及相关工具，比如“维数约简”、“神经网络”、“机器学习算法”和“信息可视化”等。

毫无疑问，大数据是这个时代的主旋律。就在写这篇文章的 39 分钟前（根据大数据为主的谷歌新闻），戈登·摩尔“对大数据大加赞赏”，45 分钟前，麻省理工学院推出了一门大数据在线课程，大数据也被选为“年度最佳商业策略”。在那之前的几个小时，《福布斯》也发布了一篇关于大数据的文章，紧接着关于“大数据科学”的关键词搜索量达到了 163 000 次。

但是，科学从根本上依然围绕宇宙规律的探索，而大数据并不擅长的一件事就是发现定律。它善于检测相关性，数据集越可靠，发现其相关性的可能性就越高，即使是涉及多个变量的复杂数据。但相关性从来都不是一种因果关系，以后也不会是。世界上所有的大数据都不会告诉你，吸烟是否会导致肺癌，你必须做实验，了解致癌物、致癌基因和 DNA 复制等专业词汇的固有含义。仅将世界各个城市的烟民和非烟民的海量数据库制成表格，记录他们何时、何地抽烟，寿命以及死因的细节，这些数据无论包含多少兆字节，都不足以涵盖生物机制的多重复杂性。

如果说商界人士过于相信大数据让我感到紧张，那么看到科学家们亦是如此，我就更担心了。神经科学某些分支的专家已经持如下态度——“建好大数据，结果自然就明了了。”他们认为一旦拥有足够的数据，神经科学问题就能迎刃而解。

然而，这种想法并不正确。如果我们的猜想有理有据，那么可以用大数据测试一下，但它绝不该是我们的第一选择。只有我们知道自己在寻找什么的时候，才应该向大数据寻求帮助。

注：本文作者盖瑞·马库斯的《乱乱脑》已由湛庐文化策划，中国人民大学出版社出版。

88

THE STRATIGRAPHIC COLUMN

地层柱状图

克里斯蒂娜·芬恩（Christine Finn）

考古学家、记者，著有《仿制品：一名考古学家在硅谷的一年》（*Artifacts: An Archaeologist's Year in Silicon Valley*）。

挖掘文物已经过时，如今电脑高手才是考古信息的收集者。地层学规律为考古学提供了有效的方法和理念，垂直地表的探索使时间像一本有关变化的书，一页页呈现在眼前。通过地质学可以了解人类行为，深度越深，追溯的年代越久远，准确性越高。维多利亚时期的人们挖掘古墓，把文物带回家，当成自己空闲时猎获的纪念品。

考古学家用着和盗墓者一样的铁锹，6 尺深的木桶，测量着沟渠的尺寸，却把自己从事的工作称作一门科学。但早在 19 世纪，施利曼（Schliemann）为了金矿挖开层层于他而言枯燥的地表层，这一行为在某种程度上拉开了现代考古学的序幕，也是过去所有沉淀的结果。

我们对过去精挑细选，时空之差似乎从未存在。博客记录的内容仍旧像刚写出来一样新鲜。存档的老照片和刚出炉的自拍被上传到了并行的时间轴上。用着过时词汇的半旧不新的消息在网上依旧可见，时不时浮上页面，给新的访问者造成最新消息的错觉。

那么现在实地考察的形势如何呢？可以看看较新的当代考古学，它将“挖掘机”与人类学相连。这些在地表上工作的机器把无数变化看作连接一系列现今的横向观察，使得新旧不断交替与融合。这种挖掘方式不会弄脏手，但之后手中又能留下什么呢？

89

THE HABITABLE-ZONE CONCEPT

适居带

迪米特尔·萨塞洛夫（Dimitar D.Sasselov）

哈佛大学生命起源学会主任，天文学教授，著有《超级类地行星上的生命》（*The Life of Super-Earths*）。

在“适居带”内，离恒星一定距离的类地行星，表面温度都应该能使水维持液态。太阳系中，适居带从金星与地球的运行轨道之间延伸至火星的轨道。这个概念可应用于不同的行星系，且边界范围都为近似值。有时，它的适用范围可以更广，比如用于我们的银河系。在寻找外太空生命的过程中，适居带概念早已出现。最近，美国航空航天局实行开普勒计划探索太阳系外行星，取得的巨大成就也受益于它。然而，在后开普勒时代，这一科学概念需要退休了。

适居带的简单定义在宜居行星的统计评估中很受青睐，因为它仅依赖于某些易于测量的参数，概念也容易掌握，即“既不太冷又不太热”的古迪洛克区（适应带，Goldilocks Zone）。要估算星系中像地球一样的小型岩石行星的数量和分布，关键在于简洁而稳健的统计，而这正是开普勒太空计划擅长之处。如果我们现在的目标是寻找生命，那么应该去的就是宜居的外行星。但适居带中的“适居”二字使用不当，或者至少过分夸大，因为其本身并非适合居住，而是可能位于其之外的特定天体环境。我们认为外星生命可能存在于太阳系中适居带之外的地方，比如木星和土星的卫星上。如今我们需要一个是什么使环境适宜居住的概念。无论是在行星还是卫星上，可以让生命出现，并且可以跨越不同地质时间存活下去。现在最要紧的就是找到行星出现生命的原因，并且掌握用望远镜发现这些行星的方法。

2013年对于寻找外太空生命意义非凡。借助开普勒计划和其他太阳系外行星的探索，现在我们知道类地行星非常普遍，其中很多就在我们附近。所以利用现有的技术和处于建造中的天文望远镜，可以对它们进行遥感勘查。探索生命之旅即将开始，但我们要更好地了解自己想寻找什么。

在适居带退出舞台的时候，可以考虑恢复它在20世纪中期最初的名字——液态水带，这是对岩态行星丰富的地质化学十分重要的地带。那里有生命迹象的行星会让我们有家的感觉。

90

THE MIND IS JUST THE BRAIN

思维即大脑

塔尼亚·伦布罗佐（Tania Lombrozo）

加州大学伯克利分校认知心理学副教授。

其实，二元论很早就存在，有笛卡尔提出的非物质思维和物质身体，莱布尼茨（Leibniz）区分的精神和物质领域。但二元论面临的挑战在于解释思维和身体如何相互作用。思维发出伸手指的信号，于是身体照做了，而身体碰到尖锐的东西时，思维也会感受到。

当然，现在我们知道思维和大脑是紧密相连的。脑部受损会影响人的知觉体验、认知能力和性格特点，而脑化学变化也会产生相同的作用。“精神实体”并不存在于人类进化史中的某些系统进化分支，也不存在于个体发育中（我们在个体发育过程中形成了非物质思维）。安布罗斯·比尔斯（Ambrose Bierce）曾在他的《魔鬼词典》（*The Devil's Dictionary*）中把思维形容成“大脑分泌的一种神秘物质”，而我们已经完全摒弃了这种观点。

事实上，思维似乎就是大脑，或者，可以引用马文·明斯基的话：“思维即大脑运转的产物。”如果我们想要了解思维，就应该在神经科学和大脑中寻找答案。

或者，可以不必这么做。

我们满怀热情寻找二元论的科学替代物，但其中一些人过于偏激，直接采用了还原论。了解思维并不仅在于掌握大脑知识，那么在于什么呢？关于“思维＝大脑”这一公式的其他多种替代物似乎有悖常理或有点吓人。有人认为，思维可以脱离大脑而直接控制身体，甚至环境的某些部分，或认为思维不受物理定律支配。

那么还有其他选择吗？确实有。由于思维和大脑都是相当抽象的东西(可以这么说)，举个更具体和有趣的例子比较好，比如烘焙。

在烘焙这件事上，我反对还原论。这并不是指“蛋糕实体”从实质上有别于面粉、糖和发酵工序，也不是说蛋糕有某些神奇的抽象特质（尽管一些上等品可能有）。烘焙反还原论原则来源于我们希望“烘焙理论”所提供的东西受到的争议较少。我们想知道为什么有些蛋糕做出来比较好，将来可以继续使用这种方法。是更换原料还是少搅拌会儿面糊呢？

回答这些问题可以求助于化学和物理学。但是，根据分子和原子形成的烘焙理论不会那么有用。作为面包师，我们想知道，例如搅拌和面糊稀稠的联系，而不是动能与蛋白质水合作用的关系。可调变量之间的关系和我们关注的成果恰巧都由化学和物理学控制，但采用“蛋糕还原论”，并用蛋糕成分间的物理和化学作用来替代烘焙中的学问，这两者都是不对的。

当然，你可以对烘焙不感兴趣，因而否定我提出的和物理化学有关的烘焙理论基础。但是如果你对如何解释、预测及控制烘焙食品的质量感兴趣，你就需要一个烘焙理论。

现在我们回到思维的问题。大多数人对思维理论感兴趣是因为我们想要解释、预测及控制自己的行为、精神状态和体验等。假设心理现象可以在大脑中按规律形成，就像蛋糕的特性由原料相互作用按一定方式产生一样，那么了解大脑的用处就非常大。但是，如果我们想知道，比如怎么通过影响思维而产生特定行为，那仅在大脑层面找答案并不明智。

以上观点在许多哲学家看来并不新鲜，却值得重复强调。为了实现科学合法性（行为主义和神经科学某些通俗表现中的趋势）而抵制思维是不必要的，也不符合科学心理学目标。幸运的是，了解思维和了解大脑不同，我们可以在保留科学严谨性的同时了解思维和大脑，或者我们可以自己做蛋糕自己吃，从而得出另一个烘焙比喻。

91

INTELLIGENCE AS A PROPERTY

智能属性

亚历山大・威斯纳－格罗斯（Alexander Wissner-Gross）

科学家、发明家、企业家，哈佛大学应用计算科学研究所研究员。

早在 1944 年，在埃尔温・薛定谔发表重要著作《生命是什么》（*What Is Life*）之前，物理学家已经立志，要严格定义区分生物与非生物的特征。然而，相似的任务——识别智能普遍典型的物理特征，却多半不被重视。

根据近期的发现我怀疑，定义智能的脚步停滞不前的原因在于，我们把它当成静态属性概念，而非动态过程。这一概念即将被淘汰。

尤其是最近的研究成果显示，一个名为“因果熵力”的基本物理过程，可以复制认知适应行为的模型版本，而这些行为以前只存在于人类或某些动物的智能测试中。以上发现表明，和人类智能（包括直立行走、使用工具和社会合作等）有关的各种关键特征应该被视为深层动态过程的副作用，这一动态过程试图使将来的行动得到最大自由化，可以说只在长期内有意义，所以并不是静态属性。

我们不应该再把智能当成属性来研究了。

92

KNOWING IS HALF THE BATTLE
认知是成功的一半

劳里·桑托斯（Laurie R.Santos）、**塔马·亨德勒**（Tamar Gendler）

劳里·桑托斯：耶鲁大学比较认知实验室主任，心理学副教授。
塔马·亨德勒：耶鲁大学文森特·斯库利教席哲学教授，心理学和认知科学教授，耶鲁大学人文创新学院副院长。

出生于20世纪80年代的人（比如本篇文章的作者之一）可能十分怀念一部电视动画片《特种部队》（*G.I.Joe*），它结尾处的妙语是一个俗气的公共服务通知，30年后却仍旧用于YouTube轰动一时的恶搞视频中。每一说教式的公告之后都会出现该动画的名言："现在你懂了，就意味着成功了一半。"

虽然在某些领域，认知是成功的一半，但很多情况下并非如此。认知科学的近期研究表明，在现实世界的大部分决策中，认知对于成功而言影响极小。你可能知道19.99美元和20.00美元基本相同，但前一个价格看起来还是更为划算；你可能知道一个囚犯的罪行与你是否饥饿无关，但当你刚吃完零食后，你会觉得她可以作为假释的对象；你可能知道非裔求职者与欧裔求职者能力相当，但你还是会特别注意到前者简历中的负面因素；你可能知道狗屎状的一块软糖味道不错，但依旧会犹豫是否品尝。

关于判断和决策能力的许多现代研究表明，知识，至少是在有意识理解下的情境表现，几乎不作为控制行为的关键因素。在线行为控制的真正能力并非来自知识，而是其他事物，例如情景选择、习惯形成和情感调节等。心理治疗将这一结论铭记于心，但"纯科学"却一直不予以重视。

所以认知科学需要抛弃的观点就是我们所称的"特种部队谬论"——认

知是成功的一半。它不仅不适用于思维运作的理论方面，也不适用于使思维更好运作的实际操作。

你也许会想到这一旧新闻。毕竟在过去的 2 500 年间，思想家一直都在指出，人类行为并不在理性控制之下。到现在为止难道我们还不知道“特种部队谬论”就是一个谬论吗？

是的，我们知道，但是具有讽刺意味的是，知道“特种部队谬论”是一个谬论（正如谬论本身预测的）并不意味着已经成功一半。比如，你知道人们倾向于认为 19.99 美元比 20.00 美元便宜许多，即使你了解左位锚定效应，也还是会和大部分人有一样的想法；即使你了解自我损耗效应，在你看来午饭后遇到的犯人仍旧是假释的最佳对象；即使你知道隐形偏见会影响你对简历的评估，你依旧会觉得白种人比非裔美洲人更适合这份工作；即使你知道心理学家保罗·罗津（Paul Rozin）对“厌恶”心理的研究，你还是不会喝无菌马桶里的法国唐培里侬香槟王。

对于大部分认知偏见，知识并不是成功的一半，包括“特种部队谬论”，仅仅认识到它的存在是远不能消除其对人们的影响的。

因此，现在你懂了，并不代表你已成功了一半。

93

INFORMATION OVERLOAD

信息超载

杰·罗森（Jay Rosen）

纽约大学新闻学教授。

我们应该淘汰“信息超载”这一观点，因为它已不再适用。互联网研究学者克莱·舍基（Clay Shirky）说：“其实没有信息超载这回事，只有筛选程序失效。”如果你的筛选程序失效了，那么信息就会过多，并且没有足够的时间处理。这不是技术导致的趋势，而是生活的实际状况。

数字化领域的筛选程序工作不是通过消除需要消除的信息，而是不进行选择，未被选择的物质仍旧在原地，留给其他的筛选程序。我们所需要的这种智能程序有以下 3 种：

◎ 接受大量信息的聪明人可以告诉你所需要的知识，以前人们称其为“编辑”，现在《纽约时报》的头版依旧采取这种方式。

◎ 计算程序可以筛选他人所做的选择，将其排序，并将最匹配的结果呈现给你，这大致就是谷歌网站的操作方法。

◎ 机器学习系统可以慢慢了解你的兴趣爱好和优先考虑事项，并用智能的方式帮你筛选。亚马逊网站使用的系统便是如此。

以下是我所知道的关于信息的最佳定义——信息是减少不确定性的一种手段。这个定义看似简单，实则不然，你需要知道两件事：重要的不确定性事物（比如明天我们要去野餐，会下雨吗？），解决问题的事物（比如天气预报）。但是某些信息反而会产生亟需解决的不确定性。

假设我们从新闻中得知，美国国家安全局破解了网络的加密系统，这就是信息。它减少了美国政府将对网络如何处理的不确定性。但是同样的报道也使我们更不确定，当交互式网络技术愈发成熟时，单一互联网是否还会继续存在，给我们提供更多的信息。所以信息既在减少也在增加不确定性的手段，就像我们所说的“它提出的问题比解决的更多”。

筛选程序的失效不是因为信息过多，而是因为这些信息既无法减少现有的不确定性，也无法使我们发现有价值的问题。最好的方法就是将 3 种程序结合起来：服务于我们的智囊团、睿智的群体以及他们的选择、通过与人互动学习的智能系统。这时候，有人就会跳出来反驳：“碰上意外的事件又当如何解决呢？”这个问题很好。我们需要的筛选程序既可以基于各自需求，也能选出一些我们由于未知而没有要求的事物。当筛选程序太了解或不够了解我们时，它们都会失效。

94

THE RATIONAL INDIVIDUAL
理性个体

阿莱克斯·彭特兰（Alex Pentland）

麻省理工学院人类动力实验室主任，“可穿戴设备之父”，全球七大权威大数据专家之一，著有《智慧社会：大数据与社会物理学》。

研究学者经常争论人类的理性程度，但理性个体这一概念的真正问题在于，我们的欲望、偏爱和决策通常不是个体思考的结果。由于经济学和大部分认知学研究人员将分析的目标单位定为一个独立个体，所以他们很难解释这一类社会现象，比如经济泡沫、政治运动、社会恐慌、技术趋势甚至是科学发展的过程。

近18世纪末时，哲学家们宣布人类是理性的个体，因此人类感到很高兴，并且这一观点很快渗透到西方上层社会每个人的信仰体系中。尽管教会和国家都反对，理性个人的观念依旧取代了“真理只来自于上帝和国王”的假设。随着时间的流逝，理性和个人主义逐渐改变了西方知识社会的整个信仰体系，如今其他文化也正在经历这一变化。

近期，来自本人和其他实验室的数据正在改变以上论点，我们逐渐意识到人类行为不仅由理性思维或个体欲望决定，社会环境也同样重要。经济学家认为“理性”这一术语意味着，个体知道自己的需求并付诸行动，但新的研究表明，在这种情况下，社交网络往往主宰了个体的需求及决策。

最近，经济学家倾向于持“有限理性”的观点，认为偏见以及认知局限阻碍了我们实现“完全理性”。然而，我们对社会互动的依赖不单是偏见或认知局限。社会性学习是增强个体决策的重要途径。同样地，社会影响对实现合作行为的社会规范的构建至关重要。社会学习和社会影响至少也和个体理性一样关系到我们的生存和发展。

这些数据表明，我们所想和珍惜的，以及为了实现欲望如何采取行动，这些都是与他人互动时不断变化的特征。我们的欲望和偏爱大部分基于周围人群所认同的有价值的事物，而非直接根据对个体的生理欲望或天生道德感的反思。

例如，2008 年的经济大萧条后，许多房子突然掉价，价格比之前的房价更低。研究人员发现，小部分人开始放弃购买房子的想法并不再贷款，但这却带动了众多邻居效仿。故意拖欠贷款在以前被认为是违法或是不道德的行为，现在却非常普遍。用经济学术语来说，我们对很多事都具有共同理性，只有在某些情况下才具有个体理性。

通过将人们的社会性学习和社会压力进行数学建模，我和我的同事已经可以准确模拟并预测群体现象，比如大批的拖欠贷款现象。重要的是，我们也发现可以利用社交网络诱因改变人们之间的关系，并塑造真实世界的群体行为，这些社交诱因往往比标准的个体经济诱因更为有效。举一个有力的例证，我们可以利用社交网络诱因，在外汇交易者群体中抑制“集体思想”泡沫，这样一来，个体交易者就能得到双重投资回报。

所以，我们拥有的是常识，而非个体理性。社区的共同智慧来自周围大量的想法和例子，我们和身边的人都在互相学习。渐渐地，积极交流的社区成员形成了一个拥有共同习惯和信仰的团体。当源源不断的想法与外界流动的思想浪潮混合时，社区里的个体便能比他们在独立思考时更好地做出决策了。

社区内发展起来的共同智慧不算新事物，其实它早就根植于英语语言中了。拿“kith”这个单词举例，它常出现于现代英语的“亲戚朋友”这一短语中。它来源于古英语和古德语词汇，表示拥有共同信仰和习俗的内聚团体。“couth”这个单词也来自古英语和古德语，表示拥有较高的素养，我们较熟悉的其反义词“uncouth”（粗鲁的）也与它同源。因此，我们的亲属是来自同一个圈子的人（不仅是朋友），从他们身上可以学习到“正确的”行为习惯。

我们的祖先知道，他们所处社会的文化和习惯是一种社会契约，并且主要依赖于社会性学习。所以，我们通过观察他人的态度、行为和结果来学习大部分公共信仰和习惯，而非通过逻辑和辩论。学习并加强这种社会契约可以使团队有效协调行动。现在我们不应该再错误地把个体当成理性单位了，其实我们一直处在周围的社会关系网中。

95

HOMO ECONOMICUS

理性经济人

玛格丽特·利瓦伊（Margaret Levi）

斯坦福大学行为科学高级研究中心主任，政治科学教授，合著有《为了他人的利益》（*In the Interest of Others*）。

理性经济人是一个错误且陈旧的概念，淘汰这一概念需要做很多努力。人类可能是自私且个人主义的，有时仅仅关注自己的经济利益。但即使是和这一想法最密切相关的人，也从未完全认同。英国哲学家霍布斯（Hobbes）认为，人类更喜欢根据黄金法则行动，但他们的处境往往使其难以实现。假如没有法律法规，生存于偷窃和掠夺世界中的人们就会通过自私的行为来保护自己。亚当·斯密提出，“无形之手”会引领个体追求私利，他也同时意识到个体具有情感、情操和道德等，能够左右他们的思考。即使是米尔顿·弗里德曼（Milton Friedman）也不确定，狭隘自私的个人主义是否是对人类行为的正确判断。他不在乎这一推论正确与否，他在乎的是它有没有用。答案是不再有用。

从理性经济人衍生出的理论和模型通常是基于另一个存在问题的假设——完全理性。相关但不同的科学成果利用理性行为质疑每一狭隘自私的动机。哲学家比如尼采和精神分析理论家西格蒙德·弗洛伊德认为人们的行为方式多种多样，这些方式也许是可以解释的，但更多的是出于动物本能，而非计算手段。赫伯特·西蒙（Herbert Simon）、丹尼尔·卡尼曼（Daniel Kahneman）和阿莫斯·特沃斯基（Amos Tversky）都揭示了认知局限削弱理性计算的程度。

个体能采取的最佳手段无非是西蒙提出的“满意策略”，但由于认知局限，也不能有效实现目标，他们还是会以自我利益为中心。以上这种理性经济人的核心观点也应该被淘汰。达尔文和受他影响的其他人长期以来都认为，人类和其他物种一样，至少从狭义上来说，保护幼崽以保留基因库的行为是无私的。大部分人甚至做得更好。某假设认为一旦有机会，人类通常会选择不劳而获，但许多实验结果反驳了这一点。确实，大部分人会根据互惠和公平的原则行动。很多人会做出牺牲或放弃较大回报，也有一些甚至可能付出很大代价（在一定程度上）来“做对的事”。人类学家和生物学家在很久以前就提供证据表明，人类是一种社会型动物。个体处于社交网络和社区中，就会出现更为复杂的互惠和道德义务模范。因此，社会学家如今已经可以解释这些总体现象了：战争期间大规模的志愿参军、抗议和对社会做贡献等。

否定理性经济人并不意味着完全排除狭隘自我利益主宰的情况。实验结果表明，不同的社会化过程能够产生截然不同的推断：经济学研究生比其他专业学生更有可能选择通过不劳而获的途径获得财富。至少两种情况会导致形成个人的自私心理，并显著减少“命运共同体”观念，即产生于相互依赖和感觉有义务相互帮助的人之间。第一种情况是极度贫穷，第二种情况是极度激烈的竞争。那些贫困饥饿的人群倾向于将重心放在满足自己的需求。越来越多的反乌托邦小说表明，为了得到食物、住所和安全保障，最后会导致盗窃和谋杀。经典的老鼠实验也能得到相同的结论。

极度激烈的竞争至少会减少对眼前目标的关注度。然而，努力成为王者或国王的某些方式，会形成类似于霍布斯世界的情形。莎士比亚经常能够捕获环境和野心的力量。他笔下的“玫瑰战争”就是打着服务国家的幌子，实现狭隘自我利益手段的最佳证明。或者我们可以看看最近的商业道德（更确切的是商业道德的缺失）事件。

人们经常或频繁地受到鼓动，而表现出超越狭隘私利的行为，这一现象完全符合动机行为中物质刺激的重要性。我们喜欢奖励而害怕惩罚，假设其他条件不变，我们更喜欢奖励而希望避免惩罚。然而，即使有大量金钱关乎生死，或对健康有严重威胁的情况下，伦理、道德和互惠原则仍会影响人们的决策。很少有人愿意为一项事业或一个原则牺牲一切，但大部分人还是愿意牺牲一些东西。

过去 200 多年间，研究者把理性经济人这一概念作为人类动机的基础，已经产生了大量的理论和研究。作为一项基本假设，理性经济人促成了经济学领域部分的最佳成果。作为陪衬物，它帮助产生了认知局限、社会互动的作用和道德动机等方面的成果。这一概念的力量曾经很大，但现在衰退了，新的更好的范本和方法已经实现了接替。它们对人类行为动机有着更为现实和科学的理解。

96
DON'T DISCARD WRONG THEORIES, JUST DON'T TREAT THEM AS TRUE
保留错误理论但不当真

理查德·泰勒（Richard H.Thaler）

芝加哥大学商学院教授，金融与行为经济学教授，查尔斯·沃尔格林基金会杰出贡献教授，合著有《助推：如何做出有关健康、财富和幸福的最佳决策》（*Nudge: Improving Decisions About Health, Wealth, and Happiness*）。

我对本书的 Edge 年度问题有所疑问，所以我将回答一个稍微不同的问题。我认为 Edge 年度问题的目的在于，指出一些已经明确是错误或无用的观点，并把它们从现有的科学词汇中剔除。经济学中当然存在许多错误描述经济主体行为的理论、假设和模型，所以你们也许认为，我会列出很多应该被淘汰的观点，但你们错了。大部分理论虽然不能很好地描述事实，但作为理论基准还是非常有用的。因此，彻底否定它们是不可行的。

在给出具体的例子之前，我要强调的是，经济学理论通常有两个目的。第一个是"规范性"目的，明确了理性经济主体应该做的事。第二个是"描述性"目的，准确描述了公司的行为。经济学家使用相同的理论达到两个目的，这引发了一些问题。

让我们看看"有效市场假说"（Efficient Markets Hypothesis，EMH），它由我在芝加哥大学的同事，近期得到诺贝尔经济学奖的尤金·法马（Eugene Fama）率先深化并提出。这一理论包含两点：第一，价格是不能被预测的，你也不可能战胜市场，我把它叫作"天下没有免费的午餐"。第二，资产价格等同于基本价值，我把它叫作"价格是对的"。自有效市场假说形成以来，它一直是金融经济学研究的基准和零假设。在一个只有理性投资者的世界里，它的两部分内容都是准确无误的，但是，我们生存的世界却并非如此。那么在现实世界中，这个理论又如何立足呢？

如果对理论中的“天下没有免费的午餐”部分进行事实核查，我认为它“基本正确”。要战胜市场确实不容易，所以大部分人都失败了，包括专业的共同基金经理。那么为什么说它“基本正确”呢？因为有时你可以战胜市场，比如购买价值股（相对于它们的现有收益和资产，股价被低估的一类股票）。尽管如此，购买指数基金以跟踪市场，对投资者而言依旧是合理的策略。所以，相信这一部分理论是无大碍的。

第二部分“价格是对的”较之第一部分更为重要，问题也更大。20 世纪 90 年代末的科技股泡沫和 21 世纪初的房地产泡沫都反映出，价格会和其本身的内在价值产生较大差别。已故金融经济师费希尔·布莱克（Fischer Black），著名布莱克 - 肖尔斯期权定价模型的创建者之一曾经猜想，资产价格和它的实际价值可相差两倍。费希尔于 1995 年去世，要不然当他看到科技股泡沫破裂，纳斯达克（NASDAQ，美国全国证券交易商协会自动报价表）指数由 5 000 降至 1 400 时，他一定会重新修改自己的猜想，将 2 倍升至 3 倍。十几年之后，这一指数接近 4 000，未因通货膨胀而调整。

有效市场假说的两部分都有或多或少的错误，那么我们应该将其抛弃吗？不能。如果没有这一理论作为基准，行为金融研究者们，包括我的同行罗伯特·希勒（Robert Shiller）（与法马、拉尔斯·汉森 [Lars Hansen] 一同获得 2013 年诺贝尔奖）都将无法进行研究。希勒的早期研究表明，与合理模型所预期的相比，价格实在是太多变了。

如果不能淘汰有效市场假说，我们又能改变什么呢？我的建议是不把这一假说当真。听到希勒 1996 年讲话中对市场过热的警告，美联储前主席艾伦·格林斯潘（Alan Greenspan）表示，美国联邦储备系统不采取行动的部分理由就是，有效市场内不可能出现泡沫。在 1988 年的贝斯克公司诉利文森案中，美国最高法院甚至也裁定，原告可以依据有效市场假说对公司所谓的不当行为提起诉讼。

问题在于，运用这一概念的人往往会忽略其中的最后“有效市场假说”一词。同样的错误也出现于获得诺贝尔奖的另一理论中——弗兰科·莫迪利安尼（Franco Modigliani）提出的生命周期假说，认为消费者清楚自己一生的收入、投资的回报和寿命，所以每年会使自己的储蓄达到最大化，以及明确退休后资产的减少量。这个理论也是一项有用的基准，帮助消费者了解应该为退休后储存多少钱。

完全否定生命周期假说是不可行的，但更不能将其当成真理。这一假说从反事实角度认为，人们有能力解决非常难的数学题，也有能力实施储蓄计划，而在此过程中不受其他事物诱惑。把这一理论当成真理使许多经济学家充满信心但错误地预测，为消费者提供退休储蓄计划（如 401K 退休计划，对其储蓄没有作用）。因为他们已经在进行这项工作了，这只不过是将自己的储蓄转移至税收优惠待遇计划了而已，政府虽然多花了钱，但消费者的储蓄金额却没有增加。另一相似的假说也错误地预测了一些细微变化，例如自动将参与者列入名单，但这一举措对其行为也没有影响。

让我们保留错误的理论和假说，但记住它们仅仅是假说而不是事实。

We started to hear claims of the brain as the hardware and the mind as the software—a model that didn't much help our understanding of either brain or mind.

我们开始听到一些把大脑比作硬件，把思维比作软件的说法，尽管它对理解大脑或思维都没什么帮助。

——罗德尼·布鲁克斯（Rodney A.Brooks），

《大脑≠硬件，思维≠软件》

97

THE COMPUTATIONAL METAPHOR

大脑≠硬件，思维≠软件

Rodney A.Brooks

罗德尼·布鲁克斯

机器人专家，曾任麻省理工学院人工智能实验室主任。

著有《我们都是机器人：人机合一的大时代》（*Flesh and Machines: How Robots Will Change Us*）。

从古至今，我们一直用技术系统的隐喻来描述身体和大脑如何运作。古希腊水利技术就解释了 4 种体液，并提出要使它们保持平衡。到了 18 世纪，时钟机制和液体流动也用来比喻大脑的运作情况。20 世纪的头 50 年，人们经常把大脑比作电话交换网络。事实上，因电报和电话线信号传播而发展的数学，被用于建立轴突的动作电位模型。而到了 20 世纪 60 年代，控制论专家则试图用负反馈模型（原用于蒸汽机，第二次世界大战期间被广泛应用于控制枪支瞄准）建立大脑模型。但可以说，这些隐喻很快就遭到了淘汰，它们被电子计算机所取代。**我们开始听到一些把大脑比作硬件，把思维比作软件的说法，尽管它对理解大脑或思维都没什么帮助。**整个 20

世纪后半叶，大脑被比作大规模并行的超级电子计算机。现在，你可以听到很多关于大脑和万维网在运作方面相似的说法，神经元和网页扮演着类似的角色，超链接和突触也相互映射。

以上这些例子，说明关于大脑的隐喻将会随着技术的发展而不断演变，它总是和我们当前拥有的最复杂的技术相对应。但是，当下流行的隐喻对当前的科学有影响吗？我认为是有的，计算隐喻学将引领研究人员提出一些问题，而这些问题在以后看来，顶多算得上是稀奇古怪罢了。

计算和计算思维的力量是无穷的，但它对科学的导入作用还仅处于初期。在自然现象中，把近似计算法和计算理论混淆并不总是有帮助的。例如，想想那个行星围绕太阳旋转的经典模型。它是一个引力模型，二者的运动可以由一个描述力、加速度以及它们之间关系的简单微分方程来解释。这个方程也能扩展用于相对论和多个行星，并能立刻描述物理学家对这一系统的说法。然而由这一点看来，方程并非万能，为了理解系统中的长期行为，我们能做到的就是利用算法将时间分为小片段，用连续描述局部行为的数字逼近法进行长期的模拟。然而，最顽固的计算学家（确实存在）认为，行星自身每时每刻都在“计算”它该做什么。而我们知道，行星因重力影响而运动的观点更为有效。

计算隐喻学已经承担起解释大脑和更简单神经系统的工作。我们经常听到别人谈论神经编码，那么，在轴突上随着时间运行的动作电位序列中的编码又是什么呢？早期神经元的进化能更好地同步肌肉活动。例如，如果水母的游泳肌肉同时激活，那么它能游得很快，也不会摇晃。进化可以为不同物种中存在的这类问题提供多种解决方案。这些方案包括：极快地增殖，仔细调节信号沿着触发轴突衰减，还有根据强度调节肌肉纤维的局部延迟等。此外，许多水母体内有基于不同繁殖化学结构的多种神经系统，这些化学结构可以支持不同的行为，甚至游泳模式。就像计算系统不是描述行星状况的最佳方式一样，把简单系统看成运算系统，神经元在其中传递“信息”，这种方法也不适于描述所在环境中的系统行为。

过去 60 余年，神经元计算模型使得我们不再需要了解一些事情，比如神经胶质细胞在大脑行为中的作用，影响附近神经元的小分子扩散，荷尔蒙导致的神经系统不同部分的相互影响，不断产生的新神经元，以及我们还未考虑到的大量事物。它们不适用于计算隐喻，所以即使很多隐喻消失了也无妨。我们从计算隐喻中得出的新机制，已经被强行粘贴到计算模型中，但却变得越来越不实用，而那些对传统执念很深的人看不到这一点，他们还在不停地发表新文章，试图以此增进我们的“理解”。我认为，如果计算隐喻被世界上其他一些隐喻（可以帮助我们理解大脑在行为系统中扮演的角色）所取代，那么我们更容易取得新的发现。虽然我不知道那些隐喻究竟是什么，但科学史告诉我们，它们必将出现。

98

THE GRAND ANALOGY

宏观类比

戴维·盖勒特（David Gelernter）

耶鲁大学计算机科学家，镜像世界技术（Mirror Worlds Technologies）公司首席科学家，著有《精简版美国：帝国学术界如何摧毁我们的文化》（*America-Lite: How Imperial Academia Dismantled our Culture*）。

如今，那些把数字计算看成人类思维和大脑模型的计算学家和认知学家几乎一致认同“宏观类比”这一方法，并将它传授给自己的学生。不论你接受与否，宏观类比已经成了现代智力史的里程碑，其在一定程度上解释了，为什么绝大多数的当代计算学家和认知学家认为，你最终可以通过下载和运行正确的软件程序，使笔记本电脑拥有真正的而非模拟的大脑。于是，如果告诉这个机器“想象一朵玫瑰花”，它就可以和你一样在脑海中绘出一幅图。若要求它“回想一个尴尬的瞬间”，它也会像你一般想起某件事并感到窘迫。如此看来，发明能感知尴尬的计算机，指日可待。

然而，绝不会有类似的软件存在，这一错误类比减缓了我们掌握真正的思维现象学的进度。我们几乎还没开始从内部了解大脑。那么这种令人浮想联翩的煽动性类比错在何处呢？我认为共有 4 点，除了第一点，其他都是新的观点：

1. **在与客观世界的关系方面，计算机软件系统和大脑思维系统有本质上的不同。**软件可以存在于不同的电子计算机中，而每一个人的思维（目前）只能永远属于一个大脑。软件和世界的关系大多由程序员设定，任意随性；而思维和世界的关系则表达了人类个性和本质，没有人可以改变。

计算机可以不装软件，但大脑不能没有思维。软件是透明的，我可以随时读出整个程序的精确状态；而思维是模糊的，除非你告诉我你在想什么，要不然我肯定不知道。计算机可以删除记忆，可大脑不行；我们可以让前者按自己所想准确操作，但后者不能。这种例子还有很多，计算机和大脑的根本性差异无处不在。

2. 宏观类比假定，思维就是机器或虚拟机。但思维可以有两种同样重要的功能：行动和感知。机器只用来为我们做事，思维则不同：虽然你没在思考（或者说“计算”），表现得很安静，但也许你感到非常痛苦或兴奋，或只是处于有意识状态。

尤其是情感，它们并非行动，而是存在的状态。情感作为存在状态，在思维的认知活动中扮演着重要的角色，比如它们可以让你摸索着找到认知目标。（“他走向窗边想一个人静静，思考自己该怎么做。”①）思维包含信息，但情感没有。渴望只是存在的一种方式。

在掌握如何让电子计算机有感觉，或体验到现象意识前，我们无权讨论所谓的思维——大脑和软件、计算机之间的类比。那些指出计算机不可能有感觉的人有时会被告知：“你认为，数十亿微小、无意义、无感觉的计算机指令无法创造一个可以感知的系统，但是神经元也同样微小、无意义、无感觉，1 000 亿个神经元却可以创造一个能感知的大脑。”然而这二者并不相关。1 000 亿个神经元能组成有思维的大脑，而相同数目的砂粒或旧轮胎可以产生什么呢？你需要的是数十亿正确的物品以正确的方式排列，才能产生感觉。

3. 成长的过程是人类与生俱来的。社交互动和身体结构随着时间而改变，它们紧密相连。刚学会走路的孩子和不会走路的婴儿受到的待遇就不同。机器人获得不了和人类一样的思维，除非它有身体上的成长和改变，并和社会互动。然而，即使是静态的简单思维也离不开人类的躯体。身体感觉产生思维状态，导致身体进一步变化，然后思维又有了新的变化。这是一种反馈循环，比如，你很尴尬，于是脸红了。感知到自己脸红，你的尴尬感进一步上升，脸更红了。我们不仅用脑子思考，也用身体。我们可以通过软件模拟身

① 摘自简·奥斯汀《劝导》（*Persuasion*）。

体，但它无法像人一样和他人互动。我们必须和其他人交流，这样才能变成有思想的人。

4. 软件的本质是循环，而思维不是，也不可能循环。递归结构包含许多更小的递归结构，电子线路由较小的电路组成，代数表达式由较小的代数式构成。软件是一种电子计算机，它由另一种相同的计算机实现（你可以找到“电子计算机”的大量定义）。“实现”的意思是“使之成真”或“体现”出来。你开发的软件可以和运行它的硬件一样进行完全相同的运算。硬件是由电子器件或其他等效介质组成的电子计算机。假设你用电子器件设计了一台电子计算机，这样你就有了一台未装软件的普通计算机。接着你又设计了一台“计算机”——操作系统，比如 Unix，它有独特的界面，并和运行它的计算机有一模一样的运算能力。你在硬件计算机上运行了新的计算机（Unix），现在你又开发了一个在 Unix 上操作的文字处理器（实质上是另一台电子计算机），就这样无限循环，相同的结构（电子计算机）不断出现。软件天生是循环的，而思维不是，也不能。你无法在自己的思维上“运行”另一个思维，也不能在第二个思维上“运行”第三个，更没有第四个。

思维科学对计算的重视使它取得了不少成绩。计算过程已经成了把科学和哲学思考聚焦于思维本质的实用工具。例如，上一代人更清楚地掌握了意识的本质，但我们却总是对自己不甚了解，现在依旧如此。你的思维就像一个看得见风景的房间，我们对风景（客观事实）的了解远比房间（主观事实）本身多。如今，那些已经识破宏观类比的人再度拾起了主观论。计算机固然是好东西，然而是时候回到思维本身了，不要假装可以用计算机代替大脑，要不然我们就成了毫无知觉的行尸走肉。

99

GRANDMOTHER CELLS
祖母细胞

特伦斯·谢诺沃斯基（Terrence J.Sejnowski）

计算神经科学家，萨尔克生物研究所弗朗西斯·克里克讲席教授，合著有《计算型大脑》（*The Computational Brain*）。

2004年，加州大学洛杉矶分校医疗中心（UCLA Medical Center）通过展示一系列名人的图片，对一位癫痫患者的大脑进行了监测，以期发现癫痫发作的原因。植入患者大脑记忆中心的电极对照片产生了相应的脉冲变化，其中某个神经元对詹妮弗·安妮斯顿（Jennifer Aniston）的几张照片反应激烈，而对其他名人则一般。另一名患者的某个神经元只对哈莉·贝瑞（Halle Berry）的照片以及她的名字产生应答，但是对于比尔·克林顿（Bill Clinton）和朱莉娅·罗伯茨（ Julia Roberts）等名人则没有反应。

50年前，科学家开始记录猫和猴子大脑中的单个神经元，那时他们就已经预测到这种细胞的存在。在大脑皮层视觉区域层次上，神经元等级越高，它的反应特性越明确，就可能使得单个细胞只对某个人的照片做出反应。基于大脑中假定的专门负责辨认祖母的神经元，科学家们得出了“祖母细胞假设”。加州大学洛杉矶分校团队似乎已经找到了这种细胞。单个神经元也可辨认特定的物体和建筑，例如悉尼歌剧院。

尽管有如此明显的证据，祖母细胞假设依旧不可能成立，或解释前面所提到的现象。我们开始同时从老鼠、猴子和人类数以百计的细胞中收集信息，得出大脑皮层如何感知以及决策的不同理论。然而，祖母细胞假设的拥护者从未消失，从单个神经元中产生的想法仍然普遍存在于大脑皮层电生理学领域。如果我们能够放弃这一众所周知的祖母细胞假设，那么就可以更快取得进步。

根据祖母细胞假设，当这一细胞处于激活状态，你就可以辨认出自己的祖母，但是它对其他刺激物没有反应。首先，由于只测试了几百张照片，所以我们并不知道“詹妮弗·安妮斯顿细胞”的选择性如何；其次，电极恰巧记录了大脑中单个此类细胞的概率很低，应该会包括成千上万的细胞，如“哈莉·贝瑞细胞”，还有各种用来识别熟人和物体的细胞。虽然大脑中有许多神经元，但对于每个物体和你所知道的名字而言依旧不够。质疑祖母细胞假设更深层的原因在于，感觉神经元的功能仅部分由它决定感官输入的反应，同样重要的还有神经元的输出以及它对行为的影响。

在猴子的大脑中可以同时记录许多神经元的状况、刺激物，还有相关信号广泛分布其中，每一神经元根据刺激物和任务细节特征的不同组合给出不同反应。20 世纪 80 年代，在人工神经网络的研究中首次出现了关于此类分布表象的特点。大批名叫“隐单元”的仿制神经元可以在一系列输入单元和输出单元之间执行映射，并为高度分布的每一输入单元提供活动模式，就像在大量皮层神经元中观察到的一样。例如，输入单元能够从多角度呈现人脸，而输出单元则呈现人名。通过多个例子的训练，每个隐单元就可以为输入单元特征的不同组合进行编码，比如眼睛、鼻子以及头形的部分。

分布表象能够用于辨认同一物体的不同形式，而相同系列的神经元可以通过差异性加权输出辨认不同物体。此外，神经网络能够正确分类训练组外部的新输入单元，并进行普及。利用早期更为强大的神经元网络模型，加之视觉皮层等级中 12 层有余的隐单元，并深度学习调整数以亿计的突触权，我们已经可以识别成千上万图片中的物体。这在人工智能领域是一个突破，因为随着神经网络规模和训练样本数量的增大，它的性能也不断提高。世界各地的公司都在竞相开发专用硬件，以期扩大这一体系。在现有体系拥有和人类大脑相近的容量（即每立方毫米皮层具有 10 亿个突触）之前，我们还有很多工作要做。

那么需要多少神经元才能区别许多类似物，比如人脸？从影像学检查中我们得知，大脑中的许多区域都能对人脸作出反应，其中一些还有很高的选择性，我们需要从这些区域中采集大量神经元样本。前面所提问题的答案也许会令人惊讶，因为有合理的论据表明，可以将呈现物体的神经元数量最小化。首先，“稀疏编码”可以提高能效；其次，用相同数量的神经元识别新物体会影响其他物体。高效的呈现将会非常分散。

10 年之内，我们所记录和操作的神经元数量将会是现在的 1 000 倍。为了分析神经元，我们正在开发新的技术，或许能够对神经元形成思想、情感、计划和决策的过程有进一步的了解。我们也可能很快就会知道，在大脑中表示一个物体或概念需要多少神经元。那么，祖母细胞假设会被淘汰吗？

100

BRAIN MODULES

大脑模块

帕特里夏·丘奇兰德（Patricia S.Churchland）

加州大学圣地亚哥分校哲学家、神经科学家，著有《触碰神经》（*Touching a Nerve*）。

神经科学中的“模块”概念（在给定的背景条件下对功能而言已经足够）总是会引起困惑，不清晰。问题在于任意重要复杂体的神经元由空间式分布网络支撑，这不仅仅是偶然，而是本就如此，它也绝不仅限于皮层，而是在皮质和皮质下的网络之间。例如，运动知觉和模式识别、电机控制与强化学习中都存在这一现象，产生想法时更不例外，比如鼓起勇气面对威胁或决定躲藏而不逃跑。自我控制以及道德判断亦是如此，也可能包括意识体验。神经网络的输出随着个体神经元的变化而变化。我们对神经系统如何解决和协调问题知之甚少，也就是大脑如何跨网络组织激活神经元的正确模式，使身体协调。

这些不是“模块”的全部错误所在，传统意义上的模块是封闭的，也可以说与外界隔绝，但初级感觉皮质区，例如初级视觉皮质的封闭化程度，也受到了质疑。动物奔跑时，无论视觉输入随环境如何改变，视觉皮质中神经元的燃烧速率总是翻倍增长的（只是其中一个例子）。模块更为混乱的地方在于，某一方面的专门化，比如视觉皮质，似乎在很大程度上依赖于输入的数据。例如，视觉皮质之所以可视，主要因为它和视网膜相连而不是和耳蜗相连。注意，在盲人受试者中，盲读布莱叶点字法重新运用到视觉皮质，这是一项高分辨率的空间体感任务。如果模块专门化依赖于神经网络的数据输入，那么婴儿大脑在区域专门化方面的可塑性就会比成人的大脑强很多。多丽丝·特蕾娜（Doris Trauner）和伊丽莎白·贝茨（Elizabeth Bates）发现，做过左脑切除手术的婴儿可以正常学习语言，而接受相同手术的成人则会产生严重的语言障碍。

我看待“模块”和“神经衰弱”的方式相同。过去我们不清楚大脑里的情况，“模块”还有点用处，可如今它的解释意义已经遭到了质疑。

101

BIAS IS ALWAYS BAD

偏见是否无益

汤姆·格里菲思（Tom Griffiths）

加州大学伯克利分校计算认知科学实验室、认知与脑科学研究所主任，心理学副教授。

持有偏见看起来是件糟糕的事情。直观地说，我们将理性等同于客观。面对难题时，一个理性主体似乎不应该倾向于某种答案。如果一个用于在图像中查找物体或诠释自然语言的新算法会产生偏差，那么它听起来就不是个好算法。而当心理学实验结果显示，人们所做的决定和判断都有失偏颇时，我们就开始质疑人类的理性。

然而，偏见并非总是无益。事实上，对于某些问题而言，提供更好答案的唯一方法就是有所倾向。

人们解决的最具挑战性问题中的大部分都是归纳性的。根据现有的证据无法得出确切的答案，从图像中找物体和阐释自然语言就是其中两个经典例子。图像为二维排列的像素——一组可以显示位置亮暗或蓝绿等信息数字，而物体则是三维形式，许多不同的三维形式结合在一起，可以产生一组像素和相同模式的数字。观察特定的数字模式，无法知道我们看见的到底是哪一个形式，我们必须根据现有的证据做出猜想。同样，从人类语言的原始声音模式中提取单词，也需要对一个人所说的某句话进行适当猜测。

成功解决归纳性问题的唯一办法就是有所偏好，因为根据现有的证据不足以确定正确答案，你需要依赖于证据之外的某些东西。你在多大程度上能解决问题，即你猜想的准确率有多高，都依赖于反映不同答案可信度的各种偏向。

人类非常擅长解决归纳性问题。在图像中寻找物体和阐释自然语言两方面，人类做得依旧比计算机好，原因在于人类思维在此过程中精心调整了自己的倾向。

在许多视错觉（导致人类的片面猜测和实际物体之间差异的图像）中，人类视觉系统所产生的偏差是非常明显的。真实生活中视错觉十分罕见，这表明了偏差的实用性。通过研究人类视觉系统易受影响的各种幻象，我们可以识别那些引导感知力的偏见，并将其实例化，用于计算机算法。

打电话或曲解歌词时，我们可以看到人类在阐释语言方面的偏见，也能轻易在语音识别软件中发现。有一次，我锁好门之后离开办公室去开会，回来时发现有陌生人闯进过，在我的电脑中输入了一些诗意的句子。这个人是谁？这条信息又是什么意思？我既害怕又困惑，几分钟后，我意识到自己走的时候忘了关语音识别软件，这几行字就是它对窗外树叶沙沙声的意思猜测。但是，这些相当易懂的英文句子反映出软件所带的偏见，它甚至都没有考虑过声音的来源是风而非人。

人类所擅长的语言和视觉在很大程度上取决于我们对特定答案的偏向，能成功解决这类问题的算法也具有相似的倾向性。所以，看到人类在其他方面也有偏见，我们也不必意外。这些偏见未必说明人类不够理性，而是反映出待解决问题的难度。促使计算机更好地处理这些问题的一种方法便是确切了解人类对于不同问题的倾向。

我认为偏见并不总是坏事，但不是说它一定是好事。客观性是我们在道德层面所追求的理想状态，比如评价他人。具备的时间与信息越多，就越客观。但这种客观性并不常见，因为在有限的时间和证据下，很难得出正确的结论。处理归纳性问题时，有所倾向也是可取的。

102

CARTESIAN HYDRAULICISM

笛卡尔的身心水压式传递主义

罗伯特·库尔茨班（Robert Kurzban）

心理学家，宾夕法尼亚大学进化心理学实验室主任，著有《人人都是伪君子》（*Why Everyone Else Is a Hypocrite*）。

17世纪时，勒内·笛卡尔提出神经系统的运作有点像圣日耳曼（Saint Germain）皇家花园里的精致雕塑，其中的可动部分由底座下水管的流动水激活。许多心理学入门教材都用插图阐述了笛卡尔的观点，图片中一个人的脚踩在火中，大概想说明笛卡尔对水力反射作用的看法。

在19世纪中叶，行为学中水压传递的零星观点到处都是，虽然现在我们知道它们并不正确。学术文献，例如弗洛伊德文集就记录着精神发泄可以释放所有压力。在民间，关于水压式传递的比喻一直用来形容各种精神状态：比如我要“大发雷霆”了，或是今天给Edge写了一篇稿子，“精疲力竭”。

当然，现在还有很多关于大脑如何运作的争论。毫无疑问，对于“大脑作为计算工具”在推动心理学中作用的激烈讨论甚至出现在本书的Edge年度问题答案中，尽管大脑计算理论并没有赢得所有人的认同，笛卡尔提出的水压式传递模型已经被否决了，且不复存在。

无论如何，笛卡尔的理论确实被否决了，但也许还可能存在。可以肯定的是，人们发现水压式传递能够正确解释一个十分重要的（男性）生理机能——虽然不是笛卡尔所想的功能。关于这一理论的比喻新增了一些直觉性内容，即大脑由充液管道、接头、阀门和水库构成，同时指出笛卡尔的水压式大脑观点可能不仅受到当时技术的影响，也受到不可抗拒的直观因素的影响。

的确，笛卡尔的身心水压式传递主义在学术文献中“复活”了不止一次，尽管我认为这是唯一的一次。大约在过去的十年中，某些研究人员一直在改进意志力中存在“库存”的理念。根据该理论，为了发挥自制力，比如少吃棉花糖、避免分心等，意志力必须要有“库存”才行，而随着它的减少，自我控制就越发艰难。

要说笛卡尔关于大脑运作的观点错得有多离谱，很明显它就是不正确的。虽然最近大量的实验结果表明水压式传递模型的预言并不成立，但这也不是该模型被抛弃的原因，或者说至少这些数据不是最佳原因。淘汰这一模型的真正理由和淘汰笛卡尔观点的一样：尽管大脑的运作和电子计算机不同（当然它和你的个人电脑在任何重要方面都不相同），但我们仍知道，某种计算能力比水力学更能有效地解释人类行为。

马克斯·普朗克对于科学变化速度的观点是否正确，人们对此的意见不一。而我认为，心理学中的某些缺陷可能会使它比其他学科更易出现普朗克所担心的问题。

首先，心理学理论通常受直觉影响，确切地说是受直觉控制。我很喜欢丹尼尔·丹尼特在他《意识的解释》（*Consciousness Explained*）一书中阐述笛卡尔剧场理论（同样是错误的）的方式，这个二元论观点指出，“大脑中有一片特殊的区域”，即身份中心，是唯一真实的自我，是一个幕后的巫师。他认为这一观念“是打乱我们对意识思考最根深蒂固的糟糕想法”。人类的直觉告诉我们，一个特殊的“自我”存在于某处，一再使得“特殊中心”的观点复活。

其次，心理学家对其他人观点的态度过于礼貌（比如据我所知，经济学家就不会这么做）。2013 年，一本著名的心理学杂志刊登了一篇文章，试图报道抄袭前人已发表成果的后果。文章的题目包括两部分，主标题是所述现象，副标题是“真实或难懂的现象？”这一“真实”与“难懂”的比较所暗示的是，把某一成果认定为“错的”，而不是“难以复制”，这样的行为非常不礼貌，以至于该领域的人都不会指出之前的工作根本无用。

当然，直觉还会影响其他学科的理论创新。毋庸置疑，深入人心的地心说（太阳每天绕着地球转）使得大家很晚才接受日心说模型。每个人都知道大脑并不是一个液压挖掘机，但是我们确实感觉到好像某些东西的“库存”在慢慢减少，就像我们觉得太阳在绕着地球转。

然而，笛卡尔的身心水压式传递主义是时候和他的身心二元论一样退出舞台了。

103

LEFT-BRAIN/RIGHT-BRAIN

左脑？右脑？

萨拉－杰恩·布莱克莫尔（Sarah-Jayne Blakemore）

英国皇家学会研究员，伦敦大学认知神经科学教授，合著有《乐在学习的脑》（*The Learning Brain*）。

大部分人都听说过“左右脑分工理论”，可能他们也从各种渠道得知自己对于偏向“左脑思维”，还是更想要多一些“右脑思维”。如今这种说法已经渗入到人们的日常生活中，并且在学校的各个角落流传，许多相关的书籍也得到大卖。它也成为了科学理论的基础，例如，从大脑思维角度研究性别差异。然而，这种说法在生理学上是没有意义的。

关于两个大脑半球如何运作的科学术语已经渗透到我们的主流文化中，但是这项研究往往被过度解读。大脑半球涉及不同“思维模式”，和其中某一脑半球控制另一脑半球的想法广为流传，尤其是在学校和工作场所中。你可以在一系列网站上测试自己属于左脑发达还是右脑发达的人，也可以找到如何改变这一事实的方法。

其实这一类说法都是伪科学，并没有建立在大脑如何运作的基础之上。虽然大脑确实由两个半球构成，并且在行动、说话和感知时，其中一个半球常常比另一个较先活跃起来，但是几乎在所有的情形、任务和进程中，大脑的两个半球都是一起工作的。它们总是在不停地交流，根本不可能出现一个半球独立运转的情况，除非在一些罕见的病人大脑中。也就是说，你不属于左脑思维或右脑思维，而是全脑思维。

有些人提出，当前的教育更倾向于具有逻辑性、分析性和准确性的左脑思维模式，而不重视赋有创造力、直觉、情感和主观性的右脑思维模式。这类教育应该包括各种各样的任务、技能、知识和思维方式。然而，左脑和右脑思维模式只是用来形容这些特性的比喻。右脑损伤的病人往往也有创造力，而左脑受损的病人可能不具备语言能力（超过90%的人群依赖左脑说话），但依旧善于分析。

关于左脑和右脑的观点，是否应该影响我们教育的方式，这非常值得怀疑。根据能力将人分为左脑型和右脑型的做法也很不恰当，甚至可能成为人们学习的障碍，主要因为在很大程度上，这种分类会被认为是先天的、无法改变的。的确，每个人的认知能力不同，但将人分为左脑型或右脑型的做法应该被取消。

104

LEFT-BRAIN/RIGHT-BRAIN

左右脑理论

斯蒂芬·科斯林（Stephen M.Kosslyn）

心理学家，凯特研究所密涅瓦学院创始院长，合著有《上脑与下脑：找到你的认知模式》（*Top Brain, Bottom Brain*）。

可靠的科学有时也会发展成为伪科学，然而，人们对于它的认可也许依旧不变。最好的例子就是盛行的关于大脑两半球分工化的“左脑和右脑”理论。这一理论表明，左半球具有逻辑性、分析性和语言性，而右半球则具有直觉、创造力和感知力。此外，据说每个人都主要依赖于其中一个半球，所以出现了“左脑思维者”和“右脑思维者”。事实上，这种界定方法是一种误导，是时候弃之不用了。

从这一理论中我们可以发现两个问题。

第一，每个人都主要依赖于其中一个大脑半球的说法，在实际生活中看来是不合理的。有证据表明，每个人都是用整个大脑思考的，而非其中一半。大脑是单一的交互式系统，各个部分协同工作来完成一项指定任务。

第二，对于大脑两个半球的功能界定是错误的。毫无疑问，两半球参与不同的信息处理，比如，左半球优先处理我们所看到物体的细节，而右半球则先处理它的整体外形；左半球先分析句法（字面意义），右半球则优先分析语用（间接或隐含意义）。这样的例子还有很多。大脑的两个半球和我们的左右肺不同，它们不是各自可有可无的“备用品”。但是关于大脑半球差异的记录都与盛行的错误认识不同。

现在我们应该将左右脑理论抛弃了。

105
MOORE'S LAW
摩尔定律

安德里安·克雷耶（Andrian Kreye）

《南德意志报》艺术散文专栏编辑。

戈登·摩尔于 1965 年发表的文章中预言，集成电路上的晶体管数量将每年增加一倍，这已经成为数字化时代最为盛行的科学预言。尽管摩尔定律仅仅是一个猜想，但它已经成为简单公式中构建复杂过程框架的模型依据。然而，种种技术层面的原因表明摩尔定律或将不再适用，例如相关领域人士一致认为，当晶体管尺寸小于 5 纳米时，这一定律将不复存在，也就意味着在未来的 10 ~ 20 年间，集成电路上晶体管的数量将会达到最大值，随后大幅下降。另一个原因是，量子计算机很有可能将计算技术推向新境界，3 ~ 5 年内也将变成现实。但是，摩尔定律之所以应该被淘汰不是出于技术层面的限制，而是它误导了人们对于进展的认知，若对待摩尔定律的终结过于慎重，将会放大认知过程中产生的错误。

首先，摩尔定律引导我们以线性的眼光看待数字化时代的发展历程。这简单的发展曲线是古时小麦和棋盘问题的数字化等效，只是这棋盘可能是无穷大的。就像发明国际象棋的波斯人，要求国王将麦粒按等比数列摆满棋盘一样，数字技术似乎也是呈指数趋势发展的。指数模型忽略了数字化进程的并行性，这一进程不仅包括技术和经济的发展，也有几乎无法量化的科学、社会和政治的变更。

然而，摩尔定律认知模型已经建立了对于生物技术历史的描述，只是变化更加复杂。我们可以单纯从人类基因组测序成本的直线下降中看到发展的速度，2000 年测序成本为 30 亿美元，而到了 2013 年 8 月，由于技术的创新，测序不再具有挑战性，导致 X 奖基金会取消了奖金高达 1 000 万美元的基因组学 Archon X 奖。

对于数字化和生物技术的发展进程而言，用线性方式来形容是不够的。集成电路的威力一直是促使数字技术大规模发展的动力，如同推动城市发展的轮子。随着时间的推移，两种技术都在不断完善，但就二者所产生的负面影响而言，还有改进空间。

大约 25 年前，麻省理工学院媒体实验室的科学家们告诉我一个计算机技术方面的范式转换。他们说，将来和某台计算机相连的其他计算机数量，会比它自身集成电路中的晶体管数量更为重要。对于一个喜欢研究计算机技术，却又没有身处前线的作者而言，这是一个具有突破性意义的消息。后来过了几年，马赛克浏览器出现了，它的重要性就像是我听到第一张甲壳虫乐队的专辑，就像我父母看到登月第一人一样。

变化如此之快，如此多层次并且互联互通，使得人们难以理解。科学、社会和政治变化总是随机出现，结果也复杂无序。音乐和媒体行业的发展速度减慢，而出版业和电影业则未受影响。伊朗爆发失败的“Twitter 革命”与阿拉伯之春（Arab Spring）运动有很大的相似之处，但在马格里布（Maghreb），二者的结果却大不相同。有时社交网络会以完全相反的方式影响社会，比如它的盛行导致了西方社会的文化孤立，却帮助人们共同交流。

人们观察到了这类现象的大部分，却无法给出解释，往往事后才发现，线性进程模型已经在不知不觉中形成了。许多伟大的数字化创新，比如病毒视频和社交网络，都无法实现盈利，这说明要完全掌握数字化进程是多么困难，其他例子还有很多。摩尔定律和它在其他学科进程的无数应用，导致人们对最不可预见的领域——历史进程，产生了可预测的幻觉。

如果任由摩尔定律自由发展而终结的话，这些推理的错误将被放大。峰值理论已经成为文化悲观主义的专属知识。若摩尔定律成了一项有限定律，数字化发展也会被视为趋向最大值、随后终结的进程。但二者都不会发生，因为数字化领域不是有限的，而是和科学、社会、经济和政治等类似领域相连，拥有无限运算可能性的领域。因为数字化进程不再依赖于量化和线性发展，即使其中一个分支终止，它也不会终结，甚至不会减慢。

1972 年，棋盘上的麦粒问题成为罗马俱乐部马尔萨斯人口论相关书籍《增长的极限》（*Limits to Growth*）的神话背景。摩尔定律影响力的高峰将会给人们带来幻觉——认为数字化领域是有限的，最坏的情况可能就是这一想法会盛行起来，如同摩尔定律产生的可预测性进展。毕竟，从来没有疯子会举着牌子大喊：“还远不会结束呢！”

106

THE CONTINUITY OF TIME

时间的连续性

恩斯特·波佩尔（Erenst Pöppel）

心理学家，神经学家，德国慕尼黑大学人类科学中心创始人之一，著有《大脑的运作》（*Mindworks*）。

牛顿的《自然哲学的数学原理》（*Philosophiae Naturalis Principia Mathematica*）一书是现代科学非常重要的著作之一，不仅对物理学是这样，在哲学和推理基础方面亦是如此。牛顿在注释中给出了如下定义："绝对的、真实的和数学的时间，由其特性决定，自身均匀地流逝，与一切外在事物无关。"他通过数学公式表达了其中隐含的时间连续性概念，用以形容物理过程等。这一概念几乎从未被人质疑过。

康德也曾含蓄地提到牛顿的时间连续性观念，他在《纯粹理性批判》（*Critique of Pure Reason*）一书中，将时间看成"感知的先验形式"。他这样写道："时间不是一个经验概念。如果时间的表现形式不以先验的基础形式存在，我们就无法感知共存和连续……时间是基于我们所有直觉的表现形式。"

时间连续性也隐含在心理学方面的著作中，例如威廉·詹姆斯在《心理学原理》（*The Principles of Psychology*）一书中提到如下内容：

> 简单地说，我们实际感受到的"现在"不是刀刃，而是有一定宽度的马鞍，我们可以坐在上面，从两个方向观察时间。我们对于时间认知的组成单位是持续的，有船首和船尾，好似开头和结尾……我们所感受到的时间间隔似乎是具有两端的整体。

现在摆在我们面前的观点是"时间在旅行"，也就是说，有限持续时间内的时序区间，正在逐渐通过物理时间（非跳跃性运动），这里再一次提到了时间的连续性。但事实是这样吗？它可以用来理解神经和认知过程吗？

在生物学和心理学中，时间连续性的理论概念通常作为隐含假设或“心照不宣的问题”出现，这一概念是错误的，并且可以从现实世界中生物体处理信息，以克服刺激因素的复杂性和时间不确定性的方式中看出。复杂性的来源之一是刺激物的传导作用，在不同的感官形式中有很大不同，比如听觉系统中的传导速度不到 1 毫秒，而在视觉系统中则大于 20 毫秒。所以，听觉和视觉信号到达大脑中枢系统的时间不同。

视觉系统中传导时间受通量影响，通量小的表面比受体表面需要更多的传导时间，这使得事情变得更为复杂。在观察具有不同亮度区域的物体，或看某人讲话时，视觉模式中活动的时间有效性会有所不同，处理刺激信息时视觉和听觉模式中的活动也不同，这些都是我们必须克服的。对于多感觉整合，除了要考虑生物物理学问题，还要考虑物理问题。由于我们无法提前确定与所要感知物体间的距离，所以声速变成了关键因素。

在光学条件最优化的情况下，距离物体为 10 ～ 12 米时，视网膜上的传导时间与声音到达听者的时间相同。在这一“共时性范围”之内，听觉信息比视觉信息传播快，而超过这一范围时则相反。所以，在两种感知模式下，必有某种机制用以克服信息时间的不确定性。怎么解决这一问题呢？最好的方法就是让大脑脱离连续的信息加工模式。

的确，大脑通过创造不受“牛顿时间”影响的系统状态（可能利用神经元的振荡），从而产生特殊的机制来减少复杂性和时间不确定性。实验证据表明，在这种系统状态中，可以对时间和空间分布的信息进行整合。这些状态“不受时间影响”，因为在它们内部处理的刺激物的前后关系不明确，或者说无法确定。这一生物学陷阱表明，时间不是连续流动的，而是从某一非时间系统状态跳至下一状态的。

107

THE INPUT-OUTPUT MODEL OF PERCEPTION AND ACTION

知觉与行为的输入输出模型

安迪·克拉克（Andy Clark）

哲学家，英国爱丁堡大学逻辑与形而上学系主任，著有《超尺度的心智》（*Supersizing the Mind*）。

是时候不再把思维看成一个具有认知能力的“电视迷”了——什么事都不干，只会坐在沙发上等待信息的输入来使生活变得有意思。这表明，当有信息输入时，系统就会马上进入行为模式，开始处理信息并准备输出（可能是某种动作、决定、分类或判断）。一旦结束，大脑中的认知“电视迷”便又坐回去，等待下一个刺激作用。

而实际情况几乎是相反的。自然条件下，人类和其他动物的智能系统并非被动地等待感官刺激，而是长期活跃的，试图在感官刺激流到来之前做出预测。在“输入”（本身是一个模糊的概念）出现之前，我们先发制人的认知系统早就忙着预测它的形状和含义了。这样的系统已经或随时准备好采取行动，一旦觉察到与预测状态有偏差的信息，它们就会进行处理。

我们需要重新审视行为本身。与其说行为是输入的应答（“输入输出暂停区”），倒不如说它是选择下一“输入信息”的简洁有效的方式，使之不断循环。这些极度活跃的系统不断预测即将到来的状况，并且四处移动促使其中一部分形成。用这种方式，就可以逐渐形成感官信息流，它可以使我们生存下去（不再饥渴和寒冷），服务于我们越来越深奥的目的。

从根本而言，作为不断运作的预测机器，这类思维的职责不是解决输入的难题，而是让我们提前为行动做好准备，并积极引出感官流，使我们得到发展且心满意足。

因此，被动的输入输出模型是完全错误的。我们不是认知电视迷，而是积极的预言者，总是渴望在感官刺激的浪潮到来之前做好准备。将这一点牢记在心，可以帮助我们设计出更好的实验，建造更好的机器人，并更好地认识结合生命与思维的深层连续性。

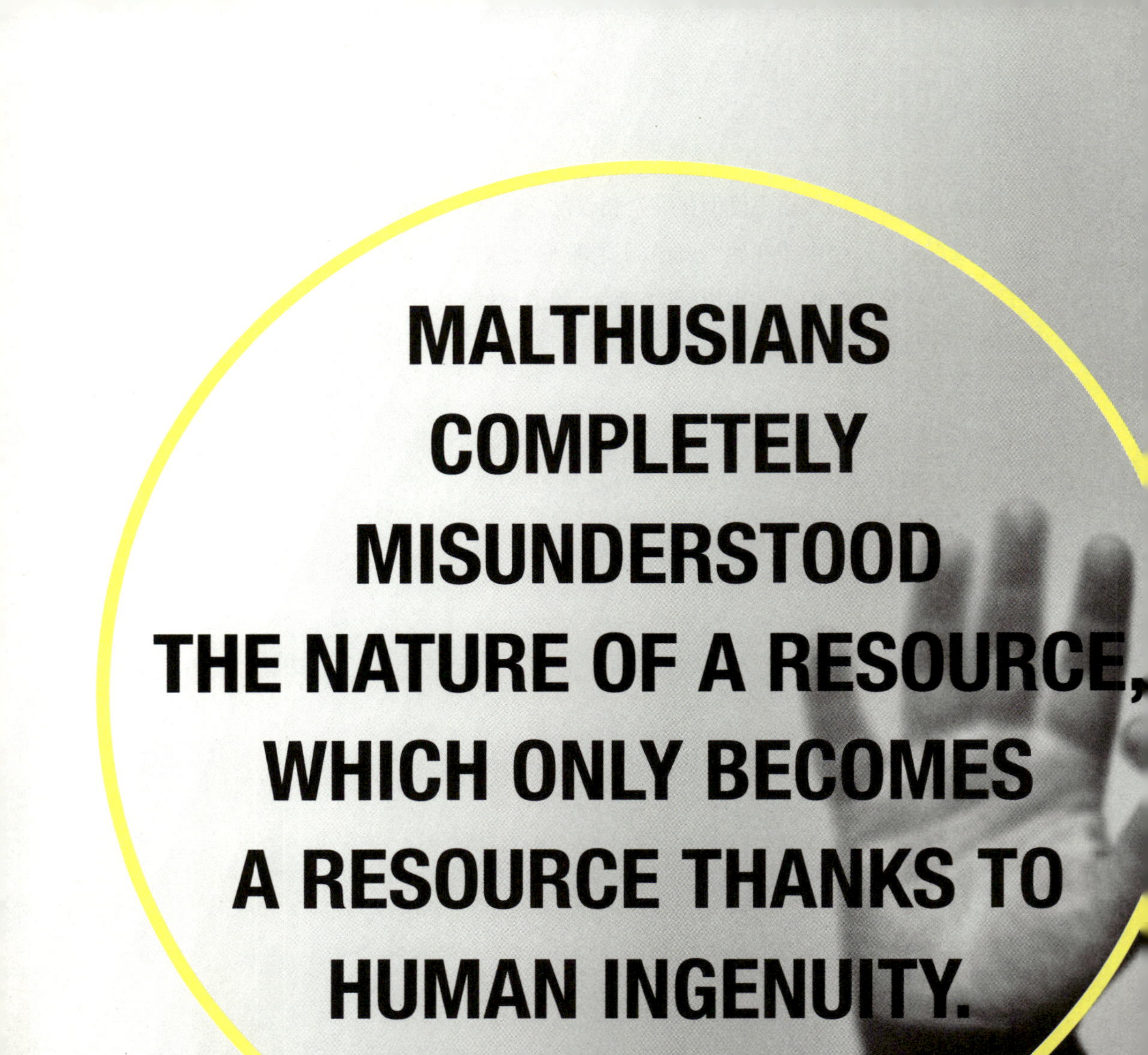
MALTHUSIANS
COMPLETELY
MISUNDERSTOOD
THE NATURE OF A RESOURCE,
WHICH ONLY BECOMES
A RESOURCE THANKS TO
HUMAN INGENUITY.

马尔萨斯论者完全曲解了资源的本质，其实，正是人类的聪明才智产生了资源。

——马特·里德利（Matt Ridley），

《马尔萨斯人口论》

108

MALTHUSIANISM

马尔萨斯人口论

Matt Ridley
马特·里德利
著名科普作家，牛津大学动物学博士，国际生命研究中心创始主席。
著有《理性乐观派》。

英国人口学家和经济学家托马斯·罗伯特·马尔萨斯（T.Robert Malthus）认为，人口的增长速度总是会超过食物的增长速度，除非受到饥荒、疾病和战争的影响。所以他警告人们，如果不实施晚婚晚育的话，那就有必要“发生一场瘟疫”，“尤其要鼓励大家住在沼泽地和不卫生的环境中”。竟然有许多人都十分赞成这个糟糕的想法——你必须狠下心来，为防止人口增长过快进而导致食物供不应求做出贡献。这一观点直接影响了一些地区的无情政策，比如在曾经的殖民地爱尔兰、英属印度、德意志帝国、优生优育的加利福尼亚州、纳粹统治下的欧洲和林登·约翰逊（Lyndon Johnson）总统帮助下的印度。如今，马尔萨斯厌世情绪依旧活跃，并在科学领域十分常见。

然而马尔萨斯的追随者犯了大错，不仅因为世界比他们想象得更美好，让孩子们活着能比让他们死去更有效地降低出生率，以及科技伸出了援助之手，还因为这些追随者一直在重复犯错，即认为资源是会消耗完的、有限的东西。他们认为，人口增长就意味着会用完固定数量的土地、金属、水资源、氮、磷和石油等，他们把小牛的出生当成好事，因为资源增加了，而婴儿的出生却只会消耗更多食物。

马尔萨斯论者完全曲解了资源的本质，其实，正是人类的聪明才智产生了资源。因此，核能的出现使铀氧化物成了资源，横向水力压裂法的诞生也使页岩油成为资源，电弧炉简化了钢铁的循环利用，哈伯合成氨法产生后，空气中的氮才显现出价值。土地的产量因肥料而发生了改变，现在全球使用的土地比 50 年前少了 65%，但产量却不变。总之，婴儿和人类的大脑、嘴巴一样，都是资源。

少数几个经济学家，比如朱利安·西蒙（Julian Simon）和比约恩·隆伯格（Bjorn Lomborg）试图向马尔萨斯论者解释，经济的增长不是由于资源的累计使用，而多少是因为生产力的提高，但他们却被称为蠢材或不招人喜欢。然而，事实证明他们是正确的，因为人口和发展并行，达到了马尔萨斯论者认为无法实现的水平。1972 年，英国出版了一本叫《生存的蓝图》（*A Blueprint for Survival*）的书，其中有众多科学明星这样说道："农业产量的增加足够满足预期的粮食需求，这一假设是不切实际的。" 1974 年，环境分析家莱斯特·布朗（Lester Brown）也表示："农民已经无法跟上不断增加的需求，所以粮食将会长期匮乏，价格持续上升。饥荒必然会发生。"（事实上，从那以后，世界粮食产量翻倍，饥荒已成为过去式，除非独裁者人为制造饥荒。）

到 21 世纪末，世界人口几乎会停止增长。土地面积已经接近最大值，或已经达到最大值，这就意味着我们正在用较少的土地生产较多的粮食，因此，将来我们所需要的土地只会更少。实际上，由核电站驱动的电动汽车是取之不尽的资源。整个世界已经变成了一个充满变化的动态自反空间。以"数学界牧师"马尔萨斯之名犯下的静态、肤浅和厌世的错误，是时候被消除了。

109

ECONOMIC GROWTH

经济增长

塞萨尔·伊达尔戈（Cesar Hidalgo）

麻省理工学院媒体实验室助理教授，哈佛大学国际发展中心副教授。

经济增长是所有人都不想反驳的概念之一。即便是它的污蔑者，也无法避免使用这个词。与普罗大众眼中的经济增长不同，污蔑者考虑的是绿色增长、可持续增长，最极端的时候，还会说到逆增长。

然而，经济增长是近些年才发生的事。现代人的经济增长手段要追溯到19世纪30年代。那时，西蒙·库兹涅茨（Simon Kuznets）刚刚提出了GDP这个天才概念，距今还不到一百年。大部分经济学家也都认同，在19世纪之前，本质上讲，经济并没有增长，因此经济增长的现象也是新近出现的事。

跟所有其他人一样，我觉得经济增长这个观点应该被淘汰了。既然经济增长将会成为公众演讲中一个空洞的词语，那又会是哪个概念将成为政治竞选演讲的亮点、新闻媒体的新宠呢？经济增长不会一直持续下去。如果下一个千年，美国的人均GDP以1%的无水分速率增长，那么到了3014年，美国的人均GDP将会达到11亿美元。这太不可思议了。为了避免这种违背常理的结论，可以假设经济沿S形曲线增长，而过去一个世纪的经济刚好走到接近S型曲线平台的地方。也就是说，经济增长要么停止在这个千年，要么我们计算GDP的方式是错误的。两种方式都告诉我们，经济增长正在逐步退出历史舞台。

110

RATIONAL ACTOR MODELS: THE COMPETENCE COROLLARY

理性行为者模型：能力推论

苏珊·菲斯克（Susan Fiske）

普林斯顿大学心理学与公共事务教授，欧根·希金斯讲座教授。

社会心理学和行为经济学表明，“人类主要的行为驱动力来源于狭隘的私利”这样的观点已经濒临淘汰。现在我们知道，人类不是理性的行动者，而是经常基于偏见，或喜欢凭直觉做出无意识行动。但是，这仍不能说明我们和机器人一样，或者是有缺陷的。理性行动者的必然推论（我们所需要的就是展现出更多的能力）也应该被否决。普通人有时也会认为，在职场、市场、学校甚至是家里，纯粹的竞争能力已经足够。

天赋和解决问题的能力当然是关键，但还不够。我们是社会人，更多地生存于人类环境，而非自然或人工环境中。如果社会中的其他人就是我们的“生态区位”，那我们就需要了解如何在其中生存。关于他人有两件事要明确：第一，他们实现自己目的的水平如何；第二，他们的目标又是什么。

人类是自我驱动体的奇迹，人类协调各自的目的并非毫无意义。从古至今，人们一直需要知道他人对自己是否友好。我把它叫作“一个人的热情”，其他人也称之为“可靠、道德、集体性或有价值的意图”。

如果一个人在社会生活中表现出热情和能力，那么他就会与他人相处融洽。这并不是说我们一定要做得对，但一定要有目标并为之努力。这也并不意味着只要有爱就足够，因为我们必须证明，自己有能力实现有价值的意图。热情与能力的结合可以为短期的合作和长期的忠诚提供支持。最后，我想要指出的是，人类的生存和发展离不开心灵与智慧中的任何一个。

111

THE TRAGEDY OF THE COMMONS

公地悲剧

卢卡·德比亚塞（Luca de Biase）

意大利Ahref基金会（Foundation Ahref）董事，社区学院Digital Accademia科技总监，意大利优尔姆大学新媒体与新闻学系客座讲师。

感谢诺贝尔经济学奖得主埃莉诺·奥斯特罗姆（Elinor Ostrom）的文章，“公地悲剧”[1]的时代就要结束了，但是为这个时代举行的葬礼还没有开始。加勒特·哈丁（Garrett Hardin）在1968年那篇著名文章中就提出的理论（现已被否定），仍在发挥着一些影响。当下的燃眉之急是，与我们生存相关的主要问题都和公共资源密切相关：气候变化、互联网所带来的隐私与自由之间的冲突、自然科学领域的发现是个人所得还是公有财产。

公共资源当然有可能被过度开发。但是哈丁的理论用了“悲剧”这样的字眼，他暗示了“共有财产必将消耗殆尽”这种类似于宿命论的东西。在他看来，拥有选择自由和理性的个人聚集起来，必将过度开发公共资源，因为自由且理智的人总是要大众替他们的行为买单，从而最大化自己的财产。奥斯特罗姆认为，悲剧不是公共资源的唯一命运。她发现，在全世界，有很多集团以可持续的方式经营公共资源，在不以消灭它们为前提的情况下，最大化地开发利用。

奥斯特罗姆以事实为根据分析公共资源的做法，有很好的理论支撑。如

[1] 涉及个人利益与公共利益对资源分配有冲突的社会陷阱，过度砍伐的森林，过度捕捞的渔业资源及污染严重的河流和空气，都是“公地悲剧”的典型例子。1968年，美国生态学家加勒特·哈丁在《科学》中正式提出了这个概念。而这个理论本身就如亚里士多德所言：“那由最大人数所共享的事物，却只得到最少的照顾。”——译者注

果法律透明、集体运营、民主决策、有效解决冲突、不同层级的政府和谐相处，那么就构成了公共资源可持续的前提。这些前提普遍存在，因此悲剧不一定会上演。共产资源应该是可持续的，这是文化对公共资源的理解。

哈丁的观点是在冷战时期发展起来的，意识形态上持二元论的人会倾向于认同这种观点。然而，奥斯特罗姆在她的诺贝尔奖获奖演讲中强调，公共资源不适合这种在市场和政府的二元世界中进行分析的方法。私人财产和放宽监管与国有资源和控制监管，被看成是两种极端的行为模式，公共资源的失控被认为是有历史原因的。

但是，互联网已经成了历史上最大的公共知识库。它是否是一个失控的体系，这很难判定。在过去的 20 年中，互联网上的公共资源已经改变了世界。当然互联网也可以被大公司或国家的安全服务局所开发，但它不会感染上悲剧的命运。为了挽救它，我们可以从理解和维护互联网秩序开始，比如维持网络中立性、多重监管、透明执法。维基百科证明，这是可行的。

悲剧不存在，但是冲突不可免。奥斯特罗姆复杂经济体系的多中心管理可以帮我们更好地理解这种理论。封闭的观点认为，只有国家管理和市场自由之间存在矛盾，然而当考虑到气候变化或者其他环境问题时，若固执地坚持这种观点，会发生意想不到的灾难。关于环境问题，用共有财产的观点去解决它，比其他方法都更有活力。这并不能保证得出一个解决方案，不过，它是一个很好的出发点。公众悲剧理论现在成了一个“喜剧”。但是如果我们置之不理，继续过潇洒自在的生活，它可能会是一个悲伤的喜剧。

112

STATIONARITY

平稳性

朱利奥·博卡莱蒂（Giulio Boccaletti）

物理学家，大气与海洋科学家，大自然保护协会常务董事。

19世纪早期，纳巴泰人的首都佩特拉古城被约翰·布尔克哈特（Johann Burckhardt）发现。想象一下，竟然会有人曾住在这样一个不毛之地，真是匪夷所思。然而公元前 1 世纪，在盛世的时候，佩特拉古城中居住着 30 000 人，它是一个贸易帝国的中心。

佩特拉古城的存在，展现了在极端环境条件中如何管理水资源以促进繁荣。今天，约旦哈希姆王国每年降雨量不超过 70 毫米，而且大部分降雨是集中在雨季的几次降雨中完成的。2 000 年前的气候条件和现在差不多，但是佩特拉古城很繁荣。深究一下，这要归功于这个城市的地下储水池、梯田山坡、大坝、导水管（将喷泉和地表径流的水存储下来，运输给人们）所构成的系统。在佩特拉古城，可以种植农作物，可以饮用干净的水，一个城市因为这样的基础建设而得以繁荣。

这个故事与世界上其他地方流传的故事没有什么不同。多亏了人类的智慧和水利工程，美国西部、中国北方、南非、印度旁遮普，这些区域都克服了逆境，蓬勃发展。

纳巴泰人也许不知道，他们所信赖的水传送系统依赖于两个常见的水文特性：平稳性和各态历经性。这两个概念在数学上都有精确的描述。简单地说，平稳性表示一个任意事件发生的概率分布不随时间而变化。如果时间足够长，平稳性的过程具有各态历经性。也就是，所有的可能都至少发生一次。

事实上，这让我们不由得假设，只要对一个事件观察得足够久，我们就可能目睹它的绝大部分行为，足够描绘出这个事件在任意时间的分布函数。在缺水这种情况下，平稳性让我们能用时间来表示一个事件的规律，比如“一百年发生一次的洪水”。

如果水文学可以用平稳性过程来描绘，那么能够准确把握未来使用情况的基建就能够实现。毕竟，大坝、码头等水利建设是要连续使用几十年甚至几个世纪的，所以，考虑到它们可能遭受的各种摧残很有必要。这就是纳巴泰王国、中国、美国、南非和印度的水务工程师赖以设计水利系统的依据。这些系统到目前为止都是成功的。

平稳性给出了一个方便简单的开场：未来水资源的管理可以从过去的水文情况中推测出来。因为水文事件的分布是确定的，而过去仅仅是这个分布函数的实现。但是在现实世界中，没有想象，没有重复，就是一个实验不停地在进行着，不到那一刻，没有人可以准确地预测。平稳性假设一直被认为是对的，直到事实证明它是错的。不只是理论上错了，实践上也有缺陷。

越来越多的观察表明，概率分布并不是固定的。它们在变化，而且变得很快。以前那些 100 年一次的事件，现在可能 20 年就发生一次。干旱曾被认为是极端气候，不会经常发生，然而现在却稀松平常。气候的变化加快，加上更为敏感的全球经济，越来越多的人和他们的价值观处在濒危的边缘，这揭示了我们并非住在一个理想的平稳世界中。为过去的世界而设计的基础设施，本想坚持几十年的时间，现在看来太儿戏了。

这对我们和地球的关系，以及和水资源之间的关系影响深远。平稳的环境被我们的工程破坏了。只要想好我们需要什么，准备好足够的资源来支付所需的费用，就会有人来处理非稳态的环境，然而现实并非如此。在非稳态的世界中，一切都变了。水资源管理的问题与气候的动态变化分不开，因为气候不再是时间尺度上的一个“常数”，我们需要处理不可知的变化。过去也不再是指导未来的必需品，我们不能妄想“会有人处理它的”，这不再仅仅是一个工程问题。动态问题本质上对适应能力和恢复能力要求很高。这个时候，气候学、水文学、生态学和工程学都成了紧密相关的学科。经济上也应该准备好适应这一变化，因为我们不能对基础设施的使用年限有太高的期待。

公元1世纪，纳巴泰人成了罗马帝国的一族，纳巴泰王国的贸易路线和地缘政治发生了转变，在接下来的几个世纪中，他们自己的文明因此渐渐衰退。这证明，尽管人类的灵巧建设可以支持文明进程，但是远远不能使其繁荣。今天世界上有几百个像佩特拉古城的城市，依靠人为的水利工程建设自己的梦想。从洛杉矶到北京，从凤凰城到伊斯坦布尔，在不可靠的自然水资源渠道面前，伟大的城市都选择了人为的水资源系统。

如果平稳性真的只存在于过去，水资源管理就不那么简单了，幕后有很多事情需要处理。我们必须考虑清楚，如何应对从未发生过的灾难，也要清楚地意识到，可能我们的考虑都是错的。我们必须要从管理水资源开始来管理风险。

113

STATIONARITY

平稳性

劳伦斯·史密斯（Laurence C.Smith）

加州大学洛杉矶分校地球与空间科学教授、地理学教授和副主席，著有《2050 人类大迁徙》（*The World in 2050: Four Forces Shaping Civilization's Northern Future*）。

平稳性是指自然界的现象可以用一个广义上的函数来表示，这个函数不随时间的变化而变化。平稳性在科学界被广泛使用，而如今到了该被淘汰的时候。平稳性曾经辉煌一时。一百多年来，平稳性被应用于公共决策的各个方面。它是规划和建设的首要假设，因为它，人类建设得以避开那些易发生火灾、洪水、地震和飓风的场地。它曾被用来指导房屋的架构、桥梁的结构强度，甚至用来评估房屋应该缴纳多少保费。随着气象站和河流水位测量站的增加，我们收集了前所未有的大量数据，计算的本领也越来越强。这挽救了很多人的性命，也节省了一大笔费用。

但是越来越多的研究表明，平稳性并非常态，而是特定条件下才会出现的特性。卫星扫描地球的技术越来越先进，地质研究开展得越来越深入，仪器记录的数据越来越多，这些都揭示了与不随时间改变的随机噪声分布不一致的模型和结构。每一个似稳状态都可以用一组特定的自然条件和相关的统计特征来表示，而在各种似稳状态之间存在过渡态。举例来说，在气候科学中，我们发现每隔几十年，模型就应当改变，比如太平洋年际震荡。20 世纪时，由于北太平洋的似厄尔尼诺现象激发了太平洋的气候变化，导致太平洋在 1922—1946 年和 1977—1998 年间处于温暖阶段，在 1947—1976 年间处于寒冷阶段，对水资源和水产业产生了深远的影响。人为方面，每年的温室气体排放量斜线上升，这些气体凝结在大气中，也是气候变化的来源。既然气候不稳定，那稳定过程又从何谈起呢？这让很多基于社会风险的计算都岌岌可危，因为过去的统计概率方法不再实用了，我们进入了一个与预期和标准不一样的世界。

这种认知在科学家中并不稀奇，但奇怪的是，这种认知渗透到其他人群中的速度很慢。不过，即便人们意识到并接受了气候变化的事实，在水资源风险评估和规划中，平稳性也会是默认的假设。洪水泛滥区域仍然会按照平稳性来规划，比如 100 年一次或者 500 年一次等。尽管知道土地翻新使用和城镇化对水资源流失有很大影响，但是世界上大多数的监管机构接受这些变化，继而寻找到解决方案并付诸行动的过程还是如蜗牛一般。但是也不必失望，还是有切实可行的折中选择的。比如，设计大坝和桥梁时，考虑一下预计的最大洪水量是多少；在社会风险计算中融入更多具有灵活性的主观贝叶斯算法。

即便平稳性已不能用来为我们处理水资源、食物健康和环境等问题，我们依然可以做得更好。

注：本文作者劳伦斯·史密斯的《2050 人类大迁徙》已由湛庐文化策划，浙江人民出版社出版。

114

THE CARBON FOOTPRINT

碳足迹

丹尼尔·戈尔曼（Daniel Goleman）

心理学家，“情商之父”，著有《情商：为什么情商比智商更重要》。

在伦敦买薯片的话，包装袋说明会告诉你它的碳排放量为75克。这个标签有两个作用：清晰并且免费地解释了这些薯片对生态的影响。理论上，碳足迹排名可以让顾客选择购买碳排放量小的产品，从而影响公司采用的原材料。多好呀！但是碳足迹的概念，倾向于鼓励大幅度减少碳排放量，从而使个人失去了动力，它倾向于扼杀而非鼓励个人的购买行为。

是时候考虑些比碳足迹更有用的东西了，应当用一个更加准确的测量方式来替换这个概念，以确定某种人类行为的所有负面影响。既然走到了这一步，我们对足迹（footprint）这个词应该少用一些，现在用得实在太多了。我有一个更有积极性的词：手印（handprint）。

首先，扩展的足迹。尽管关于全球变暖的对话及应对措施，都聚焦在人类活动和能量系统的碳排放的影响（通过碳足迹测量出的）上，但是这个焦点将对话带偏了。技术上讲，碳足迹代表着由某些活动、系统或产品排放的温室气体所引起的全球变暖效应的总和。尽管二氧化碳是温室气体的典型代表，但一些其他的气体，如甲烷、一氧化氮和臭氧（更不用说水蒸气和云了），也都加剧了全球变暖效应。为了创造一个表示温室气体含量的标准单位，其他气体的排放量都转化成了二氧化碳的相应值。

确实很有道理的，但是这并不能使人满足：为什么只考虑碳呢？全球范围内有很多维持生命的系统，气候变化只是人类行为的罪恶之一。此外，还有生态环境的破坏；酸过量导致的死湖、死海；物种多样性的减少；氮元素和磷元素的循环；空气、水和土壤中的颗粒污染；人造化学剂引起的污染等。

所有这些问题涌现出来，差不多是因为所有人类的体系，比如能量体系、运输体系，还有建设、工业和商业体系，都建立在降解供养生命的系统上。要计算某个特定活动总共的生态足迹，就需要有一个更精准的尺度，来测量人类对全球系统的危害在以什么样的速率增加，而不仅仅是碳循环。

要制定这样的尺度，离不开产业生态学。产业生态学是硬科学（比如物理学、化学和生物学）在工业工程和工业设计上的实际应用。它帮我们发现了之前未曾注意到的效应。打个比方，产业生态学家测量出，回收一个塑料酸奶瓶能节省的碳足迹大约是酸奶碳足迹的 5%，这就表明大部分酸奶的碳足迹来自喝奶时所释放的甲烷，而不是塑料容器。

其次，还有一个动机问题。人类的祖先生活在以捕食者为主要威胁的年代。我们的大脑也是朝着在那个年代存活下来的方向进化的。这使我们的感知系统无法适应由地球平衡系统改变所带来的威胁。我们对这些改变很迟钝。尽管足迹提供了一个认知上的变通方案，帮我们做出有利于地球的选择。但是，还有很多心理问题。

我们的所作所为对地球有害，这让人很沮丧，也让人失去活力。公众健康实地调查发现，类似的负面消息会让很多人心理失调。让我们做一些力所能及的事来改善地球状况，远比羞辱和恐吓自己更有意义。

“手印”这个词，是指人们通过各种方式降低的足迹总和。以足迹为底线，评估我们的所作所为对地球环境的改善，比如循环再利用、自行车取代汽车，等等。说服其他人也这样做，或者发明一个高足迹产品的替代品，比如从稻壳和菌体中提炼出来的聚苯乙烯，要比从石油中提炼出来的更环保。

手印的计算方式和足迹的计算方式是一样的，但是要将总和修改成一个正值：让手印一直增长，那么人们对地球的负面影响就一直在下降。努力使你的手印比足迹大，那么地球就更美一些了。关于激励机制的研究告诉我们，这样一个正面的转变，将更有可能激励人们完成目标。

115

UNBRIDLED SCIENTIFIC AND TECHNOLOGICAL OPTIMISM

科学技术的极端乐观

斯图尔特·皮莫（Stuart Pimm）

美国杜克大学生态保护协会主席，著有《一个科学家对地球的审视》（*A Scientist Audits the Earth*）。

科学和技术给我们的生活带来了如此大的改善，指摘它们似乎有点儿不识时务。我比大多数人更了解它们的好处。我想研究的是，它的阴暗面是什么？世界上很多人因为太穷而喝不到干净安全的水，得不到抗生素，甚至没有电。我回到家，打开水龙头就有水，包里随身携带着环丙沙星，轻触开关就有电。就像自然选择一样，赢家可以自在地生存下去，大多数的变异品种被残忍地抛弃，我们所钟爱的科学并没有让每个实验室中穿着白大褂的科学家成为英雄。很多人认为，科学进步给他们带来的实际利益不大，他们不懂得从长远角度考虑问题。他们认为，科学进步只是科学家想吸引眼球、获得资助、为自己捞取油水而已。这是科学家不得不面对的评论。更糟糕的是，科学上的极端乐观会带来道德上的混乱。当科学许诺它可以修补一切的时候，我们为什么还要担心损坏东西呢？

举个例子，尽管水力压裂法为我们提供了便宜的化石燃料，但是，在当地挖井势必影响周围民众的利益。对美国来说，能源就在自己境内，不用耗费大量军力来保护。很明显，如果伊拉克的主要出产商品是甜瓜，美国肯定不会侵略它。

所以水力压裂法是件好事？这很难说。任何一种化石燃料，即使便宜又对当地环境没有危害，也会增加全球碳排放量，引起越来越严重的后果。偏偏事与愿违，技术越好（干净、便宜、便捷），最终大气中的二氧化碳含量就越高，问题越严重。当然在几十年时间里，便宜的石油气能让我们在紧张的发展中舒缓一些，但随后石油气就可以过渡成为可持续能源吗？这更像是一场赌博，假如我们失败了，对地球来讲，就是毁灭性的破坏。

难道不能开发新技术为我们吸收掉这些碳？就让我们一直用化石燃料吗？这种想法只存在于那些想拿到巨额科研资金来追求他们理想的人中。最好、最便宜的技术是种植树木。烧掉树木会增加地球 15% 的碳含量，所以减少焚烧是性价比最高的方法。巴西最近几年做得很成功，修复被破坏的森林是很明智而且经济实惠的办法。树木在泥盆纪就存在了，它们很有可能帮我们渡过难关。地球变暖还会破坏生物多样性，现在物种灭绝的速率已经比正常值高了 1 000 倍，气候紊乱将会进一步提高这个数值。

乐观主义者有最天真傲慢的想法，他们的方法是起死回生。“抵抗灭绝活动”（De-extinction）旨在复活个别已灭绝的物种，这些物种通常是那些有特点的。你应该在电影里见过这个过程，《侏罗纪公园》（*Jurassic Park*）中，一棵死了几百万年的树让古植物学家非常兴奋，接着一种蜥脚类动物吃了它的叶子，然后我们就学着怎样让动物自己重生。这部电影对于那棵树生长变化的过程描述得很模糊，那棵树可能有 100 多岁了，个头很大，电影里面象征性地让它在一夜之间长大了。为了维持一个蜥脚类动物的生命，需要几千棵很多种类的数木，还有它们的传粉者，可能还要有共生菌。

几百万种生命濒临灭绝。当下，动物（也包括大型动物，但大部分是小型动物）、植物、菌类和微生物以自然速率的 1 000 倍走向灭绝。“抵抗灭绝”只是解决这些危机中的一小部分。抵抗灭绝活动的支持者声称，他们想要复活候鸽[1]和比利牛斯山脉的野山羊，而不是恐龙。他们假设这些动物赖以生存的植物还存活，那也就没必要去复活它们了。确实如此，世界上的植物园中种植了大部分的植物，有些野生的已经灭绝或将要灭绝了。对于兜售抵抗灭绝学说的人来说，这些植物消失于野生世界，更能说明那些依赖于它们的动物可以在植物园中重生。

[1] 来自北美，善于长距离飞行，绝迹于 20 世纪早期。——译者注

也许是这样，但是实际应用中还有大量其他的问题：一只复活的比利牛斯山脉的野山羊需要一个安全的栖息环境，不仅仅是食物。有些物种在野生世界中已灭绝，然而在动物园中培育了出来。对于那些试图重新将这些动物放归自然的人来说，首要问题就是：我们要把它放在哪里？吃这种野生山羊的野兽会使它再次灭绝。将它重新放在属于它的地方，它将会成为最昂贵的山羊肉。

抵抗灭绝不仅仅是浪费这么简单：这种生物学技术给人们造成了一种假象，以为我们可以修补对地球的生物多样性所造成的破坏。使灭绝的物种再生总是很诱惑人。“真正”的科学家，穿着白大褂，操控有按钮和数字读数的精美仪器，拯救被人类过度开采的地球。在我的世界里，没有与人的烦琐交往，政治和经济都不能影响我的生活，现实世界中栖息地的破坏与我无关，人口增长和野生生物的内在冲突与我无关。为什么要替濒临灭绝的物种担忧呢？我们只需要将他们的 DNA 保存下来，然后再重新放回世界就是了。

每当我在国会面前为濒临灭绝的物种拉票的时候，我经常会被问：“我们不能将斑点猫头鹰的数量减到很少，然后将他们囚禁起来加以保护以防万一吗？”意思很明显：“让我们砍掉北美绝大多数的原始森林，因为如果我们能用高科技保存物种，那么森林就不重要了。”让我们赌一把，它们应该不会灭绝吧，尽管赢的概率很低。

我们要保护的是那些生物以及它们依赖的生态环境，为人、森林和湿地找到一个可持续发展的未来。分子技术的伎俩不能解决这些核心问题。

我们不该限制科学，我也为它的成功感到高兴。我们应该淘汰的想法是：现在的科技足够修补我们的世界。我们欠缺的是常识。

116

SCIENTISTS SHOULD STICK TO SCIENCE

科学家只应固守科学

布迪尼·萨马拉辛哈（Buddhini Samarasinghe）

分子生物学家。

数据显示，一个人骑马摔死的可能性是1/350，而吃摇头丸死亡的概率是1/10 000。但你可能更愿意骑马的时候被摔死，也不愿吃摇头丸致死。然而2009年，一名英国药物滥用咨询委员会的主席科学家说，这个观点让他被解雇了。戴维·纳特（David Nutt）教授的职责是，为政府官僚们提供非法药品的分类建议，分到哪类取决于药物产生的危害大小。他被解雇的原因是，他发表声明强调，英国政府在麻醉药上的政策与科学依据相违背。严格来讲，像大麻等药物在医学上至今仍属于非法药品。

很悲哀，一旦涉及到政治上有争议的科学话题，科学家就被禁止发言。美国政府在2007年用类似的手法堵住了气候科学家的嘴，报道称，1 600个被调查的科学家中，46%都被警告不能使用“全球变暖”这样的字眼，43%说他们发表的作品被颠倒黑白地修改过了。美国为即将到来的气候变化所做的准备被封杀了，直到现在还没有解冻。

再往前追溯一些，尼古拉·瓦维洛夫（Nikolai Vavilov）的故事仍然令人胆战心惊。瓦维洛夫是苏联时期的一名植物基因学家。他在1940年因为批判特罗菲姆·李森科（Trofim Lysenko）的伪科学观点被监押。瓦维洛夫几年后饿死在监狱中，而“李森主义”在1948年被判为非法。苏联的农业因为李森科主义的缘故凋零了几十年。同时，饥荒也使很多人丧生。

在牛津词典中，“科学方法”的定义是：包括系统地观察、测量和实验，最后将其公式化，再检验、修改的一种方法、过程。科学方法是我们揭开真相最精良的武器。正确应用的话，它会将我们的偏见进行修正。科学家被训练为使用这个武器的士兵，他们手执“科学方法”探索我们周围的世界，他们揭示的事实可能与我们的想象相悖，但是，当基于证据并通过了严格考验的事实摆在我们面前时，我们必须要承认它。

通过上面这些被边缘化的科学家的例子，我想阐述的是在政策决策中不尊重科学的后果。但是有时候，科学家自愿被边缘化。科学家想专注于收集数据、发表结果，内心拒绝参与公众活动。

在科学界，有一种心照不宣的观点，认为科学家应该在象牙塔中进行科学探究。科学家被认为是公正的、高冷的群体，一心钻研他们的工作，与外围世界隔离开。人们希望他们只做实验，找到真相，然后告诉所有人，让大家决定该怎么办。

这种想法是站不住脚的。科学家有责任参与到公众决策中去，特别是涉及到他的发现的时候，他应该积极为政策提供建议，监督政策的执行。科学影响着地球上每一个个体。让发现事实真相的人远离政策制定的过程是非常可笑的。科学应当成为公众讨论中必要的一环。但现在看来却不是。这种隔离有可能造成极其严重的后果。以下几个例子便可以证明：

◎ 毒药可以缓解慢性病患者的疼痛，将毒品的买卖定义为犯罪很不合理；

◎ 国家重大事件的传播产生令人烦恼的延迟；

◎ 苏联时期，违背科学而造成的饥荒。

科学家不应该两耳不闻窗外事，一心只管做科研。也许我们应该扩大科学方法的影响面，让民众重视我们的意见。年轻的科学家应当理解向公众解释其发现的价值和重要性。科学家不应该躲避争议，因为有些话题本来是没有争议的。疫苗的功效，进化的过程，人为导致的气候变化，这些在科学界是意见一致的。但是在公众的圈子里，主流媒体大肆渲染，政治家寻求连任，这些不争的事实好像成了不确定的猜想。科学是建立在证据基础上的，如果证据告诉我们一些新的东西，就应当将它们考虑到政策中去。我们不能仅仅因为它们不受欢迎或者实施起来不太方便就忽略它们。

通过积极倡导有科学依据的决策，科学家可以扩大科学研究的传播范围，逆转近些年忽视科学的潮流。这样，公众将不再认为科学家脱离现实，研究些没用的东西；科学家将重新得到公众的信任，长期的科研也会因公众的投资而避免夭折。星际竞赛，人类基因组计划，寻找希格斯玻色子，还有好奇号火星车的任务都将受到热烈欢迎。科学的发展要求科学家积极参与到公众中，那种认为科学家只应埋首在实验室中的想法应该被摒弃。

117

NATURE = OBJECTS

自然 = 客体?

斯科特·桑普森（Scott Sampson）

丹佛自然科学博物馆研究典藏组副主席，古生物学家，著有《恐龙奥德赛：生命网上的化石线》（*Dinosaur Odyssey*）。

自然是由客体组成的，这是科学界中最主流的认识。当然，自然的一切实践活动都以其物质性为基础。我们将自然界物质化，这样就可以测量、实验从而认识自然，最终揭开它的谜底。最典型的做法是将自然现象拆分为各个组成部分。举个例子来说，在大多数动物学家的眼中，动物的特性由它们的基因、生理和族群等构成。

这种认识很有说服力，也主导了几个世纪，其趋向简化和物质化的特性给我们的研究带来很大方便，但是也阻止了我们将自然本身看成是有生命的主体。也许有人觉得，没有证据支持这样的异想天开。也许达尔文进化论传递给我们最深刻的事实是，地球上包括人类在内的所有生命都来自同一个家族，这就足以证明自然是有生命的了。但是到目前为止，如此有智慧的见解仍然徘徊在人群之外。甚至那些完全相信有机生命是演化而来的人，都倾向于将自然看成是等待被开采的对象，而非值得我们尊重的亲人。

如果科学将自然看成既是主体又是客体会如何呢？我们需要抛弃以往珍视的物质性吗？当然不用。尽管社会科学家的研究领域各有不同，但大部分研究都不会与家人和朋友建立情感纽带。在科学的历史上更是如此，是时候将这种主客体的两重性[1]拓展到与我们共享同一个世界的其他生命上去了。

[1] 指社会科学家和自然科学家都有两重性，既关怀这个世界，又并不依恋这个世界。——译者注

为什么？因为我们很多难以持续的行为，都能追溯到破坏与自然的关系上，这是因为人类总是将非人类世界看成是无意识、无感觉的客体。可持续发展的实现将很可能要依赖于人与非人类世界相互关系的改善。但是，如果我们不关心自然，又怎么会促进这种可持续的关系呢？

我们需要一种能够重新使世界充满生机的世界观。这种思维转换，至少需要将自然主体化。将自然看成主体的观念并不是新近出现的。你看世界各地的原住民不是都倾向于将自己看成是那片土地的儿女吗？在那片土地上成长的都是亲人。我们需要向这种古老的智慧学习的东西太多了。

主体化就是内在化，让外部的世界进入我们的内心。在我们的意识中，与我们共享一个世界的主体是关系密切的，而客体在我们心里是死的。努力在各种关系中找寻“我们”,对自我的界定就会放宽进而变得模糊。在与宠物、森林等非人类世界的交往中，很多人都有过这种与自然融合的感觉。

但是，我们怎么可能对整个自然进行如此大面积的主体化呢？毕竟，世界观是根深蒂固的。它们就像我们呼吸的空气一样，重要却很容易被忽视。

这个问题的答案，有一些可以在科学本身找到。西方传统的还原论者已经将关注点聚焦在物质的本质上了，即“物质是由什么组成的”？然而几个世纪以来，还有一个平行的方案，默默探究了模式和结构形式的科学含义。第二种方法以达·芬奇为代表，致力于挖掘关系的内在含义，而对其量化有着众所周知的困难，因此他只能画出来。最近，模式的科学内在经历了复兴，生态学和复杂的自适应系统等领域都转向了这个方向。但是我们只抓住了表面，要理解关系还有很多整合工作要做。

另外一部分答案，可以在教育学中找到。我们需要培养自己的孩子以新的视角来看待世界。冒着被指责为异教学说的危险，我认为，科学教育可以通过观念上的主体化来复兴。当然，科学的实践必须尽可能地客体化。但是，与自然的交流可以通过将其视为客体和主体两种方式。

想象一下，如果科学教育大部分在户外进行，直接与大自然多方位接触；想象一下，如果鼓励同学们深入了解某个地方的历史和生态系统，进而建立一种有意义的感觉；再想象一下，如果导师和教育家强调的不仅仅是某种花、昆虫等生物如何鉴别、有什么功能，也强调将有机体作为一个与其他物种、与我们有密切关系的可以感知的生命体；如果要求同学们花更多的时间学习某种植物或者动物的世界是怎样的，又会如何呢？

这样一来，科学，特别是生物学，就可以在人类和自然之间搭一座桥。最终，科学的教育与其他领域的学习相互呼应，可以穿越层层阻碍，将感知的世界从“客体的集合体”转变到“主体的结合体”，到达人文历史学家托马斯·贝里（Thomas Berry）所描述的“伟大”。

我们需要不同的文化类型，帮助我们在过多的商品中理出头绪。我们的习惯将再次被引向非物质的方向，使我们倾向于追求质量而非数量。

——汉斯·乌尔里希·奥布里斯特（Hans Ulrich Obrist），
《无限且永恒的发展》

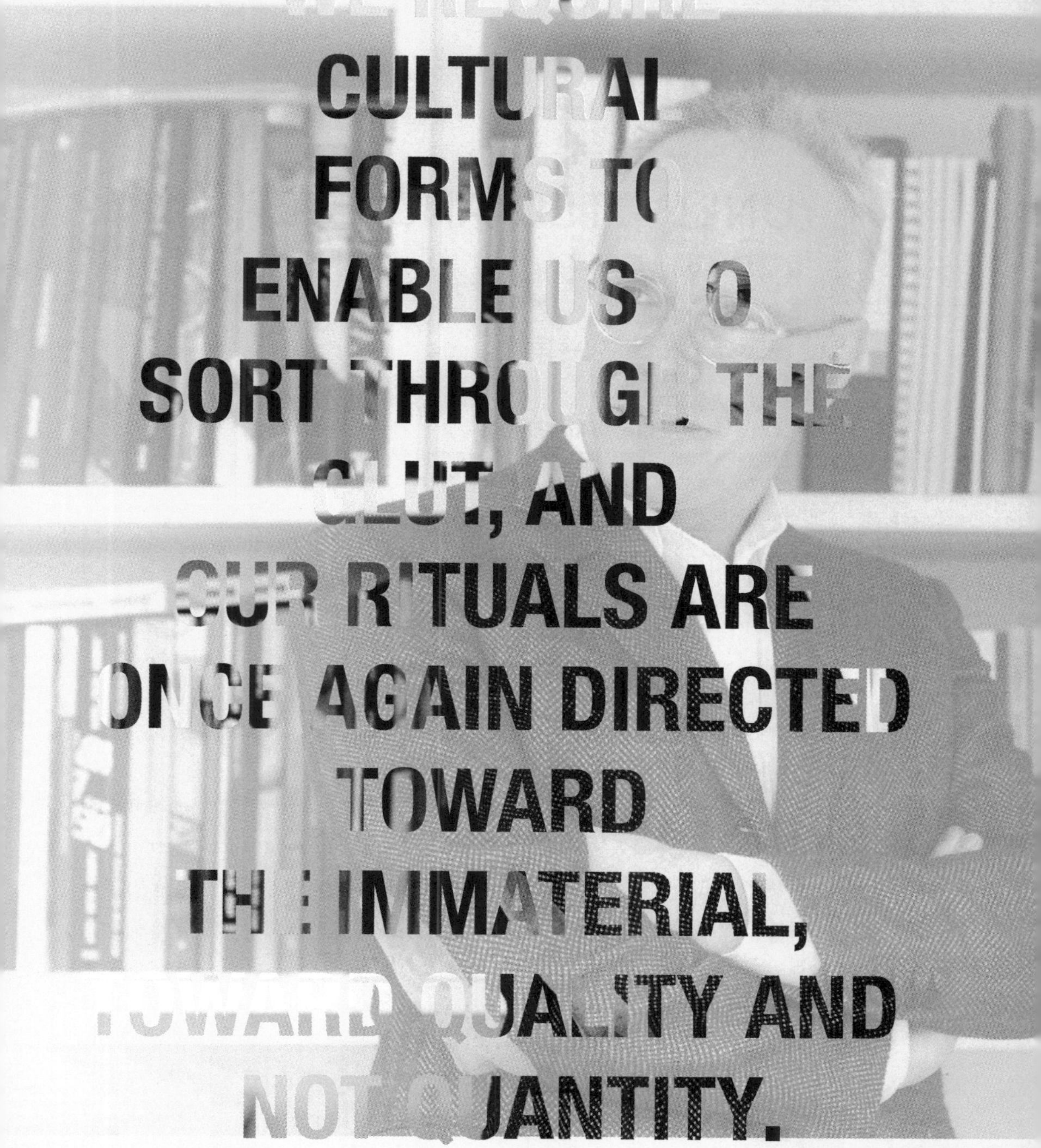

WE REQUIRE CULTURAL FORMS TO ENABLE US TO SORT THROUGH THE GLUT, AND OUR RITUALS ARE ONCE AGAIN DIRECTED TOWARD THE IMMATERIAL, TOWARD QUALITY AND NOT QUANTITY.

118

UNLIMITED AND ETERNAL GROWTH

无限且永恒的发展

Hans Ulrich Obrist
汉斯·乌尔里希·奥布里斯特
伦敦蛇形画廊馆长，《自己动手做艺术》（*Do It: The Compendium*）编辑。
与雷姆·库哈斯（Rem Koolhaas）合著有《日本项目：新陈代谢派访谈》（*Project Japan: Metabolism Talks*）。

我在 20 世纪 80 年代研究政治经济学的时候，一个生态与经济学领域的先锋人物汉斯·宾斯万格（Hans Christoph Binswanger）深深地影响了我。他现在 80 多岁了，年轻的艺术家和社会活动家又将他的观点重新捡了起来，比如提诺·赛格尔（Tino Sehgal）就经常把宾斯万格称作是影响力的代表。

宾斯万格的智慧在于，他很早就发现，无论从人类还是行星的角度讲，无止境的发展都无法维持下去。他觉得，当下主流的经济学关注的重点过于侧重劳动力和生产力，而放在自然资源和智力资源上的精力太少了。永无止境的增长是不现实的，就像在每个周期性“牛市”结束的时候，那些“事后诸葛亮”总会告诫我们的那样。

宾斯万格的目标是调查经济学和美学在价值观上的相似和不同。他首先研究了经济学和炼金术在历史上的联系，这真是一个有趣又离奇的想法。在1985年的《金钱与魔法》（*Money and Magic*）一书中，他引用了中世纪探讨炼金术的文章，这些文章研究的是如何将铅变成金子，宾斯万格进一步展示了自傲的永恒发展的概念怎样从中延伸而来。

宾斯万格研究的重点之一是歌德。魏玛时期，歌德担任财政大臣的时候对社会经济学雏形的产生起了很大的作用。在歌德的《浮士德》（*Faust*）一书中，浮士德博士要追求无限的知识，而魔鬼墨菲斯托（Mephisto）意识到

▲ 法国浪漫主义画家欧仁・德拉克罗瓦（Eugène Delacroix）的画作《天空中的墨菲斯托费勒斯》（*Mephistopheles in the Sky*）。

这种想法所具有的毁灭性力量。戏剧第二幕的开头，政府的奢靡浪费导致经济崩溃，墨菲斯托要求帝国统治者积极面对，从而解决了债务问题。宾斯万格从小就对浮士德传奇的一生十分痴迷，他通过调查发现，歌德让墨菲斯托想出“纸币”这个主意是受到苏格兰经济学家约翰·劳（John Law）的启发。约翰·劳在1716年创办了一家法国银行，那是第一家发行纸币的银行。他的做法产生了重大影响，于是奥尔良的公爵辞退了所有的炼金术士，因为他意识到，印刷纸币比任何化铅为金的努力都更方便、更有诱惑力。

宾斯万格将金钱和艺术创意结合在一起。他认为，艺术是基于想象的，艺术也是经济的一部分。另外，银行以票据或铸币的形式创造金钱的过程，不是也需要丰富的想象力吗？公司的产品生产和销售都需要从银行贷款，产品卖出去后，银行“虚构”出来的钱与公司的产品就有了相同的价值。艺术和经济都是将一些有待发展的东西变成现实的过程。

在经典的经济学理论中，这样的买卖可以一直持续下去。宾斯万格在《金钱和魔法》中说：“这样无休止的增长产生了一种近乎魔法的力量。”他自创了一种寻找资本泛滥之症结的方法，鼓励我们质疑经济学的主流理论，辨别它与真实经济的不同之处。但是他并不排斥大批量销售，而是建议缓和需求。如此，市场不必消失或者被替代，而是变成了一种可以被人们操控而不是控制人们的“小可爱”。

宾斯万格的观点有时候也可以这样理解：在人类历史长河中，大部分情况下，物质商品和资源的匮乏是一个基本问题，人们通过自己的方式优化了产品生产效率，并将物品的重要性深深地印在了物种记忆中。一个世纪以前，掠夺性产业的诞生使人类经历了改变世界的重大变革。我们现在居住的世界上并不缺乏商品，而是过度生产，这也成了现代人最基本的问题之一。然而，资本主义的经济模式还是鼓励我们生产越来越多的商品。**我们需要不同的文化类型，帮助我们在过多的商品中理出头绪。我们的习惯将再次被引向非物质的方向，使我们倾向于追求质量而非数量。**这个转变要求我们，在观念上从生产更多物品转向选择优良商品。

119

SCIENTIFIC MORALITY

科学道德

森舸澜（Edward Slingerland）

哲学家，汉学家，加拿大不列颠哥伦比亚大学亚洲研究系教授，加拿大国家研究院教授，致力于中国思想和具身认知领域的研究，著有《试着不去尝试》（*Trying Not to Try*）。

18世纪，哲学家大卫·休谟（David Hume）有感于自然科学的不断发展，呼吁他的同事们不要只专注于理论研究，而应把注意力转向实证证据，“听从那些来自经验的证据，摒弃现有的伦理学体系，即使这些理论再精确巧妙也不是基于事实和观察建立的”。这已经是250多年前发生的事了，但不幸的是，直到最近的十几年，哲学的学术研究理念仍没有太多改变。回顾过去还有一个问题也与休谟联系在了一起，那就是实然与应然问题（is-ought problem）①以及事实与价值的区别（fact-value distinction）问题，越来越多的哲学家开始争论，我们的理论应该由我们大脑中所存在的经验提供，如果伦理制度假定或要求一种不可能出现的心理状态，那么它应该遭到质疑。

认知科学中出现了一个更为有力的与人类心理学相关的知识，就是人是非理性的，人的意识是非理性的、情绪化的。柏拉图将理性喻为勇敢的骑士，将非理性喻为狂野奔放的野马，理性与非理性的斗争就好像是骑士在努力驾驭一匹野马，这一隐喻很形象，因为它很好地映射出了我们的直觉心理，但这些类似的隐喻其实都是对我们的误导。一种以经验主义为基础的更为贴切确的比喻，应该是半人马座的形象，即骑士和野马是一体的。就我们所知，

①“应然”指的是应该的样子，与“实然”相对。“实然”指的是实际的样子。这两个词出自两个学术流派，即自然法学派和分析法学派。大卫·休谟在其著作《人性论》（*A Treatise of Human Nature*）中提出这一观点。——译者注

人类不是会动的机器，人类是绝对的生物体，身处于复杂的社会和文化中，并塑造了我们生存的环境，而对我们的日常生活起主要指导作用的，也不是冰冷的计算过程而是热烈的情感。人类的行为不是有意识的选择，而是一个自动、自发的过程；形式产生的不是理性，而是模式以及相似的情境。

因此，对于人类道德采取科学态度所得到的一个具有讽刺意味的结果就是，暴露出了纯粹科学道德的不可能性。绝对理性的、证据导向的功利主义者，就好像神话一般难懂的经济人一样，不值得引起我们关注。进化可能是功利的、唯一考虑成本和效益的行为，但生命进化的无情功利化过程产生的生物体都处于相似的水平，在完全功利的环境中是无法生存的。所以出于理性进化的思考，在最后通牒博弈实验[2]中、在我们的荣誉遭遇挑战时、我们爱的人或理想遭到威胁时，我们会不由自主地对不公平的提议产生非理性的反应。我们只不过是有文化的动物，很大程度上我们还是遵循习惯行动，人类几乎是无意识地向前，大多数情况被情绪所驱动，有时全心全意地致力于一些虚幻的事情，从人权到"上帝之道"，再到无产阶级乌托邦都是如此。

科学是强大的也是重要的，因为它代表着一系列制度实践和思想工具，允许我们以科学家或知识分子的身份，引导人们跳出直接感知和近似心理学。我们知道，地球围绕太阳旋转，一位眼盲的钟表制造者也能设计出令人惊艳的产品。从某种重要的意义上说，人类的意识是可以还原的生物过程。在进化心理学方面，这种观点给了我们一些有益的影响，我和许多人一样，都认为关于自己我们会有更准确的认识，并且我们的世界也可以由我们自己进行设计，而新的伦理承诺，可能会带来更令人满意的生活以及更公正的世界。但我们也不应忽视这样一个事实，科学不能引导人类跳出进化的思维本身。对于一个更公平公正、更和平的世界的渴望本身就是一种情感，是由完全无理性的情绪所驱动的，这使我们产生了一系列情感的产物，如人类的尊严、

[2] 该实验始于 1982 年的德国柏林洪堡大学。在该校经济学系的古斯（Werner Guth）等三位教授的支持下，42 名学生每两人一组参加了一项名为"最后通牒"的博弈论实验。实验中的两个人分 4 马克。其中一个人扮演提议者提出分钱方案，他可以提议把 0 和 4 之间任何一个钱数归另一人，其余归他自己。另一人则扮演回应者，他有两种选择——接受或拒绝。若是接受，实验者就按他们所提方案把钱发给两人。若是拒绝，钱就被实验者收回，两个人分文都拿不到。通过该实验发现：现有经济理论的假设是有问题的。人们在决策时考虑的除了利益之外还有其他因素。——译者注

自由以及幸福，这些情感都是人类从其所处的文化和宗教传统中继承来的。即使经过不断的发展、迭代，这些思想看起来仍然古怪，即使在我们现在的世界也没有被普遍接受（只有极少数的文化能够保留多样性）。

所以，这种神话应该被淘汰了（认为人类是世俗自由派，已经到达了另外一个阶段，在这一阶段，人类可以释放所有的信仰和迷信，完全由理性、证据以及清晰的利己主义思维指导自己的行为）。这根本不是世俗的自由主义或建立在唯物主义的功利主义，而是任何不愚蠢的、没有被洗脑或是无知的人默认的、必然会有的世界观；这种想法严重阻碍了我们对于早期人类的理解，无论是他们的文化，还是我们自己。

承认这一点并不意味着我们要沉溺于后现代相对主义，或是要盲目地向原教旨主义宣战。从广义上讲，科学探索在向我们提供关于这个世界可靠的信息方面非常有效，但也严重妨碍了我们使用更优秀（或相同）的方法探索这个世界，这是不正常的。在一些实际情况中，世俗自由主义可能是人类曾有过的最好的世界观，或者至少个体在可选择的情况下会最先被世俗自由主义所吸引。无论如何，世俗自由主义都是我们的价值体系，进化人类心理学的本质使我们不可能不想维护人类的尊严或妇女的权利，并在适当的时候影响其他人。但是，认识到理性的局限性使我们能够以更有效的方式表达和捍卫我们的价值观。它还可以使我们更好地理解科学、问题根源（如宗教暴力行为或持续的国际冲突等）以及道德挑战（如在人类责任和神经系统科学所谓的自由意志之间进行平衡）。道德的科学要求我们最终要超越完全客观的科学道德的神话。

120

SCIENCE IS SELF-CORRECTING

科学的自我校正

亚历克斯·霍尔库姆（Alex Holcombe）

悉尼大学心理学系副教授，时间研究中心主任，《心理科学透视》（*Perspectives on Psychological Science*）副主编。

随着科学发展步伐的加快，科学研究的自我校正也随之发生。但是我发现，相比于研究新问题而取得研究成果，对既有问题的更正可能就变得非常无趣。而校正行为本身也颇受质疑。由于知名期刊的竞争越来越激烈，对快速积累起来的新研究成果进行确认或是校正已经变成了一项亏本的工作。

出版偏见是指不发表“阴性”或不确定性结论的倾向。这样做的结果就是，即使做了大量工作，得到阴性研究结论，但对其更正也会受到抑制。理想情况下，这些研究成果应该迅速、顺畅地从科学家的实验室进入到公众的视野中接受检验。但是这个过程其实非常艰难，所以很少有人这样做，而且很多科学领域都没有资格宣称有自我校正的能力。

许多领域的知名期刊对于出版偏见毫不掩饰，他们宣称从事的出版行业的人，就是要发表那些能够推动行业进步的令人兴奋的新发现，没必要再发表一些与既有研究成果相似、无趣的研究。即使有些杂志声称，欢迎阴性结论的文章，但对文章进行校正的过程也是一场艰苦的战斗。科学家为期刊审查新文章，通常包括原创作者和可能不正确的研究结论两个方面。人性的弱点、自负、匿名性混在一起就容易使评审员做出“拒绝”的决定。这就足以使一篇新的阴性结论文章失去在期刊中发表的机会。

自我校正的破坏是由人为因素和制度因素造成的。制度因素通常有其历史原因。其中之一就是，一篇文章并不一定适合在所有期刊上发表，在某些领域，几乎所有新作品只能在与其专业相关的少数几种期刊上发表。而且文章发表之前还会遇到一些“高级守门员”，他们可以阻止研究结论被校正，并且不会觉得这有什么不对，想要绕过他们是不可能的。不同的领域有不同的期刊和干系人，对于文章发表是非常有利的，因为可以避免“一人独大”的现象。

有一些领域，比如天体物理学，是有共享文化的，甚至在论文提交给学术期刊之前，也可以共享或相互引用。研究人员只需要将手稿发布到类似“arXiv.org”的网站上就可以了。虽然这样做仍会导致研究结果被忽略，但并不能完全抑制研究结论被校正。原则上，所有科学领域都应采取这种做法，但是现在大多数人还是坚持匿名评审的方式，而这种方式经常会扼杀新的研究成果。

在一些领域的研究中，统计学上的巧合会影响研究著作的准确性。虽然实验结论很容易得到，但是最基本的实验数据却是很混杂的，所以校正的偏见对这些领域的危害更大。不幸的是，结论的易得性和实验数据的混杂性是大多数心理学分支领域的特点，也正是我所研究的学科特点。而在其他领域中，比如当代的流行病学，情况可能更糟，尤其是还有第三个更加恶劣的影响因素，即正确的研究成果很少。正如斯坦福大学约翰·洛安尼迪斯（John Loannidis）教授所指出的，在某一领域中，正确的研究成果越少，统计学的巧合就越有可能使正确的实验数据被有偏差的数据所取代，我们把这种现象称作假阳性。

也不是没有解决的办法，其中一个就是要改善研究者个人的行为，从而瓦解制度形成的障碍。在一项研究开始之前要进行公开注册，公布其实验设计和分析计划。临床试验研究者几十年来都是这样做的，而自 2013 年以来，其他领域的研究者也纷纷效仿。注册内容包括将要进行数据分析的详细内容，这样做消除了过去实验所取得的多重数据所表现出的不可避免的波动现象。评审员在评审相关手稿时关注的重点是所注册的研究设计方案的合理性，而不是对研究结论的喜好。这有助于减少确认研究中经常出现的“钓鱼式研究”。

实际上，有一些期刊已经开始接受一些虽然还没得出研究结论，但研究实验设计得非常好的学术文章了。

互联网的普及使得在网上可以方便地查到几乎每一种产品，以及服务的公共评级和有用意见，但不知为何，尽管评论对于暴露缺陷和纠正错误有重要价值，却很难在网络上查找到有关各类科研论文的评价和意见。直到最近，如果你要指出一篇文章中的问题，这些问题是其他研究者可能也会遇到的，你就不得不挑战那些编辑和评审员的权威，而正是这些人在最初评审时有意无意地忽略了这些问题。那些作为专家的评审员，也都在各自的专业领域发表学术文章，当然也会像其他作者一样，对其文中存在错误的研究方法和观点事先做出声明。现在，科学家也终于开始利用互联网贡献自己的专业知识了，这样做的贡献远远超越了发表论文和同两三名评审在幕后发表评论。从2013 年 10 月起，美国国立医学图书馆允许研究人员利用 PubMed（一个广泛使用的论文数据库）针对任何生物学或医学论文发表评论。如此一来，简单的错误校正就不再是艰巨的任务了。

除了简单的错误校正，评论也可以提供新的视角，增加不同想法的交流和碰撞，在某个停滞不前的研究领域中引入新方法，听取其他领域研究者的意见，可以打破陈规，使其重新恢复活力。目前聘任、晋升和评审委员会通常不重视研究者利用这些工具所作出的贡献。但只要坚持下去，即使进展缓慢，也总会取得进步。正如普朗克曾指出的：“科学革命有时不得不等待葬礼的到来。”即使旧观念的捍卫者不在了，陈旧的传统和制度也还是会存在。除非有人站出来将其消灭，否则旧制度永远不会消失。改革和创新需要我们的积极支持，只有这样，科学才能实现自我修正的目标。

121

REPLICATION AS A SAFETY NET

科学研究的“安全带”——可重复性理论

亚当·奥尔特（Adam Alter）

心理学家，纽约大学斯特恩商学院市场营销学助理教授，著有《粉红牢房效应：绑架思维、感觉和行为的9大潜在力量》（*Drunk Tank Pink: And Other Unexpected Forces That Shape How We Think, Feel, and Behave*）。

1984年，纽约成为美国第一个颁布强制性安全带使用法律的州。其余大多数州政府也都对此举表示支持，并在20世纪80年代到90年代之间相继颁布了相关法律。但有少数研究者却担心，安全带的使用反而会使人们在开车时放松警惕。研究者认为人们谨慎驾驶正是由于担心会发生意外事故而受到严重伤害，如果安全带的使用可以减少严重受伤的危险，那么人们谨慎驾驶的动机自然也就减弱了。

正如司机太过于依赖安全带，会在开车时放松警惕一样，社会科学家太过于依赖可重复性原则也是非常危险的。当审查新的研究假设时，我们会觉得这些研究假设的正确率为1/20是比较正常的。而如果我们将同一实验重复2～3次后，仍能得到相同的结论，那么就更加可以确定这个假设是正确的。学生们都被教导通过可重复性研究，谎言终将会被揭穿，而经过实践检验，不可靠的研究结论也会被粉碎，所以在科学发展史上，只有那些可重复的、确凿无疑的研究结论能够被记录下来。但不幸的是，这个极具说服力的理论实际上根本不堪一击。

正如汽车安全带的例子告诉我们的，当研究人员因为过度依赖可重复性原则而不再严谨治学时，问题也就随之出现了。实验变得越来越不重要，越来越没有价值，研究人员也就不再精益求精，不再重视实验细节，反而粗糙的实验方法大受追捧。

同样地，学术期刊也更倾向于发布一些并不十分严谨的研究成果，因为他们认为会有其他研究者检验这些研究成果的真实性。但事实上，只有一小部分曝光率较高的研究成果是通过可重复性检验得出的，因为相比于新的研究成果，推翻旧理论并不会给研究者带来更大的科学成就。由于时间和资源有限，研究者倾向于专注新想法的实验，而不是对旧理论的质疑。科学界记录了数以千计的初步研究成果，但这些初步研究成果中，只有很少的一部分被彻底地重复、推敲和审查。

不能有效地辨别错误的研究结论，就很难从众多凭侥幸取得的结论中找出鲁棒性强的研究结论。而更糟的是，我们过于依赖可重复性原则，过于相信会有研究者揭穿谎言，导致我们过于相信那些还没被重复验证的结论。实验的可重复性确实是科学研究过程中重要的一部分，但是幻想利用可重复性作为粉碎错误理论的利器是不切实际的。

122

SCIENTIFIC KNOWLEDGE STRUCTURED AS "LITERATURE"

科学知识作为"文献"的结构

布莱恩·克里斯汀（Brian Christian）

科技作家，著有《最有人性的"人"：人工智能带给我们的启示》（*The Most Human Human: What Artificial Intelligence Teaches Us About Being Alive*）。

在科学界，最过时、最应该被淘汰的，是我们组织科学知识的方式。学术文献，即使将其上传至网络，仍是排版印刷时代的遗物，一旦发表就再也收不回去了，就像挤出来的牙膏一样。正如软件产业已经从"瀑布式开发"进入到"敏捷式开发"阶段一样（过去设计好的软件被安装到磁盘中进行销售，而现在的软件则是在线购买、即时更新），正处于只读模式的学术出版物也必须做出改变，应该像科学本身一样，是动态的、鼓励协作的、持续更新的。

让我感到惊讶的是，无论是对文献的撤回还是明显的修改，我们的处理方法都非常落后，更不必说一些微小的修正了。例如，一般来说，即使该期刊的编辑和作者完全撤回一篇论文，但这篇论文还是可以在该杂志的网站上找到，就像其从来就不曾被撤回一样，更别说在同一网站上，由相同的作者执笔，并经同一编辑审查的其他论文了。这种情况就类似于，只要制药商制造了一个警告标签（不需要将标签贴在相应的药物上），美国食品和药物管理局就允许其继续制造有害药物。

那么问题来了，我们应该如何或以何种方式（读者要擦亮眼睛？）去识别，那些根据原本就不可信的研究结论进行的研究呢（更不用说根据这些研究结论再进行的研究了）？利用引文进行识别就是一个办法。虽然仅依靠引文并不十分充分。在学术期刊中，无论文章的结论是否被推定、补充或质疑，所有的引用行为都证明了所引用文章的重要性。即使引文是作为反驳的目标被引用的，那也说明了它是有价值或重要的目标。但是当今的学术文献模糊了引文重要性和真实性的区别。研究者通过发表学术文献表达观点，赢得尊重，应该做出比引用的文章更深入的研究。而这就需要采用软件工程师已经使用了几十年的方法——依赖关系管理。

依赖项关系图会告诉我们，在引用与被引用的依赖关系中，哪些被引用的理论是可以真正支撑起那些引用它的文章的，而如果被引用的理论是错误的，那些由此得出的结论也会被一并否定。所以文献出版商应该做好本职工作，例如，不仅要将已撤回的文章标记出来（这不是标准的做法，但不这样做确实是难辞其咎的），还要将那些根据已撤回文章的研究结论进行研究的文章标记出来。

称职的学术出版商也会接纳现代软件开发的另一项重要技术——版本控制。例如，编写维基百科所使用的代码都是开源代码，这样做不仅是为了便于检查和监督，也是为了便于修改。而在 Git 的版本控制系统中（Git 的开源交流平台 GitHub[1]取得了巨大的成功），用户可以创建“问题”（issues），以此来标记疑问，并要求作者回应。也可以创建“拉请求”（pull requests），主动提出自己的意见和想法。而如果有人想要自己管理一个项目，并带领这个项目向另外一个方向发展，也可以建立“派生项目”（fork）。派生项目有时会为小众服务；有时也会被忽视或废弃；有时候派生项目会直接从原项目那里窃取用户库；而派生项目和原项目可能会平行存在，也可能会出现交叉，也可能在各自发展一段时间之后又综合到一起继续发展。Git 库是最好的一种既自上而下又自下而上，既独裁又民主的形式。项目的领导者制定项目目标和愿景，并拥有最高的控制权和最终的决定权，然而，任何项目的参与者都有平等的权利抱怨、提出改革意见、进行反抗或是离开此项目，去寻找一个新的项目。

[1] 全球最大的社交编程及代码托管网站。——译者注

“接受”、“拒绝”和“修订并重新提交”的三部曲已经不合时宜了，它们是旧时代的遗物。甚至连同侪审查这种形式本身，因其有匿名性、官僚作风的特点，也是时候该进行改革了。这种在暗中进行的匿名审查制度应该被测试（Beta）时代取代了。虽然通常认为，期刊发表的文章需要精挑细选，但学术文章也不应该被搁置几个月的时间（至少，不应该因其他研究者的原因被搁置）。研究著作的发表不应该因某些评论家的意见，而被推迟几个月。当这些读者在做和编辑一样的工作时，作者不需要感谢“匿名读者发现错误，并提供重要的反馈”，这些读者不需要将提供建议作为自己的职责或义务，也不需要匿名做这些。

目前正在进行的一些新尝试都很有成效。学术界广泛流通的“研究手稿”挑战了封闭和落后的同侪审查过程。公共科学图书馆生物学期刊杂志 *PLOS ONE* 坚持自上而下的质量保证体系，让我们得到自下而上的解脱。康奈尔大学的“预印文本文献库”（arXiv）项目提供了一种比传统期刊更好的模式，包括版本控制（自 2004 年以来，“签注”[endorsement] 系统提供了一个可以替代传统同侪审查制度的形式）。然而，其交互界面的设计，限制了分享及协作的发展潜力。

在协作方面有一个非常好的例子，2013 年博学项目（Polymath Project）网站针对张益唐先生关于孪生素数猜想的研究工作，展开了大规模的国际合作，并获得了巨大成功。而据我所知，蒙特利尔大学（University of Montreal）的詹姆斯·梅纳德（James Maynard）也借这股东风取得了更进一步的成就。神奇的是，这项开创性的协同工作主要是以在线评论形式进行的。

在科学文献组织和发表的领域，迫切需要像软件开发领域一样更好的工具。而科学研究也应该进入到敏捷式开发阶段了。现在，从内容方面来看，科学文献比以往任何时候都强大。但从形式上看，科学文献却从未如此不合时宜，如此落后。改革论文修订形式刻不容缓。

123
THE WAY WE PRODUCE AND ADVANCE SCIENCE
创造科学进步的方法

凯瑟琳·克兰西（Kathryn Clancy）

伊利诺伊大学香槟分校人类学助理教授。

2012年，我发起了一个项目，是关于科学家野外工作情况调查采访的。受访者中，有超过60%的人曾遭受过性骚扰，20%的人曾遭受过性侵犯。而性侵犯只是我和我的同事们调查发现的开端，调查中我们还发现，受访者的心理和身体都受到了侵害。比如，他们被迫从早到晚超负荷地工作，却没有被告知什么时候可以回营地休息；他们不被允许上厕所，受到口头威胁和欺辱，以及被剥夺食物。施暴者多为同行中资历较深或年长的科学家，而受害者则多为刚毕业的女性研究人员。从开始分析这些数据以来，每当我再读到实证性研究论文时，都会不由自主地想到在这些研究论文的背后，那些受到虐待的人。

当研究得到的回报是数百万美元的研究经费、《纽约时报》的报道、诺贝尔奖或者仅仅是授予终身职位时，我们常常会不惜任何代价去追求科学发现和科技创新。这种“科学研究比科学家更重要”的观念正是现在必须消除的思想。

科学领域的观点认为，将科学创新立于人之上是最理想的方式。这种观点假定科学领域并不仅是任人唯才，而且，作为一位科学家，他是谁以及他来自哪里，对于他能够取得多大的成功并没有任何帮助。然而众所周知，阶级、职业以及受教育的程度也是因种族、性别以及其他方面的不同而有所不同，这些因素会影响一个人是否会选择科学研究作为职业，以及是否会在科学领域中留下来。同我们的观点一样，科学研究领域是由人主导的，而人都会或多或少地带有隐性偏见。科学家们也都了解这些情况（我所参考的文献也都是出自这些科学家之手），但我不确定这些影响是否已经内在化了。由于隐性偏见和工作环境的多样性，社会结构和身份差异影响了人与人之间的互动形式，从而增加了像过度劳累和性骚扰这样的侵犯行为发生的几率，特别是在弱势群体中。

科学家不能对科学工作中存在的人文问题视而不见。关于难以平衡生活和工作的讨论，在科学家之间越来越多。而这些对话的中心观点都是：我们应该按照自己的方式，通过时间管理和优先事项管理，为自己创造更好的生活。但在我看来，这种观点对于那些从实习期坚持过来的科学家来说是奢侈的。作为一名被关在实验室或是放逐到野外进行科学研究的科学家，几乎没有方法可以改善工作与生活之间的平衡。

超负荷工作和剥削对科学进步的促进作用，不可能像人道主义、公平、有礼的工作环境一样有效。例如，最近通过对社会关系模型的研究发现，当实验室的研究人员由女性而不是外围成员组成时，这些实验室会发布更多论文。更进一步来看，多年的反生产工作行为研究表明，创造强有力的执行政策和独立的报告流程，可以改善工作环境，并且员工的工作效率也会有所提高。实践证明，在科学界，磨难、过度劳累、全身心投入工作的心态并不能带来最好的工作成果。

科学家的生活应该优先于为了促进科学进步而进行的科学研究。许多科学家都会感到恐惧——被超越的恐惧、不能得到终身职位的恐惧、没有足够研究经费的恐惧，甚至是对于被剥削的恐惧。但我们不能让恐惧毁掉我们作为科学家应有的美好未来。学术卓越的标准不应该是基于谁能从磨难中坚持过来，而是应该基于谁凭借智慧为科学作出了杰出的贡献。因此，实习生需要有工会和制度的保护，资深科学家则应该推动文化变革。一个有包容性、人性化的工作环境一定能够产生最严谨、可以改变世界的科学发现。

124

Allocating Funds via Peer Review

通过同行评议才能申请到经费

奥布里·德格雷（Aubrey de Grey）

老年病学家，SENS基金会首席科学家，著有《终结衰老》（*Ending Aging*）。

在各类职业中，放弃从事科学研究的人数比以往更多了，这些人更倾向于选择从事一些收入稳定、压力较小的工作。科学家作为不可或缺的一种职业，他们带领人类更好地了解自然，并使人类拥有操纵自然的能力，但究竟是怎样的压力和不稳定性严重损耗了这些战士的精力呢？究其原因，就是如果这些处于科学研究一线的战士想申请到研究经费，就必须要通过拨款程序中的同行评议。

当然，我说的仅仅是处于研究一线的科学家（我这样说并不是要指责他们）。事实上，我并非是要指责任何事物。但问题是，现行的制度是从与现在情况完全不同的时期演变过来的，在过去，这种制度是适用的，但如今，事实证明它从本质上已经不再适合这个时代了。现在我们需要的是一套新的系统来替换问题重重的旧系统，解决旧系统存在的种种问题，而且还要保证建立一个更加公平公正的研究资金审核标准。

同行评议制度显然是一种局部最优的形式。针对这个制度，也曾有过很多意见，但都由于这些意见弊大于利，所以没有被采用。但同行评议制度是所有选择中最好的一种吗？还是就像丘吉尔所描述的民主一样，同行评议并非一个理想的制度，只是到现在还未想到一个比它更可行的制度？是否可以采取一些关键措施，将现行的审查制度完全废弃呢？在这里，我想简要介绍一下另外一种可能的选择。我并不认为它能解决现行制度存在的所有问题，但在没有更好选择的前提下，它可以作为候选方案，使科学家不必再忍受现行的制度。

第一，简单说来，拨款申请的同行评议制度有什么不好呢？三个字："支付线"。在过去，公共研究经费至少能够保证资助研究申请中30%的项目，在这种供需平衡下，才逐渐形成了同行评议制度。那个时候，同行评议制度的效果是很好的，因为如果你实在不知道该如何设计一个项目，如何将研究价值向你的同事表达或如何经济合理地执行这个项目，那么在同行评议的过程中，你的这些缺点就会暴露出来，你要学习如何避免这些缺点，这样，你的同行就会向政府推荐你，给予你机会。但目前的供需百分比仅为个位数。难道这意味着你只要做得足够优秀就可以了吗？但愿吧。

这就意味着你不仅要真的足够优秀，还要十分顽强，而且你一定要很有说服力，让人相信你的项目会取得成功，这也是迄今为止同行评议最糟糕的一个方面。这有什么不好的呢？简单地说，有些项目比较简单，而有些项目则比较困难，虽然这些困难的项目失败的可能性很大，但却往往是能够决定一门学科成长速度的关键项目。而同行评议制度忽视这些高风险、高收益的研究工作，严重拖慢了科学发展的速度，给人类进步造成了灾难性的后果。交叉学科的研究几乎不可能得到资助（虽然在历史上，这种由不同学科相结合所形成的新学科一直格外富有成效），仅仅就是因为没有一个课题组（美国国立卫生研究院称它为"审查小组"）具备所有必要的专门知识去审查该提案的全部价值。

所有的这些问题都将被一种新的系统解决，这个系统基于同行的认可，而不是基于同行的审查。当一名科学家第一次申请公共研究经费时，他的职业生涯将以5年为周期进行划分，以第一次申请的时间为起点，过去的5年为零阶段，未来的第一个5年为第一阶段，以此类推。第一阶段只能申请到相对较少的研究经费，这种入门级的申请比例仅根据学历标准进行判定（如，拥有博士学位或数年的博士后研究经历等），不需要研究者提供任何关于研究工作的详细描述。第二阶段的经费申请水平，则根据相应科学领域全部研究经费的百分比来确定，虽然也不需要对即将开展的研究工作进行描述，但是其零阶段的研究论文被引用的频率，将成为重要的评判依据。

第二阶段的经费申请是否能够通过，将在第一阶段的第 4 年作出决定，决定的依据就是，从零阶段的第 2 年到第一阶段的第 1 年（此间隔为 5 年，约为零阶段所进行的研究工作完成并发表所需的时间）内发表的文章，以及在从零阶段第 2 年到第一阶段第 4 年（共 8 年的时间）文章被引用的次数。其中计算被引用次数要考虑以下几点：申请人是否为论文的第一（主要）作者；自引不进行统计；只有那些利用研究经费，得出了新研究结论的论文才能统计在内。评审工作也不是依靠评审人的主观判断进行的，而是要考虑到相关阶段内的资历和经费水平，利用公式进行全面的计算。第三阶段研究经费的审核也是类似的过程，会在第二阶段的第 4 年作出决定，评审依据的同样是第一阶段的工作表现等。对于某一阶段来说，第 1 年的前期研究费用有很大的灵活性，这样就可以给予较大的资金支持。

这种形式改进了当前系统中存在的很多问题。零阶段用来准备和提交计划要研究项目的说明，对这种建议的评价并不需要花什么钱。因为这个过程既不需要同行评议，资金周期也超过了目前所要求的 3 年期限，这样就大大降低对高风险 / 高收益型研究工作的偏见。而过去工作中所取得的重要成果，也会在后面一个适当的时机进行评估，而类似于曾在期刊上发表过文章这样的因素并不会被作为第一衡量标准。当研究项目涉及多个学科交叉时，可以将各个学科分别提出来，而所需要的经费就按照每个学科的不同比例进行申请，以此消除对交叉学科研究的偏见。最后，每一个阶段结束后都会有一年的时间来计划在下一个阶段要做什么，并充分了解可以支配的资源都有哪些。

研究人员当然有权利从其他的地方获取额外的研究经费，但事实上，一些公用基金还是通过传统方式进行分配的。提出这个方法并不是要马上摒弃现有的方法，但如果分阶段采用这种方法，是否值得考虑呢？

125

SOME QUESTIONS ARE TOO HARD FOR YOUNG SCIENTISTS TO TACKLE

有些问题太难了，青年科学家解决不了

罗斯·安德森（Ross Anderson）

剑桥大学安全工程教授，著有《安全工程》（*Security Engineering*）。

普朗克曾说过“科学是伴随着葬礼前进的”，随着老一辈物理学家相继离世，他们的研究工作正在逐渐被新一代研究量子理论的年轻人继承。

科学革命的残酷性在科学界留下了一些难以磨灭的疤痕。许多年来，关于“量子力学的基础实际上可能已经有了答案”的讨论已成为一种禁忌。然而，最近物理、化学和工程等其他领域的最新研究结果都表明，这个问题可能已经有答案了。

在 1927 年的索尔维会议上，玻尔和维尔纳·海森堡（Werner Heisenberg）通过与爱因斯坦和路易斯·德布罗意（Louis de Broglie）的大辩论说服世人，我们应该毫不犹豫地应用新的量子力学作为工具，而不是试图追溯它在经典物理学中的由来。自此，哥本哈根学派[1]迅速成为研究量子力学的正统学派，其对量子力学的诠释只有一句话——“闭嘴算题”（shut up and calculate）。而阿兰·阿斯佩（Alain Aspect）于 1982 年也通过实验证明了，在量子层面贝尔不等式是不成立的，由此哥本哈根学派的地位得到了提高。

[1] 哥本哈根学派是 20 世纪 20 年代初期形成的。1921 年，在著名量子物理学家玻尔的倡议下，成立了哥本哈根大学理论物理学研究所，由此建立了哥本哈根学派。在该学派在创始人玻尔的带领下对量子物理学进行了深入广泛的研究，该学派对量子力学的解释被称为量子力学的“正统解释”。——译者注

虽然一些物理哲学家对于量子力学给出了一些奇特的解释，但大多数物理学家对此都很不屑，他们将关于量子理论的基础问题作为一个“无法解决”的问题，并告诉他们的学生不要浪费时间去寻找解决方案。而还有一些人则喜欢另外一种观点：物理学证明，世界太复杂以至于世人不能理解，并且物理学所提供的证据也超越了局外人的理解能力。当量子理论成为核心理论时，物理学家应该成为新的科学领袖。最近我们已经将量子力学应用到从密码学到生物学的各个领域中，而“量子力学”这个词也已经成了筹集资金的法宝。为了避免被认为是怪人或局外人，没有人敢于挑战量子力学的基础问题。因此，我们被困住了。

但事情正在发生变化。在物理学领域，伊夫·库代（Yves Couder）和埃马纽埃尔·福尔（Emmanuel Fort）的研究发现，于振动表面弹跳的水滴，可以用来模拟许多量子世界特有的现象，如双缝干涉、不可预料的隧穿、轨道量子化等。在化学领域，小泽正直（Masanao Ozawa）和维尔纳·霍费尔（Werner Hofer）的研究表明，“不确定性原理”可能存在缺陷——与海森堡曾经的预测相比，现代扫描探针显微镜可以更准确地测量原子的位置和动量。而那些声称量子密码学②绝对能保证安全传递的人应该感到担心！在计算机领域，尽管在近 20 年的时间内投入了数以亿计的研究经费，但量子计算机③的研究仍然滞留在对数字 15 进行因式分解的阶段。物理学家西奥·范尼乌文赫伊岑（Theo van Nieuwenhuizen）也曾指出贝尔定理中存在很难解决的语境错误。

量子力学领域存在的问题与另外一个科学领域存在的问题惊人地相似，那就是意识。多年来，敢于挑战这类问题的几名学者不是即将退休就是知名度很高，对于他们的言论，没有人会提出质疑。正如丹尼尔·丹尼特和尼古拉斯·汉弗莱一样，他们发表的关于意识问题的观点，曾引起了剧烈反响，

② 泛指利用量子力学的特性来加密的科学，它的优势在于利用海森堡不确定性原理和量子纠缠这些基本的量子原理使得密钥得以保密地传递。——译者注

③ 一类遵循量子力学规律进行高速数学、逻辑运算、存储及处理量子信息的物理装置。量子计算机的概念源于对可逆计算机的研究。研究可逆计算机的目的是为了解决计算机中的能耗问题。2001 年，科学家在具有 15 个量子位的核磁共振量子计算机上，成功利用秀尔算法对数字 15 进行因式分解。——译者注

托尼·莱格特（Tony Leggett）和杰拉德·特·胡夫特（Gerard't Hooft）关于量子力学的基础的论述也点燃了在量子力学领域论战的火焰。而现在，是时候再引入一些火种了。维也纳学派[4]的物理学家已经针对量子力学举办了两次专题讨论会，这足以证明，我们终于敢于面对量子力学未来的发展了。

所以我认为，“有些问题太难了，青年科学家解决不了”这样的想法应该被淘汰了。老前辈不应该设置一些禁忌，让年轻学者远离这些问题。我们积极并乐观地向年轻人发起挑战：证明我们是错的吧！而至于年轻的科学家，他们应该勇敢地追逐梦想，志存高远。

[4] 1920 年代发展出来的一个自然科学和哲学的学派。它代表了自然科学对哲学的挑战。它的唯科学主义观点已成为现代哲学摆脱不掉的“幽灵”。——译者注

126

ONLY SCIENTISTS CAN DO SCIENCE

只有科学家可以做科学

凯特·米尔斯（Kate Mills）

伦敦大学学院认知神经科学研究所博士生。

目前，无论是个人资助还是受雇于科研机构，从事科学研究工作的人都必须接受过正统教育。这不仅包括12年的义务教育①，还包括6~10年的大学教育，可能还要有数年的博士后研究经历。这些传统教育确实教授了一个人成为一名成功的科学家所必需的知识和技能，而各个年龄段人群接受的非正式教育，只能帮助他们通过科学知识认识这个世界。

这些"平民科学家"经常能通过自己的研究减轻学院派研究员的负担，而学院派研究员则总是忙于大数据相关的项目。平民科学家对星系识别或神经示踪这样的项目都有所贡献，但却享受不到像支付报酬、著述这样的传统奖励政策。然而，对于只经过非正式培训的平民科学家来说，如果限制其数据收集和数据处理，就会使他们在研究设计、数据分析和数据解释方面的能力大打折扣。征求这些参与科学研究的个人（例如，儿童、病人等）的意见，可以帮助传统科学家设计出生态效度②更高、更合理的研究方案。同样，这些人也可能有他们自己的科学问题，或者能够为研究结论的解释提供新的角度和不同的观点。

重要的是，科学不仅局限于成年人的世界。有的八岁儿童参与过科学报告的撰写，也有十几岁的少年因为在人类健康问题上的重大发现，为自己赚

① 英国采取小学7年和中学5年共12年的义务教育制度。——译者注

② 在研究中，研究的生态效度指的是方法、材料和研究的设置必须近似真实的世界。——译者注

取收入。但不幸的是，很多年轻科学家都面临这样一个问题：研究资助者大多认为，这些年轻的科学家应用了既有的科学研究成果，所以他们能取得这些成绩是理所应当的。开放获取出版物以及许多开放科学知识的举措，都为平民科学家提供了良好的科学研究环境，但许多传统科学实验对于那些没有足够资金的人来说，仍然是遥不可及的。

大多数心理学研究都是针对个体样本的，而所选择的个体样本并不能代表所有人，所以我们通过科学所得到的自我认知可能就会被曲解。大多数非临床神经影像学的研究所选择的样本是“WEIRD”样本，即西方人（Western）、受过良好教育（Educated）、生长在工业化社会（Industrialized）、富有的（Rich）、有民主思想的（Democratic）。提高对这种偏见的认识，可以促使研究人员积极寻求更具代表性的样本。然而，很少有“WEIRD”科学家会意识到这一偏见并对其进行讨论。

如果使用研究经费和发表科研文章都是由这些经过正统培训、在学术界取得成就的人所操控，那我们对科学问题及其解释的认知就可能存在偏颇。有些人也许不适合学院式的学习方式，他们只不过因为好奇，想通过科学研究来了解这个世界，但却面临着许多障碍。由于研究经费以及能够提供的科学研究职位日益减少，团体资助项目（甚至是科学家）也开始受到同行科学家的重视。然而，在没有公共机构支持的情况下，进行某些科学实验也变得更加困难，例如，涉及整个人类的研究项目。对于科学研究项目来说，团体支持制衡机制必不可少，但或许它们也可以从传统的学术环境中解放出来。

这就意味着，数据的收集和分析将更贴近实际。由此而产生的新的伦理问题需要被讨论，基础设施的建设也需要能适应这些有别于传统的研究方式。这样，那些不同年龄、背景的平民科学家将会取得更多的科学新发现，以前从未听过的声音将会对了解世界作出宝贵的贡献。

127

THE SCIENTIFIC METHOD

科学研究方法

梅拉妮·斯旺（Melanie Swan）

思想家，未来学家，遗传学专家，MS Futures Group公司董事，公民科学组织DIY genomics创始人。

现在应该要淘汰的科学观念是科学研究方法本身。更确切地说，“科学研究的方法只有一种，获得科学研究成果的方法是独一无二的”，这种观点应该被淘汰了。传统的科学研究方法具有排外性，已经不再适用于当代科学研究的新领域了，比如像大数据、众包以及合成生物学等领域。在过去，信息匮乏，获取信息的成本极高，通过观察、测量和实验进行假设检验的研究方法是行得通的。但近几十年来，我们已进入一个信息丰富的新时代，设计和重复实验都变得非常容易。由此一来，计算机科学被广泛应用于每一个科学领域，例如，计算生物学和数字文稿存档。信息资源丰富和计算机应用已经宣布了传统科学研究方法的变革，这里介绍 3 个在这方面发展比较快的新兴领域。

大数据作为一个新兴领域，使用大量基于云计算的复杂数据集，是重塑科学研究方法的一种普遍趋势。它规模庞大，一般情况下每小时有 100 拍字节的内容进入数据库中。目前全球年度数据呈成倍增长的趋势。在大数据时代以前，建模、模拟以及预测是科学研究过程中关键的计算步骤，而新的研究方法需要与大数据配合，就会使其与传统科学方法的关联越来越小。

大数据使我们与信息之间的关系发生了变化。在以前信息匮乏的时候，所有数据都非常重要。例如，每个数据元素或指令都有其特定的作用。而在大数据时代则正好相反，99% 的数据可能都是无关紧要的，有一些可能在获取之后就立即被认为是无效的，有些则会随着时间推移逐渐变得无效，而有些则可能在进入更高的研究阶段后就成为无效数据了。大数据时代研究的重点是从庞大的数据群中，找到数据之间的相关性，在繁杂、反常、异常的数据中寻找重要的信息（例如，基因组的多样性）。

大数据的下一个阶段是进行模式识别。高采样频率不仅允许进行点测试（正如传统的科学方法所做的一样），还可以对多个时间框架和条件进行充分了解。这样一来，我们在第一次测试中就可以获得纵向基线标准、方差、模式和周期性行为。这就要求我们改变传统思维方式，放弃探索事物之间简单的因果关系，更多地关注事物之间的相关关系、关联关系和触发关系。现在已经有一些适用于大数据的研究方法了，而且也已经成功地应用在机器学习算法、神经网络、层次表示法和信息可视化等领域中了。

众包是重塑科学研究方法的另一种趋势。它是通过网络召集大量个体或群体共同参与某项活动的行为。这种群体行为模式推进了科学生态系统的发展，在这个系统中，一边是受过专业训练的研究人员利用传统方法进行科学研究工作，而另一边则是平民科学家利用多种不同的形式，对自己感兴趣的课题进行探索。在这两者之间，组织的专业性以及同行间的协调能力都处于不同的层次。互联网可以促使形成超大规模的科学研究（据估计目前互联网连接的人数为 20 亿，到 2020 年将会达到 50 亿）。目前，利用众包不仅可以进行简单快速、成本低廉的研究，而且也有可能进行超过之前研究规模及研究内容 100 倍的研究。社会群体可以通过能够自动连接到数据共享网站的传感设备，提供大量数据。平民科学家可以通过像“星系动物园”（Galaxy Zoo）①这样的活动，参与到光信息处理和其他的数据收集、分析中。通过类似众包网站一样的媒介，社会群体被更广泛地调动起来，参与到像数据竞赛以及一些更有难度的任务中（例如，预测蛋白质折叠和 RNA 构造等）。通过各种 DIY、量化自我、生物黑客、3D 打印以及一些以协作为基础的研究形式，科学研究的新方式方法正在不断地实现创新。

① 英国研究机构开展的天文学研究中一次规模最大的普查活动。利用志愿者通过网上的图片，对 100 万最明亮的“疑似”星系进行识别，分辨出图中究竟是漩涡星系还是椭圆星系，或者根本就不是星系。2013 年，该活动随母项目 Zooniverse 获得了谷歌的全球影响力大奖。——译者注

合成生物学是第三种重塑科学研究方法的趋势。它可以用来设计、制造生物设备以及生物系统，因为它有可能催生一次生物技术革命，因此被誉为"21世纪的晶体管"。合成生物学综合了生物学、工程学、功能设计和计算机等多个学科。其应用的关键领域之一是代谢工程②，通过对细胞进行改造，由此生产具有特定功能的产物，另外也可以应用于能源、农业以及医药行业。合成生物学的本质是主动创造新的生物系统、生物体和生物能力，这与由传统科学所发展起来的被动描述现象的研究方式相反。应用传统的科学方法，可以解释细胞内基因优化和调控过程，而且整体上研究的范围和方法要广泛得多。创造新的有机体和生物功能，需要一种比传统科学研究方法更加不同的科学方法论，这也将科学重新定义为了一种追求个性化和创造性的努力。

在这个大数据、众包、合成生物学等新兴领域不断涌现的新科技时代，我们可以不必完全依赖传统的科学方法进行研究。许多模式应该在下一代的科技进步中被应用，用新的方法对传统科学方法进行补充，更好地适合研究需求并取得更好的效果，使科学研究更上一层楼。目前科学发展呈现两个方面，一方面是向下游发展，学科划分越来越细，而且也会出现更多由不同学科组合而成的新学科；另一方面则是向上游发展，系统性更强。由于人类和其他生物体的行为都可以通过连续实时更新的模型进行模拟，那么无论是当前还是未来的发展过程，都会变得更加可知和可预测。从认知的角度上来讲，我们了解事件的途经以及发现世界和现实真相的方式正在发生改变。在某种意义上，我们可能正处于黑暗时代的节点，未来科学方法的多样性，可能会给我们带来一场新启蒙运动，就像传统的科学方法将我们带入现代社会一样。

② 指利用多基因重组技术，有目的地对细胞代谢途径进行修饰、改造和改变细胞特性，并与细胞基因调控、代谢调控及生化工程相结合，为实现构建新的代谢途径生产特定目的的产物，而发展起来的一个新的学科领域。——译者注

128

BIG EFFECTS HAVE BIG EXPLANATIONS

大影响都有大解释

费尔瑞·卡许曼（Fiery Cushman）

哈佛大学心理学助理教授。

许多科学家都误认为通过两个步骤就能够获得成功：识别出一个有影响力的现象，然后为其找到合理的解释。在这个方法背后还隐藏着另外一个理论，那就是非同一般的现象都有不同凡响的解释。相较于现象本身，科学家对解释这种现象的兴趣更大，牛顿会出名不是因为他向世人展示了苹果和其他物体都会坠落，而是解释了这些物体坠落的原因。如果这个隐含的理论是错误的，那么很多人都找错了通向成功的方法。

当然，也有一些貌似可信、有影响力的现象可以作为研究对象：很多小的相互交叉的解释。当它发生时，这种可替代的选项比错误的目标还要糟糕——这是一个近乎无望的目标。找错了目标只会得到一些微不足道的小发现。但对于那些近乎无望的目标，如果付出非凡努力是可以得到丰硕的研究成果的。

所以，是否对于一些有影响力现象的研究会获得较大的发现，或者得到很多发现呢？对于这个问题，可能不会得到简单的、一致的答案。（这是一个无望的目标！）但我们可以使用一个简单的模型进行合理的推测。

假设这个世界是由三种东西组成的。可以推动的拉杆；推动拉杆可以引发明显的现象；还有隐藏在背后的因果关系，将拉杆和现象连接起来。

为了探索这个“玩具世界”，我在我的笔记本电脑上对其进行模拟。首先，我创建了 1 000 个拉杆。每个拉杆可以激活 1～5 个隐藏的机括（200 个拉杆仅可以激活第1个机括，另外200个可以激活第2个，以此类推）。在我的模型中，每一种机括，都是从平均值为0的正态分布中提取的。然后，每个被杠杆激活的隐藏机制都会形成一组可观察的现象。所以200个拉杆产生的现象，等于一个取自正态分布的数字，另外200个拉杆的收效等于两个这样的数字之和，以此类推。

这些工作完成之后，我就会得到一个包含1 000个大小不同的数字列表。这些数值中有一些的绝对值很大，有一些则很小（接近于零）。我找出其中最小的50个数值，我很好奇它们中有多少是由一个单一的机括形成的，答案是11/50。然后我又检查了一下，有多少个是由5个机括加总后形成的，答案是6/50。这也就说明小现象几乎没什么解释。

接下来，我又找出其中最大的50个数值（这些数值平均约为最小数值的100倍），并且发现这些数值往往有很多解释。其中的25个有5个解释，每个现象都至少两种解释。这种有单一解释的结果排在整体结果的第103位。这些例子使我的观点变得具体，但其实这个观点可以总结得更简单一些：两个不相关随机变量的标准偏差的总和，大于其中一个随机变量的标准偏差。

所以，如果一个科学家的研究目的非常简单，那在我的模型中，他应该避免选择最大的现象，而应该追求最小的。但他可能会感觉受到了欺骗，因为这种方法只能识别出影响很小的解释。作为一个在简单（很少的几种解释）和有影响力（不同凡响的解释）之间维持平衡的粗糙方法，我计算了试验中不同程度现象的"期望值"——用发现单一原因现象的概率乘以这个问题中代表此现象的数值。你可能已经猜到了，最高的期望值往往出现在数值分布的中间位置。看来，平衡在谦虚中找到了灵魂伴侣。

现在，对于我的这个粗略计算需要进行一些说明。大多数科学家都有能力找出多维度的因果关系机制（有些甚至可以找出5种）。事实上，科学家们研究的因果机制远比我的模型复杂。一种解释可能涉及很多种现象，多重解释相互之间可以进行非线性组合，这些解释之间也可能是相关联的，等等。

不过，这种“我们应该坚定地追求最有影响力的现象的隐含理论”应该被淘汰了。我认为每一个科学家对于这一理论风险都有自己的体会。在我的领域，一直有一个疑问——为什么人们可以接受超速行驶的车辆的可以为了避让五个人而撞上一个人，但不能接受，将一个人丢在车前面来阻止它撞上五个人。这个例子很吸引人，是因为这个现象颇令人深思，但是对于这个现象的解释却平淡无奇。然而，经过多年的跨实验室研究，得到的一个重要的结论就是，这个现象的解释不只有一个。事实上，对于一些有关键点，或是有单一因果关系的小现象的研究，反而能够使我们学到更多的东西。

对有重大发现的科学研究工作的赞美，是很自然的。这种赞美也往往是重要的、合理的，因为这个世界上确实有很多庞大的问题需要那些有野心的科学家去解决。然而科学只能以其最佳的解释速度向前发展。最优雅的事物通常都出现在适度比例的现象中。

WE REVEL IN THE ECSTASY AND STRUGGLE WITH THE SORROW OF THIS PROFOUNDLY POWERFUL, NATURAL, OFTEN POSITIVE ADDICTION:

ROMANTIC LOVE.

我们在疯狂的喜悦中沉醉，在巨大的悲伤中挣扎，我们是自然的，也经常会有一些积极的成瘾，比如浪漫的爱情。

——海伦·费雪（Helen Fisher），《浪漫的爱情和成瘾》

129

ROMANTIC LOVE AND ADDICTION

浪漫的爱情和成瘾

Helen Fisher

海伦·费雪

美国罗格斯大学教授，研究浪漫关系的顶尖人类学家。

著有《谁会爱上你，你会爱上谁：如何找到并维持真爱》（*Why Him? Why Her? How to Find and Keep Lasting Love*）。

传闻爱因斯坦曾说过："如果一个想法一开始不荒谬，那么它就毫无希望。"我想要由此扩展一下"成瘾"的定义，而且我认为，"对任何事物'成瘾'都是病态的、有害的"这种科学观点应该被淘汰。

自从 50 多年前有了正式诊断开始，对赌博、食物和性行为的强迫性需求（也称为非物质奖励）并没有被视为成瘾。而只有滥用酒精、鸦片类药物、可卡因、安非他明、大麻、海洛因以及尼古丁等被正式定义为成瘾。这种分类的原因，很大程度上是因为这些物质激活了大脑中的"奖赏回路"（reward pathway）[1]，从而使人产生了渴求、痴迷以及病态的行为。精神病学家从事的精神病理学研究，就是针对这些反常的、病态的行为。

①人类大脑的边缘系统是情感、内驱力、冲动和潜意识决策的中枢。在边缘系统内部存在着奖赏回路，多巴胺能激活此回路从而驱使人们采取行动，比如进食、交配、与后代亲近和冒险等，帮助人们生存或传递基因。所有令人成瘾的物质和活动都能增加多巴胺，这就是它们让人沉溺的原因。——译者注

作为一名人类学家，我认为他们的观点过于狭隘了。科学家现已发现，食物、性和赌博的冲动与滥用药物一样，都能激活相同的脑回路。实际上，2013年版的《精神疾病诊断与统计手册》也终于承认，赌博作为一种非药物滥用形式，可以被定义为“成瘾”。然而滥交和暴饮暴食却没有包括在内，当然也没有包括浪漫爱情。我将提出的“对爱上瘾”，同其他形式的成瘾一样，都有其行为模式和大脑机制，并且这是一种积极的成瘾。

科学家和非专业人士一直将浪漫爱情看作一种神奇的现象，或是12世纪法国诗人的社会发明。然而并没有证据支持这个观点。情歌、诗歌、故事、歌剧、芭蕾舞剧、小说、神话故事和传说、恋爱魔法、恋爱魔咒以及因爱产生的自杀或杀人行为等（在数千年的人类历史中，人们已发现了超过200种类似的社会行为），都可以作为浪漫爱情的证据。而全世界的男男女女都渴望爱情，他们为爱而活，为爱而杀人，或为爱而死。人类的浪漫爱情，也称为热情的爱，或“坠入爱河”，被视为一种人类的共性。

此外，沉醉于爱情的男女都显示出了成瘾的基本症状。首先，恋爱中的人将所有精力都集中于令其上瘾的“药物”（即恋人）身上。他们会不由自主地想起恋人（强迫性思维），经常不由自主地采用打电话、写信或其他方式与恋人保持联系。在这一经历中，最重要的是去赢得对方的爱这样一个强烈愿望，而不是像药物成瘾者那样过分依赖药物。对恋人的痴迷会扭曲现实。为了

迎合恋人，人们会改变自己的日常生活习惯与性格（情感障碍）；为了打动恋人，有时还会做一些不恰当或危险的事情。很多人都愿意为爱做出牺牲，甚至为恋人而死。恋爱中的人渴望与恋人形成精神上与身体上的结合（依赖性）；与恋人分离的感觉，就像是药物成瘾者不能得到药物一样（分离焦虑）；而且，逆境和社会障碍甚至会加剧对爱的渴望（挫折吸引力）。

事实上，沉醉于爱情的情侣们表现出成瘾的4个基本特征：渴望、容忍、脱瘾和复发。与恋人在一起的时候，人们会感觉到一种令人愉悦的“冲动”（中毒）。与恋人之间有了包容的默契之后，他们开始寻求与对方越来越多的互动（强化）。如果与恋人的爱情关系破裂，当事人就会产生药物被戒断的感觉，这时会出现反抗、经常哭泣、嗜睡、焦虑、失眠或睡眠过度、食欲不振或暴饮暴食、易怒以及觉得孤独的状态。恋爱中的人就像瘾君子一样，也经常会走极端，为了挽回恋人，有时还会做出有辱人格或危害身体的事情，而复发的过程也像药物成瘾者的一样。关系结束很长一段时间之后，一旦出现与曾经的恋人有关的任何外部线索（例如某件事、某个人、某个地方、某些歌曲等），都会触动往日的回忆使爱火复燃。

浪漫爱情的成瘾症状很多，然而，任何一点都不如神经科学日益增长的数据更有说服力。一些科学家已经应用功能性磁共振成像技术，呈现出了强烈的浪漫爱情对大脑“奖赏系统”的影响。具体来说，多巴胺通路与活力、注意力、积极性、狂喜、绝望和渴望等有关，而且包含了脑内主要与物质（或非物质）成瘾有关的区域。事实上，我和我的同事露西·布朗（Lucy Brown）、阿特·阿伦（Art Aron）以及比安卡·阿塞韦多（Bianca Acevedo），发现了遭到恋人拒绝时，人们大脑中伏隔核（大脑中与成瘾有关的核心区域）的活动情况。此外，最新的研究结果也显示出了某种相关性，即伏隔核活动与陷入热恋中的人们所感受到的浪漫激情的感觉之间的相关性。

诺贝尔奖得主埃里克·坎德尔（Eric Kandel）曾指出，对大脑的研究“将对我们是谁这个问题提供新的见解”。鉴于我们现在了解到的有关大脑的知识，露西·布朗曾提出“浪漫爱情是一种自然成瘾”的观点，我一直认为，这种自然成瘾是440万年前，第一代人类的祖先从哺乳动物的祖先那里进化来的，与一夫一妻制相结合后（连续的、社会性的），就变成了人类的特点。这种进化的目的就是激励人类的祖先集中交配时间，并代谢能量于单一的对象，从而形成一种夫妻制，共同养育后代（从婴儿期开始）。

我们对脑科学的研究接受得越快，利用这些信息更新对成瘾的理解越快，就越能很好地了解自己以及这星球上数以亿计的人。**我们在疯狂的喜悦中沉醉，在巨大的悲伤中挣扎，我们是自然的，也经常会有一些积极的成瘾，比如浪漫的爱情。**

130

EMOTION IS PERIPHERAL

情绪是外部的

布莱恩·克努森（Brian Knutson）

斯坦福大学心理学和神经学助理教授。

仍然有一些人认为情绪是外部的，但时间已经证明，情绪才是中心。情绪是外部的这种说法可以从字面意义上理解，也可以从象征意义上理解。从字面意义上看，自从实验心理学在镀金时代[1]诞生以来，专家们就在争论哪一种生理机能对于情绪体验来说是必要的。威廉·詹姆斯在他的著名的《什么是情绪？》（*What Is an Emotion?*）中曾提出，当我们遇到一只熊，外周神经系统（即脖子以下的部位）会发生一些生理变化（如胃痉挛、心跳加速、出汗等），之后就会产生情绪体验（如恐惧）。这一论述暗示了詹姆斯的观点：外周神经系统的反应发生在恐惧的情绪体验之前。

詹姆斯在哈佛大学的同事沃尔特·坎农（Walter Cannon）并不同意这个观点，他指出情绪体验和外周神经系统的反应（生理反应）都是由大脑活动引起的。坎农的观点是基于实验研究和逻辑推理而得出的。从实验方面而言，坎农发现，对猫的大脑进行刺激可以诱发猫的情绪反应，继续刺激则会引起猫的脊髓病变。从逻辑方面而言，坎农认为生理反应太慢，不足以说明情绪瞬息变化的事实；机体的某些生理变化可以由药物引起，但药物（如肾上腺素）只能激活生理状态而不能产生情绪；而且机体上的生理变化，在各种不同情绪状态下差异并不大。根据以上几点可以推断，生理反应不能产生情绪

[1] 1873年，马克·吐温出版了小说《镀金时代》。从此，人们就用这个词来形容从南北战争结束到20世纪初的那一段美国历史。——译者注

体验。虽然詹姆斯是一位富有创造性的思想家，也是一位有说服力的作家，但他的论断是脱离实际的，并没有实验研究作为基础，而坎农的观点是有研究数据作为支持的。坎农还提出了如“内环境稳定”和“战斗或逃跑反应”等有创造性的概念。

我之所以再次提到这历时百年的学术论战，是因为詹姆斯关于“情绪依赖于反应”的观点，仍然是许多现代情感理论的重要理论依据，例如，外部的生理信号、表现甚至任何传递感觉的过程，都是由外向内影响情绪的形式。当然，生理反应虽然可以调节情绪，但情绪的反应速度更快，形式更多，正是这些特点使我们的祖先得以生存下来。而相对于情绪反应来说，生理反应速度不够快，也不够具体。情绪当然也可以产生生理反应，但无法确定哪一个先出现，两者之间有相关性并不意味着两者之间一定存在因果关系。公平地讲，科学家目前还没有一种精确的定量计算模型可用于研究大脑如何产生情绪，神经机制的研究也还在进行中。但在未来几年的研究中，通过对脑刺激、机能障碍和影像学证据的积累，我敢打赌，“情绪反应的控制中心在内部”的观点将得以证明。

从象征的角度来看，“情绪的控制中心在外周神经系统”的假设也有问题。更早的争论点集中于情绪的功能而不是情绪的形成。具体地说，对心理功能来说，情绪的控制中心究竟是在外部还是在内部呢？情绪中枢在外部的观点可能会假定，情绪不会对心理功能产生影响，也不会扰乱心理功能。这种假设的历史根源可追溯到琐罗亚斯德教[2]的二元论，而在二元论从宗教领域进入到科学领域的过程中，笛卡尔起到了举足轻重的作用。通过将灵魂与精神、激情与身体联系在一起，笛卡尔认为，外部刺激引起了“动物精神”的流动，从而导致松果体[3]的运动，所以应该将灵魂与激情区分开。笛卡尔身心二元论的观点说明，即使激情没有了，灵魂还是可以独立存在的。

[2] 在基督教诞生前中东最有影响力的宗教，是古代波斯帝国的国教，也是中亚等地的宗教。它是摩尼教之源，在中国被称为“祆教”。——译者注

[3] 位于间脑脑前丘和丘脑之间的红褐色豆状小体。松果体能感受光的信号并作出反应，也是人体的生物钟调控中心。——译者注

其实，情绪的控制中心在内部的观点并非来自西方，而是来自东方。藏传佛教的“轮回”代表着激情附着于动物体上，占据生命发展的中心，驱动思想和行为。在两种论述中，过度的激情都可以转移思想和行为，但在笛卡尔的观点中，情绪从外部扰乱了灵魂，而在佛教的观点中，情绪从内部驱动灵魂。如果对于心理功能来说，情绪的控制中心在内部，那么我们继承下来的控制情绪的方式的也是由内而外的。

事实上，情绪的缺失已经影响到意识的现代科学研究模型。在社会科学领域有一种非常受欢迎的心理隐喻，从行为主义的观点来看，意识就像反射一样，很明显忽略了情绪；从认知主义的观点来看，意识像计算机一样，也忽略了情绪。甚至当情绪出现在后来的理论中时，它也通常是作为一种由已经发生的事情附带产生的反应。但在过去十几年里，新兴的情感科学研究已经发现，情绪可以先发生，并激发思想和行为。

新兴的生理学、行为学以及神经影像学的证据都表明，情绪和反应一样，都是先发生的。通过大脑的情感信号可以对选择以及心理健康的症状进行预测，可以指导科学家快速找到能够对思想和行为进行更精确控制的大脑回路。因此，继续忽视“情绪的控制中心在内部”的代价是巨大的。通过意识就像反射、像计算机程序，甚至像自私的理性行为者的假设，我们可能会错过预测和控制个人或群体行为的重要机会。我们不能一直认为情绪是外部的，应该将其置于中心位置。

131

SCIENCE CAN MAXIMIZE OUR HAPPINESS

科学可以让幸福最大化

保罗·布卢姆（Paul Bloom）

耶鲁大学心理学和认知科学教授，著有《善恶之源》（*Just Babies: The Origins of Good and Evil*）。

关于什么使人感到快乐，心理学家有了惊人的发现。而这些发现中有一些与我们的常识冲突。例如，当我们的消极经历再次出现时，实际情况其实是比我们想象中要好的，哈佛大学心理学家丹尼尔·吉尔伯特（Daniel Gilbert）曾提出“心理免疫系统”①，而我们一直对此视若无睹。还有一些发现会与长辈所说的相符，比如快乐来自与朋友的相处，而痛苦源自孤独，就像唐老鸭的生活其实比史高治更好一样。②

一些前沿研究者认为，随着研究工作的开展，我们会集中于寻找“如何最大化幸福”的科学方法，但这是错误的。即使假设幸福有一个完全客观的定义（撇开幸福生活和美好生活之间的区别不谈），在某种程度上，如何最大限度地追求幸福生活并不属于科学领域。

要了解其原因，就要考虑一个与此相关的问题：我们怎样定义最幸福的社会？正如英国哲学家德里克·帕菲特（Derek Parfit）和其他人曾指出的那样：“即使你可以精确地测量每个人的幸福，还有一个非常困难的问题需要回答——我们应该选择幸福指数最高的社会吗？如果应该的话，那么过着悲惨生活的一万亿人（他们并没有悲惨到宁愿死去）会比幸福到极致的十亿人

① 心理免疫系统是一种认知处理系统，大多是无意识的认知处理，它能帮助改变人们对世界的认识，让人们对自我生存的世界感到更美好。——译者注

② 唐老鸭和史高治是迪士尼创作的经典卡通角色，唐老鸭温和豁达，有很多朋友，史高治是唐老鸭的舅舅，是一个小气的富翁。——译者注

‘更快乐’。”

这样说好像不对，我们并没有计算平均值。如果追求平均值的话，那么在一个社会中，大多数人都极其幸福，而另外少数人都生活得无比痛苦，这样的社会比“每个人的生活仅仅还不错而已”的社会更幸福？这样说好像也不对。那么，再来考虑一下这两个社会的差别：a社会，每个人的幸福指数都是一样的；b社会，每个人的幸福指数虽然不平均，但是总体的幸福指数和总的平均值都是大于a社会的。那么a社会和b社会哪一个更幸福呢？这个问题很难回答，如果将其与现实世界联系起来，这就不是靠科学可以解决的问题了，因为科学无法提供计算整体幸福水平的方法。

重要的是，正如帕菲特所指出的，同样的问题对于社会中的个体来说，也是存在的。你该如何在一生中平衡分配自己所拥有的幸福呢？对于“一生都过得有点幸福”和“一生中幸福和痛苦完全二分”这两种生活，哪种更幸福呢？同样，这也不是靠经验就可以回答的。

这就涉及一些道德问题。我们经常会面临这样的情况，必须选择是否要为他人的幸福而牺牲自己的幸福。大多数人都会为亲人和朋友做出这样的牺牲，当然也会有人为陌生人牺牲。从这方面来看，它是一个道德问题，而不是一个享乐主义的问题。一个彻底的享乐主义者只有在确定会增加自己幸福指数的时候才会帮助别人，这样的权衡方法适用于只有一次生命的个体。现在想想你的幸福，并问问自己，如果不考虑其他人，只是为了自己的将来，你会放弃多少幸福？

生活中充满了这样的选择。当我们沉溺于一时的享乐（食用高脂肪食物、进行不安全的性行为、放纵地生活），就是在牺牲自己未来的幸福。当我们为了未来而牺牲现在的幸福时（运动、吃无味但健康的食物、为未来做好计划），我们就变成了利他主义者，为了未来的幸福而牺牲了现在。出人意料的是，即使最自私的享乐主义者都不得不与这种道德问题作斗争。看起来幸福是一个科学问题，但它很快就变成了“做正确的事”这种明显与科学无关的问题。

注：本文作者保罗·布卢姆的《善恶之源》已由湛庐文化策划，浙江人民出版社出版。

132
CULTURE
文化

帕斯卡尔·布瓦耶（Pascal Boyer）

美国圣路易斯华盛顿大学人类学家、心理学家，个体与集体记忆领域的亨利、卢斯讲席教授，著有《宗教的解释》（*Religion Explained*）。

文化就像树一样。我们周围都有树，但这并不意味着我们就拥有一门关于树的科学。我们对树有一些原始的理解，例如蛇会在树上埋伏，鸟会在树上筑巢，人类也会利用树躲避疯狗的追赶，当然，景观设计师也会利用树来美化景观。但树对科学家好像没什么用，除了用树来解释生长、繁殖、进化之外，它在科学界再也找不到更多的用处了。没什么可以像香蕉树这种奇异的植物一样，对研究松树、橡树、猴面包树以及一些怪异的草药都有帮助。

为什么我们会认为文化像树呢？因为文化和树一样，是一个方便的术语。我们可以用它来命名各种需要有名字的事物，就像一些人从另一些人那里获取的大量信息，或一组特殊的概念，又或是某些人群中特有的标准。尚无证据证明，这些领域要么有科学的方法可以进行研究，要么可以提供一般的假设或描述机制。

我们应该开展一项关于“文化”的科学研究。与怪异的蒙昧主义[1]观点不同，许多传统的社会学家、历史学家和人类学家认为，根据自然因素，我们应该也可以对人类的行为和沟通进行研究。但这并不意味着应该建立一门

[1] 认为人类社会的种种罪恶都是文明和科学发展的结果，主张恢复到原始的蒙昧状态。它否定人类的理性思维能力，否定科学知识，宣传不可知论。——译者注

笼统的文化科学。

我们可以对人类行为和沟通的一般原则进行科学研究，这就是进化生物学、心理学和神经科学在做的事情，但它们要比“文化”领域更宽泛。我们也可以研究技术的传输、协调规范的持续性、礼仪的稳定性等，但这些都是比“文化”小得多的领域。我怀疑，任何发展良好的科学领域都能对“文化”说出点什么。

从某种程度上来讲，这并不奇怪。当我们说某些观念或行为是“文化”时，我们只说它与其他人的观念和行为有一定的相似性。它是一个统计事实，并不会告诉我们很多关于导致该行为或形成这种概念的过程。正如法国的认知科学家丹·斯珀伯所说的：“文化是流行的心理表征。”但对于“与常见相反的就是罕见”这一众所周知的流行病学的事实，除非你了解生理学，否则这也没什么用。可以这么说，一个想法如何获得、储存、修改，我们如何将这个想法与其他的行为、表现联系起来，对“文化”这个概念来说是非常重要的。关于传播动力学，我们可以说出很多有趣的事情，罗布·博伊德（Rob Boyd）和皮特·里彻森（Pete Richerson）等很多学者以及一些模型制造者最近在开发一种模型，但这种模型并没打算解释为什么文化就是其所是，不过对于这一问题，可能根本就没有统一的答案。

文化的概念真的不好吗？是的，对文化的信仰，作为一种现象，阻碍了群体中人类行为的发展——这应该是社会科学的研究领域。

第一，如果你相信有“文化”这样的事物，那么你自然会倾向于认为，它是一个确实存在的特殊领域，并有其自己的规则。但事实证明，你无法找到一种统一的因果原则（因为根本就不存在）。所以，你惊叹于世上存在的形式多样的文化。但文化如此丰富多彩，是因为它根本不是一个领域，仅仅是在其中有如此多不同的形式而已，就像白色的物体有那么多种，比苏格拉底年轻的人有那么多一样。

第二，如果你相信文化，那么对你来说即使是跨越种族、跨越年代，文化也应该是相同的。对你来说也许并没什么不同，但对别人来说可能就是大问题，他们需要得到一个明确的解释。人类沟通并不是通过不同大脑之间直接传递心理表征而实现的，沟通包括对其他人行为及话语的推断，这个过程很少会发生复制想法那样的事情。这种过程导致的大体上稳定的状态，表现在大量人群中，就是一个精彩的反熵过程，所以在沟通中，解释清楚想要传达的想法是非常重要的。

第三，如果你相信文化，那么你最终也会相信魔法。你会认为一些人特定的行为方式，是因为文化差异。换句话说，你会利用相似的统计事实和非物质实体来解释物质现象（比如一个人的表现和行为）。但一个相似点并不能引发任何事情，事实上是心理状态引发了行为。

我们中的一些人想通过研究人类群体的相互作用为社会科学作出贡献。但我们没必要利用文化这样一个概念。

133
CULTURE
文化

劳拉·贝齐格(Laura Betzig)

人类学家、历史学家，著有《专制和微分繁殖》(*Despotism and Differential Reproduction*)。

许多年前，我曾坐在一位亚马孙丛林之王的旁边，听他谈论文化。他引用了自己老师的一段关于文化独特的叙述：文化本身就自成一体。它除了使我们成为单纯的生物体之外，还包含更多内容，它将我们从人类进化史对创新的禁锢中解放出来，它将我们同其他动物区分开来，让我们变得与众不同。

美国人类学家拿破仑·查冈(Napoleon Chagnon)对此并不十分认同，我也是。

如果人类社会的存在已有十万年——从南非的箭头[1]到多尔多涅的维纳斯雕像，文化除了使我们努力地繁衍子孙后代之外，对我们还有什么其他的影响吗？如果有记录的文化已有十万年——从中东庙宇的纳税账户到纽约海港自由女神像上的碑文，除了让我们为后代拥有优异的遗传特性而奋斗外，文化对我们还有什么其他的影响吗？

对于十万年或更多年，史前的掠夺者可能活得像同一时期非洲或亚马孙河流域的掠夺者一样。他们可能会尽自己最大的努力来获得平静的生活，但偶尔也会因生产或繁殖问题而发生争斗，获胜者可以与更多的女性同居，并养育更多的孩子。如果他们生活在优势地区，可能会更喜欢争斗，因为在这

[1] 指在南非发现的最古老的箭头状的石头，此处指代人类的社会的开始。——译者注

些地区更容易得到资源，而在附近的其他地区则很难找到食物和住所。

然而，在大约一万年前，最初的文明形成了。从美索不达米亚到埃及，从印度到中国，然后到希腊和罗马，统治者们像社会性昆虫②一样，将他们的一些下属变成了“不育等级”③，但他们自己的子嗣却格外多。罗马帝国皇室任命宦官为宫廷总管，负责管理皇帝的寝宫、皇室的财产以及数百名皇室子嗣。随着宫廷总管权力不断扩大，他们在罗马帝国后期掌握了兵权，并替皇帝发号施令。后来，由于野蛮人入侵，皇帝携其后宫逃到了博斯普鲁斯海峡（Bosporus）。

圣彼得共和国接管了人烟稀少的欧洲西部。从克洛维国王建立的墨洛温王朝（定都于巴黎），到查理曼帝国（定都于亚琛），再到后来莱茵河以东区域的神圣罗马帝国，贵族联姻就像鸟类的合作繁殖④一样。贵族子女中有一些是独身，因为他们要帮助抚养其他人的孩子。修道院院长、神父和主教负责管理房产、招募军队或指导他们的侄子、侄女进入修道院学校学习；他们的兄长指定继承人，并在各地都有私生子。随着十字军乘船抵达近东地区，哥伦布率领第一拨移民横跨大西洋。

在接下来的几个世纪，成群的穷人为了寻找可以自由呼吸的土地，逃离旧世界，来到了美洲大陆。成千上万单身的奴隶、农奴以及未婚的牧师和修道士，他们就像鸟类合作繁殖中的帮助者，或是社会性昆虫中的不育等级一样，离开了主人、教堂、修道院，来到了美洲。他们组建自己的家庭，希望自己和后代可以得到自由。哲学家托马斯·潘恩（Tom Paine）在《常识》（*Common Sense*）一书中曾这样形容一名普通人：“自由曾在世界各地遭到迫害，亚洲和非洲曾把它驱逐出境。欧洲把它当作一个陌生人，英格兰曾警告它离开。啊！接纳逃亡者，及时为人类准备庇护所。”

② 在集群生活的昆虫中，其集群的协调性和内部分化显著者，被称为社会性昆虫。其最大的特征是成员之间按照等级分化来建立分工。——译者注

③ 指社会性昆虫中生殖腺不发育和不能生殖的雌性个体，包括所有职虫，如工蜂、工蚁和兵蚁等。——译者注

④ 指鸟类中两个以上的族群成员在繁殖期共同抚育同一窝幼雏的现象。——译者注

从那时起，当我在学习拿破仑·查冈时，对我来说“文化”就像“上帝”一词的另一种形式。一些善良的人（最善良的那些人）和一些聪明的人（最聪明的那些人）在宗教中寻求解释：他们相信，冥冥之中有一股力量在指导我们的行为。而另外一些善良的人和聪明的人则从文化的意义上进行解释：他们相信某些人类是一种超级动物，把他们美妙的声音作为合唱的一部分是再合适不过的了。但最后，我仍然不明白文化的定义。对我来说，适用于动物的法则也同样适用于我们。

这样的一生，已足够壮观。

134
LEARNING AND CULTURE
学习和文化

约翰·托比（John Tooby）

进化心理学创始人，加州大学圣塔芭芭拉分校进化心理学中心联席主任和人类学教授。

在亲身体验了科学研究机构的实际运行情况之后，我明白了一个恼人的事实：科学比它可以或应该进步的速度慢得多。作为人类，我们应该以科学的速度思考和推理。但因为相信了普朗克的说法，所以我们一直认为是人限制了科学发展的速度，在科学发展的过程中，一个“葬礼”接着另一个“葬礼”，进步的钟声每敲响一次，就意味着这些知识传递者的职业生涯已过半。

事实上，科学发展的速度取决于思维的速度，由于强烈的好奇心，大家会自发组成积极互动的小组，进而根据数据，得出一系列强有力的推论并彼此分享。事实上，普朗克是一个糊涂的乐观主义者，因为科学家们会像其他人一样相互结合，形成具有强烈道德感的群体，其内部都遵守群体的信仰，例如，“我们基本上是正确的”。

所以，科学家们经常要在道德和清晰的思维之间作出选择。因为接受正统教育的科学家以及他们自己选出的继承者，不仅会将错误传递到下一代，而且会使错误变得越来越大。当发生这种情况时，数据将深深地陷入一个错误解释矩阵中（如人文科学），他们再也不能独立于模糊的框架之外。所以，社会的科学发展速度可能会比普朗克所描述得更慢。

最糟糕的是，新发现和理论在传播的过程中，被制度中的一些糟糕的想法限制住了，正如物理学家沃尔夫冈·泡利（Wolfgang Pauli）尖锐的评论所形容的那样："这些想法连错误都算不上。"而产生这种限制作用的两个最重要的因素就是学习和文化，它们是一对根深蒂固的、极易被误解的、看似不言自明的真理。除了容易伪造的机械决定论和基因决定论①，还有什么可以取代它们吗？

无数看起来正确的科学信仰不得不被丢弃，例如，地球是静止的、绝对空间、物体的实体性（两个物体不能占据同一个空间）、距离无作用（两个不接触的物体不会影响彼此的运动）。像其他事物一样，学习和文化看起来令人信服，是因为它们清楚地反映出我们的大脑是如何进化出自动的、内置功能的，这些功能帮助我们解读世界。例如，在心理理论系统中，学习是一个内置的、固有的概念。但学习和文化并不能科学地解释任何事情，它们本身就是需要被解释的现象。

"学习"的过程实际上就是，通过生物体与环境的相互作用，在不明原因的机制作用下，导致大脑中的信息发生变化。而"文化"的意思是，某个人大脑中的信息，在不明原因的机制作用下，在另一个人的大脑中重建相似的信息。之所以有这样的过程，是因为所谓"文化"的实例（或者"学习"的实例）具有相同的名称，是同一种事物。但是，每一个相同的事物下面又掩藏着巨大的不同。如果我们试图围绕文化（或学习）构建一个科学概念，而作为一个单一的概念，它与"利用颜色对物体进行科学分类"一样，容易对人产生误导。比如，白色物体包括蛋壳、云彩、O 型星（白色的恒星）、帕特·布恩（Pat Boone，拥有一头白发的美国歌手）、人类巩膜、骨骼、第一代苹果笔记本电脑、蒲公英的汁液、百合等。

提到建筑物以及相关事物，可以列举如道路、电力系统、水利系统、排污系统、邮件、电话线路、声音、无线手机服务、电缆、昆虫媒介、猫、啮齿类动物、白蚁、狗叫、火灾蔓延、气味、与邻居的视线交流、汽车和货车、垃圾服务、上门推销员和燃油配送等。所以，认为建筑学的核心概念就是建

①机械决定论是一种只承认自然界的因果性、必然性、客观规律性，否认人的主观能动性和偶然性的形而上学观点，其代表人物为牛顿、拉普拉斯、斯宾诺莎、霍尔巴赫等人，它发端于 17 世纪的法国，当时哲学家笛卡尔就提出了"动物是机器"的观点。基因决定论是指这样一种思想：将基因信息与人的行为、心理活动简单对应，并以前者解释后者，认为一个人的基因信息内容决定了他的行为方式与心理内容。——译者注

筑物之间的影响，即“建筑文化”，这根本就是胡言乱语，就像“科学文化就是人对人的影响”已经被证明是错误的一样，这是相同的道理。

文化的功能和原生质（细胞内生命物质的总称）的功能是相同的，这个设想旨在说明，正是未知的机制主导了重要的进程。现在我们认识到，原生质是魔术师的障眼法，是魔术师为了愚弄观众而设置的黑盒子。重叠的双分子脂膜、核糖体、高尔基体、蛋白酶体、线粒体、中心体、纤毛、囊泡、剪接体、液泡、微管、片足、核周池等，这些结构才真正主导了生命的进程。

像原生质一样，文化和学习也是愚弄观众的黑盒子，这要归咎于文化和学习的不真实特性和伪装。它们应该被多样的认知地图和活跃的“细胞器”（神经程序）取代，实际上“细胞器”应该做的工作，现在正在由学习和文化完成。学习和文化就是社会科学和行为科学领域的“拉布瑞亚焦油坑”[2]。经过一个世纪的失误，我们的科研大军依然在焦油坑里越陷越深，然而我们还在为此庆祝，因为这些概念上的焦油已经填满了人类科学中所有的解释空缺。通过模糊实际上存在的因果特异性，看起来他们好像“解决”了所有表面上的问题，但其实每个结论都应该重新研究思考。

因为基因是仅有的备选假设，所以我们过分地将人类精神和文化联系在一起。相反，进化、自发调动的专家系统（类似于人工智能），都会与外界环境的输入产生互动，神经发展出巨大的、微妙的内容来填充我们的大脑，而其中只有一部分是源自他人的。人类并不是被动接受“文化”填充的容器，这些可以自发调动的系统使人类积极行动起来，构筑他们自己的世界。为了更好地运行人类独特的功能，一些神经程序逐渐形成了利用低成本的、来自其他人的有用的内容（“文化”），补充自我生成内容的功能。

就像建筑一样，人和人之间通过许多独特的路径联系在一起，形成了明显不同的功能。每个人的大脑中都布满了独立的“传输管道”，相互传递着许多种不同的东西。所以，人们形成了恐惧蛇的文化（生活在有蛇恐惧症的

[2] 拉布瑞亚焦油坑（La Brea tar pits）：在 2 588 000 ~ 11 700 年前，地球更新世时代中的一片无垠的沥青焦油地，成千上万路过的动物误将该地认作水池而走近，结果全数没顶在焦油中。
——译者注

群体内）、语法文化（生活在有语言习得机制的群体内）、偏食文化、群体认同文化、厌恶文化、共享文化、侵略文化，等等。

从根本上来说，不同种类的“文化”在其内部都存在明显不同的计算区域，这些区域产生了不同的进化心理程序及组合。将人类真正联系在一起的是无所不包的超级文化，正是这种超级文化产生了人类的普遍认知、情绪程序以及隐含普遍意义的共享世界（因此是不易察觉的）。因为人类现在可以形成进化神经程序的自适应逻辑，严谨自然科学的未来向我们敞开了大门。如果我们可以放弃学习和文化对普遍事物的定义，就必将加快人类科学思想的进步速度。

135

"OUR" INTUITIONS

"我们的"直觉

斯蒂芬·斯蒂克(Stephen Stich)

英国谢菲尔德大学哲学名誉教授,美国罗格斯大学哲学系及认知科学研究中心教授。

有一种自古以来就有的战略,它被用来保卫哲学观点,也被用来支持推理的规则(在科学等领域)以及道德原则,捍卫对知识、因果关系和意义等现象的解释。最近越来越多的研究结果显示,这一存在了 2 500 年的战略应该被淘汰了。

这种战略是如何发挥作用的呢?当一个事件(现实或虚构的问题)被描述出来后,哲学家就会问:"我们对于这件事能说什么呢?故事中的主角真的有知识吗?主角的行为在道德上是被允许的吗?第二次事件是不是由第一次事件引起的呢?"当事情进展顺利的时候,哲学家和他的听众会自发地作出相同的判断。

当代哲学家将这种判断称为"直觉"。在哲学理论中,我们的直觉是重要的证据来源。如果一位哲学家的理论与我们的直觉一致,该理论就会得到支持;如果这一理论与我们的直觉不一致,该理论就会受到挑战。如果上过哲学课,你就会发现这种方法很常见,但这并不仅是一个哲学家在课堂上使用的方法。最近在罗格斯大学哲学系的一个讨论会上,我坐在会议室的后排,数了一下,在一位哲学界冉冉升起的明星长达 55 分钟的演讲中,"我们的直觉"这个词组共出现了 26 次,粗略算一下,大概每两分钟就会出现一次。

虽然这种现象在当代哲学中并不少见,但所谓的直觉也确实太多了。这次发言中还有一个司空见惯的问题——演讲者从来没有告诉听众“我们的直觉”中的“我们”究竟指的是谁。当一位哲学家提出“我们的”直觉、知识、因果关系或道德许可的观点时，他究竟在谈论谁的直觉？事实上，哲学家几乎从来都不用面对这一问题。但如果他们真的遇到这样的问题，其回答也可能是非常模糊的。在哲学中，只要保持专注，并且对事件有一个清楚的了解，那么作为证据的直觉指的就是所有理性的人都会有的直觉。根据那些捍卫这种方法论的人的看法，直觉更像是认知，几乎是人人共有的。

我一直认为应该对“我们的直觉”持适当的怀疑态度。哲学家怎么能安心地继续从事这样的研究，并且坚信所有理性的人都共享着他们的直觉呢？在过去的30年中，这种怀疑的观点随着文化心理学的出现而得到了加强。事实证明，文化发展得越深入，它从推理、记忆、知觉等方面对心理过程产生的影响就越广泛。

此外，在一篇重要的文章中，约瑟夫·亨里奇（Joseph Henrich）、史蒂文·海因（Steven J.Heine）与阿拉·洛伦萨扬（Ara Norenzayan）举了一个非常有说服力的例子，从大范围心理研究的角度来看，“WEIRD人”是非标准样本。他们认为，WEIRD人是“世界上最古怪的人”。而绝大多数哲学家都是WEIRD人，他们绝大多数为白人，以男性居多，都接受过大学或研究生教育，而在哲学领域，不分享专业直觉的人会处于极为不利的地位。是不是因为以上这些因素单独或综合地起作用，才使得专业的哲学家以及他们取得成功的学生分享更多的直觉呢？

大约十年前，一群哲学家带着这个疑问，还带着心理学和人类学同行的同情，试图制止“他们的直觉被广泛共享”的假设，他们特意设计了一系列实验来研究自己是不是真的接受“我们的直觉”这种理论。反复研究后发现，哲学的直觉确实是随着文化以及人口统计变量的变化而变化的。那么，哪一种哲学的直觉是变化的呢？哪一种又是具有普遍性的呢？在这些问题有确定的答案之前，我们还有大量的工作要做。

我们有许多重要的直觉要考虑，有大量的文化和人口群体要考虑，也有大量方法论的误区要去发现和避免。但对于那些支持传统的、以直觉为基础研究方法的哲学家来说，上述“实验哲学家”的前期努力并没有受到热烈欢迎。一位有影响力的哲学家曾声称：实验哲学家“恨哲学”。他和其他人已经找到了有效的应对方式，他们坚持认为，我们对普通人或其他文化背景下的人群进行的直觉研究，得出任何结论都不重要，因为专业的哲学家对知识、道德、因果关系以及其他方面的判断都是专业的，所以只要他们的直觉是认真严肃的，就可以了。

这场争论还要持续很长时间。但我相信，大多数人都会同意这样一个结论：不应该一再谈论“我们的”直觉，而不指出“我们”究竟是谁。

136

WE'RE STONE AGE THINKERS

我们是石器时代的思想家

阿伦·安德森（Alun Anderson）

曾任《新科学家》（*New Scientist*）杂志总编辑和发行主管，高级顾问，著有《冰：生命》（*After the Ice: Life*）、《死亡》（*Death*）以及《新北极的地缘政治》（*Geopolitics in the New Arctic*）。

早在20世纪70年代，诺贝尔奖获得者、动物行为学家尼古拉斯·廷贝亨（Nikolass Tinbergen）曾描绘出一幅随着时间慢慢上升的曲线图，其中一条曲线表示的是人类遗传进化的速度；另一条急速上升的曲线表示的是人类文化变迁的速度。据尼古拉斯·廷贝亨推测，人类进化的环境和人类现在所处的环境之间的差距，有可能是人类大量疾病的根源。自那时起，这种想法就开始蔓延，当然在某种程度上，也有可能是因为演化心理学的兴起。

演化心理学认为，人的意识就像瑞士军刀，由许多有专门用途的模块组成，每个模块都经历了自然选择，并在漫长的史前文明阶段，帮助人类解决了遇到的问题。帮助人类适应环境的"意识模块"仍然占据着我们的思想，因为人类在进化过程中，有99%的时间都是作为狩猎采集者[1]度过的，所以得出这种结论似乎也是合理的。因此，女性会下意识地觉得体格强健的男性（他们会是好猎人）尤其具有吸引力。但是，如果我们的祖先像英国作家托尔金（J.R.R. Tolkien）笔下的矮人[2]那样，利用整个更新世的时间在地球上开矿，那么矮小而胸膛宽阔的男性会更具吸引力。在公众的印象中，演化

[1] 以猎捕食物和直接采摘可食用果实作为生存技能，而不太靠驯养或农业保障生存的人类。狩猎采集可能是人类出现以来到旧石器时代为止唯一的生存技能。——译者注

[1] 此处指托尔金的作品《霍比特人》中的霍比特人，他们都是身材矮小的人。——译者注

心理学已经将我们设定为现代社会中石器时代的思想家，我们的大脑通过无线连接来应付办公室、学校、法院、写作或研发新技术的工作。

这是一个诱人的想法，它暗示着存在另一个更自然的世界，在那里我们会真正感到舒适自在。但几乎没有任何证据可以证明另一个世界的存在，或者说，我们整个心理学在更新世就已经形成了。这种想法应该被淘汰了，我们应该考虑得全面一些。

认知科学、比较动物行为学和演化发育生物学等学科最新的研究数据表明，我们不应该将人类文明和人性划分得如此清晰。文明和社会进程塑造了我们的思想，而反过来，我们的思想又塑造了人类文明，并将其向前推进。

阅读就是一个很好的例子。这种传递和积累信息的能力已经改变了我们的世界，但文字记录在 5 000 年前才出现，对于人类来说，这个时间段是不足以进化出先天的“阅读模块”的。不过，如果观察一个有读写能力的人的大脑内部，你会发现，无论在阅读的时候，还是在听到单词的时候，他的大脑都会被激活，这种反应与不识字的人相比是不同的。在学习阅读的社会过程中，婴儿的大脑得到改造并形成了新的回路。如果不知道这种认知能力是通过社会学习习得的，我们就很可能会认为它来自于人类的基因遗传系统，但事实不是这样的。我们可以通过获得认知工具来改变大脑和意识，而这些工具是可以一代又一代地遗传下去的。

当然，这种假设是合理的，就像我们所使用的工具必须适合双手一样，这些认知工具也必须完美适应我们大脑的工作方式。但是，作为生物体，我们似乎拥有非凡的能力，可以通过与他人的互动，新建或是重建我们的“认知工具箱”。婴儿时期的人类和黑猩猩有惊人的相似之处，人类婴儿时期的表现与成人时期的表现完全不同，比如，在这两个阶段，人类的计算能力和阅读能力都有很大的不同。而超过一定的年龄之后，人类就会被引导并且沿着不同的轨迹发展，从某种程度来说，这是因为人类受社会驱动而与其他人产生相互作用，但黑猩猩却没有这种相互作用。因此，演化发展心理学也成为一个研究热点，成为了解人类社会进程如何影响人类思想意识的关键。

文明和社会塑造了我们的大脑，并给予我们新的认知能力，让我们能够伴随着文明的进化继续向前发展。我们不应该将文明世界和作为生物有机体的人类区分开来考虑，文明世界塑造了现在的人类，而人类又改变着文明世界。这种观点表明，人类不是被遗忘的迷失在现代世界的狩猎采集者，人类一直在改变，对于人类应该是什么样子的，我们现在的了解可能还非常有限。

137

INCLUSIVE FITNESS

广义适合度

马丁·诺瓦克（Martin Nowak）

哈佛大学生物学与数学教授，进化动力学中心主任，合著有《超级合作者》。

广义适合度是个极具影响力的说法，据说，它解释了昆虫如何进化成为复杂的社会群体，以及自然选择如何导致亲缘关系之间的利他行为。它是社会生物学的支柱理论，由英国进化生物学家威廉·汉密尔顿（William Hamilton）在1964年提出，他对广义适合度的定义如下：

> 广义适合度可被认为是个体适合度，是个体通过自身的繁殖将其性状特征遗传给后代，在繁殖了第一代后代之后，这些性状会发生改变，并以一种特定的形式增加。后代所继承的父母辈的特性，是由个体的社会环境所决定的，如果没有暴露在任何有害或有利的环境中，这些特性就会在后代身上表现出来。这个由个体引起的亲属适合度的有害或有利的特定片段，其数量将会增多。现在讨论的这些片段，仅仅是它能够影响的亲缘关系适合度的系数：克隆个体的亲缘系数为1、全同胞间的亲缘系数为1/2、半同胞间的亲缘系数为1/4，表亲间的亲缘系数为1/8。最后，其他同胞间的亲缘系数变为零，其亲缘关系几乎可以忽略不计。

现代谈论的广义适合度理论使用不同的亲缘系数，但在汉密尔顿的定义中，其他所有方面都保持不变。

撇开汉密尔顿那粗糙的原始推论不谈，还有一个关于广义适合度的基本问题无法解决：你能从数学上证明，广义适合度并不适用于绝大多数的演化过程。原因很简单，适合度效应一般不等同于由成对的相互作用引起的“特性”的总和。当社会互动的结果依赖于多个个体的策略时，就会发生这种可加性的损失。所有通过数学证明广义适合度的方法都会受到这种限制。因此，广义适合度就变成了一种非常特殊的计算演化的方法，这种方法在某些情况下适用，但并不适用于所有情况。此外，如果可以利用广义适合度进行计算，作为适合度和自然选择的标准计算方法，都会得出相同的结论，后一种方法通常比较简单、直接。

这些数学事实会让广义适合度的狂热拥护者感到不舒服。在最极端的情况下，这些拥护者给人的感觉就像是邪教组织的追随者，他们相信广义适合度是进化论的重要延伸理论，并且认为它总是正确的。为了使广义适合度永远可以进行计算，他们设计了一种方法，任何进化的改变都要以虚拟的成本收益参数为依据，在统计分析中，这种情况用回归系数表示。采用这种统计方法的问题是，由此产生的成本收益参数是毫无意义的量，也就是说他们没有解释清楚，在理论模型或实证数据中这究竟是怎么回事。

为什么会有广义适合度的概念呢？汉密尔顿最初的目标，是要找到被进化最大化的量。这种观点非常有吸引力，进化过程中的赢家应该是有最高广义适合度的个体。这种线性思维的尝试在20世纪60年代非常盛行，前牛津大学动物学家罗伯特·梅（Robert May）曾向我们展示了非线性现象如何适用于生态学、种群遗传学和进化博弈理论。从20世纪70年代起，我们明白了进化并非只有单一的一个量值，并总是处于最大化状态。这一事实仍未被广义适合度的推崇者完全理解。

我们该用什么来替代广义适合度的概念呢？它试图解释在个体层面上的社会演化过程，而对于演化进程来说，用个体单元进行分析是错误的，因为人口结构是复杂的，相同的基因存在于不同类型的个体中。因此，我们应该从基因层面进行研究。有一种简单的方法，就是计算自然选择如何改变了遗传基因突变频率，而正是遗传基因突变频率影响了社会行为。这种计算方法没有用到广义适合度，但是可以识别出需要加以测量的关键参数，这样就可以提高我们对演化进程的理解。从基因的层面上来看，是没有广义适合度这个概念的。

我们拥有一个强大且有意义的关于进化的数学理论。自然选择、突变以及人口结构都可以用数学形式研究。只要是了解进化的数学理论的人，都会意识到应用该理论进行广义适合度的计算是没问题的。对于广义适合度的计算并不是必须的，但最好是一个问题解决了，再去解决另一个问题。然后，在某些情况下，可以再使用广义适合度来重新推导出相同的结果。

公平地说，多年来广义适合度激起了很多实证和理论的研究工作，而其中一些工作也颇见成效。而且关于成本、收益和社会生物学相关性的讨论也确实非常有意义。但在社会生物学领域中，很多占主导地位的不成功的研究成果也抑制了这些有意义的数学理论。

与通常所说的相反，广义适合度理论不存在经验性实验，没有人曾利用它对真正的种群进行过计算。最初，广义适合度只是作为一种粗糙的理论被理解的，它只能在某些情况下作为直觉的指引，但不适用于所有情况。近几年，广义适合度被一些平庸的理论家作为一种“宗教信仰”而抬得过高了，它被认为是普遍的、不受约束的、永远正确的概念。但了解其局限性后，我们就有机会找出解释社会演化中关键现象的数学方法了。所以，是时候淘汰广义适合度了，我们应该聚焦于社会生物学中理论与实验之间有意义的互动。

注：本文作者马丁·诺瓦克的《超级合作者》已由湛庐文化策划，浙江人民出版社出版。

138

HUMAN EVOLUTIONARY EXCEPTIONALISM

人类进化例外论

迈克尔·麦卡洛（Michael McCullough）

迈阿密大学心理学教授，进化和人类行为实验室主任，著有《超越复仇：宽恕本能的演变》（*Beyond Revenge: The Evolution of the Forgiveness Instinct*）。

人类是生物学上的例外。科学家喜欢研究人类在生物学上的一些异常特征，比如寿命特别长，可以同非亲缘关系的人很好地合作，内脏非常小但却拥有强大的大脑，有非常特殊的通信系统，有能够从其他成员身上学习的特殊能力等。这种研究策略是完全合理的。人类进化例外论倾向于假设人类拥有在生物学方面例外的特征，这是因为人类在生物进化阶段经历了特殊的过程。然而这种假设并不正确，我们应该把它纠正过来。人类进化例外论已经将这种误解散播到它所能触及的各个领域，有以下三个例子作为说明。

第一，人类的生态位构建。在生物学上，人类对其生存的环境有特殊影响。在人类的进化过程中，这些所谓的生态位构建偶然地为自然选择创造了充分必要条件：在基因与适合度之间一直存在一定的相关性。例如，早期古人类尝试找到制作更易于消化的食物的方式，他们需要将控制火的技巧以文化的形式在子孙后代中持久地传递下去。因为食物变得更容易咀嚼和消化，人类就产生了基因突变，内脏、牙齿、颚肌都收缩变小，这都是自然选择的结果，因为他们使资源重新组合以生成新的适应能力（包括认知能力）。

多年以来，生态位构建理论家认为，标准的进化理论不能解释人类的文化对环境和自然选择之间相互作用的影响。为了对此进行解释，他们提出生态位构建理论，并将它作为一种“被忽视的进化过程”，认为是生态位构建与自然选择共同指导了进化。然而，他们通过重新定义“进化”使得这个说法具有很强的说服力。毫无疑问，人类的生态位构建活动揭露出在人类进化过程中遗传变异和适合度之间新的相关性，但这些活动既没有创造变异，也没有过滤变异，所以它们不能构成进化过程。文化调节人类生态位构建是真实的、重要的，有时还对进化有重要意义，它当然值得研究，但它不能强迫我们修改对进化的理解。

第二，重要进化转变。在过去的30亿年中，自然选择对于遗传信息是如何组合、包装并遗传给下一代，已经完成了一系列关键的创新。这些所谓的重大进化转变包括：RNA 到 DNA 转换，基因组合成染色体，真核细胞的进化，有性繁殖的出现，多细胞生物的进化，真社会性[1]的出现。如果可以适当地应用重大进化转变的概念，对理解生物进化是非常有用的，用它来描述进化也更清晰。

然而，可惜的是，这一概念的创始者犯了一个分类的错误，因为他们将两种明显的人类性状特征当作了重大进化转变的结果。他们的第一个错误是，仅仅因为人类社会与真社会性昆虫社会中的个体都具有一个特点（可以生存，并且仅作为一个社会群体的一部分传递基因），就将人类社会比作真社会性昆虫社会，这种类比是不合适的。事实上，人类虽然适应了以社会群体的形式生存，但并不意味着人类社会就像蚂蚁、蜜蜂、黄蜂、白蚁一样需要群体复制。如果化学过程、时机以及环境条件等都恰到好处，那么在人类社会群体中，随机选取的任何男性和女性都可以很好地将遗传信息传递给下一代。

第二个错误是，他们将人类的语言看作是重大进化转变的结果。的确，人类的语言是唯一具有无限表现潜力的沟通系统，这是自然选择创造的，也确实属于生物学上的例外。然而，语言传达的信息存在于人类大脑中，而不是在染色体中。我们还不知道人类语言是在何时何地进化而来的，但我们却

[1] 在真社会性群体中，只有个别个体能够繁殖后代，其他个体则是仆人、士兵或保姆等辅助性角色，代表性的物种有蚂蚁、蜜蜂和黄蜂。——译者注

非常清楚地了解，人类的语言能力是怎样进化来的，即通过自然选择的基因设计过程进化而来，但重大进化转变并没有参与其中。

第三，人类的合作。人类非常慷慨，特别是对非亲缘关系的人。当我们进行短期竞赛的时候，可以与陌生人合作。我们还会匿名向慈善机构捐赠。尽管所有参与者都明确地认识到，他们有足够的金钱可以保证，至少在短期内他们不用做任何工作也可以生活，但他们还会愿意参与进来同别人合作完成工作。我们愿意与有需要的陌生人分享，即使我们知道他们永远无法回报。我们赞美慷慨、谴责吝啬，即使这些行为并没有直接影响到自己。

这种相互合作的现象，曾经被进化科学家认为是关于人类合作的谜题。好消息是，科学家现在已经成功解决了很多这样的谜题。坏消息是，有一些学者也在向相反的方向推进：他们将这些问题称为“奥秘”，并认为这些问题非常复杂，以致在自然选择的广义适合度最大化的观点中，我们应该放弃解决它们的希望。将问题神秘化，使他们援引的进化的解释与所有个体繁殖的物种并不相称，而为此创造的新的进化过程也根本不是进化过程，只是需要用进化论来解释近似的行为模式而已，所以并无正当理由相信，这种特殊的社会生活模式是我们深层次进化过程中的选择压力。解释人类合作的特殊功能是非常具有挑战性的，不能含糊其辞，更不能犯概念上的错误，也不能使用不准确的历史前提和复杂的进化情节。

人类进化例外论会对科学产生反作用。就此问题产生的争吵会带来极其不好的后果。应该纠正这种错误的观念，将专家的注意力引向更富有成效的研究工作上。最后，人类进化例外论会将非专业人士搞糊涂，他们没有时间分清楚科学家之间的争论孰是孰非。对人类在进化过程中体现出来的生物学特殊性感到好奇，这是好的，有时百般挑剔也是好的，但我们应该坚持抵制这样一个观点，即进化制造出了新的规则，仅仅是为了人类。

139

ANIMAL MINDLESSNESS
动物没有意识

凯特·杰弗里（Kate Jeffery）

伦敦大学学院认知、感知和脑科学研究系，行为神经科学教授。

人类曾经有一段艰难的时期，微不足道的我们要应对各种巨大的变化。首先，我们一直相信人类生活在宇宙的中心，而哥白尼毁了这个信念。在哥白尼之后没多久，威廉·赫歇尔（William Herschel）就宣布太阳也不是宇宙的中心。之后，又出现了达尔文，他声称，根据生物遗传，人类只不过是另一种动物。于是，我们对“亲爱的生命”，就只剩下一个可以坚持的信仰了，那就是我们作为人类的特殊性，我们是所有动物中唯一具有清晰意识的。但这种想法也是时候被淘汰了，无论是温和的回应还是积极的否定，这种人类中心论都是盲目自大的。

笛卡尔认为，动物是没有意识的自动机器，早期的医学研究人员在对动物进行活体解剖时不打麻药，这是很常见的。贯穿整个20世纪，心理学家普遍认为，动物的行动从本质上来说是没有经过思考的，而在神经解剖学上，动物又与人类非常相似。另外还有一种观点认为，动物已经到达了行为主义的极限（而我更倾向于用“最低点”来形容）。心理学的观点认为，类似于人类的内部心理状态，例如计划或目标，动物都是学不来的，而更激进的观点甚至认为，动物根本没有心理状态。不可否认的是，人类的内部心理状态和目的都要归因于我们特殊的心理层面：因为人类有语言，所以和其他生物不同。而动物，仍然是笛卡尔所说的自动机器。

我们的许多科学实验都证明了这一观点。斯金纳箱①中的小白鼠行为，确实反映出动物的行为是无意识的，实验中的小白鼠反复按下杠杆，看起来它们已经慢慢学会并且适应了新的意外事件，而且看起来它们对正在做的事情也真的没有进行思考。而对于动物无意识来说，更进一步的事实是，即使小白鼠大脑的大部分区域受到损伤，也不会影响它们的行动。小白鼠在迷宫里的表现也同样证明其行为是无意识的：它们花了很长时间（数周、数月乃至更长的时间）学习，也花了很长时间适应变化。显然，小白鼠和其他的动物都是愚蠢的，不仅如此，它们确实没有意识。

虽然我很喜欢小白鼠,但我并不想为它们的智商辩护。但上文提到的“小白鼠没有内部心理状态”的观点需要检验。行为主义源于极简原理②的论点：当动物的行为可以用简单的原理进行解释时，为什么还要假设动物是有心理状态的呢？行为主义的观点从某种程度上来说是成功的，因为各种行为研究的结论都可以归结为动物无意识的、自动化的行为。斯金纳箱中的小白鼠只需要按动杠杆，而不是输入密码，所以不需要多么深层次的反射。但在20世纪中期，出现了一种新的方法，它颠覆了“动物的一切行为都是无意识的”这种观点。这一方法就是单细胞记录法，它可以追踪生物体脑细胞的活动，发现脑细胞活动时形成的功能性连接。通过这种方法，行为电生理学就可以观察到动物的内在心理过程。

这其中最引人瞩目的是“位置细胞”的发现，这一神经元位于大脑中海马区颞叶的深处，是一个非常小但非常重要的结构。根据目前的了解，位置细胞是一种将外部环境进行内部表征的关键部件，通常被称为“认知地图”，当动物探索一个新的地方时，位置细胞就会绘制地图，当它再次进入这个地方时，位置细胞的地图就会被激活。单神经元记录显示出，这个地图是自发形成的，没有奖赏回路的参与，是动物的独立行为。当动物在各种能到达目标的路线之间进行选择时，位置细胞早在到达某一地点之前就自发提供了可

①以最激进的行为主义者斯金纳（B.F.Skinner）命名的实验。在箱内放进一只白鼠或鸽子，并设一杠杆或键，动物在箱内可自由活动。当它压杠杆或啄键时，就会有一团食物掉进箱子下方的盘中，动物就能吃到食物。——译者注

②即奥卡姆剃刀原理，它由14世纪的逻辑学家、圣方济各会修士奥卡姆的威廉（William of Occam）提出，指的是“如无必要，勿增实体”，即“简单有效原理”。——译者注

供选择的路线，这就好像是动物在对各种选择进行思考一样。位置细胞似乎就是内部表征形式。此外，人类也有位置细胞，当我们对地理位置进行思考时，位置细胞也会被激活。

位置细胞很可能是一种被行为主义者忽略了的内部表征，但这是否就意味着小白鼠和其他动物都有意识呢？不一定，位置细胞仍可能是自动和无意识的表征系统的一部分。我们人类通过“意识的眼睛”唤起自己记忆中或想象中的图景，以此回忆或做计划的能力，可能仍然是独有的。但这似乎不太可能，是不是？如果我们不了解人类的意识，那无意识只是一个简单而合理的猜想。但是，我们知道自己在每一方面都和动物非常相似，哪怕是位置细胞。假设我们这种将外部世界在意识中表现出来的能力，是在动物到人的演化过渡（如果“过渡”的概念讲得通的话）阶段形成的，而这种假设是最不可能的，也是最妄自尊大的。当我们观察动物的大脑时，会发现动物大脑有和人类大脑一样的东西。当然这并不奇怪，毕竟我们都是动物。

是时候承认这样一个事实了：作为人类的我们并不特殊。如果人类有意识，那么像人类一样有大脑的生物也有意识。一旦解开思想的束缚，在今后的几十年，我们将迎来巨大的挑战。

进化只关注实用性，并不关注美丽和优雅，美的作用是次要的。

——格雷戈里·本福德（Gregory Benford），《数学之所以能用来描述自然，是因为它美丽而优雅？》

EVOLUTION DOESN'T CARE ABOUT BEAUTY AND ELEGANCE, JUST UTILITY. BEAUTY DOES PLAY A SECONDARY ROLE, THOUGH.

140

THE INTRINSIC BEAUTY AND ELEGANCE OF MATHEMATICS ALLOWS IT TO DESCRIBE NATURE

数学之所以能用来描述自然，是因为它美丽而优雅?

Gregory Benford

格雷戈里·本福德

加州大学欧文分校物理学、天文学名誉教授，科幻小说作家，其科幻小说《时间景象》（*Timescape*）曾获“星云奖”。

很多人都相信这样一种说法：美激发了描述能力。我们从物理学的成功案例中获得的经验似乎也证明了这一观点。但其中有一些是真相，有一些是错觉。

关于从前的灵长类动物如何学会利用数学来欣赏大自然，这里有一个现成的解释。狩猎时，在追捕猎物的过程中，灵长类动物发现向猎物投掷石头或长矛的成功率比单纯地追逐它们要高得多。一些人发现，以曲线抛石头难以击中目标，但另外一些人则没有发现。另外一些人发现，扔出美丽的抛物线更容易击中目标，因为这种快乐的感觉为进化提供了反馈。几千年来，这使得人类发明了复杂的几何学、微积分。

这当然是进化上的一个巨大飞跃。我们似乎比那些仅依靠简单条件就能生存下来的生物更加聪明，即使是早期的原始人，其生存范围也几乎遍布整个地球。大约 13 万年前，人类确实经历了人口瓶颈。在那个时期，人类经历了严酷的自然选择，这也就解释了为什么我们拥有与外表不成比例的智力能力。尽管如此，在进化理论之外，仍然有两个数学谜团没有解开：数学惊人的描述自然的能力从何而来？为什么它的内在如此美丽而优雅？

抛物线是优雅的、真实的，它描绘了实体在重力作用下从空中划过的路径。但是，树叶的下落过程却要用到几个微分方程才能描述，要考虑风速、重力、叶片的形状、流体的流动及其他许多因素。而飞行中的飞机轨迹就更加难以描述了。这些问题既不优雅，也不简单。所以，数学的实用性和其内在美是相互独立的。当我们进行系统简化的时候，数学被认为是最优雅的。当我们打棒球的时候，会考虑初始加速度、角度、空气以及重力，然后击出近乎完美的抛物线，这一过程和树叶下落又是不同的。

我们对抛物线的简单之美发现得太慢了，并没有及时将它应用在生活中。后来我们真正开始欣赏它，并将其应用在棒球运动中，我们利用抛物线学会了如何扔球。这种学习是基于大脑的神经网络，在自然选择中不断进化而形成的，所以人类懂得如何投掷物体是一种适应性行为。人类的投手可以通过投射的曲线、指节变化球[1]等形式更精确地影响棒球的运动轨迹。这些更为复杂的运动轨迹可能不那么优雅，但仍在我们中枢神经系统的能力范围之

[1] 棒球术语，又称指关节球，有"棒球场上的蝴蝶"之美称。在所有的变化球中，指节变化球的球速最慢，也最难控制，因为它不像其他的变化球那样以手指控制球，而是由拇指及小指支撑球体，其他手指呈弯曲状抵住球体，所以球出手后，无法像手指控球一样控制其飞行方向。——译者注

内。对于一些技术含量更高的动作，所有处理都在潜意识层面进行。事实上，太过关注细节反而会造成干扰。运动员也明白这一点，所以，保持大脑正确、高效地发挥作用也是一门艺术。

此外，与“最美”这样的判断一样，“优雅”也很难定义。理查德·费曼（Richard Feynman）曾经指出，使已知的定律变得更优雅非常简单，以牛顿力学定律为例，$F=ma$，那我们可以定义 $R=F-ma$，这样就可以得出 $R=0$，虽然这种表达形式看上去很优雅，但它并没有包含更多信息。而拉格朗日法②在动力学中的应用就非常优雅，它仅仅是一个动能减去势能的表达式，但你必须知道这样做的基本理论是什么。优雅的拉格朗日法起步较晚，它只是作为数学的辅助工具。

② 拉格朗日法又称随体法，跟随流体质点运动，记录该质点在运动过程中物理量随时间变化的规律。它以研究单个流体质点运动过程为基础，综合所有质点的运动，构成整个流体的运动。——译者注

最近，我们设计了一套优雅的宇宙理论，应用这个宇宙理论，我们能直接计算出很小的宇宙常数。为了解决这个问题，有些人引用了人择原理以及多重宇宙论。但这些尝试几乎都违背了优雅的奥卡姆剃刀原理。想象一下，在多重宇宙中有数量庞大的宇宙，人类只在其中一个宇宙出现，而这个宇宙拥有诞生智慧生命的丰富条件。宇宙中存在的丰富资源是我们永远也探索不完的。对多重宇宙论的科学研究在于它导致的后果是无法预见的。

多重宇宙之间可以相互交流吗？这可以作为检验这一理论基础的方法。大多数的多重宇宙模型都表明，在无穷多的宇宙之间不可能进行通讯。但是膜理论③的模型却没有适用于膜理论和万有引力理论的力学法则。也许有一天，像激光干涉引力波

③ 膜理论认为，人们直接观测所及的好似无边的宇宙，是 10 维时空中的一个四维超曲面，就像薄薄的一层膜。膜理论使一些原本难以计算的东西可以用弦理论工具来做严格的计算。膜理论是弦理论的扩充，揭示了弦理论的第 10 维空间方向，其最大维度是 11 维。——译者注

天文台（LIGO）这样的观测站可以检测到这种膜的波动。但是，将这一问题的确认推到遥远的未来技术上是不是很优雅呢？它就像是清扫地毯下的灰尘，这可不是什么优雅的工作。

进化只关注实用性，并不关注美丽和优雅，美的作用是次要的。擅长投掷长矛捕捉猎物的男性才会受到青睐，并有机会挑选伴侣。所以，有效的捕猎和投掷长矛的漂亮动作可以用数学来简单描述，这只是巧合而已。

退一步说，基础数学也是很美丽的。

数学的实用性意味着，一个适当的简单宇宙模型应该有一个相对简单的数学方面的万有理论，通过线方程对其进行描述，就像广义相对论一样。如果我们直觉认为会有这样一个理论，也许真的就会找到这样的理论。但我怀疑要描述这无比复杂的宇宙，所需要的方程可能不止一个。

当我们评价一个数学模型美丽优雅的时候，就表现出了意识的局限性。这种描述并不是对这个世界深入的描述。最后，简单的模型比复杂的模型更容易理解。我们不能指望优雅的方式总能让自己处于正确的轨道之上。

141

GEOMETRY

几何

卡罗·罗威利（Carlo Rovelli）

意大利理论物理学家，圈量子引力理论的开创者之一，著有《七堂极简物理课》（*Sette Brevi Lezioni di Fisica*）。

几何作为数学的一个有用的分支学科，我们还将继续使用它，但也是时候放弃“几何只是对物理空间的描述”这种看法了。虽然这种看法在我们的脑海里已经根深蒂固，要摆脱它也许很难，但这只是时间问题，因为这一趋势是不可避免的。或许我们应该尽快摆脱这种看法。

几何的出现起初是为了描述农业土地的属性的。在古希腊人的手里，几何成了强大的工具，发挥了巨大的作用，几何不仅可以用来处理三角形、线条、圆等图形，也可用于描述光的轨迹、天体运动等抽象的问题。而在现代，通过牛顿的钻研，几何又被应用于物理空间的数学计算。爱因斯坦则利用黎曼的曲面几何对空间（实际的空间或时空空间）进行了描述，物理实体的几何化被更进一步地证明了。但事实上这也是终结的开始。爱因斯坦发现，牛顿用几何所描述的空间实际上是一个场，像电磁场一样，场的每一部分都是非常连续和光滑的，而所要做的只是对其进行详尽的测量。在现实中，这些场是离散的波动的量子实体。因此，我们所存在的物理空间实际上是一个量子动力学的实体，已经不能再称之为“几何结构”了。这个实体是通过有限的量子相互作用产生的。我们仍然可以使用像“量子几何”这样的词来描述它，但实际上量子几何根本就不是几何。

所以现在最好摆脱“我们空间的直觉总是可靠的”这种想法。比起在“几何空间”里移动的物体，世界其实更复杂也更加美丽。

142

CALCULUS

微积分学

郦安治（Andrew Lih）

美国南加州大学新闻与传播学院副教授，著有《维基百科革命》（*The Wikipedia Revolution*）。

我并不是建议废除关于变化率、曲线下面积的研究，也不是要否定牛顿和莱布尼茨对微积分的贡献。但是，几十年来，微积分已经与要求严格的科学、技术、工程以及数学一样，变成了进入现代研究领域必须要学习的学科。大学里仍然将其作为一门纯数学的学科，要求本科学生学习 1～3 个学期，而微积分包含了复杂的数学概念，过分强调证明和定理，不仅难以理解，而且与实际应用脱节。

微积分对于那些有兴趣进入计算机科学领域（或其他一些重要领域）的人来说，已经变成一种令人苦恼的仪式。微积分与日常的编码工作、黑客以及创业者的关联都非常小，然而在当今急需数码人才的情况下，微积分已经变成了巨大的阻碍。

在编程和编码领域，这个问题显得尤为迫切。现在大学的计算机科学专业招生已经不像早期的互联网时代那样困难了，生源不足的情况已经不会再出现了，但如果我们最终能够摆脱“计算机科学是数学的延伸”这样的观点（这一观点其实可以追溯到发明计算机的时代，在那个时代，计算机是作为超级计算器而被制造出来的），这个队伍会更加壮大。

在很多课程体系中仍然设置了微积分，但其更多是作为一种仪式，而不是出于对微积分的特殊需要。微积分是一种解决问题的方法，它有助于我们理解更复杂的概念，但如果要一个学习编程的人必须通过微积分课程，微积分就变成了障碍，不仅不能帮助这些人，反而会适得其反。学不好数学就被淘汰是非常懒惰的课程体系设计思想。这种淘汰机制与这个人是否具有编程能力无关。

这让我们不禁质疑，怎样才能造就一名优秀的程序员呢？一名优秀的程序员应该能够将复杂的问题分解成一系列更小的、可解决的问题；对系统和结构能够进行程序上的思考；能够巧妙地操纵比特，并应用其做一些特别的事情。如果微积分对于达到这些要求没有帮助，那应该用什么来替代它呢？离散数学、组合数学、可计算性理论、图论还有很多比微积分更为重要的学科。这些学科才是现代大多数计算机科学领域中标准的、非常必要的学科，但现在要学习这些，都必须要先通过微积分的学习。

为了能够在高等教育之外更好地学习编程，人们组织了一些像聚会、“代码马拉松”活动（code-a-thons）、在线课程、视频教程等正规的学习方式，也会进行像朋辈互助学习这样的活动。放弃对微积分的要求可以使这些人更早地专注于计算机科学并进行更系统的学习。这并不意味着我们会把大学变成职业学校。我们仍然希望，我们培养的科学家和接受 STEM 教育的博士生应该了解并掌握微积分、线性代数和微分方程组等。但是，微积分作为培养数码精英和自主创新人才的严重阻碍已经存在太久了。

克莱姆森大学尝试将微积分移到更后期的课程中，不作为必要的课程，但会作为与其他 STEM 课程同步的一类课程。2004 年的一份纵向研究显示，对课程进行重新配置，将数学的课程安排在后面的学期中，对于工程学的学习有重大的提升。要改变几十年来占主导地位的教育模式，我们需要更多的实验以及对课程设计进一步的思考。

既然有这么多人对编程感兴趣，我们的高等教育体系怎么会没有提供更好的服务呢？计算机科学被视为 STEM 学科中的主要学科，而不是被当成一个全新的与其他学科区分开来的学科，我们没有与时俱进。迟早我们会超越 STEM 的固定模式，而且会做得更好。

143
COMPUTER SCIENCE
计算机科学

尼尔·格申斐尔德（Neil Gershenfeld）

物理学家，麻省理工学院比特和原子中心主任，著有《智造：一场新的数字革命》（*Fab: The Coming Revolution On Your Desktop-from Personal Computers to Personal Fabrication*）。

计算机科学是一门奇怪的科学。它私自忽略了很多科学原则，甚至明目张胆地和某些科学原则作对。

有许多计算模型都是相对应的，比如，命令式编程、声明式编程与函数式编程，SISD 架构、SIMD 架构与 MIMD 架构，标量处理器、矢量处理器与多核处理器，RISC 指令、CISC 指令与 VLIW 指令等。但目前只有一个物理现实作为基础：修补程序空间可以包含陈述，这些陈述可以相互作用并从容地进行转换。除此之外其他一切都是虚构的。

而我们现在正以最大的努力去维护这一虚构世界。现如今的编程有点像弗里茨·朗（Fritz Lang）在电影《大都会》（*Metropolis*）中所描绘的美丽花园，统治者相信，那些在地下城中的工人会遵照指示行动。互连瓶颈、快取失效、并发线程、数据中心功率预算、并行处理机（或程序员）效率低下等问题，都像是来自地下城不满的声音。

软件没有像时间和空间那样的物理单位，它是靠硬件来运行的，而硬件拥有物理单位。应用程序的代码、被编译的可执行代码以及运行它的电路，它们彼此之间都是独立的。缩放地图时，人们会看到从市到省再到国家这种明确的层次变化，但它表示的几何形式并不会改变。为什么要对软件做这样的处理呢？

我认为这种情况的发生要归因于两个人：阿兰·图灵（Alan Turing）和约翰·冯·诺依曼（John von Neumann）。他们都是历史上最著名的黑客。图灵对什么是可计算的事情感兴趣。以他的名字命名的机器——图灵机，并不是实验方法，而是一个理论模型。图灵机有一个机器头，它可以读写储存在纸带上的符号。这听起来很简单，图灵机具有非物质的特性，而持续和互动又都是物理状态的属性。但在冯·诺依曼体系结构的机器中，这种功能上的隔离非常复杂。即使如今每一台计算机都应用了冯·诺依曼的体系结构，但它仍不是一条普遍真理。相反，在他的报告中，对编程在早期计算机中的局限性已有明确的说明。

图灵和冯·诺依曼都了解自己模型的局限性，在晚年，他们都对空间结构中的计算进行了研究：图灵机采用的是模式形成的方式，冯·诺依曼采用的则是自我复制的方式。但他们留给后世的却是几乎任何处理器都要依靠指令指针寄存器，这也就是图灵机的机器头读取纸带信息这个原理的延伸。其他所有指令并未显示会消耗信息处理资源，因为它们不处理信息。

在自然界中，每时每刻都在发生各种事情。虽然计算机产业已经开发出了计算设备，但还有一部分人在研究一个更小的分支领域——计算物理学。在传统计算机科学以外的领域，已经发明了用于计算量子纠缠[1]和叠加的量子计算机，用于运输物质以及信息的微流控逻辑，解决连续装置自由度数位问题的模拟逻辑，以及可编程物质代码结构的数位构造。最重要的是，程序设计模型正在形成，它代表了物质资源并且尊重物质资源，而不是将物质资源看成是需要推开的麻烦。这将越来越容易而不是越来越简单，因为它避免了从非物质世界转换到物质世界的所有问题。

在电影《黑客帝国》（*The Matrix*）中，主角尼奥要在红色药丸和蓝色药丸之间做出选择，红色药丸可以让他退出一直居住的虚构世界，而蓝色药丸可以维持他的幻觉。他发现虽然从虚拟回到现实更加混乱，但最终的结果还

[1] 又译为量子缠结，是一种量子力学现象，其定义上描述复合系统（具有两个以上的成员系统）之一类特殊的量子态，此量子态无法分解为成员系统各自量子态之张量积。——译者注

是令他更满意。而在数字世界面前也存在着类似的选择：是逃避还是拥抱数字世界取决于其中的物理现实？

图灵机和冯·诺依曼体系结构作为技术前进的车轮，已经为我们提供了非常好的前进的工具。但有些事情需要我们重新去做：将物理单位引入软件中，从而为终极的通用计算机编程，也就是宇宙。

144

THE CLINICIAN'S LAW OF PARSIMONY

临床医师的极简原理

杰拉尔德·斯莫尔伯格（Gerald Smallberg）

神经科医生，剧作家。

极简原理，也被称为奥卡姆剃刀原理，虽然不能将这个原理完全废弃，但在描述事实时这个理论确实存在一些问题。这个原理表达的是两个相互冲突的理论中最简单的那个理论应该优先被采纳，并且没有必要再增加任何东西。极简原理在哲学和科学界有极高的地位，并且仍然作为一种文学手法被广泛使用。而侦探小说的本质其实也是极简原理，应用最成功的要算阿瑟·柯南·道尔（Arthur Conan Doyle）了，他笔下最著名的角色夏洛克·福尔摩斯（Sherlock Holmes）的推理就将奥卡姆剃刀原理应用到了极致。福尔摩斯有一句家喻户晓的名言："除去所有不可能的因素，留下来的东西，无论你多么不愿意去相信，但它就是真相。"

作为一种绝对性的原理，极简原理的存在遭到了质疑。不是因为它逐渐过时，而是因为它受到来自真实世界复杂的挑战越来越多。以我作为一名医生在临床神经病学实践中的经验来看，极简原理是具有实用性的，它一直是我的指导原则，严格遵照极简原理可以很容易找到盲点和错误的判断。

但这里有一个非常具代表性的病例：一位 79 岁的老妇人，抱怨她最近很难保持平衡，经常跌倒。这一问题可能会被简单地归因于年龄。然而，通过查看她的医疗记录，我们应该考虑其他的因素，首先糖尿病神经病变导致她的脚失去知觉；颈椎脊髓受到压迫，会使她的双腿无力；她的听力也有问题；她有长期的间歇性眩晕病史。此外，她是斯堪的纳维亚人后裔，因而更

易患有维生素 B_{12} 缺乏症和吸收不良①，在她的案例中，抑制胃酸的药物更是加重了这种症状。而维生素缺乏症会引发神经病变和脊髓病变。

在类似于上述病例复杂的临床情况下，我们就完全不能应用极简原理了，而且即使是小说中神一般伟大的福尔摩斯，可能也无法将所有零碎的信息整理成一个简单的点。为了给这个病人提供适当的治疗，我需要利用约翰·希卡姆（John Hickam）的名言，医学界常常用这一名言反驳奥卡姆剃刀原理的观点。约翰·希卡姆博士逝世于 1970 年，他的格言非常简洁，“病人接受了多少诊断就会有多高兴”。

极简原理在我们的推理过程中所起到的重要作用是毋庸置疑的。这个原理的应用可以追溯到古希腊时期，古希腊哲学家从祖先那里将这个原理提炼出来，我猜测我们的进化是趋向简单，而不是复杂。一致性和单一性对人类来说是非常有吸引力的。然而，有时极简原理也会受到希卡姆名言的挑战，而希卡姆名言则是复杂原则的变异。这种现实的观点也可以追溯到古希腊时期，古希腊哲学假设，如果宇宙是接近完美的，那它就必须尽可能地丰富，从这种意义上来说，它应该尽可能多地包含各种各样的事物。

我们的现实可以定义为包含了复杂性、不一致性、模糊性以及根本的不确定性，所以我们不应该局限于使用唯一一种有价值的分析工具。我们应该更愿意接受挑战，对各种不同的观点、看法或相冲突的数据应努力保持开放的心态。当我们努力克服这充满阴谋诡计的世界时，为了作出最好的决定，我们必须选择适当的方法，并用理智和诚实来指导我们的思想。

① 斯堪的纳维亚在地理上是指斯堪的纳维亚半岛，包括挪威和瑞典，文化与政治上则包含丹麦。维生素 B_{12} 吸收障碍多发于斯堪纳维亚人。如果缺乏维生素 B_{12}，会时常伴有神经系统表现，如乏力、手足麻木、感觉障碍、行走困难等。
——译者注

145

ESSENTIALIST VIEWS OF THE MIND

意识的本质主义观点

丽莎·巴雷特（Lisa Barrett）

美国东北大学心理学特聘教授，哈佛大学医学院附属麻省总医院神经学家，高级研究员。

本质主义[1]思想相信，那些熟悉的分类（例如，狗和猫，空间和时间，情绪和思想）都有潜在的本质，使它们成为它们本身。这种信仰是科学认识和进步的障碍。例如，在达尔文主义出现之前的生物学，学者们认为每一物种都有其潜在的本质或物理类型，而变异则被认为是错误的。达尔文质疑了这一本质主义观点，他通过观察发现物种是一个概念范畴，每一个物种都包含了一群各不相同的个体，一个理想个体的变异并不是错误的。即使达尔文的观点被接受了，但是本质主义依然紧随其后。生物学家宣称，基因是一切生物的本质，并对达尔文的变异观点作出了充分解释。在经历过许多争论之后又发现，基因表达是受环境调控的，这又促使了生物学思考模式的转变。

在爱因斯坦出现之前的物理学界，科学家们认为空间和时间是相互独立的物理量。爱因斯坦反驳了这一观点，他将时间和空间统一起来，并向世人展示了时间及空间是与感受者相关的。但即便如此，本质主义者仍然每次都会问学生同一个问题：“如果宇宙是不断膨胀的，那宇宙最终将走向何方？”

在我研究的心理学领域，本质主义思想仍然大行其道。例如，许多心理学家仍然将情绪定义为行为（例如，一只老鼠颤抖是因为恐惧，攻击是因为

[1] 本质主义认为任何事物都存在着一个深藏着的唯一的本质，本质和现象的区分为人类提供了观察万事万物的基本概念图式。该观点揭示了事物的唯一本质作为一切知识分子职业身份的内在规定和学术使命。——译者注

愤怒)，每一种情绪都会被脑回路自动触发，行为(颤抖，攻击)的回路就是情绪(恐惧、愤怒)的回路。当其他的科学家表示，事实上当老鼠因为恐惧而产生不同的行为(有时是颤抖，但其他时候是逃跑甚至是攻击)时，出现这种不一致行为的原因是恐惧是多种多样的，但每种都有其本质。这种说法创造出更好的分类技巧，每一类别都有其自身的生物学本质(而不是像达尔文和爱因斯坦一样放弃本质主义)，这被认为是科学的进步。幸运的是，其他产生情绪的方法被提了出来，而这些方法不需要本质主义。例如，心理建设认为，恐惧或愤怒等情绪的分类都包含不同的形式，就像达尔文对物种的解释一样。

本质主义也出现在对人类大脑的研究中，本质主义者试图通过扫描人类的大脑，找到产生每一种情绪的脑组织。起初，科学家认为，每一种情绪在大脑中都有相对应的特定区域(例如，恐惧出现在杏仁体)，但是他们发现，当人类或动物产生各种各样的情绪时，大脑中的每一个区域都是活跃的。即使这样，科学家们也没有放弃本质主义，而是开始研究在大脑网络和概率模式中每一种情绪下大脑的本质，并假设每种情绪一定会被发现。

事实上，当不同的情绪产生时，大脑的不同区域和工作网络显示出活跃度增加，这种情况并不只是在对情绪的研究中才会出现。研究人员发现，其他精神活动产生时大脑的活跃度也会增加，如认知和感知，而且大脑的活跃度也与抑郁症、精神分裂症、自闭症等精神疾病有关。这种缺乏特异性的结论也在新闻报道、博客、畅销书中形成了一种观点：我们没有从脑成像实验中得到任何结论。表面上看起来脑成像实验是失败的，但实际上却是成功了。这些数据充分表明了本质主义是错误的：独立的大脑区域、脑回路、大脑工作网络甚至是神经细胞都不是为了某单一用途而存在的。数据给研究者提供了一种关于大脑是如何构建意识的新模型。然而，科学家们仍然通过假设的透镜来理解数据。除非这些假设改变，否则科学的进展都将受到限制。

在心理学中的某些观点已经超越了本质主义的观点。例如，记忆一度被认为是一个单一的过程，后来又被分成不同的子类，如情景记忆和语义记忆等。现在记忆被认为是在大脑的功能架构内构造的，并不存在于特定的脑组织中。希望心理学和神经科学的其他领域能够尽快效仿这种思路进行研究。认知和情绪一直被视为是意识和大脑中相互独立的过程，但现在有了新的证据，大脑的工作并不是按照这种分类方法进行的，关于情绪和认知的每一种心理学理论都在不断地争辩，也许有一天会争辩出认知调节情绪的观点是错误的。

消除本质主义说起来容易做起来难。本质主义的表述都很简单，例如曾经的“基因 X 导致癌症”的理论。这些表述听起来有道理，也容易理解。相比之下，另外一种说法——“在特定情况下，特定的个体，压力使他的交感神经系统发生改变，从而刺激了他某些基因的表达，以致其增加了患癌症的可能性。”虽然这种表述复杂但却更符合实际情况。大部分自然现象并没有一个单一的根本性原因。现今，科学仍沉浸在本质主义中，所以我们需要更好的因果关系模型、新的实验方法以及新的统计程序来回击本质主义思想。

坚持本质主义对国家安全、法律制度、心理疾病的治疗、压力对身体疾病的毒性作用等各方面都有严重的影响。本质主义导致了过分简单的“单一原因”的思维方式，但世界是复杂的。研究表明，儿童生来是本质主义者（多么讽刺！），我们必须学会克服它。科学家是时候该克服本质主义了。

146

THE DISTINCTION BETWEEN ANTISOCIALITY AND MENTAL ILLNESS

反社会性与精神疾病之间的区别

阿比盖尔·马什（Abigail Marsh）

乔治城大学心理学副教授。

精神疾病和反社会行为的科学研究仍然在独立的知识领域占据着很大一部分。虽然从表面上来看，一些持续性的反社会行为模式是符合其诊断结论的，如“反社会型人格障碍”①或“品行障碍”②，对于有持续性反社会行为的人，一般是从道德角度（将其作为一种不良行为）来审视他们的行为模式，而不是从心理健康的角度（将其作为一种精神疾病）。

从某种意义上来说，这种区别代表了一种进步。在 19 世纪至 20 世纪这段时间里，社会对待患有各种精神机能障碍的病人的方式是非常有限的，并且在某些情况下这些人还会受到惩罚，甚至会被处死。随着科学的发展，社会对于精神疾病所反映出的症状逐渐有所了解，精神疾病的对应重点也逐渐转向了预防和治疗。然而，这种转变并没有完全适用于所有形式的精神病理学。例如，失调症主要是以内化症状为特征（即持续的痛苦、恐惧以及自我伤害行为），而与内化症状相反的则是外化症状（持续的愤怒或敌意，反社会行为以及攻击性行为）。内化症状和外化症状在很多方面都非常相似，如患病率、相似的病因、危险因素以及对社会、教育和职业成就的不利影响等。

① 又称无情型人格障碍或社会性病态，是对社会影响最为严重的类型。反社会型人格障碍的特征是具有高度攻击性、缺乏羞惭感、不能从经历中取得经验教训、行为受偶然动机驱使、社会适应不良等。——译者注

② 指在 18 岁以下儿童或青少年身上出现的持久性反社会性行为、攻击性行为和对立违抗行为。——译者注

我们投入了丰富的科学资源来查找内化症状的病因、研究患病过程及其治疗方法，而外化症状的对应重点却仍然是限制和惩罚，并且投入到外化症状的病因查找、疾病过程和治疗方法的研究上的资源很少。例如联邦心理健康资金、临床试验、现有的治疗剂、生物医学期刊等都是针对于内化症状而不是外化症状的治疗方法，这都表明了目前社会对待内化症状和外化症状的差别。这种不对称可能是由多个原因导致的，这其中包括了认知和文化偏差等，这些原因影响了科学家和政策制定者的判断，减少了对将反社会性作为精神疾病研究的支持。

认知偏差包含了这样一种观点：即使是同样的行为，如果对他人造了伤害，则更有可能被认为是蓄意的行为，更应该受到相应的惩罚。这已经被实验哲学家乔舒亚·诺布（Joshua Knobe）和其他科学家所发现的“副产物效应”所证实。伤害的实施者比被害人有更强的实施伤害行为的意图，这种理论已经被心理学家库尔特·格雷和其他科学家发现的，道德行动者和道德受动者之间的区别所证明。这些偏见都表明，比起一个自我伤害的行为更应该让他为伤害他人的行为负责，即使这些行为都是由相同的遗传基因及环境中的危险因素共同作用的结果。通过观察那些伤害他人并为其行为负责的人（他们确实是罪有应得）可以发现，我们的社会逐渐形成了通过对做了错误行为的人进行指责和惩罚的方式来加强社会规范的模式。

与认知偏差[3]相关的还有文化偏见，文化偏见坚持以利己主义行为作为行为规范。利己主义文化认为，利己主义作为人类的主要行为动机，取代了其他所有的动机和潜在的人类行为。这个规范可以反映出人类的一个特点——人类会优先选择利己的行为，尤其是在有经济因素参与的情况下（优先选择理论），并且其他学术领域（包括心理学、生物学、哲学）中有很多学者都同意这种说法。利己主义的信仰在公众中广泛存在，行为呈现并不是利己主义内在的非规范性，或“反常的”现象。这也许可以解释为什么造成自我伤害或痛苦的行为及思维模式被视为非理性行为或是精神疾病，而如果

[3] 指人们根据现象或虚假的信息而对他人作出判断，从而出现判断失误或判断本身与判断对象的真实情况不符的情况。——译者注

类似的行为和思维模式对他人造成了伤害或痛苦，则会被认为是理性的不道德的行为。事实上，如果伤害他人对自己有利，那么这种行为甚至可能被视为是高度理性的行为。

美国是一个非常崇尚利己主义的国家，这可能有助于解释其为什么会异常坚定地遵守利己主义规范，即对犯罪和侵略行为制定异常严厉的惩罚性措施（而不是聚焦于治疗这些行为）。与这种做法形成鲜明对比的是个人主义相对较少的北欧国家，对于严重刑事罪犯，他们的关注重点是治疗而不是惩罚。以精神健康为重点的治疗方法可以减少累犯，更进一步指导包括犯罪和侵略在内的外化行为，并最有效地对需要治疗的精神病理学症状进行考虑，而不是单纯对冲动控制失败的人进行惩罚。所以，我们应该破除反社会性行为与精神疾病之间的区别。

147

REPRESSION

压抑理论

戴维·迈尔斯（David G.Myers）

美国霍普学院社会心理学家；著有《社会心理学》（第11版）、《迈尔斯直觉心理学》。

现如今在弗洛伊德对大众心理学的影响中，压抑理论的影响仍然很大。例如，人们相信，挖掘被压抑的精神创伤可以治疗压抑。但我们真的会经常回想起那些痛苦的记忆吗？最近加州大学欧文分校研究小组的调查报告显示，4/5 的大学本科生及美国、英国的一般市民都认为“创伤记忆经常受到抑制”。

事实上，现在关于记忆的研究人员表示，能够表明人们有压抑创伤经历的证据很少，而能证明没有的证据则很多。造成创伤的经历（例如，目睹亲人被杀，遭遇劫持或强奸，在自然灾难中失去了一切等）几乎不会像壁橱里的幽灵一样被压抑于无意识中。创伤经历通常会在意识中留下长久的烙印，使人久久不能忘怀。此外，极端的压力及与创伤经历相关联的激素也会增强人的记忆力，使创伤经历在意识中不断重现，令当事人饱受折磨。“会看到孩子们在眼前出现”，一位大屠杀的幸存者说道，“会看到尖叫的母亲们，这些都是忘不了的东西。”

科学家或临床医学家都表示“战争记忆”虽然挥之不去，但也会逐渐消退。现在的心理科学家意识到了无意识以及自动信息处理的误导作用，即使是主流的治疗师和临床心理学家所发表的报告也显示出，对压抑和恢复记忆持怀疑态度的人越来越多。

注：本文作者戴维·迈尔斯的《迈尔斯直觉心理学》已由湛庐文化策划，浙江人民出版社出版。

148

MENTAL ILLNESS IS NOTHING BUT BRAIN ILLNESS

精神疾病只不过是脑部疾病而已

乔尔·戈尔德（Joel Gold）、**伊恩·戈尔德**（Ian Gold）

乔尔·戈尔德，美国纽约大学医学中心，临床精神病学副教授。
伊恩·戈尔德，加拿大麦吉尔大学哲学和精神病学研究主席。
乔尔·戈尔德与伊恩·戈尔德合著有《猜疑的心》（*Suspicious Minds: How Culture Shapes Madness*）。

1845年的一天，最有影响力的精神病学教科书的作者，威廉·格利辛格（Wilhelm Griesinger）写道："什么器官一旦生病，人必然会疯狂？生理学和病理学的事实告诉我们，这个器官只能是大脑。"格利辛格的陈旧论调在现在这个时代也会经常被提起，因为它表达了当代生物精神病学的根本。

格利辛格论点的逻辑似乎无懈可击：严重的精神疾病起源于身体某一部分的生理异常，而大脑似乎是唯一一个与精神疾病有关的部位。因为意识只不过就是大脑的活动而已，所以意识混乱就是大脑混乱。事实也的确如此。但这并不表明精神障碍能够由遗传学和神经生物学描述。这里有一个类比，地震就是空间中大量原子的运动，但地震理论关注的重点是构造板块，根本就没有提到过原子。一种现象最好的科学解释取决于人类在宇宙中找到的可理解的模式，而不取决于宇宙是如何组成的。上帝可以从原子层面理解地震和精神疾病，但我们可能没有足够的时间或理解能力。

这并不是一种激进的说法，了解和治疗脑部疾病有时不得不将注意力转移到头骨以外的地方。假设你患有中风，实际上是你的心脏在你的大脑中投下了一个栓塞物，损坏了你的大脑，导致你无法发表演讲或听懂别人的演讲，也无法移动你的半个身体或可能让你一只眼睛失明。但这种脑部疾病的根源不在于你的大脑，而在于你的心脏。你的内科医生会尽其所能地避免你的脑组织再受到进一步的损伤，甚至有可能会恢复你由于栓塞而失去的部分功能。但是他们也会试着诊断和治疗你的心血管疾病。比如医生会确认你患有心房颤动吗？你患有二尖瓣脱垂吗？你需要血液稀释剂吗？并且他们还会了解你的饮食习惯、运动养生情况、胆固醇水平以及家族心脏病患病史。

严重的精神疾病也是源于对于大脑的攻击。就像栓塞物，有时对大脑的攻击可能源于大脑之外。事实上，精神病学研究已经为我们提供了一些线索，一个好的精神疾病理论会涉及一些头骨之外的概念。精神病就是一个很好的例子。如果精神病患者是来自一个混乱的家庭，那么他的精神病的主要特征就是幻觉和妄想。精神病的主要形式之一——精神分裂症，就是精神病学中脑部疾病最严重的一种。但精神分裂症与外界是有互动的，特别是社交世界。数十年的研究给了我们一些强有力的证据，证明了人类罹患精神分裂症的概率与其童年时期的不幸遭遇有关，比如遭受虐待和霸凌。而如果在童年时期移民，那么患病的风险则会加倍。患病风险的增涨曲线与所在城市的人口相关，并随着社区的社会特征而变化。生活在稳定、和谐的社区的居民相比于生活在不稳定、松散社区的居民发病率低。我们还不十分了解社会现象与精神分裂症之间的相互作用，但我们有理由认为是真正的社会性因素在起作用。

虽然导致精神病的环境因素在很大程度上被忽视了，不过我们还是有机会进行进一步研究的。我们还没有找到一种治疗精神分裂症的基因疗法，抗精神病药物只能在病发后使用，而且效果不如我们预期得那么好。虽然在“脑的十年”[1]中产生了关于脑功能的重要研究，美国国立卫生研究院（NIH）的“大脑计划”（BRAIN Initiative）[2]也在做同样的工作，但这些努力几乎没有帮助到（或有可能帮助到）那些患有精神疾病的病人。然而，减少虐待

[1] 指在 1989 年，美国前总统老布什签署国会联合决议案，宣布 1990—2000 年为“脑的十年”（Decade of the Brain），拨款数百万美元支持脑部研究，以提升社会大众对脑部研究的了解。——译者注

[2] 奥巴马政府颁布的一项致力于对人脑进行绘图的长期研究工作，使用先进革新型神经技术的人脑研究计划。这个项目能够让研究人员探索脑细胞间的协作方式，对于治愈老年痴呆、癫痫等疾病能够提供帮助。——译者注

儿童和改善城市环境质量都有可能更好地预防一些人患上精神疾病。

精神病的社会决定因素是患病的危险因素，这些因素对大脑一定有一些下游效应，否则它们不会提高罹患精神分裂症的风险，但它们本身都不是神经系统现象，比如吸烟，它是引起肺癌的一个原因之一，但它至多算是一种生物学现象。比起脑理论和神经失常，精神分裂症理论更需要进一步扩充。

谈到癌症不禁会联系到吸烟，那么精神疾病理论会涉及大脑外部的世界也并没什么好奇怪的。这种研究方向在癌症研究中非常普遍，但是在精神病学的研究中就显得非常偏激。所以是时候结合大脑功能拓展精神障碍的生物学模型了。在认识、预防和治疗精神疾病方面，我们会继续正确地向神经元和 DNA 方面进行研究。忽略周围的世界，不仅不会制造出有效的药物，也不会发展出好的科学。

149

PSYCHOGENIC ILLNESS

心因性疾病

比阿特丽斯·戈洛姆（Beatrice A.Golomb）

加州大学圣地亚哥分校医学教授。

“心因性疾病”①其实很普遍，比如轻微的打嗝就属于心因性疾病。曾有一篇报道：某 31 岁患有癫痫病的反应迟钝的男性患者，因其顽固性打嗝而引发“黑便”②，医学界称其为“柏油样便”，是由于肠胃出血引起的。当出于治疗的目的将鼻胃管从他的鼻子插入时，患者就停止了打嗝。这种虐待的治疗手段治好了打嗝，由此可以看出这种病的成因是心因性的。此后，每次这个可怜的患者开始打嗝的时候，医务人员就会用鼻胃管吓唬患者（其实这跟管子从来没有使用过），并用鼻胃管刺激患者的喉咙后部，以此来制止打嗝。经过了几个月的对鼻咽折磨后，患者的打嗝和黑便就被治好了，也证明了这种“虐待”式的治疗方法是有效的。

打嗝不会导致黑便，对于鼻咽惩罚性的刺激也不能治疗打嗝。很明显是肠胃问题引发了黑便，又因为胃肠道区域内遍布交感神经，所以又引起了胃气上逆导致打嗝。胃肠道疾病是引发顽固性打嗝的主要原因，而对鼻咽的刺激是报道过的治疗打嗝最有效的方法，并且这种方法对由麻醉诱发打嗝的无意识患者也同样有效（患者意识不到这种治疗）。许多治疗打嗝的方法，都是对刺激交感神经进行刺激，以打断打嗝的反射。

① 医学上称为心因疾病。现代医学将人的病分为身病和心病两大类，身病又分为传染性疾病、功能障碍性疾病和心因性疾病。肿瘤、结石类、乳腺增生、青光眼、高血压等种类的病多属心因性疾病。——译者注

② 指因红细胞破坏后，血红蛋白在肠道内与硫化物结合形成硫化铁，颜色变暗，故产生黑便。——译者注

这是一个在有缺陷的情况下也不会失效的一种现象。其他的“心因性”打嗝记录都是建立在这样一个坚实的基础之上的吗？女性的打嗝症状是“心因性”的，可能是由其感情上的重大事件造成的。比如她曾经在幼年时期遭到虐待，这就可能是她患病的一个诱因（而打嗝是最明显的后果）。重大的情感经历与病史之间一定是存在某种因果关系的。比如，滑倒可以归咎于发生的情感事件；一个人对子宫癌一直以来都有接近病态的恐惧，这种恐惧非常严重，结果“导致”了子宫出血，最终引发了子宫癌。（她对子宫癌的恐惧可能是合理的，但却并不是患病的原因，但确实也是后来才诊断出来的子宫癌引发了子宫出血。）

在其他情况下，比如入睡以后，心理防御机制[3]暂时放松下来，打嗝也会停止。除了讨厌的反例，在阅读相关文献的时候也会发现一些铁证。例如，有一个男孩打嗝会经常复发，最初就是通过睡觉来解决的，不过后来就不管用了。最后他被诊断为髓质脑肿瘤（髓质对打嗝反射起抑制作用；自然髓质的损伤也会破坏这种抑制作用）。在医院的病房里流行性打嗝显然属于群体心因性疾病。打嗝应该是很私密的行为，但是因为精神传染非常敏感，所以有很强的穿透性。那么，如果朋友、家人患有持续性打嗝，或是所处的医院中有许多持续性打嗝的人，要如何才能避免被传染呢？会不会有另外一种解释？传染实际究竟是怎样发生的？链球菌呃逆（医学上称打嗝为“呃逆”）在过去曾造成流行性打嗝，而且会传染给兔子，导致兔子打嗝。对于这一问题至今还没有找到答案。

回顾一下以往的一些著作或者研究性论文，对于心因性打嗝并没有一些积极的证据证明其起因是心因性的。更糟糕的是，心因性疾病的基础本身也只是假设而已。而且对于发生这种现象机制也没有相关的描述，也没有什么证据可以证明这种机制是可行的需求。甚至对于“心因性”究竟是什么也没有一个明确的解释，这个名词的出现只是为了方便讲解员讲解而已。

我并不是不相信身体上的疾病可能会由心理原因产生。一些“替代医

[3] 指个体面临挫折或冲突的紧张情境时，在其内部心理活动中具有的自觉或不自觉地解脱烦恼，减轻内心不安，以恢复心理平衡与稳定的一种适应性倾向。——译者注

学”④提出了一些方法对病因进行区分，并提出了一些可实验的假设来对这类疾病进行治疗，这都超越了“主流”医学采用的做法。

很多以心因性命名的疾病都已在证据面前投降。在发现溃疡应归咎于幽门螺杆菌与非甾体类抗炎药之前，医学界一致认为溃疡是心因性的。而在1987年，芬兰研究员马蒂·约凯马（Matti Joukamaa）对于“下背痛”有一种比较正确的解释：“对于下背痛病因、发展史以及治疗方法我们知道得很少。所以就出现了‘下腰痛是心因性’的说法。”但当他在修订版中又宣称，医学上很容把背痛归咎于神经性症状以及虚弱的自我，并且认为转换性癔症和精神病是背部疼痛的主要原因时，他之前的预见就被破坏了（也可能是因为在同侪审查中他的预见被否定了）。在此值得一提的是，人机工程学的出现是如何帮助工作中的我们克服虚弱的自我的呢？

最新研究发现，“躯体化障碍”⑤也是心因性疾病，这一结论最先出现在《精神疾病诊断与统计手册》中，这本书对于心因性疾病有指导作用。这种分类既没有必要条件又缺乏依据，会有这种倾向是因为，有时候我们找不到疾病的病因，从而无法对症下药，就将其归因为心理问题。现在医生应该跳过那些啰唆的借口，开始寻找疾病的真正成因，而且如果找到了，他仍然可以保有作为医生的尊严。只有将“治愈”作为前提条件，病人才会对于自己的症状不发表多余的意见。这对于医生和卫生保健系统都是有利的。永远不要对病人心怀芥蒂。

皇帝从来就没有过衣服⑥——我们从来就没有正视真相。心因性的定义从逻辑上来看也是空泛的，这种定义并不准确，也无法被有效地证明，这一说法可谓漏洞百出。并且这种说法阻碍了对于疾病的研究，也破坏了医患之

④ 也叫替代疗法，是由西方国家划定的常规西医治疗以外的补充疗法。按照西方的习惯，替代医学包括了冥想疗法、催眠疗法、顺势疗法、按摩疗法、香味疗法、维生素疗法等，传统的草药和针灸也归在其中。——译者注

⑤ 一种以持久的担心或相信各种躯体症状的优势观念为特征的一组神经症。患者因为有一些躯体障碍去就医，但是检查结果并不能打消患者的疑虑。——译者注

⑥ 此处引用的是童话作品《皇帝的新装》，喻指就像故事里的皇帝认识不到他的新装不存在这个事实一样，我们也没有认识到事情的真相（疾病的真正成因）。——译者注

间的信任，实际上医生已经放弃了病人，并将病因归咎于病人的痛苦，同时也给病人增加了心理上的疾病。所以将疾病归因于“心因性”反而增加了病人的痛苦，而且这种做法与“不对病人造成任何伤害”的承诺也背道而驰，所谓的医疗服务应该是无伤害性的医疗方式。

心因性的定义一直以来都假定，任何情况都有一种标准的现象。然而对于心因性却没有任何要求的标准，一直以来都是一些猜测和建议。谁会相信这些呢？难道会是那些患有心因性疾病的人吗？这其实都是医生的空想而已。

150

CRIME ENTAILS ONLY THE ACTIONS OF CRIMINALS

犯罪仅仅是犯罪分子的行为

爱德华多·萨尔塞多－阿尔瓦兰（Eduardo Salcedo-Albarán）

哲学家，政治学家，科学旋涡公司（Scientific Vortex）董事。

想要了解犯罪，你必须将注意力集中在罪犯和重罪上，这话听起来是符合逻辑的。但是社会科学的进步使我们有理由重新考虑这个想法的合理性了。

海洛因从土耳其出发，经过保加利亚的一个村庄（Kapitan Andreevo）的安全检查被偷运至保加利亚，在欧盟各国出售。大多数毒品都是来源于南美洲，经过东非国家到达欧洲的。在南非，勒索、私人保安公司以及军火商都是一起进行商业活动的，这逐渐模糊了合法和非法金融交易之间的边界。

在墨西哥，黑色金属材料、烃凝析油以及毒品被贩运并出售给一些合法或非法的公司以及一些美国人。洛斯哲塔斯（Los Zetas）[1]和其他的犯罪集团在越过美国边境之前，在中美洲一直从事贩卖人口、绑架以及移民谋杀活动。在2006—2010年间，一些罪犯在网络上通过一间合法的银行在美国境内洗钱，金额高达8.81亿万美元，根据司法部刑事司的报告，在2012年间，同一家银行，洗钱金额高达94亿美元。在美国，无论是转入或转出资金，只要是通过电汇形式都是会被发现的，所以实在很难理解全球最重要的银行之一为什么可以绕开美国的监控系统洗钱94亿美元。

[1] "海湾卡特尔"贩毒集团中的军事力量，他们的任务就是暴力解决毒品生意上的一切事务，他们的标签就是枪战、凶杀、绑架、残忍、无恶不作、无法无天。——译者注

在所有这些案例中，都少不了公务员、普通公民以及企业等合法主体的参与。在所有这些案例中，银行家、律师、警察、边境官员、飞行控制人员、市长、州长、总统以及政客都参与或被参与了犯罪行为。有时他们只是犯罪的工具，有时他们又是连结合法与非法的重要纽带。他们为犯罪网络提供信息、金钱、保护、知识以及社会资本，这是将他们定义为“非法”行为主体的一个原因。然而，他们都在法律允许的范围内活动，这又是将他们定义为“合法”行为主体的另一个原因。他们似乎既是合法又是违法的。我们将他们称为“灰色”行为主体，他们身处合法与非法之间，并在合法与非法的边界上活动。虽然他们为犯罪活动的成功提供了帮助，但他们并没有出现在犯罪集团的组织结构图上。

尽管这些灰色行动主体扮演了非常重要的角色，但社会科学家们犯罪分析的重点仍然是犯罪分子和犯罪行为。他们倾向于通过那些仅涉及“黑暗”力量的定性以及定量的数据来研究犯罪，却忽视了跨国或国内犯罪都是由一些相互之间没有交集的人进行的。科学家无视了一个事实，那就是跨国和国内犯罪其实是由那些不直接参与犯罪行为的人进行的。这是一个非常简单的方法，并且可看到的黑暗力量在全球犯罪中仅仅是冰山一角。

而且社会科学家还假定社会是一个二进制的数字系统，其中只有“好”“坏”两种人，“我们”和“他们”是对这两种人完美的区分，在根据简单的刑事条款进行司法裁决的时候，这种区分是非常有用的——如果个体X对于个体Y实施有害行为，则X就是罪犯。然而，从社会学、人类学和心理学等方面来看，这种区分的界限就很难定义了。所以，即使社会是一个数字系统，它也不会是一个二进制系统。

这并不意味着犯罪都是有关联的，难道因为我们都间接地与罪犯相关，所以我们就都是罪犯？我的意思是，我们在定义和分析犯罪时，不要只包括简单的二进制标准，比如属于某一组织或犯有某一行为。这种标准对于犯罪组织的头领，或某犯罪嫌疑人的特殊行为是有用的。但大多数时候，罪犯的附属关系以及其犯罪行为都是复杂和模糊的。因此，在社会中，我们无法为定罪和判刑设计软件，因为情况往往都非常复杂，我们只能依靠和相信法官的直觉（尽管他们使用的也都是简单的算法），但在判决的时候他们还是会考虑嫌疑人的意图、犯罪情境以及影响等因素。

当前用于组织和评估大量数据的工具，对理解复杂的犯罪行为是非常有用的。通过社会网络分析并制定实地调查模型，或通过结合多种变量的机器学习制定预测模型，都是一些典型的有用的程序。然而，这些程序经常会漏掉一些“对”和“错”之间典型的区别，或忽视了一些细小的科学原则。善与恶、对与错、合法与非法等概念都是要根据情境判断的。

经济学家、心理学家、人类学家和社会学家往往对分析复杂犯罪行为所涉及的混合概念感到不适。面对这种整合了多个科学领域的复杂概念，即使采用新的因果关系模型也很容易总结出截然不同的特征。在传统的科学领域中，这听起来是一件不可思议的事。当社会科学家需要分析数据或某种现象时，通常需要利用最准确的观察工具，因为他们的观察结果会被用来设计和执行政策。如果使用不准确的工具，就会导致科学家作出不合理的决定，就像一名医生只是通过测量体温就诊断出肿瘤一样。当我们应用科学研究来理解贩卖人口、大规模谋杀或恐怖主义时，使用最好的工具，并提供最佳意见时，就意味着我们在拯救生命。

因此，关于理解犯罪就是理解罪犯的思想和行为的想法是时候该淘汰了。同时我们还必须淘汰其他的一些天真的概念，比如“有组织犯罪”以及任何国家或政府的发展都没有受到犯罪的影响。这些都是非常简单的概念，对于学术研究或教学中的理论模型是非常有效的，因为这些理论模型都很好地避开了社会的复杂性和模糊性。但如果我们不利用科学的工具应对社会真正的复杂性，那么无论我们喜欢或不喜欢，我们都有可能在街头或法庭处理这些问题。

151

MARKETS ARE BAD; MARKETS ARE GOOD

市场：天使还是恶魔

迈克尔·诺顿（Michael I.Norton）

哈佛商学院工商管理副教授，合著有《花钱带来的幸福感》（*Happy Money*）。

市场可以产生可怕的结果。举个简单的例子，在一次有创意的实验中，研究员发现，某市场中牲畜若被标价售卖，人们更倾向于贬低那些动物的价值，人们将它们仅仅看成是没有生命，可以获利的东西。

市场可以引起令人振奋的结果。举个简单的例子，在一系列的调查中，研究院发现，有效的市场可以促进性命攸关的药品的流通（尽管有时也有一点政府的帮助），让数十亿人的生活更美好。但是在主流的科学对话中，市场被左派公知和学者描述成恶魔、有本质缺陷，被右派学者描述成完美、有自我矫正能力。这种情形很常见，但是这两种理论都应该被摒弃。

让我们退一步以市场本来的面目来分析它。它只是很多个体的聚集体，这表示它本身没有好或坏的倾向。我们可以用另一个更本质的词汇“群体”来替代它。我们从不将群体看成是好的或者坏的。群体能够产生惊人的无私、慷慨和英雄主义，也能够产生自私、贪婪和残忍。他们能够创造亮丽的焰火，也能够创造的幽暗的泥潭（比如那些你曾加入过的最后萎靡无作为的群体）。

当想到群体的时候，我们想到的是我们能够举止得体或者举止放浪的条件。我们不认为他们有自我调节的能力，随着时间流逝一直表现良好。也不会想到他们本质上是好的或者本质上是坏的。将这种逻辑应用到市场上，将帮助我们建立一个更加丰富和准确的理论，我们可以预测市场什么时候会产生可怕的结果，什么时候会有令人振奋的结果。

My main point is that the development of science follows much more diverse courses than only or predominantly the course of abandoning old ideas.

我认为，相比于替代旧理论，科学的发展还有很多不同的道路。

——贾雷德·戴蒙德 （Jared Diamond），
《通过替换旧想法，新想法终将取得胜利》

152

TRIUMPH BY REPLACING OLD ONES

通过替换旧想法，新想法终将取得胜利

Jared Diamond
贾雷德·戴蒙德
加州大学洛杉矶分校医学院生理学教授，以生理学开始其科学生涯，进而研究进化生物学和生物地理学。著有《枪炮、病菌与钢铁》《第三种黑猩猩》等。

相比于 Edge 年度问题所提到的“抛弃和埋葬旧理论”，科学发展史其实更加多姿多彩。虽然像“新理论通过取代旧理论而赢得胜利”这样的观点可以用来形容某些学科的发展，但也有很多事例表明，新理论也会填补一些旧理论没有涉及的空白领域。发生这种情况的原因有两个：一方面，新的测量技术使新理论能够对应新的信息，另一方面，新理论也可以对应新的“展望”（按照科学史学家的说法，这里的“展望”应该用德语的“Fragestellung”来表示，从字面上理解就是“提出问题”的意思，也就是说，从提问可以引申出更多更广的意义）。下面，我举几个例子来说明上述两个原因。

关于“新的测量技术使新理论的产生成为可能”这一点，近代最为人熟知的一个例子就是詹姆斯·沃森（James Watson）和弗朗西斯·克里克（Francis Crick）的DNA双螺旋模型。他们的模型并没有取代先前建立的模型，他们的对手也至死都不肯放弃错误的观点。相反，沃森-克里克模型之所以能够建立起来，是因为近代出现的两组测量数据：一组是DNA的化学结构分析（通过这一分析，人们发现在DNA中腺嘌呤与胸腺嘧啶的数量相等，鸟嘌呤与胞嘧啶的数量相等），而另一组数据则是X射线晶体照片所显示出的证据。众所周知，莱纳斯·鲍林（Linus Pauling）以及沃森和克里克几乎同时提出了DNA结构的两种模式。科学界也几乎立即就确认了前者的模型是错误的，而后者的模型可以解释当时存在的所有证据。因此沃森–克里克模型迅速得到认可，并填补了该领域的空白，而不是替换了以前错误的理论。

关于这一点，我的另一个例子是“动物电理论”的起源。我们的神经和肌肉细胞膜通过传导电脉冲产生动作，由此引起动态和静息细胞膜区域间跨膜电位[1]的变化。如果缺少直接的细胞跨膜电位的测量结果，就不可能提出一种定量理论来解释电位是如何改变的。在1939—1952年间，两个重要的发现使这个问题得到了解决：解剖学家约翰·杨（J.Z.Young）发现鱿鱼拥有巨大的神经，生理学家当时使用的微电极刚好可以插入鱿鱼巨大的神经之内而不对它们造成破坏。在1945—1952年间，生理学家艾伦·霍奇金（Alan

[1] 当膜上的离子通道开放而引起带电离子的跨膜流动时，即可在膜两侧产生电位差，即跨膜电位，简称膜电位。细胞的跨膜电位大体上有两种表现形式，即安静状态下相对平稳的静息电位和受刺激时发生的可传播的、迅速波动的动作电位。
——译者注

Hodgkin）和安德鲁·赫胥黎（Andrew Huxley）得益于约翰·杨的解剖学发现和当时技术的发展，测量了在电位和时间综合作用下通过鱿鱼神经的电流，从而对神经冲动产生的原因进行了更详细的定量描述，即神经细胞膜的通透性使得细胞膜内外两侧带正电的钠离子和钾离子浓度发生变化，从而形成了神经冲动。霍奇金－赫胥黎理论迅速被接受，既是因为此理论极具说服性，又是因为在该领域中他们还没有竞争对手。20世纪五六十年代，那时我还是一名生理学学生，我唯一能回忆起的对该理论的质疑声音是来自一些非生理学家，他们关心两方面的问题：一个是微电极是否会对神经膜造成损害（这一质疑由几组不同类型的对照实验进行回应）；另外一个就是非定量性，即他们怀疑神经膜和突触或细胞膜的连接处发生的是相同的通透性变化（事实证明，所发生的通透性变化是不同的）。

至于"新理论使提出新问题成为可能"这一点，首先应考虑的是构成群体生物学的几个现代科学基础：分类学／系统学、进化生物学、生物地理学、生态学、动物行为学以及遗传学。至少直到最近，除了遗传学涉及观测、计算和测量以外，其他领域大多数的研究都不需要什么设备。大多数研究已经在 2 000 多年前的古希腊时代由亚里士多德、希罗多德及其他同时代的人完成了。亚里士多德同样也可以对古希腊的动植物进行观察研究，并达到林奈分类学的水平；希罗多德也可以通过对比黑海地区和埃及地区生物的种类创立生物地理学。希腊人完全有能力和耐心对行星和其他自然界特征进行准确、定量的观测。任何一位古希腊人都可以像19世纪60年代的孟德尔那样，对豌豆进行培育和观测；也可以像18世纪80年代的吉尔伯特·怀特（Gilbert White）那样注意到柳树莺和棕柳莺之间的差异；也可以像20世纪30年代的康拉德·劳伦兹（Konrad Lorenz）那样对幼鹅进行观察，进而建立遗传学、生态学以及动物行为学。②但是古希腊人没有提出必要的"新问题"，所以他们也就没有兴趣去计量豌豆的品种，观察莺和幼鹅。从18世纪开始，群体生物学分支学科的增加都是由于近代新问题的增加，这些问题产生了数据（无须发明微电极或X射线晶体学就能产生的数据），反过来又变成了想法，一些领域在此之前既没有数据也没有具体的想法。

② 孟德尔是遗传学的奠基人，被誉为现代遗传学之父。他通过豌豆实验，发现了遗传规律、分离规律及自由组合规律。吉尔伯特·怀特被称为英国第一位生态学家。康拉德·劳伦兹则经常被认为是现代动物行为学的创建者之一。
——译者注

无须深入细节，我还会提到另外两个重要领域的例子，这两个例子都是最近几个世纪才出现的，它们的研究无须任何专门的技术，所以古人可能曾在这两个领域有所发展，但并没有形成真正的学科，原因就是他们没有提出相关的新问题。希腊人和罗马人的语言都与印欧语系、美索不达米亚闪语和其他一些语言有关联，他们本可以发现在语言大家庭中的分组，并由此发展出历史语言学，但他们甚至懒得记录下古埃及语、高卢语及其他语言。在所有希腊和罗马的文学作品中，我没有找到任何一个词汇表记录着"野蛮人"的语言，与此形成对照的，则是从17世纪起，欧洲旅行者就开始在非欧裔人口中系统地收集单词。希腊人和罗马人同样能够像弗洛伊德一样，注意到可用于探索人类无意识的证据，但他们也没有这样做。

这些科学领域（也包含我工作的领域）的事例：从 20 世纪 60 年代起，大陆漂移假说替换了生物地理学理论中地球是静态的假设；分类学方法衍生出的遗传分类学替换了早期的分类学方法；随后，在 20 世纪 60～70 年代间，试图将不可逆过程（非平衡态）热力学应用于群体生物学和细胞生理学领域的做法逐渐消失。以上我说的这些，并非要说明本书 Edge 年度问题的基本观点有误，相反，**我认为，相比于替代旧理论，科学的发展还有很多不同的道路。**

扫码关注“湛庐教育”，
回复“哪些科学观点必须去死”，
观看本文作者的 TED 演讲视频。

153

SCIENCE ADVANCES BY FUNERALS

只有通过“葬礼”，才能迎来科学的进步

塞缪尔·巴伦德斯（Samuel Barondes）

加州大学心理学教授，神经生物和心理治疗中心主任，著有《人格解码》（*Making Sense of People*）。

1874 年，当马克斯·普朗克开始在慕尼黑大学研究物理学时，他的老师菲利普·冯·约利（Philipp von Jolly）曾警告他：“物理学已是一个成熟的学科，能研究的东西非常少。”这也是 19 世纪末许多物理学家坚持的观点。1900 年，伟大的英国物理学家开尔文（Lord Kelvin）也曾明确表示：“在物理学领域再也不会有什么新发现了，接下来要做的就是越来越精确地测量。”

在普朗克早期的职业生涯中，他是没有理由怀疑学界这种自满情绪的。然而在开尔文发表演讲的同一年，他觉得自己应该反驳这种观点。普朗克一直致力于研究光和热的关系，并对随之出现的电现象抱有浓厚的兴趣，他曾提出一个与经典物理学概念保持一致的方程式。但他却发现，实验结果证明他是错的。

42 岁的普朗克背靠在墙上，很快想出了一个可以解释实验数据的替代方程。但是，新的方程也产生了爆炸性的影响。虽然新方程与传统物理学的观念格格不入，但它就是量子理论这一崭新的物理学领域的初步模型。量子理论遭到物理学界保守派的反对，这也就是为什么普朗克会粗暴地宣称：“除非它的对手最终死去，否则一个新的科学真理不会取得胜利。”

但量子理论取得了真正的胜利，依靠的并不是这种冷酷的预言。因为量子理论并不是普朗克的突发奇想，对于这一理论，物理学界的科学家很快就

开始认真研究。因为对这种意外出现的实验结果，认真研究是非常必要的，科学研究通常都是这样开始的。如果一个实验挑战了当时的流行理论，就要花费大量的精力进行研究。如果实验得到证实，旧观念就要被纠正。在一些领域中，决定性的实验是相对容易进行的，这种改变就可能发生得很快，那当然也就不需要等到年长的反对者死去，新的理论才能得到认可了。而在有些领域中，并不适合用决定性的实验挑战流行理论的地位，即使反对者相继死去，都未必能让新理论赢得一席之地。

所以，普朗克错了。新科学真理的发展并不取决于是否存在顽固的保守派反对者，而要依赖于不断加入的有才华的新人，他们渴望改变旧秩序，在历史上留下自己的名字。在普朗克的故事中，推动量子理论向前发展的人是年轻的爱因斯坦，而不是年长的反对者的死亡。正如道格拉斯·斯通（Douglas Stone）在《爱因斯坦和量子》（*Einstein and the Quantum*）一书中所说的："24 岁的爱因斯坦还只是一名专利局职员，虽然没有经验，但毫无畏惧，他最终成为了量子理论发展的驱动力。至于他的前辈们，爱因斯坦丝毫也不关心。"

154

PLANCK'S CYNICAL VIEW OF SCIENTIFIC CHANGE

普朗克关于科学进步愤世嫉俗的观点

雨果·梅西耶（Hugo Mercier）

瑞士纳沙泰尔大学认知科学中心研究员，认知科学家。

本书 Edge 年度问题的灵感来自马克斯·普朗克，他对科学进步持一种悲观的看法："一个新科学真理的胜利，与其说是因其反对者的信服和领悟，还不如说是因为其反对者终于都死了，而熟悉表这一科学真理的新一代成长了起来。"当然，普朗克的这一观点在公众中引起了共鸣。尤其是当托马斯·库恩指出："已取得一定成就的科学家不愿改变其职业生涯，所以更有动机反对新理论"时，受过更高教育的公众就更容易接受普朗克的观点。

即使是能自由发表意见的、有严格论证标准的科学家，也往往不会在应该改变想法的时候改变想法，更何况是普通大众呢？为什么总是要试图说服其他人呢？幸运的是，普朗克是错的。很多重要的科学界的变化，一次又一次地向我们显示出，只要新理论的论证足够充分，科学家是能够快速接受新理论的。

我们不应该总是归责于他人，例如，16 世纪的学者拒绝哥白尼的日心说模型，是因为哥白尼的理论充斥着生硬的补充说明，并没有比其他理论对数据作出更好的解释，而且对于一些基本问题，他也没有给出答案。再比如，如果地球是运动的，那为何我们感觉不到呢？正是因为开普勒解答了这些问题，他提出的椭圆轨道定律才被接受了，也正是因为伽利略解释了行星运动的原理，日心说模型才迅速被大众所接受。

只要有更好的论证，那些重大的颠覆性观点就能快速被大众接受。当牛顿第一次提出关于光的新理论时，无疑给长久以来古老的信仰带来了巨大的打击，牛顿曾写过一篇短文，为他自己的一些观点提出了相应的实验证据。由此，他极具说服力的理论被很多人所接受（这并不是因为牛顿是权威，那时的牛顿还不出名）。而 30 年后，牛顿又出版了《光学》（*Opticks*）一书，对他的理论做了更好的阐释，并添加了大量详尽的实验描述。牛顿的观点对当时的自然哲学家来说，简直是一场狂风暴雨，但经过几年的辩论之后，牛顿的大部分观点还是被接受了。

约瑟夫·普里斯特利（Joseph Priestley）是一位才华横溢却固执的科学家，因为他直至去世都坚持"燃素说"（The Phlogiston Theory）①，他简直可以说是普朗克观点的一个绝佳的例子，但普里斯特利其实是一个特例。当拉瓦锡（Lavoisier）开始宣传他的发现并批评燃素说时，他遇到了阻力，却也得到了认可。之所以会遇到阻力，是因为连拉瓦锡自己都认为他的新理论还不够成熟，但他的理论会被接受是由于其可靠的实验方法和实验结论。当法国化学家按照拉瓦锡的实验方法对新理论进行检测，并发现新理论可以合理地解释实验现象时，该理论在短短几年之内就被接受了。

这样的例子还有很多。例如，达尔文的思想在《物种起源》出版后不久，很快就被社会所接受；板块构造理论作为一个推断，十几年来一直是教科书中的例子。以上两个例子都告诉我们，只要有充分的论证，大多数科学家都会改变他们的观点并接受新理论。正如科学历史学家伯纳德·科恩（Bernard Cohen）曾指出的，与上述事例中的科学家相比，即使是普朗克也称不上是真正的革命者。作为新一代的科学家，所要做的事情并不只有设法说服同行这一件。

显然，不是所有的科学家都能迅速地达成共识，政治科学家并不像粒子物理学家那样，有大量精确的数据可以利用。尽管如此，将科学看成一个整

① 燃素学说是 300 年前的化学家们对燃烧的解释，他们认为火是由无数细小而活泼的微粒构成的物质实体。大量游离的火微粒聚集在一起，就形成了明显的火焰，它弥散于大气之中便给人以热的感觉，由这种火微粒构成的火的元素就是"燃素"。——译者注

体还是非常重要，不仅因为改变别人的信念绝非易事，还因为一个悲观的、愤世嫉俗的观点会产生有害的影响。

如果那些不同意我们的观点的人永远不会改变他们的想法，那我们为什么还要试图说服他们呢？如果我们不与那些持不同意见的人进行讨论，就永远也不会知道他们反对的理由是什么，而这些理由对新理论的研究通常都是非常重要的。如果我们不能弄清这些原因并进行解释，只能说明我们的观点确实不足以令人信服。我们的失败只能强化我们的信念，认为自己被不公平地对待，而不能增加更多理性的争论。而“争论效率低下”的观点其实是一种具有破坏性的自我毁灭的观点。我们应该给科学家和争论更多的信任，让普朗克关于科学进步愤世嫉俗的观点早点淘汰吧！

155

MAX PLANCK'S FAITH

马克斯·普朗克的信仰

米哈里·希斯赞特米哈伊（Mihaly Csikszentmihalyi）

"心流"之父，积极心理学奠基人之一，著有《心流》《创造力》。

请注意，本书的 Edge 年度问题中引用了马克斯·普朗克关于科学真理如何取得"胜利"的观点。真理本身并不会胜利，提出真理的人才希望取得胜利。需要被淘汰的观点是：相信科学家所说的就是客观真理，即使他们宣扬的观点与客观现实无关。有些科学观点确实是真理，但有些科学观点则处于真实与虚构之间，需要大量的初始条件才能成为真理。

一盘好棋要求棋手能够战胜对手。难道移动棋子的动作就算胜利吗？对于下棋来说，也许是这样的。我们也只能希冀，科学的胜利是无害的。

注：本文作者米哈里·希斯赞特米哈伊的《创造力：心流与创新心理学》已由湛庐文化策划，浙江人民出版社出版。

156
THE ILLUSION OF CERTAINTY
必然的幻觉

玛丽·凯瑟琳·贝特森（Mary Catherine Bateson）

文化人类学家，美国乔治·梅森大学荣誉退休教授，波士顿学院老龄化与工作研究中心访问学者，著有《青春永不落：不怕老的理想生活指南》（*Composing a Further Life: The Age of Active Wisdom*）。

科学家有时会抵制新想法，即使旧想法已经不合时宜了还是会坚持，但真正的问题其实是公众的不理解。所以，对新想法的修正或反证并不是坏事，反而可能是一种力量。在我们当前所处的时代中，公众舆论会对科学观点进行评价，并在不同的现象之间进行类比，这已经变得越来越重要了。但是这样做有可能是错误的，因为大多数科学知识的提炼过程都是不可见的。科学知识的真正价值依赖于其开放性修正，但我们都认为科学在很久以前就已经修正过了，所以当我们被要求放弃这一想法的时候，就会感到不安。

这里介绍一个最明显的例子，许多人认为在进化过程中，“竞争”系统性地建立了自然规律，并且经济学家和心理学家常常认为竞争是理所当然的，而其他人也都认为进化论是一种“理论”而非“猜测”。生物学界越来越深地认识到，除了竞争之外，还存在共生关系和多种非竞争关系，它们都在进化过程中起到重要的作用。但是，达尔文“适者生存”的隐喻被赫伯特·斯潘塞（Herbert Spencer）引用，来描述早期的工业社会，并作为人类行为约束力的隐喻一直流传下来。

知识有权威性，可以指导决策和行动，然而知识仍然需要经常修正。大多数人并不十分认同这个观点，因为他们往往认为知识只是添加剂，并没有认识到知识需要被重新修正以适应新的信息。正因为科学知识应该是精确的，所以人们拒绝“气候变化”（对科学知识进行修正），致使我们难以用现有的知识应对我们所在的未知环境。

什么样的证据可以说服那些将现实称为“气候破坏”的怀疑者呢？也许，此次 Edge 年度问题应该成为年度事件，并且应重点强调每个新合成的复杂数据可能更具包容性这一事实。淘汰不再是一个以消除错误为主的概念，而是更倾向于集成新的信息和新的认识，并让更多的人接受。

157

STATISTICAL SIGNIFICANCE

统计学显著性

查尔斯·塞费（Charles Seife）

纽约大学新闻系教授，曾任《科学》撰稿人，著有《数字是靠不住的》（*Proofiness: The Dark Arts of Mathematical Deception*）。

“统计学显著性”这一概念是平庸的人、易受骗的人、不诚实的人以及无能者的福音。它将毫无意义的成果变成了某种可发表的东西，将浪费时间和精力变成了科学生涯的燃料。最初，它是为了帮助研究人员从统计学的偏差中区分出真正效果而设计的，但它已经成了一种用来掩饰胡说八道的定量工具。它是大部分的科学和医学文献不值得被记录的最大原因。

如果使用得当，统计学显著性的概念也仅仅是一个用以排除异常现象的工具而已。例如，你正在测试一种药物的效果。即使这种化合物是完全惰性的，但对患者来说，与安慰剂相比你的药物至少还有 50% 的概率是有效的。随机性可能使你的药物看起来是有效的。但药物和安慰剂之间的区别越多，与随机性有关的可能性就越小。所以统计学显著性的结果其实是以一个很随意的阈值为界限的。在大多数社会科学期刊以及医学文献中，如果纯粹的随机性能够解释你所得到的结果的概率小于 5%，那么观察报告通常被认为是具有统计学显著性的。在物理学中，这个阈值通常较低，一般为 0.3%（3σ），有时甚至是 0.00003%（5σ）。但是它们代表的重要意义是相同的：如果你的结果足够醒目，可以通过阈值，它就会被认为是具有统计学显著性的。

大多数情况下，统计学显著性这个词都没有被正确地使用。如果你看了在同行评议的文献中发表的文章，你就会发现对统计显著性的测试永远不会只是单次观测，而是几次、几十次甚至上百次。研究人员在检查止痛药对关节炎患者的有效性的数据时，会试图回答之前提出过的问题：药物对缓解病人的痛苦有帮助吗？对患有膝关节疼痛的患者有帮助吗？背部疼痛呢？肘疼痛呢？剧烈的疼痛呢？中度疼痛呢？中度至重度疼痛呢？它对患者的关节活动范围有帮助吗？对患者生活质量的影响呢？每一个问题都是对统计显著性的测试，而且通常会以 5% 的行业标准来衡量。意思就是如果有 5% 的概率，随机性就会使一种毫无价值的药物看起来是有效的。如果测试 10 个问题，你答对了 1 个或 1 个以上，那么你被随机性欺骗的概率就是 40%。通常在论文中会提出 10 个以上或更多的问题，这样就有可能从数学上矫正“多重比较”的问题（尽管规范并不会要求这样做）。同样地，也有可能因为没能回答一个主要问题而使随机性的效果受到影响，尽管在实践中这种“主要成果”表现出了令人惊讶的可塑性。但即使进行修正也经常不能考虑太多影响因素，否则会导致许多研究员的计算结果被破坏，例如在数据分类中，即使是非常微妙的变化都有可能对结果造成影响。例如，将疼痛划分为 10 个等级，那么“严重”的疼痛是 7 级以上还是 8 级以上呢？有时这些问题会被忽略，而有时则是故意被忽略，甚至是特意操纵数据。

最好的情况是通过计算来证明统计显著性是正确的，但这也并不会给你提供更多的信息。当然，相对来说偶然性的概率对你的观察结果也不会有什么作用。而且它也不会显示出实验是否被正确地设置，机器的校准是否被取消，计算机代码是否存在漏洞，实验者是否为了防止偏差而适当忽略了数据，科学家是否真正分辨出了所有可能的假信号源，玻璃器皿是否进行了正确的消毒，等等。当实验失败时，失败的原因有很多，有可能失败的责任并不是因为随机性，而是因为实验过程犯了很多低级错误。

当欧洲核子研究中心的物理学家宣布，已经发现中微子移动的速度超过光速时，6σ 水平[1]的统计学显著性（对于错误的详细的检查）并不足以说

[1] 西格玛（σ）是对过程满足质量要求能力的一种度量。西格玛水平越高，过程满足质量要求的能力越高；反之，西格玛水平越低，过程满足质量要求的能力越低。6σ ＝ 3.4 失误 / 百万机会。——译者注

服聪明的物理学家相信欧洲核子研究中心团队是错误的。但研究结果不仅与物理定律冲突，还与超新星爆炸中对中微子的观测结果冲突。果然，几个月后，缺陷（很微妙的缺陷）终于出现了，否定了欧洲核子研究中心团队的结论。

在科学界中，出现错误的研究结论是非常常见的。比如，考虑到美国食品和药物管理局每年都要对几百个临床实验室进行检查的事实，大约会有 5% 的实验室涉及“存在严重的不良条件及实验做法”，这个结果实在令人震惊，导致他们得出的数据也被认为是不可靠的。当然这些做法中也不乏有彻头彻尾的欺诈。对检察员来说，这都只是极为明显的问题，我们很难想象，实验室中错误的实验数目的概率为 5% 的是两倍、三倍甚至更多。即使阈值设定为 5%、0.3% 甚至 0.00003%，而实验数据被实验错误破坏的概率有可能达到 10% 或 25%，甚至更高，那这样的统计有效性还有什么意义呢？当出现可怕的错误或是欺诈时，即使最严格的统计有效性结果也会失去意义。

尽管统计学家对这种做法提出警告，利用统计显著性以偏概全的发现还是经常被用于快速决策，无论观测结果是否可信或适合发表。这样做带来的结果就是，同侪审查的文献充斥着统计学意义上的发现，而这些发现都是不可复制并令人难以置信的，荒谬的观测结果的数量级甚至超越了最低可信度。无论研究过程是否应该认真严谨，对于本质上是定性的研究过程，“统计显著性”的概念已变成了定量支撑。如果没有“统计显著性”，科学会发展得更好。

158

SCIENTIFIC INFERENCE VIA STATISTICAL RITUALS

通过统计学方法进行科学推理

格尔德·吉仁泽（Gerd Gigerenzer）

社会心理学家，马克斯·普朗克研究所人类发展研究中心主任，著有《风险与好的决策》（*Risk Savvy*）。

作为一个年轻人，莱布尼茨有一个美丽的梦想：通过微积分学将世界上的每一个想法都用符号表现出来，这种普遍的微积分学将终结所有的学术争论。举例来说，Edge 每一次激烈的讨论，都可被冷静的计算结果迅速解决。根据莱布尼茨乐观的估计，一些熟练掌握了微积分的人，五年后应该能够胜任所有工作。然而，包括莱布尼茨在内，至今尚未有人能够胜任所有工作。

尽管如此，莱布尼茨的梦想在社会各界依然欣欣向荣地发展。目前，莱布尼茨的梦想还未实现，只有一些替代方法能够被应用。在某些领域中，这种替代方法是多元回归，而在另一些领域则是贝叶斯统计，但使用最多的是零仪式（null ritual）①。它的步骤如下：

1. 设置一个“无平均差”或“零相关”的零假设，不要指定你自己研究假设的预期；

2. 使用 5% 作为拒绝空值的约定值。如果表现出显著性，那就可以接受你的研究假设。假定值可以是 $p<0.05$，$p<0.01$ 或 $p<0.001$ 中的任何值；

① 根据上下文，它指代的是无意义又不得不进行的流程和程序，故译作零仪式。——译者注

3. 总是执行此过程。

绝不会有人认为这一步骤与统计正确性有关。事实上，英国统计与遗传学家罗纳德·费希尔先生曾表示，这种做法是错误的，从一个实验到另一个实验，研究者不应该使用相同的显著性水平进行研究。著名统计学家耶日·内曼（Jerzy Neyman）和埃贡·皮尔逊（Egon Pearson）如果了解到现在的做法，一定会气得从坟墓里跳出来。贝叶斯也同样讨厌假定值。然而翻开任何心理学、商业或神经系统科学方面的期刊，你都有可能会看到连篇的假定值。这就有几个例子：2012 年，作为管理学领域内一流的实践性期刊——《管理学会杂志》（*The Academy of Management Journal*），其中假定值的平均数为每篇文章 116 个。在 2011 年的《自然》中，刊登的所有研究人类的科学领域（如行为科学、神经心理学以及医学）的文章，其假定值出现的概率高达 89%，这还是在不考虑规模效应、置信区间、功效或模型估计的情况下。

仪式，是一种庄严的礼仪，由有序安排好的行动组成。仪式通常涉及神圣的数字或颜色。在举行仪式的时候，既要避免思考为什么要执行这些操作，又要保证持续性，因为一旦停下来就会遭到惩罚。而零仪式包含了以上仪式所有的特点。

“5%”被认为是一个神圣的数值，据称它会告诉我们真正的效果和随机干扰之间的区别。在功能性磁共振成像研究中，因为数据被颜色取代，所以会有大脑被“点亮了”的说法。

这种对“5%”的错误理解非常令人震惊。如果神经病学家对统计有任何好感，他们都会将此计入《精神疾病诊断与统计手册》中。美国、英国、德国的研究表明，大多数研究者不理解（或不想理解）假定值的真正含义。他们混淆了假定值（p[数值 |Ho]）与随机概率（p[Ho| 数值]）的概念，并且对于类似“数值可以被重复的概率”的概念感到费解。这些令人吃惊的错误在一些顶级的期刊中出现。例如，为了研究两种方式的差异，有一种基本观点认为，我们应该对其差异进行测试。而不应该测试每一个平均值是否违背了共同的基线，如，“神经活动随着训练的增加而增强（$p<0.05$），但这并不

在对照组（$p>0.05$）中”。2011 年在《自然神经科学》（*Nature Neuroscience*）刊登的一篇论文中提及了一篇关于神经科学分析的文章，这篇文章也曾刊载在《科学》（*Science*）、《自然》、《自然神经科学》、《神经元》（*Neuron*）、《神经科学杂志》（*The Journal of Neuroscience*）等杂志中。这篇文章表明，尽管有很多人都做了他们应该做的，但却有更多人使用了不正确的程序。

虽然仪式完全没有任何意义，但不执行仪式会引起极大的焦虑。在一项研究中，当互联网参与者被问到，在英雄主义和利他主义之间是否存在区别时，绝大多数人的感觉是这样的：2 347 名受访者（97.5%）认为，这两者之间有区别；而另外 58 名受访者认为没有区别。然后研究者用这些数据进行了卡方检验[2]，计算出 c2（1）=2178.60，$p<0.0001$，然后得到了一个与实际情况不符的结论：认为两者之间有区别的人比认为没有区别的人多。

强迫症的一种表现是即使没有任何理由也会强迫性地洗手。同样地，研究人员总是要执行统计推断的这种零仪式，即使在有些情况下得不到任何有意义的结果，也就是说，当总体中没有随机样本可以抽取，或最初还没有总体的定义，甚至总体不适用重复的随机抽样的统计模型时，都不能将其称为是好的描述性统计。所以即使计算了一个有意义的假定值，也不能对总体进行清楚的描述。这个问题并不在于统计学，而是研究者错误地将其作为“自动推理机”使用了。

最后，就像强迫性地担心和洗手会干扰生活质量一样，对有意义的假定值的渴望也会破坏研究的质量。其实，显著性理论在很大程度上已经被有意义的假定值取代了。这种替代的目标引发了一些不好的行为，比如，将可疑研究进行有选择性地报告的行为作为多实验条件进行“处理”，或是在观察了数据对实验结果的影响后，将某些数据排除在外。根据 2012 年《心理科学》（*Psychological Science*）对 2 000 名心理学家进行的一项调查显示，超过 90% 的心理学家承认，曾至少有一次从事有问题的科学研究实践。这种为了

[2] 一种用途非常广的假设检验方法，是统计样本的实际观测值与理论推断值之间的偏离程度，实际观测值与理论推断值之间的偏离程度就决定卡方值的大小，卡方值越大，越不符合；卡方值越小，偏差越小，越趋于符合，若两个值完全相等时，卡方值就为 0，表明理论值完全符合。——译者注

制造有意义的假定值的大规模的“欺骗”行为，比一些罕见的公然欺诈行为更加有害。有害结果被大规模发表，但是却不能重复。在利用大数据进行遗传学和医学研究时，就曾遇到过类似的令人震惊的情况，当试图重复发表的研究结果时，发现根本是徒劳。

我的意思并不是要否定统计学的一切，统计学为研究人员提供了一套非常有用的工具。但现在是时候摆脱这些自动的、盲目的统计学仪式了。科学家们应该学习这些仪式，但并不需要他们自己来执行。

159

THE POWER OF STATISTICS

统计学的功效

伊曼纽尔·德曼（Emanuel Derman）

哥伦比亚大学金融工程学教授，曾先后在贝尔实验室、高盛集团和所罗门兄弟公司任职，著有《宽客人生：从物理学家到数量金融大师的传奇》《失灵：为什么看来可靠的模型最终都会失效》。

在我成长的环境中，有很多物理学家的工作方法是观察世界，对其进行实验，提出假设、理论以及模型，再进一步进行实验，然后利用统计学的方法分析结果，从而将心中的想法与实际情况进行比较。这其中用到的统计学，只是他们进行确认或否定研究结果的工具。

但现在，尤其在社会科学领域，科学家越来越喜欢将统计学和数据科学作为一种知识和真理的来源。有些人甚至宣称，计算机辅助的统计学分析模式将取代我们传统的发现真理的方法，不仅在社会科学和医学领域如此，在自然科学领域也将会如此。

我们必须警惕，不要太过于迷恋统计学和数据科学，而放弃了发现自然伟大真理的经典方法（人类亦是自然的一部分）。关于经典方法，一个很好的例子是行星运动第二定律的发现，它是在17世纪由开普勒提出的，而事实上第二定律相比于模式的识别和描述并没有应用太多的法则。

开普勒第二定律表达的是，太阳和一个移动的行星之间的连线，在相同的时间内扫过的面积是相同的。这种行星运动的深刻对称性意味着，行星越靠近太阳，它沿着轨道运动的速度就会越快。但请注意，在行星和太阳之间实际上是没有线的。开普勒惊人的洞察力离不开对第谷·布拉赫数据的思考，以及长期的冥思苦想和灵感的爆发，最终他才想到利用一条无形的线来完成并检验他的假设。数据、灵感、假设以及最后与数据的比较是一个有着悠久历史的过程。开普勒第二定律其实是角动量守恒定律，牛顿的运动定律和重力理论也都是在此基础上提出的。牛顿的理论能够快速地被大众接受，也是因为开普勒的三个定律已经被验证是正确的。在牛顿诞辰300年的时候，约翰·梅纳德·凯恩斯（John Maynard Keynes）的一篇文章中关于牛顿是这样写的："我猜测他早期的卓越是因为他直觉的力量，一个人所能被赋予的最强大、最坚忍的力量。"

统计学这个领域，本身就有点像卡利班（Caliban）[1]，它发源于数学和自然科学之间的孤立地带。它既不是一种纯粹的语言，也不是一种纯粹的关于自然的科学，它是一些用于测试假设的技术的综合。隔离的统计数据只能寻找过去的趋势和相关性，并假设它们将持续下去。但是，相关性不等于因果关系。

科学是一场战争，我们要在混乱的数据中寻找原因和解释。不要太迷恋数据科学，到目前为止，数据科学主要在广告和说服力方面比较有优势而已。数据本身不会发出声音。正如开普勒的传奇故事告诉我们的，根本不存在"原始"数据。选择要收集的数据，以及如何对数据进行思考，需要对无形的事物具有深刻的洞察力。如果想要对收集到的数据产生好的直觉，需要采用传统的方法：直觉、建模、理论化，最后才是统计。

[1] 莎士比亚剧作《暴风雨》（*The Tempest*）中半人半兽的怪物。此处用卡利班指代统计学的尴尬的身份。——译者注

160

REPRODUCIBILITY

再现性

维多利亚·斯托登（Victoria Stodden）

计算法律学学者，哥伦比亚大学统计学助理教授。

我并不是要谈论淘汰再现性[1]这一抽象的概念，或是降低这一概念在科学论述及科学发现中的地位，我想要说的是，我们应该重新对这个词进行明确的定义，弄清它究竟是什么意思，让不同工作环境中的科学家都能采用更恰当的术语。

当罗伯特·玻意耳（Robert Boyle）在16世纪70年代将“再现性”这一概念引入到科学论述中时，它包含了科学实验和科学发现两个方面，即演绎推理（如数学、逻辑学）以及弗朗西斯·培根（Francis Bacon）所提出的新工具——归纳法。逻辑演绎系统对如何进行正确的验证已经做得很好了，但对实验进行验证却困难得多。玻意耳尝试与罗伯特·胡克（Robert Hooke）建立一个真空室，他做了一个案例，无论是采用归纳、实证或发现哪一种方法，那些通过观察自然而得出的结论，都必须通过独立的复制来进行验证。然后，将实证研究发表，所发表的文章包含了关于程序、条款、设备和观测等详细内容，这样其他研究者就能重复过程，并推测结果。

应用当今普遍使用的计算机方法，实现以上内容就会变得非常复杂。计算机不像以前使用的任何科学仪器，因为它只是作为实现一种方法的平台，而不是直接作为一种工具。所以在应用时就需要创建附加的指令用于沟通，

[1] 在改变了测量条件的情况下，测量结果之间的一致性，被称为测量结果的再现性。再现性又称为复现性、重现性。——译者注

这些指令就是代码和数字数据，而它们也是玻意耳的复制研究想法的一部分。

这种通信差距并没有被计算科学研究团队忽略，从某种程度上来讲，这和玻意耳当时的情况有点像，科学界都在呼吁科学交流新标准的诞生，而这一次的新标准则包括了诸如数据和代码等数字对象。

近几年来，杜克大学将注意力集中于一个问题上，主要是为了解决基因组学通过计算机研究得出的结果不可重复的问题，美国国家科学院医学研究所也发表了报告，推荐了新标准，主要用于对计算机研究进行计算机检验的临床试验审批。

该报告建议，软件与计算检验首次关联后，将被固定在审批流程的初始阶段，之后就可以“持续使用”了。后来，在布朗大学举行的主题为“计算机学和实验数学的再现性”的研讨会上（我是协办方）形成了规范流程，即当发表计算机学的研究成果时，适当的信息应被包含在内，包括访问代码、数据以及执行细节。在这种情况下的再现性，应重新被定义为“计算机学的再现性”。

计算机学的再现性应与实证的再现性，或玻意耳版本的不可计算的实证科学实验的适当通信进行区分。这种区分很重要，因为传统的实证研究已经出现了对重复的怀疑。作为诺贝尔经济学奖得主，丹尼尔·卡尼曼曾说过：“我隐约看到了火车残骸。”这暗示他已经注意到了某些心理学实验的非再现性。

事实已经摆在眼前，科学研究不能再依靠产生“可验证的事实”来进行了。因为这样做会使我们将讨论的重点一直放在实证研究的再现性上，而不是计算机学的再现性。我们将这两种类型的“再现性”混为一谈，混淆了讨论的主旨，使讨论的重点变成试图建立一个再现性的标准。我认为，至少有一个以上的非再现性的独特资源，比如“统计再现性”。通过改进“研究-传播”的过程来查找再现性的问题虽然很重要，但是并不充分。

我们还需要考虑新的措施，以评估统计推断的可靠性和稳定性，这包括开发新的验证措施，并扩大不确定性量化的领域，这样不仅发展了统计信度的测量，而且当涉及大型的多源数据集或大规模模拟时，可以使我们对错误的来源有一个更好的理解。而且，我们还能够做一件更好的事情，那就是检测生成的统计报告中存在的偏差，尤其是在数据缺乏的前计算机时代。

实证科学、计算机学以及统计学，这三种类型的再现性都存在影响科学事实确立的严重问题。但每种类型的再现性都有不同的补救措施：对实证科学来说，是改进现有的通信标准和报告；对计算机学来说，是以计算环境可被复制为目的；而对统计学来说，则是以重复实验结果的统计检验评估为检验目的。这些是很宽泛的建议，每种类型的再现性可以根据科学研究环境的具体细节有不同的操作，但是混淆这些科学研究方法的不同方面，将会减缓我们解决那个由真空室开始的玻意耳旧论的进度。

161

THE AVERAGE

平均

尼古拉斯·克里斯塔基斯（Nicholas A.Christakis）

哈佛大学医学博士，社会学学者，合著有《大连接》。

一百年前发明的具有里程碑意义的多元统计技术，使我们可以正确地比较两组平均数之间的差异，自那以后我们就一直误以为这种差异是显著的，而且，通常一组数据只存在一种重要的差异，但事实上我们都被自己欺骗了。我们花了一个世纪的时间观察和解释这种差异。我们沉迷其中不能自拔，现在是时候应该停止这种行为了。

我们可以肯定地说，从平均水平来看，男人比女人高，挪威人比瑞典人富有，第一个出生的孩子比第二个出生的孩子更聪明。我们也可以通过实验的手段来检测不同组别之间的微小差异，或检测不同组别之间是否存在特别的不等位基因。但用这样的方法看待自然世界，也未免太简单太狭隘了。

我们是时候放弃对平均数的关注了。即使还是要继续关注，也应该暂时放一放。在不考虑平均数的这段时间里，我们应该抓紧时间关注那些曾被忽略了的组别之间的其他差异：我们应该集中精力比较一下不同组别之间方差的差别，这样可以得到差值、范围以及测定值等。

我们之所以会将更多的精力集中于平均数研究上，有一部分原因是由于计算和比较平均数的统计工具都非常简单且成熟。而比较某一组的方差与其他组的方差是否有区别则非常困难。这让我想起了一个关于醉汉找钥匙的笑话：醉汉跪在路灯下寻找钥匙，只是因为那儿的光线比较好。我们沉醉于统计功效中，并且说服自己分布均值是最重要的。但事实往往不是这样的。

举个例子，我们将关注点放在不同组之间的财富差异上。比如，美国是否比其他国家富有，是什么原因导致了这种差异？银行家是否比顾问赚的钱多，这又如何影响了即将毕业的大学生对职业的选择？但在解释群体和个人的结局和选择时，群体中财富的分配可能与不同群体之间的财富差异同样重要。即使美国和瑞典的国民平均收入相同（只是一个粗略的说法），但美国国民收入的方差却高得多（美国国民之间的收入差值更大），而这一事实是任何组别之间的平均数差异无法体现的，方差有助于解释当前中国民众的现状。例如，这可能对群体的平均发展以及群体内部每个人的发展都更为有利，即使平均收入有所降低，也有利于群体形成一种更平等的收入分配。我们可能希望在财富的支出上更加平等。

这里有一个假设的例子，是关于不平等的另外一种态度。当要为一艘帆船组织一队水手时，以下哪种选择最好？所有的 10 名水手都具有相同程度的近视，且他们的平均视力为 0.1；或者，10 名水手中有 9 人视力非常糟糕，但是剩下的一个人视力非常好。这两组水手的平均视力相同，但是为了安全地航行和生存，不平等的情况当然是越多越好。在视力这方面，我们可能会希望有更多的不平等。

或者再来思考一个医学方面的例子，看看差异有多么重要。在对待艾滋病晚期患者和肝硬化晚期患者时，可能会有两个条件相等的平均值预测，但对于艾滋病患者，医生提出“停止抢救”的概率可能更高。很多人会认为医生出于歧视而有意避免抢救艾滋病人。但真正的原因是艾滋病患者中幸存者的方差更高，比起肝硬化患者，艾滋病患者中有更多的人在患病不久后就离世了。医生面对的是这样的一个事实，而不是这两个群体之间的平均生存率；而对于肝硬化患者，医生可以稍晚再为他们提供拒绝心肺复苏术同意书（DNR）。

熟悉方差可以使我们弄清楚一些著名的颇具争议的假设。比如，为什么在重点高校中男性数学教授更多？男性和女性的数学天赋从总体上看平均值是相同的，但男性中的方差可能更高。如果是这样，那就意味着有更多的男性是处于统计分布的底部（事实上，男孩可能患有智障的概率是女孩的三倍），但也有更多的男性处于统计分布的顶端。

当主要专注于均值时，我们会错过世界上一些既有趣又重要的事情。一个受限制的视角对于实际生活或科学研究都有不利的影响。难道我们想要一个更富有的但不平等的社会吗？我们希望通过一些教育项目来增加考试分数的平均值吗？如果存在一种抗癌药物，虽然它可以使一些患者活得更长，却导致更多病人更快速地走向死亡，那么像这样对平均存活率没有任何影响的药物，医生也要优先使用吗？要真正了解这些决策的相关性，我们需要的不仅仅是平均值这种数据，还需要将注意力放在方差上。

注：本文作者尼古拉斯·克里斯塔基斯的《大连接：社会网络是如何形成的以及对人类现实行为的影响》已由湛庐文化策划，中国人民大学出版社出版。

162

STANDARD DEVIATION

标准偏差

纳西姆·尼古拉斯·塔勒布（Nassim Nicholas Taleb）

纽约大学理工学院风险工程系特聘教授，风险管理理论研究者，著有《反脆弱》《黑天鹅》。

标准偏差的概念已经让很多科学家感到混乱了，是时候将它从普通应用中淘汰，并使用更有效的平均偏差的概念来取代标准偏差了。标准偏差应该给数学家、物理学家和数学统计学家在推导极限定理的时候用。在这个计算机时代，已经没有使用标准偏差统计调查的科学必要了，如果在普通应用中继续使用标准偏差，尤其是在社会科学领域，如果越来越多的人还是机械地使用统计工具解决科学问题，那必然是弊大于利的。

如果有人让你计算你所在城镇过去 5 天气温的“日平均变化”（或是一家公司股票的价格，或是你叔叔的血压），这 5 天的温度数据分别是：–23，7，–3，20，–1，你要如何计算？

你会观察、计算数据的平方或求和求平均值然后再取平方根吗？或是取绝对值再求和然后计算平均值？这两种方法之间存在很大的区别。第一个方法计算出的平均值约是 14.1，而第二个方法的平均值是 11。第一种方法在技术上叫作均方根偏差，第二种方法叫作平均绝对偏差。平均绝对偏差比较符合“现实生活”的实际情况，它比第一种方法要好得多。而事实上，当人们在应用标准偏差进行决策时，他们会假设这就是预期的平均偏差。

对这两种方法的混淆是有历史原因的。1893 年，伟大的卡尔·皮尔逊（Karl Pearson）针对之前被称为“均方根误差”的概念，提出了“标准偏差”的概念。至此，人们认为“标准偏差”就是“平均偏差”，这个想法自此流传开来。每一次报纸试图澄清市场"波动性"的概念时，都会被含糊地定义为平均偏差，然而却产生了标准偏差（更高）的数值度量。

但不是只有新闻记者会犯这个错误。我曾经看到过，在美国商务部和联邦储备局的正式文件中也将这两个概念混为一谈，甚至有一些监管部门在对市场波动性的报告中也会出现这错误。更糟糕的是，丹尼尔·戈尔茨坦(Daniel Goldstein）和我发现，大多数数据科学家（其中有很多是博士）在现实生活中也会犯糊涂。

这一切都是由一些不直观、不准确的术语造成的。丹尼尔·卡尼曼利用心理偏差的原理对这一现象进行了解释，他将这一现象称为"属性替代"（attribute substitution），也就是说，有些人会把平均偏差误认为是标准偏差，原因在于前者更容易浮现在脑海中。

（1）平均偏差在样品测量中比标准偏差更准确、更稳定，是因为平均偏差是固有权重，而标准偏差则使用观察本身作为其自身的权重，结果大，权重就大，因而就会出现轻尾分布[1]。

（2）在方程式中，我们经常使用标准偏差，但最终却是在计算平均偏差的过程中对其进行改动（比如，在金融领域对期权定价的过程）。在高斯的世界中，标准偏差大约是平均偏差的 1.25 倍，也就是（Pi/2）的平方根。但当我们调整随机波动率时，标准偏差的值往往是平均偏差的 1.6 倍。

（3）许多统计学的现象和过程都有"无限方差"（比如，最受欢迎的帕累托 80/20 规则[2]），但其实是有限的而且是正确的平均偏差。只要平均值存在，平均偏差就会存在。而反过来，（无限的平均偏差和有限的标准偏差）永远是不正确的。

[1] 轻尾分布是相对于正态分布而言的，指随机变量取值在距离均值两倍或三倍标准差之外的取值的概率要比正态分布的小。——译者注

[2] 帕累托 80/20 规则是 19 世纪末期与 20 世纪初期，由意大利经济学家兼社会学家维弗利度·帕累托（Vilfredo Pareto）所提出的。它的大意是：在任何特定群体中，重要的因子通常只占少数，而不重要的因子则占多数，因此只要能控制具有重要性的少数因子即能控制全局。——译者注

（4）许多经济学家都已经摒弃了无限方差模型，而将其认为是“无限平均偏差”。这种做法实在是可悲，但却是事实。自从50年前，伟大的贝努瓦·曼德尔布罗特（Benoit Mandelbrot）提出了无限方差模型，经济学家就被这种混乱的概念吓坏了。

令人感到悲哀的是，这种不成熟的观点竟然可以造成如此大的误解。我们的科学工具比我们的直觉超前了太多，这已成为科学发展的一大问题。所以我以罗纳德·费希尔先生的一句名言作为结尾：“统计员不能逃避责任，他们要了解自己应用和推荐的方法”。

另外，在社会科学和生物科学中，与概率相关的问题并没有就此消失，但仍有一个更大的问题，那就是研究人员在使用统计学概念时并没有理解这些概念，却还吹嘘着“n of 1”或“n large”，他们将传闻当成信息，又将真正有用的信息误认为是传闻。大多数在论文中应用回归分析的人，其实并不十分清楚回归分析的意义，以及它能解释什么或不能解释什么。正是由于这些问题无法在现实中得到检验，而且也缺少风险承担机制，再加上一层又一层的假象，即使社会科学家在统计概率上犯了一些小错误，他们依然能够继续自己的研究事业。

163
STATISTICAL INDEPENDENCE
统计独立性

巴特·卡斯科（Bart Kosko）

南加州大学信息科学家、教授，著有《噪声》（*Noise*）。

是时候揭穿科学中关于“统计独立性”的谎言了。世界是通过大量的因果关系而相互关联的。重力与所有物体通过质量这单一的因果关系而连接在一起。世界本身就包含巨大的相关性。提出统计相关性并不意味着因果关系已经过时了，但这确实是一个数学事实。统计独立性意味着根本不存在相关性。但事实却相反，事件之间不是相互独立的而是相互关联的。就像大数据算法所关注的重点是更大的数据集的相关性。

统计独立性也是近代统计抽样技术的基础。它是随机样本的一部分，是政治民意调查和一些医学研究中使用的老式置信区间[1]的基础，甚至是无分布辅助程序会越来越多地取代那些老式技术的模拟数据集的基础。

统计独立性的概念有点像白噪音[2]的概念。咝咝声、砰砰声都是白噪音真实的样本，都代表了统计独立性的一个方面。白噪音的频谱是平坦的，但理想的白噪音具有无限带宽，因而其能量无限大，所以在现实世界中，白噪音是不可能存在的。但这并没有阻止一代又一代的科学家和工程师假设是白噪音干扰了被测信号和通信。

[1] 置信区间是指由样本统计量所构造的总体参数的估计区间。在统计学中，一个概率样本的置信区间是对这个样本的某个总体参数的区间估计。——译者注

[2] 指一段声音中的频率分量的功率在整个可听范围（0～20KHZ）内都是均匀的。由于人耳对高频敏感的声音听上去都是很吵耳的沙沙声。——译者注

真正的噪音样本不是独立的，它们存在某种程度的相关性。干扰电子电路和雷达设备的热噪音，其频谱波动很小，看起来也几乎是平坦的，而真正的噪音频谱不会是平坦的，也没有无限的能量。真正的噪音是彩色的，如粉红色、褐色或其他一些令人紧张的颜色，这些颜色暗示了噪音样本之间相关性的接近程度。[3]所以真正的噪音并不是白噪音。

这就暴露出一个令人深思的问题，我们几乎没有对统计独立性进行过测试。大多数测试最多也就包含两个变量，然后测量这两个变量（而不是数据本身）是否独立。大多数科学家很难为其命名，所以常见的做法是假定抽样事件是相互独立的。仅仅假设数据是不变的、平稳的，仅仅假设数据不但来自相同的概率分布，而且具有统计独立性。这样做的一个简单的理由就是几乎所有人都这样做，而且这种做法还被写进了教科书。这种假设是群体思维在所有科学中最普遍的实例之一。

我们经常进行统计独立性的假设，原因不是其真实的准确性，而是出于理论研究的需求，统计独立性使数学变得简单，使棘手的问题可以轻易被解决。统计独立性将复合概率拆分成个体概率的乘积（利用对数将乘积概率转换成求和，因为求和比乘积更容易计算）。进行大规模条件概率的实验，要求真实建立有卓越性能的实验。而连续的抛硬币实验是独立的，这就使实验者更容易变成“赌徒”。因为实验者普遍认为复合概率或联合的概率总是拆分条件概率的乘积。而所谓的乘法法则为此种分解方式提供了依据。独立性进一步减少到无条件的条件概率。这种做法没有考虑条件及统计相关性。

俄罗斯数学家安德烈·马尔可夫（Andrei Markov）的研究发现，在事件的发展过程中，每次状态的转移都仅与前一时刻的状态有关，这一研究结果是关于统计独立性研究第一次伟大的进步。现在我们仍然在全力对付这种数学上的马尔可夫链[4]并且不断地发现惊喜。谷歌的搜索算法在很大程度上就

[3] 粉红噪音是自然界最常见的噪音，它主要分布在中低频段，瀑布声和小雨声都可称为粉红噪音。褐色噪音是一种全频带的噪声波，很像海边特有的潮汐噪声。——译者注

[4] 因安德烈·马尔可夫而得名，是指数学中具有马尔可夫性质的离散事件随机过程。该过程中，在给定当前知识或信息的情况下，过去（即当前以前的历史状态）对于预测将来（即当前以后的未来状态）是无用的。——译者注

依赖于寻找一个有限马尔可夫链的平衡特征向量。搜索模型假定，互联网冲浪者随机地从一个网页跳转到另一个网页，就像一只青蛙跳从一片荷叶跳到另一片荷叶。这种随机跳跃不具有统计独立性，但却是有概率的。也就是说，你现在正浏览的网页影响了你将要浏览的下一个网页。所以真正的网上冲浪涉及的是之前访问的几个网站之间的概率依赖关系。这种做法认为，人的意识不是一个马尔可夫过程。放弃对独立性甚至是马尔可夫链的依赖，可以为我们提供一种模型，这种模型可以用来模拟从分子扩散到语音转换的各种不同的数据流。

马克可夫链所表达的是，未来的事件仅与事件当前的状态有关，而与其过去的状态无关，我们现在要做的应该超越这种简单的理论。我们有强大的计算机来做这些工作，许多积极的理论家也会提供更多更深刻的见解。放弃统计独立性的支撑可以为我们带来更多研究成果。

科学需要认真对待其最喜欢的答案，也就是根据情况而定。

AS LONG AS
YOU RECOGNIZE
THE POSSIBILITY OF
BOTH COLD AND HOT,
THEN IN MANY
CASES YOU NEEDN'T
CHOOSE—
IT TURNS OUT
THEY'RE BOTH THERE.

只要你认识到冷热共存的可能性，
那么在很多情况下并不需要刻意选择，善恶、好坏、冷热等
看似对立的性质，其实一直都是共存的。

——埃尔德·沙菲尔（Eldar Shafir），《对立的两面不可能都对》

164

OPPOSITES CAN'T BOTH BE RIGHT

对立的两面不可能都对

Eldar Shafir

埃尔德·沙菲尔

普林斯顿大学心理学教授，研究领域涉及认知科学、判断与决策、行为经济学等。

合著有《稀缺：我们是如何陷入贫穷与忙碌的》。

英国名厨赫斯顿·布卢门撒尔（Heston Blumenthal）创作了一款极具创意的饮品，名曰“冰火茶”。将一份调好的糖浆放在一个有分隔的玻璃杯中，然后从一边倒入热茶，从另一边倒入冰茶。由于两种液体的黏稠度不同，将中间的分隔板抽走之后，冰茶与热茶仍然可以在一段时间内保持分离的状态。这样一来，幸运的就餐者就可以同时喝到冰茶与热茶两种不同的口感。当你品尝这款饮品时，讨论它是冰茶还是热茶没有意义。你需要做的只是做出选择，是从冰茶的一边开始喝还是从热茶的一边开始喝？但无论怎样选择，这一杯茶都有两种感觉。

世界上大多数的科学（当然主要是社会科学和行为科学），比起我们一直以来的认知，它们更像是那杯“冰火茶”。

比如说，我们通常认为，快乐和悲伤是两种对立的状态，所以应该相互排斥。但是最近关于情绪的研究表明，积极情绪和消极情绪不应该被认为是对立的，事实上，快乐和悲伤可以同时发生。通过调查发现，那些观看过某些电影或经历过“毕业季”的人，他们能同时深刻地感受到快乐和悲伤两种情绪。我们的情绪体验更像是“冰火茶”：可以同时容纳冷热两种状态。

这样的观点同样适用于“善与恶”。“冰火茶”从冷的一边开始喝还是从热的一边开始喝，真正品尝过就会知道，这微小的顺序差别实际上会产生很大不同。在经典的“好撒玛利亚人实验”中，约翰·达利（John Darley）和丹尼尔·巴特森（Daniel Batson）招募神学院学生，针对好撒玛利亚人的寓言进行布道。其中有一半的学生被告知，他们赶往布道地点的时间很充裕，而另一半学生被告知时间非常紧迫。在他们去布道的途中，所有参与者都会遇到一名因受伤而倒在路上的人，这个人看上去需要帮助。大多数时间充裕的学生会停下来帮助这个受伤的人，但只有 10% 要迟到的学生会停下来施予援手，而其他人会继续赶路，不帮助受伤的人。尽管他们都受过道德教育，也学习过《圣经》，然而“时间约束”竟成了神学院学生是否愿意停下来救人于危难的决定性因素。就像那杯概念性的茶一样，每个神学院的学生都有慈悲和冷漠的两面，而究竟会表现出哪一面，则受当时情境的影响。

另一个很有代表性的人物是约翰·拉贝（John Rabe），他被称为“活菩萨”，是一位光头、戴眼镜的德国工程师。在日本占领南京期间，他组织建立了南京安全区国际委员会，成为当时南京的安全区域，挽救了成千上万中国人的生命。而另一方面，拉贝又是当时南京地区纳粹党的领袖。1938 年，他曾向世人宣布自己百分百地支持德国的政治制度。

正如摩尼教的观点所表达的那样，从本质上来讲，这种对立并不是永远只能二选一。如果你相信人总是善良的或总是邪恶的，如果你认为玻璃杯里只能装冷水或是热水，那你就错了。你会这样想，是因为自己没真正喝过“冰火茶”，所以对人性的理解太过天真。但是，只要你的观点不极端，**只要你认识到冷热共存的可能性，那么在很多情况下并不需要刻意选择，善恶、好**

坏、冷热等看似对立的性质，其实一直都是共存的。

就我个人的一点了解，物理学家会质疑波与物质之间的差别，生物学家拒绝在先天与后天之间做出选择。而从我所擅长的社会科学领域来看，关于人是否理性以及是否自私的问题，也一直存在激烈的争论。各方观点都有令人信服的研究作为支持。人们可以是冷漠的、精明的、自私的和一丝不苟的，也可以是热情的、糊涂的、无私的、情绪化的和带有偏见的。但事实上，这些相互矛盾的特质可以同时存在，人类可以在同一时间展现出这些相互矛盾的特质。一个人可以既是刻板的天气预报员，又是过度自信的投资者；既是冷酷无情的统治者，又是可爱的宠物主人；既是富有同情心的朋友，又是冷漠的父母。关于在苛刻条件下决策的研究发现，人们对当下关注的问题所表现出的态度是深思熟虑、认真严谨，但是当提到注意力以外的事情时，他们就会表现得粗心大意、漠不关心，哪怕这些问题与他们自身密切相关或更加重要。

我们都知道，历史上有很多聪明人做了愚蠢的事，也有很多好人做了坏事。那我们究竟是无私的还是自私的？是聪明的还是愚蠢的？是善良的还是邪恶的呢？其实就像“冰火茶”一样，总有一些特质是共存的，会表现出哪一种特质，就取决于你从玻璃杯的哪一侧开始喝。

注：本文作者埃尔德·沙菲尔的《稀缺：我们是如何陷入贫穷与忙碌的》已由湛庐文化策划，浙江人民出版社出版。

165

SCIENCE = BIG SCIENCE

科学 = 大科学

塞缪尔·阿贝斯曼（Samuel Arbesman）

应用数学家，考夫曼基金会资深学者，著有《失实》（*The Half-Life of Facts*）。

几个世纪以前，当科学才刚刚开始发展时，通过简单的实验为科学发展作出贡献还是有可能的。不论你是一个平民科学家还是“绅士科学家”①，你都有可能发现这个世界存在的一些基本的东西。但在过去的数十年里，科学发展得越来越强大。在这个大科学时代，我们需要庞大的科学家团队共同努力，才有可能在从生命科学到高能物理②的所有科学领域中有所发现。因为这样的科学研究耗资巨大，所以，个别科学家从事小规模科学研究的时代似乎已经结束了。

我们经常听到这样的说法：即使使用了先进的仪器，在车库中也是不可能发现希格斯玻色子的。因为希格斯玻色子的发现过程有数千名科学家的参与，并且应用了大量的科学仪器。

这样就可以断言小规模的科学研究过时了吗？虽然目前更注重科学团队的研究，但是，那些研究预算有限、实验简单，而且研究者甚至可能是业余爱好者的小而精的科学研究并没有消失。并不是只有一些孤独的失败者在从事小科学③的研究工作，更多时候是一些研究经费不足的科学家仍在尽自己

① 绅士科学家是指财务上独立的，以从事科学研究为个人爱好的科学家。——译者注

② 又称粒子物理学或基本粒子物理学，它是物理学的一个分支学科，研究比原子核更深层次的微观世界中，物质的结构性质，和在很高的能量下这些物质相互转化的现象，以及产生这些现象的原因和规律。——译者注

③ 相对“大科学”而言，指以个体研究为特征的小规模的科学。——译者注

最大的努力工作而已。但即使是这样，他们好像还是在大科学时代生存下来了。例如，几年前，一位古生物学研究生，通过观察美国自然历史博物馆地铁站墙上印着的一块化石的图案，从而消除了关于恐龙是同类相食动物的误解。还有科学家通过系领带来检查空间的可能路径，并且在《自然》杂志上发表了相关研究的文章。由此可见，小科学仍然是存在的。

虽然这些例子看起来并不是很重要，但小规模的科学研究也可能产生巨大的影响。彼得·米切尔（Peter Mitchell）曾荣获1978年的诺贝尔化学奖，而在他的小型私人研究所中，只有很少的几名工作人员。研究所的研究经费也是由米切尔的家族提供的，因此米切尔成为了当代重要的绅士科学家之一。另一位诺贝尔奖项颁给了从事裂脑患者[4]研究工作的科学家，因为他们的研究工作带来了关于大脑的功能的新发现。而在这项研究工作中，有一个部分实验就是非常简单又精巧的。诺贝尔网站上就有一个和原实验一样的游戏，你可以在家里玩一下。

其实你仍然可以用非常低的成本进行科学研究。几十年前，斯坦利·米尔格拉姆（Stanley Milgram）研究著名的六度分隔理论时，仅使用了一些明信片。虽然科学发展得越来越强大，但在某些方面，通过小规模的尝试，将使大规模的科学研究工作变得更加简单。得益于计算机的巨大进步，以及大规模可免费使用的数据（而且通过互联网，数据收集也变得更简单了），任何科学家都可以用很小的成本、更简单的方式进行大科学的研究。现在的技术手段允许科研人员以高效的方式，利用很少的研究预算进行科学研究活动，所以即使是业余爱好者要进行科学研究也变得非常容易。加之普通大众在科学研究中的作用越来越大（比如他们会参与到类似于数据收集这样的工作中），使得平民科学家也逐渐多了起来。从对星系或浮游生物进行分类，到研究蛋白质如何折叠，每个人都能够参与到科学研究的过程中。尽管数学可能仍是需要天才的领域，但也会有一些业余爱好者或外行者参与进来，比如，

[4] 指大脑的两个半球之间的联系被切断了的病患。20世纪40年代起，科学家对药物治疗无效的癫痫病人，采用切断胼胝体的办法。这么一来，癫痫病发作虽然停止了，但大脑两半球却被分割开来，“老死不相往来”，不仅信息不通，连行动也互不配合。——译者注

在 20 世纪 90 年代中期，两个高中生发现了一种更好的方案，可以解决欧几里德几千年前提出的问题（这个问题自欧几里得解决之后，就再没有人提出过其他的解决方法）。还有，现在甚至出现了一个新的数学领域叫作趣味数学。这些事例都说明，创造性的实验和正确的问题同充裕的研究经费和研究设施一样重要，而且技术的发展使这项工作比以往更容易进行。所以小科学仍然是可以获得成功的。

166

SADNESS IS ALWAYS BAD, HAPPINESS IS ALWAYS GOOD

悲伤总是坏的，快乐总是好的

琼·格鲁伯（June Gruber）

美国科罗拉多大学波德分校心理学助理教授，积极情感和精神病理学实验室主任。

在情绪及其对心理健康影响的研究中，有一种观点已经过时并且应该被淘汰了。那就是：类似悲伤、恐惧等消极情绪是不好的，是不利于我们的心理幸福感的，而像幸福、快乐这样的积极情绪，是好的，是对我们有利的。这种价值判断可以理解为，在情感科学框架中，对于情绪的评价依赖于，这种情绪对于一个人起到的是促进作用还是阻碍作用。鉴于对人类情绪的科学研究在不断进步，我认为类似“悲伤是不好的情绪”或“幸福是好的情绪”这样的观点必须淘汰。

我们先来谈一谈消极情绪。早期的享乐主义[1]理论对幸福的定义就是指负面情绪相对减少。像认知行为疗法这类以经验为基础的治疗方法，也是侧重于将减少负面情绪作为强化幸福感的一部分。但是越来越多的科学研究工作都表明，消极情绪对我们的心理幸福感也是至关重要的。这里有三个例子。

（1）从进化论的观点来看，消极情绪通过向我们提供重要线索，这些线索是具有威胁性的或需要注意的问题（如不健康的关系或危险情况等），帮助我们在进化过程中生存下来。

[1] 又叫伊壁鸠鲁主义（Epicureanism），是一个哲学思想，认为享乐是人类最重要的追求。这一词语的来源是希腊语的“pleasure”。享乐主义是所有动作皆可被一个人所产生的享受与痛楚所决定，力求将享乐与痛苦的距差增至最大。——译者注

（2）消极情绪能使我们更加专注：可以让我们减少固定思维模式，形成关注细节的分析性思维，增强视觉记忆，增强我们在完成具有挑战性任务时的持久性。

（3）试图抑制消极情绪，拒绝接受和欣赏它，反而会适得其反，越是抑制就越会增强痛苦感，而且还会加剧药物滥用、暴饮暴食的临床症状，甚至会使当事人产生自杀的想法。

其实消极情绪对我们来说并没有那么糟糕。而且，缺少了消极情绪，将更难进行心理调节。

积极情绪是能够激励我们产生追求目标行为的愉快或积极的情绪。长期以来，传统的科学研究都聚焦于积极情绪的好处：在认知收获方面，可以增强创造力；在社会效益方面，可以增强友好关系以及亲社会行为；在生理健康方面，可以增强心血管健康状况。这些研究工作促生了一类假设，就是积极情绪应该被持续最大化，应该继续推动其分支学科的诞生，并使其受到大众的关注。但有越来越多的研究都对“积极情绪是好的”这一观点提出了如下反对意见：

◎ 积极情绪助长了以自我为中心的行为，包括自私、固定思维、欺骗以及不诚实，并在某些情况下引发同理心泛滥。

◎ 积极情绪与注意力分散和注重细节的工作能力受损有较大关系。

◎ 因为积极情绪能够减少压抑感，所以与冒险和死亡率的升高也有关系。

事实上，积极的情绪并不总是有利的，有时对我们的幸福感甚至生存造成阻碍。效价②不是价值，我们不能基于积极或消极的效价来推断情绪的价值，情绪并没有绝对的好坏之分，仅仅通过分为消极情绪或积极情绪就评价情绪的好坏是不合理的。相反，我们必须基于价值的决定因素细化情感功能。

② 指某一物质引起生物反应的功效单位，例如在管理学中，效价是指某项工作或一个目标对于满足个人需求的价值。——译者注

所以，新的研究重点是变量。要根据情景进行判断，某种情绪的展开是帮助还是阻碍了个人目标的实现，哪种情绪管理策略（是重新评估还是转移目标）最适合当时的情况。此外，一个人的有较好的心理灵活性[3]也能帮助其取得更好的效果。

心理幸福感不是由某一类情绪决定的，而是由包括积极情绪和消极情绪在内的多种情绪共同决定的。一种情绪是“好”是“坏”与情绪本身并没有特别的关系，重要的是我们如何控制生活中各类情绪的起落。

[3] 指觉察和接纳个体所有经历的事情，并按照自己的价值方向坚持或改变行动的能力，包括如何快速地转移情绪或从压力状态反弹等。——译者注

167

PEOPLE ARE SHEEP

人如绵羊

戴维·贝雷比（David Berreby）

Bigthink网站专栏作家。著有《我们和他们：认同的科学》（*Us and Them: The Science of Identity*）。

在1914年夏末，欧洲文明开始了它的扩大性自杀阶段[1]，应该很少有人会反对这样的评价。在随后的几十年中，充满了战争和压迫，而且永远不缺愿意做刽子手的人和唯命是从的走狗。与此相反的是，在每个主要城市都有新闻记录片，保留下了人群在夏日的阳光中快乐欢呼的情景。整个20世纪，很多人都在反抗战争、反抗挑起战争的人，但却都失败了，并被送到了集中营。社会科学家们找到了导致这些现象的原因，这个结论在经过强化和推广后，变成了每一个受过教育的人都应该知道的道理，那就是：人如绵羊般懦弱、可怜。

“人如绵羊”这一观点是科学家提出的，然而大多数人都不愿意这样评价自己，他们更倾向于认为，人都是顺从、不愿惹麻烦、遵守规则的。在1955年，伟大的心理学家所罗门·阿希（Solomon Asch）曾写道：“我们发现从众的现象在社会中非常多，导致正常、善意的年轻人都会因此而颠倒黑白，这实在令人担忧。”

大量的研究论文仍然会提到“人如绵羊”模型的各个方面，就好像这是举世公认的真理一样，并以此为依据提出了大量关于从众行为的新假说。更糟糕的是，在政客、选民、政府官员等受过教育的外行人的言论中，这种观

[1] 这里指第一次世界大战爆发，主要战场在欧洲，常被称为“欧战”。——译者注

点更加猖獗。但是“人如绵羊”这种观点是错误的。它导致了更多错误的假设和糟糕的政策，是时候将其淘汰了。

几年前，心理学家伯特·霍奇斯（Bert Hodges）和安妮·盖尔（Anne Geyer）重复了20世纪50年代出现的阿希实验。实验中，被试者会拿到一张画有一条直线的卡片，然后判断这条线与另外一张卡片上的三条线中的哪一条长度相等。每个被试者都被分在不同的小组中，而小组中的其他成员是实验者，他们会故意做出错误的选择来误导被试者。阿希实验表明，当群体成员中的大多数都做了错误的选择时，群体中的其他个体有可能会违背自己的感觉，遵从群体的错误选择。

每个被试者分别进行了12次类似的实验，但多数实验中，被试者都没有同意多数人的观点。每个被试者平均只有3次同意了大部分人的观点，而其余9次都坚持了自己的观点。正如霍奇斯和盖尔所提到的：“个人的道德义务在这种情况下应该是‘遵从他所看到的’，而不是考虑别人怎么说。”

实验中并没有迹象表明被试者的感官受损，或他们害怕违背共识。被试者说，他们只是赞同那些误导行为一次而已。对于一个通情达理的人来说，这种行为并不奇怪。

“人如绵羊”模型让我们在顺从或反抗、盲目追随与孤独的自我主张中思考（为了避免成为一只羊，你就必须成为一头孤独的狼）。这个模型并没有指出，正是人需要相信别人，也需要赢得别人的信任，这样的观念引导着人的行为。社会心理学家斯坦利·米尔格拉姆著名的电击实验，测试了普通人愿意给一个陌生人施加电击惩罚的程度。此实验经常被作为证明“人如绵羊”模型的有力证据。但这些研究真正测试的是被试者对于实验者的信任。

事实上，关于对他人的信任问题似乎应该理解为，群体是如何操纵和影响其成员的，还有其他因素起作用吗？

人的行为似乎很容易受到瞬时事物的影响，而影响因素有可能是那些曾认为无关紧要的因素。例如，在约翰·达利和丹尼尔·巴特森的实验中，那些匆忙赶路的神学院的学生帮助别人的意愿远不及那些时间充裕的学生强烈。有越来越多有影响力的证据让心理学家深感挫败，因为这些证据使心理学家看起来并不那么专业。例如，迈阿密大学的尼尔·约翰逊（Neil Johnson）和伦敦大学皇家霍洛威学院的迈克尔·斯巴格特（Michael Spagat）以及他们的同事发现，许多不同战争（不同的行动者，不同的利益，不同的文化，不同的地区）的严重程度和攻击时机都遵循幂次法则②。如果这是真的，与发起进攻的时机相比，个别战士的动机、思想和信仰与何时也就无关紧要了。

或者再举一个例子，就像尼古拉斯·克里斯塔基斯的研究工作所阐述的，吸烟、感染性病、感冒或肥胖的风险，在某种程度上与你的社会网络关系有关，然而作为一个独立的个体，这会在多大程度上会改变你的感觉和想法呢？

也许人们的群体行为最终将被解释为受多个瞬时影响（就像海上的波浪），和作用在意识之外强有力的驱动力（就像深海海流）的组合。所有出现的问题都是重要和令人着迷的。但只有在放弃了“人如绵羊”这种过于简单的理解之后才能被我们发现。

② 也叫“80-20 法则”，由经济学家维尔弗雷多·帕累托（Vilfredo Pareto）在 1906 年提出，他认为：在任何一组东西中，最重要的只占其中一小部分，约 20%，其余的 80% 尽管是多数，却是次要的。——译者注

168
BEAUTY IS IN THE EYES OF THE BEHOLDER
美是情人眼里出西施

戴维·巴斯（David M.Buss）

美国得克萨斯大学奥斯汀分校心理学教授，著有《危险的激情：为什么嫉妒和爱、性一样是必须的》（*The Dangerous Passion: Why Jealousy Is as Necessary as Love and Sex*）。

有许多人仍然坚持“美是情人眼里出西施”这样的看法。他们会有这样的想法有许多原因。社会科学家总结出，第一，并不是每个人都是美的，这违反了“人生而平等”的信仰。第二，如果外表的有利条件是肤浅的，就应该忽略外表的重要性，转而关注更深层和更有意义的品质。第三如果美的标准是武断的、不断变化的，那这标准就很容易被改变。

在 20 世纪，有两个运动似乎推动了科学对以上观点的支持。首先是行为主义。如果人的性格特点是在成长过程中经历了一系列行为强化后逐渐形成的，那么这些强化的事件必须建立一系列的吸引力标准。其次是关于吸引力在跨文化差异领域的关于人种学的发现。就像新西兰的毛利人发现特定类型的唇部刺青极具吸引力，亚马孙雨林的雅诺马马人极为重视鼻子或面部穿孔，还有很多其他一些具有特色的美的标准存在。

性别选择理论[1]在进化生物学中的复兴和从优择偶的重要性，为我们提供了充分的理由质疑上述社会科学家长期以来坚持的理论立场。我们现在知道从优择偶是各物种的共同特点，从昆虫、孔雀到海象，物种的外表特征通常都非常重要。它表现了关于繁殖非常关键的特点，如健康、生育能力以及

[1] 该理论可以追溯到达尔文时期，在 1871 年，达尔文提出了性选择学说，他认为雄性和雌性的繁殖社会行为不一样。雄性用廉价的精子使尽可能多的雌性受精；而雌性只有有限的大个的卵子，所以需要选择遗传质量最高的雄性来赋予后代上等的能力。——译者注

优良基因。对于其他有性繁殖的物种来说，人类是个特殊的例外吗？

长时间以来，进化理论针对这个问题进行了数百次实验研究，结果都表明人类并不是例外。在伴侣的选择上，首要问题就是生育能力，正如一些商务人士说的，选择一个有能力的合作伙伴是成功的开始。那些未能找到有生育能力的配偶的人都没有留下后代。我们每一个人都是祖先繁衍的结果。每个现代人都从他的祖先那里继承了择偶偏好。

祖先总结出来的经验是可靠和可统计的，并且得到的概率是与生育能力相关的，所以这些线索应该成为我们进化中审美标准的一部分。在两种性别中，这个标准还包括对健康的要求，像匀称的体型，没有伤疤等都包括在内。不同年龄层次的女性生育能力不同，对于男性也是一样，所以年轻在吸引力的判定标准中更具优势。光洁的皮肤、丰满的双唇、明亮的双眸、女性特征突出、低腰臀比例好以及许多其他方面的女性特征，拼凑成了普遍认同的女性的审美标准。

女性对男性是否具有吸引力的标准也变得更加复杂。假设男性的免疫功能对于那些寻求短期伴侣的女性更具吸引力，相比处于月经期的女性来说对于处于排卵期的女性更具吸引力，对于配偶价值较高的女性也更具吸引力，这也许是因为她们能够吸引和控制这样的男人。女性对于男性是否有吸引力的判断，更多依赖于综合条件——社会地位、注意力结构、与婴儿的积极互动、与其他有吸引力的女性的相处和许多其他方面的因素等。女性对于男性是否有吸引力的判断标准更具复杂性和可变性，有一个现象可以很好的说明这一点：对于哪位异性更具吸引力的判断标准，男性更容易达成一致，而女性则会有更多的不同意见。

美是别人眼中的标准这种理论，从某种意义上来说是肤浅的、武断的、不断变化的并且是轻易可以改变的。我认为这是 20 世纪的社会科学家所编造的伟大的神话之一。随着科学的发展，就像人类学家唐纳德·西蒙斯（Donald Symons）所说的“美是‘情人眼里出西施’”的观点仍旧令人担忧。就像地球不是平的或地球不是宇宙的中心的观念一样，它违反了一些我们最珍视的信念和价值观。

169

HUMANIQUENESS

人类独特性

艾琳·佩珀伯格（Irene Pepperberg）

哈佛大学心理学助理研究员，布兰迪斯大学心理学副教授，著有《我与亚历克斯》（*Alex & Me*）。

人类能做一些其他物种做不到的事情，比如我们确实是唯一能向太空发送探测器并寻找其他生命形式的物种。但是反过来也是如此，其他物种也能做一些人类无法做到的事情。许多非人类物种都有它们独特的能力，比如，人类不能察觉到非常微小的温度改变，而响尾蛇却可以；人类的嗅觉无法像狗的嗅觉那样灵敏；海豚的听力范围比人类的大得多；蝙蝠可以利用天然声呐辨别方位；蜜蜂和许多鸟类都能看到紫外线；还有许多鸟类仅仅凭借自己身体内类似于 GPS 的装置，每年就能迁徙数千英里。当然了，与非人类物种不同，人类能发明机器来实现这些自然的给予其他物种的天赋，但这些能力还是非人类物种先拥有的。我并不怀疑数据所显示的人类在许多方面的独特性，我也乐于研究各个物种的异同，但我认为是时候淘汰这样一种观点了，即人类的独特性已到达了某种顶峰，是其他生物以任何形式都不可能到达的。

人类的独特性是进化过程中的理想终点，这种想法应该被淘汰，因为这个独特性的标准将不可避免地被重新定义。“会使用工具”也曾经是我们对人类独特性的定义，但还有另外一些经历了进化过程的物种也会使用工具，比如，加拉帕戈斯群岛的鸟类可以利用仙人掌的刺捕获裂缝中的幼虫，而海豚会把海绵套在喙上来保护自己捕食，现在，科学家又发现鳄鱼会利用草秆来诱捕鸟类。当发现一些在进化上与人类关系更加遥远的物种（比如新克里多尼亚乌鸦）也有类似的行为时，“会使用工具”就不再是人类特有的行为了。它们都是通过模仿来学习的吗？在某种程度上，几乎所有的鸣禽都通过声音来学习，还有一些证据表明在鹦鹉和猿类中存在物理形式的学习方式。例如，现代研究表明，猿类在某些方面缺乏像人类一样的协作能力，但是不同的实验方法是否会得出不同的数据呢？

行为的比较研究不能仅仅是为了找到更多的数据来证明人类很“特别”，我们需要扩展和支持这些研究。我们应该做的是找出使人类不同于其他物种的原因，这也能带领我们找出其他物种的特别之处，它们有些什么难以置信的能力是我们可能需要学习的呢？因此，我们需要做更多的研究，以了解非人类物种表现出的移情及其“心理理论”的不同方面，了解它们在各自生存的自然环境中需要什么，当进入到人类的环境中时，它们又能学到什么。对人类来说，社会关系网络是非常有必要的，也许非人类物种自有办法组建它们的社会关系网络。我们需要弄清，非人类物种可以习得人际交往中的哪些技能，也必须弄清它们的沟通系统中存在的复杂性。

为了避免我的观点被误解，我要声明，我的论点并不是给非人类物种赋予人性，也不同于其他支持动物权利甚至是动物福利的观点，虽然我的观点看起来可能有这层含义。

总而言之，现在似乎应该继续研究所有物种行为的复杂性，既包括人类又包括非人类物种，并且专注于研究他们的异同。在许多情况下，善于研究非人类物种的行为将为我们提供的灵感，以制造出更好的工具和技能来增强人类的能力，而不是简单地将这些非人类物种看作次等生物。

170

HUMAN BEING = HOMO SAPIENS

人类 = 智人

史蒂夫·福勒（Steve Fuller）

哲学家、社会学家，著有《行动势在必行：超人类主义的基础》（*The Proactionary Imperative: A Foundation in Transhumanism*）。

很难否认，作为灵长类动物进化的分支，人类就是从智人进化来的。然而，在大多数被恰当地称为“人类历史”的记载中，智人一般都不能称为“人”，并不只是因为他们出现得太早或能力匮乏。在社会学中，我们经常使用3个带有侮辱性的词语（即种族、阶级、性别）来表现作为普通生物存在的智人和真正的人类之间的差距。很多社会科学史都可以被理解为直接或间接地将人类的属性尽可能地延伸至智人。正是因为这个原因，福利国家[1]被看作是社会科学为现代政治作出的巨大贡献。但也许智人被称为“人”的条件既不充分也不必要。那会发生什么呢？

要建立一个科学合理的“人”的概念，我们还不如向共和党学习，共和党会把公民权赋予那些愿意平等对待法定权利和义务的人。共和党的公民权来自共识，而不是来自专制国王的恩赐。此外，共和宪章对公民权进行了明确的定义，提出公民权利不论出身一律平等。生于共和国并不代表比那些不得不自己争取公民身份的人有特权。这一想法原本的意义是要求那些生下来就是公民的人必须为国服役来确认他们的公民身份。美国已超越了最具野心的共和党理论家的期望（这些理论家倾向于建立城邦），虽然在历史上就有开放的移民政策，但其公民却对自己的国家有着强烈的认同感（尤其是最近

[1] 福利国家指资本主义国家通过创办并资助社会公共事业，实行和完善一套社会福利政策和制度。——译者注

的移民）。

“人类的公民权”是“人权”既科学又合理的升级版，让我们从本体论，而不是从自然地理方面，来考虑一下开放的移民政策。如此一来就有可能允许非智人迁移到“人类”生活的区域。动物权利的积极支持者们相信，他们已为非智人的迁移做好了准备。他们能够证明灵长类动物和水生哺乳动物不仅有知觉，也有更高级的认知功能，这其中就包括现在所谓的“心理时间之旅”②。在实现目标的过程中，这些动物权利的支持者能够正视目标的价值，并忽略道路上遇到的无关干扰，这实际上是一种制定长期目标并为之努力的能力。从历史角度来说，这种自主权的实现确实需要共和主义的公民权，在实践中，动物权利的积极支持者将这个观点纳入到种族隔离问题的讨论中，作为唯一可执行的“权利”,“隔离但平等”③是避免来自人类伤害的一种方法。这也是一项儿童和残疾人可能都会喜欢和依赖的“权利”。

对人类来说，积极呼吁动物权利并不能获得来自动物的互惠，这个事实引起了一个疑问，那就是动物权利的支持者是否真诚？无论如何，如果他们是真诚的，那他们还应该呼吁制定具有前瞻性的政策，就比如大卫·布林（David Brin）所说的那种“提升”④。为此，我们就该优先研究如何制造智能生物，不必考虑用什么制造，只要想办法使它们成为“扩展的人类生物圈”（an expanded circle of humanity）中的一员，并使它们拥有与其同类一样的能力即可。这种研究的重点可能会是基因治疗或修复增强，最终会形成“福利国家 2.0”，在这个人类共和国所有具备自主意识的公民中，会更重视我们对这些智能生物的责任。

“人类 = 智人”，这一想法拥有比生物学更顽固的神学基础。只有亚伯拉

② 指人类在心理上将自我投射到过去，重新去经历过去的事情，以及把自我投射到未来，预先经历未来事情的能力。——译者注

③“隔离但平等”是种族隔离政策的一种表现形式，它试图通过为不同种族提供表面平等的设施或待遇，使空间隔离的做法合理化。——译者注

④“提升”是科幻小说家大卫·布林最著名的系列小说名称，该系列包括两套三部曲。它主要构建了一个横跨银河系的庞大文明，其使命是“提升”所有已知的呼吸氧气的智慧生物。——译者注

罕诸教（即犹太教、基督教、伊斯兰教）明确地认定，人类享有超越一切其他生物的特权。所有类型的进化论者都只看到了生物权利等级区分的差异，只有很少的进化论者期待着，我们总有一天会发现一种特殊的遗传物质，从而揭示“人类的独特性”。我们更有理由认为，在未来，一旦某一种进化的版本盛行起来，主张公民权利的共和主义理论很可能会为我们指明前进的方向。这种期盼意味着，每一个想要赢得“人”的身份的物种都要符合一定的标准，而这一标准是由社会中的他、她或是它所决定的。图灵测试提供了一个很好的原型，用于检查参选物种是否适合进入“扩展的人类生物圈”，为这一可能提供了中立的物质基础。

现在，为测试人类身份而去构建一种“图灵测试 2.0”，已经不算非常超前了，通过这样一个测试，我们就可以认识到那些会和自己一样作为人类平等生活的物种有多么复杂了。一个合适的开端，就是与受试物种建立长期的共鸣，“拟人化地”看待动物和机器。“福利国家 2.0”应该囊括非常广泛的候选物种（从碳基生命到硅基生命），以满足在这种情况下实现公民权所需的必要标准。事实上，许多经典的福利国家政策，例如大规模义务教育和儿童疫苗接种这种原始的政治承诺，可以被理解为布林所谓的“提升”政策，但这些政策仅适用于生活在城邦国家的领土范围内的智人。

然而，为扫除智人成为人类公民的障碍，我们会面临一种局面，这种局面就类似于欧盟增加新成员。在考虑是否要纳入新成员时，既定成员国与候选国面对面，既定成员国往往会假设候选国带有一些历史造成的不利因素，但在原则上，这些不利因素是可以克服的。因此，会有一个入盟前阶段，在这一阶段，候选国的政治和经济稳定性以及其本国公民的待遇都会受到检查，之后，综合这一阶段的情况，既定成员国与候选国才会开始国与国之间学生和工作人员的自由流动、法律的统一以及税收在会员国之间的转移。可以肯定的是，既定成员国和候选国都会有遭到拒绝的情况。但是，经历了这么多相互协调的痛苦时期，这一过程仍然运作至今，这也证明了本体论人类联盟模式的可行性。

171

ANTHROPOCENTRICITY

人类中心说

萨特雅吉特·达斯（Satyajit Das）

金融专家，主要研究衍生工具和风险管理，著有《极限金钱》（*Extreme Money*）。

视差（Parallax）描述了观察者位置的改变所引起的移动物体方向的明显变化。在埃舍尔（M.C.Escher）的图像作品面前，人类的感官会受到欺骗，而一些极不可能的事物都在错觉中变得可信。

虽然没有一个严谨的科学定理可以证明“人类中心说”（即通过人类独有的视角对现实进行评价），但它已深深植根于我们的科学和文化中了。不过我们要是想提高知识水平，就必须放弃人类中心说，或者至少承认它的存在。

人类中心说的限制来自人类认知的自然约束和某种特定的心理态度。人类需要特殊的能力、内在的态度、价值观以及塑造探究能力和理解力的信仰体系。

通过进化，人的意识已经形成了一种特殊的物理和生化结构，它塑造了人类的思维过程。人类的认知系统决定了我们的推理能力和知识水平。语言、逻辑、数学、抽象思维、文化信仰、历史和记忆共同创造了一个特殊的人类参考框架，这个框架可能限制了我们的认知和理解。

也许世界上还存在其他形式的生命和智慧。海洋已经向我们展示了那些生活在海底热泉[1]附近的、永远见不到阳光的生物。不以碳元素为基础的生

[1] 指海底深处的喷泉，原理和火山喷发类似，喷出来的热水就像烟囱一样。——译者注

命形式也是有可能存在的。这种完全颠覆了以往认知框架的、全然不同的知识不容小觑。

一列火车在铁轨上运行，铁轨决定了火车运行的方向和终点站，同样地，进化把人类塑造成什么样，也就决定了人类知识的界限在哪里。

最初，知识的出现是因为人类要掌控自然环境以满足生理需求（即生存和繁殖），进而应对未知的事物和人类无法控制的力量。迷信、宗教、科学以及其他信仰体系的演变都是为了满足人类的需求。在 18 世纪，世界上出现了新的科学方法的模型、理性论述、个人自由以及个人责任等新思想，它们逐渐取代了中世纪的贵族和神权系统。但这并没有改变人类基本的内在驱动力。知识同样受到人为因素的影响，这些因素包括恐惧、贪婪、野心、服从、部落勾结、利他主义和嫉妒，还有复杂的权力关系和人际交往的群体动力学等。行为科学已经阐述了人类思维中存在的固有偏见。

理解作用于生物和态度的约束之中。正如尼采所说："每一种哲学的背后都隐藏着另一种哲学，每一个意见的后面都隐藏着另一个意见，每一个字都是一张面具。"我们对基本问题的理解仍然有限。关于宇宙本质和宇宙起源的学说颇受争议，关于物质来源及物质性质与能量的学说也是如此，有关生命的起源和进化的问题同样没有得到解决。拒绝接受新的思想会制约知识的发展。科学进步的历史总是伴随着一连串的争论，比如非地心宇宙说、大陆漂移说、进化论、量子力学和气候变化理论。

然而矛盾的是，科学似乎也有其内在的限制。量子物理学就像是一个套一个的俄罗斯套娃那样，有一连串无休止的、看似无穷可分的颗粒。德国物理学家海森堡的"不确定性原理"假设人类对世界的认识始终是不完整的、不确定的，并且具有高度偶然性。美国数学家哥德尔（Kurt Gödel）的"不完全性定理"，除了拥有最简单公理系统的计算外，其数理逻辑几乎全都有内部局限性。实验和测试研究法是有缺陷的，模型预测法也往往令人感到不满。正如纳西姆·尼古拉斯·塔勒布（Nassim Nicholas Taleb）所观察到的："你可以利用方程权重伪装实验结果，但因为根本不存在完全受控制的实验，所以没有人能揭穿你。"

挑战人类中心说并不意味着放弃科学和理性思维，也并不意味着要回归原始的宗教教条，并相信有救世主或相信模糊不清的神秘主义。超越人类中心说可能会产生新的观点，扩大人类知识的范围；会使人类更清晰地思考，衡量不同的观点；会鼓励那些超出一般范畴的经验和思想的可能性；甚至还会让人类更好地理解自己生存的地方，理解自然内外的秩序。

正如莎士比亚在《哈姆雷特》中所写："天地之大，比你所能梦想到的多出更多。"但是，基础生物学可能不允许更改人类的参考框架。虽然人类在宇宙面前偶尔会觉得卑微，但在大多数情况下，人类仍然痴迷于这样一个观点：人类是发展进化的最高点。但马克·吐温在《来自地球的信》(*Letters from the Earth*)中曾有这样的描述："他为人感到骄傲，人是他最棒的发明，人是他的宠物。"

在小说《银河系漫游指南》(*The Hitchhiker's Guide to the Galaxy*)中，已故的英国科幻作家道格拉斯·亚当斯将地球描绘成一台强大的计算机，人类是这台计算机的生物部件，地球上的一切都是具有超高智慧的外星人为了回答"关于宇宙和生命的终极问题"而设计的。到目前为止，对这个古怪的问题，科学界仍然没有得出任何可以反驳它的结论。

人类中心说提醒我们，人类存在一个极限，无论如何，我们都可以超越它。剑桥大学宇宙学和天体物理学的名誉教授马丁·里斯曾说过这样一段话：

> 大多数受过教育的人都知道，人类经历了将近40亿年的进化，这是自然选择的结果，很多人倾向于认为人类已经到达了进化的最高点。然而，我们的太阳，其运行的时间至今都还不到它寿命的一半。太阳的灭亡距今还有大约60亿年，应该不会有人类看到这一天了。而那时候地球上存在的任何生物，应该都是和人类一样，是从细菌或变形虫进化而来的。

172

TRUER PERCEPTIONS ARE FITTER PERCEPTIONS

更真实的感知是适当的感知

唐纳德·霍夫曼（Donald D.Hoffman）

加州大学欧文分校认知科学家，著有《视觉智能》（*Visual Intelligence*）。

比起没那么幸运的同辈来说，那些能准确感知世界的先人拥有更大的竞争优势。他们能更好地培养后代、繁衍生息，而我们正是这些人的后代。可以确信，在正常情况下，我们的认知相当准确，当然，也存在着一些内在的局限性。我们所能感知的光线波长的范围很小，大约在400～700纳米之间；能感知的声音频率的范围也很小，大约在20～20 000赫兹之间。此外，我们偶尔也会产生错觉。但是大多数情况下，我们的认知指引自己了解的世界还是可信的，从进化的角度看，这很公平。

研究者们达成共识，要通过脑成像、计算模型以及心理物理学实验研究来感知世界。许多专业的出版物都会提及这个共识，它还作为事实出现在了教科书中。但它是错误的。在进化论中，“适合”和“真实”是两个截然不同的概念，比如，在情人节那天把黑巧克力送给爱人是适合的礼物，同时，黑巧克力也是能够杀死一只猫的毒药。若要指定一个适合度函数，不仅要清楚世界的现状，而且必须清楚其他一些生物的状况，尤其是一些特殊生物、微生物以及一些特殊行为。

结合大量的适合度函数和随机创建的环境，使用蒙特·卡罗方法[1]（Monte

[1] 又称统计模拟方法，它是20世纪40年代中期由于科学技术的发展和电子计算机的发明，而被提出的一种以概率统计理论为指导的数值计算方法。蒙特·卡罗方法在金融工程学、宏观经济学、计算物理学（如粒子输运计算、量子热力学计算、空气动力学计算）等领域应用广泛。——泽者注

Carlo method）模拟进化博弈理论我们就会发现，如果将认知调到与适合度函数相关，就会使更真实的认知消失。目前，人们正在将这个方法应用到进化图理论的研究中，有可能也会得到相同的结论。然而，基于遗传算法②的模拟却从未发现过真实的认知，也就根本没有机会走向消亡。

将认知调到适合度，不会像将认知调到真实那么复杂。将认知调到适合度，用于进行计算的时间和资源会更少，因此有利于在关键时刻迅速采取行动。即使不考虑复杂性和时间的因素，真实的感知也会消亡，因为自然选择是适合度的选择，不是真实的选择。我们必须认真对待我们的认知。认知是在自然选择的过程中逐渐形成的，用于指导适应性行为，确保我们可以生存下来并繁殖下一代。比如说认知会告诉我们应当避开悬崖和蛇。但也不能夸大认知的作用，因为我们通过认知了解到的并不都是真实的。认知仅可用于指导行为的物种特性。

观察是科学的实证基础。这个基础的本质（包括空间、时间、实体和因果关系等）是物种特有的适应性，而不是洞察力。因此，这一观点已经超出了感知科学（包括物理、神经科学和科学哲学）的影响。“更真实的感知是适当的感知”这样的旧观念已深深根植于我们的科学观念中。这些旧观念不会悄无声息地走向毁灭，它的毁灭必然预示着重大变革的来临。

② 一种模拟达尔文生物进化论的自然选择和遗传学机理的生物进化过程的计算模型，是一种通过模拟自然进化过程搜索最优解的方法。——译者注

173

THE PURSUIT OF PARSIMONY

极简的追求

乔纳森·海特（Jonathan Haidt）

社会心理学家，纽约大学斯特恩商学院教授，著有《正义之心：为什么人们总是坚持“我对你错”》（*The Righteous Mind: Why Good People Are Divided by Politics and Religion*）。

在生活中有许多东西，比如，金钱、爱情和性，如果可以拥有当然很好，但是过于执着追求就不好了。我认为在追求极简时也应该如此。

14 世纪英国的逻辑学家奥卡姆曾说过：“如无必要，无增实体。”这一原则现在被称为奥卡姆剃刀原理，几个世纪以来，这一原理一直被科学家和哲学家作为裁决相互竞争的理论的工具。极简是指“节俭”或“吝啬”。当提出一种理论时，科学家应该是“吝啬”的，他们应使用尽可能少的材料来描述它。如果两种理论在解释实验性证据时做得都非常好，那就应该选择更简单的理论。如果哥白尼和托勒密都可以解释天体运动，包括一些行星偶尔会出现相反的运动，那么哥白尼更简单的模型更好。

在最初设计事物时，奥卡姆剃刀原理是一个伟大的工具。不幸的是，许多科学家都将这个简单的工具奉若神器。他们致力于用简单的原理解释复杂的现象，仿佛是为了极简而极简，而不是用这个工具来追求真理。

在自然科学领域经常会用简单的定律、原理或非常简单的理论解释巨大的、具有多样性的现象，所以自然科学领域对于极简的崇拜是可以理解的。牛顿三大运动定律很好地解释了所有物体的运动；板块构造学说很好地说明了地震、火山以及非洲和南美洲海岸线相吻合的原因；自然选择很好地解释了为什么植物、动物和真菌会进化成它们现在的样子。

但是在社会科学领域，过分追求极简一直都是一场灾难。18世纪以来，一些知识分子都在努力为社会科学做贡献，就像牛顿曾经为物理学领域所做的一样。功利主义者、法国哲学家以及其他一些乌托邦式的空想家，他们都渴望有一种以理性原则和人类行为的科学认识为基础的社会秩序。社会学的奠基人之一奥古斯特·孔德曾将他的新学科命名为“社会物理学”。

那么250多年来我们都做了些什么呢？我们在失败以及同意识形态斗争上浪费了大量时间。并不是所有的人类行为都可以用正强化或负强化来解释（与行为主义者相反）的，也不是所有的行为都与性、金钱、阶级、权力、自尊或是自私自利有关的，但在20世纪就存在这样的对解释的偶像崇拜。

在我研究的道德心理学领域，同样存在着对于极简的过分追求。哈佛大学心理学家劳伦斯·科尔伯格（Lawrence Kohlberg）曾说过：“道德都与判断有关；也有人认为道德与同情心有关；也有人认为道德与形成结盟或防止伤害到别人有关。”但事实上，道德的形成是复杂的、多元化的、同文化有关的。人类是进化的产物，所以道德的心理学基础是与生俱来的（正如我和其他很多人近年来在edge.org的争论）。这种心理学基础有很多，而且这仅仅是研究的开始。你仍然必须解释，在不同的条件下（比如，世界上不同地区的人之间，甚至在同一个家庭中的兄弟姐妹之间）道德是如何发展的。

社会科学很难就是因为，人类与无生命的物体存在本质上的区别。人们执着于在万事万物中寻找意义或制造解释。但人们共同创造的巴洛克式的文化景观，以及一些人创造的属于他们自己独特的符号世界，并将其嵌入他们更广泛的文化中等，这些都是不能用极简来解释的。正如人类学家克利福德·格尔兹（Clifford Geertz）所说的：“人作意义之茧而自缚。”这就是为什么预测一个人将要做什么是如此之难；这也就是为什么在心理学或社会学中几乎不存在可以应用的方程式；这也就是为什么在社会科学中将永远不会出现牛顿。

让我们将对于极简的追求从社会科学中淘汰出局吧。当我们发现极简时，它是美丽的，但追求极简有时对于追求真理来说是一个障碍。

注：本文作者乔纳森·海特的《象与骑象人：幸福的假设》已由湛庐文化策划，浙江人民出版社出版。

174

CERTAINTY.ABSOLUTE TRUTH. EXACTITUDE.

确定性、绝对真理、正确性

理查德·沃尔曼（Richard Saul Wurman）

TED（包括 TED 大会、TEDMED 医学大会等）创始人、架构师、制图师，著有《信息架构师》（*Information Architects*）。

1543 年哥白尼发表了日心说，被用来描绘以太阳为中心的近似理论，其中引用的图表非常精彩。

但在如今的学术界，这一理论是永远不会被发表的，因为它是错误的。首先，轨道不是圆形的，而是椭圆的；第二，并不是所有的天体都在同一平面上，而哥白尼图中所描绘的是完全不成比例的，并不能代表行星之间的距离或是行星到太阳的距离，只是一个近似的图示而已。但有了这幅图，第谷·布拉赫才得以发布他的文章以及测量数据，开普勒也才能形成更精确的几何图形，提出关于宇宙更加近似的理论。

我的意思是将以上的三个说法（确定性、绝对真理、正确性）全部淘汰，而且我还建议采纳更多的近似学术理论，以让别人拥有更多的学术空间去发现新模式。

175

THE ILLUSION OF SCIENTIFIC PROGRESS

科学进步的错觉

保罗·萨夫（Paul Saffo）

科技领域预测专家，斯坦福大学工程系顾问教授。

自然和自然法则隐藏在黑暗中，上帝说："让牛顿来吧！"于是一切变为光明。——亚历山大·蒲柏（Alexander Pope）

科学发现的惊人进展在未知中前行。不久前，创世纪 6 000 年的时候，天堂就处在我们头顶几千英里的高空中。而现在地球 45 亿岁了，我们能够观察到的宇宙跨度为 920 亿光年。任意选取一个科学领域，新的发现、新的生命奇迹几乎每天都能看到。像蒲柏一样，我们惊叹科学之光是如何照亮了隐藏于黑暗中的自然。

我们积累的科学知识不断增加，使德日进神父（Teilhard de Chardin）提出了一种隐喻，内容是关于人类圈和人类的理解力以及思考范围不断增长的。从乐观主义的观点来看，这种范围的增长就像是在无知的黑暗中不断扩大的光圈。

我们的乐观精神使我们关注于认知到的内容，但其实认知的表面才更重要，因为这才是知识的终点和神秘的未知起点。随着科学知识的扩展，我们与未知的联系也在增加。我们不仅掌握了更多的知识即我们的认知范围在扩大，但我们未知的范围也在不断扩大。一个世纪前，天文学家们想知道是否是银河系构成了整个宇宙，而现在天文学家告诉我们，我们可能生活在有很多星系的宇宙中。

科学的建立为它的存在提供了理由，它提出了问题，最终也解决了问题。但在私下里每一个科学家都知道，科学真正做的是探究我们无知的深度。科学知识范围的增长，并不是蒲柏所说的能够驱散黑暗的光，而是巨大的神秘黑暗笼罩下的篝火的光辉。兜售新发现有助于科学家获得研究资金，以及争取终身职位，但是对于这种将科学发现作为衡量科学进步的终极标准的想法，也许是时候该将其淘汰了。

比起我们发现了什么，我们更应该将提醒我们对世界了解得有多匮乏的谜团当作衡量进步的标尺。

译者后记

一

1个问题，175个答案，由Edge在2014年初发起，这些答案汇集成了1本书。这几个数字，就是我们几位译者刚拿到书稿时，懵懵懂懂地掌握的信息。

翻开书稿，这175位世界顶级科学家与思想家，包括物理学家、哲学家、生物学家、认知科学家、人类学家、心理学家、地理学家、数学家、计算机学家、经济学家……他们当中有《科学美国人》《连线》《纽约客》的专栏作家，有TED创始人、《纽约时报》畅销书作家、小说家，有著名演员、纪录片撰稿人、媒体人士、画廊馆长，还有诺贝尔奖获得者、普利策奖获得者、拥有各种头衔的教授，可谓星光璀璨。Edge在干什么？

Edge是“第三种文化”的发起者约翰·布罗克曼于1996年创建的，其宗旨是把有思想的人集中在一起，“让他们互相询问曾问过自己的问题”。从1998年开始，每年布罗克曼都会发布一个“年度问题”，由各个领域的顶尖人士将自己的见解发布在网上。年复一年，Edge成了第三种文化活动的在线载体。2014年，Edge抛出了这样一个问题：哪些科学观点必须去死。由于其“火药味”之浓，这场讨论成了美国文化界的一个标志性事件。注意，它不仅仅局限于科学界。

原来如此！了解到这些后，我们这个翻译小组的成员刹那间就多了几分沉甸甸的责任感。经过简单的分工后，我们几个人，一头扎进了紧张的工作之中。

二

随着翻译工作的推进，我们越来越发现，与其说我们是在与一篇篇文章、一个个专业词汇打交道，还不如说是在与一位位引领各自领域的思考者对话。慢慢地，这些作者的风格鲜活起来，跃然纸上。

首先，值得说一说的是物理学家弗里曼·戴森。我们没有做过完全统计，但也许他是本书所有撰文者中年纪最大的一位。他是 Edge 最早的两个特约供稿人之一，至今仍在以 90 多岁的高龄笔耕不辍。他的文学成就与其科学上的成就齐名。读者应该会比较熟悉他的科学自传《宇宙波澜》，他以非常浪漫的笔调描述了科学世界及科学家的生活。在本书中，他撰写了《波函数的坍缩》一文，很短，很平缓，仿佛是在轻描淡写地提醒自己的学生：有些基本概念不要搞错啊！

同样轻描淡写的，还有教育心理学家霍华德·加德纳。普通人如果知道他，恐怕大多数是因为无数幼教机构打着的“多元智能理论”的旗号进行宣传的原因。加德纳就是这一理论的创建者。在本书的《改变大脑》一文中，加德纳对“智能手机会改变大脑吗”这个问题做出了回答：“如果问题本身空洞无物，我建议提问者最好重温哲学、心理学和神经学课程。”虽寥寥几句，但如果我是他的学生，一定会觉得雷霆万钧。

态度严谨与幽默俏皮共存的撰文者，大有人在。提出了以量子涨落为基础的“宇宙计算机”概念的塞思·劳埃德认为，“宇宙”这个概念应该被抛弃了，“宇宙之所容，远大于我们之所知”。在文中他的结论是：“不管宇宙是不是真实的，还是买套公寓准备养老比较实际一点。”维多利亚·怀亚特是一位人种史学家，她的《火箭科学家》一文从一句老话“干这事不需要找个‘火箭科学家’”出发，批判了所谓的“火箭科学家”高高在上，科学与大众、科学研究的各个专业之间壁垒分明的现象。批判的同时，她也没有忘了揶揄一句：“怎么就没听说过这事儿不需要请人种史学家来啊……”读到这里，感觉一下子与作者亲近了很多。

还有更多的作者表现出的是嫉恶如仇、毫不妥协。在科学家群体里，《弦理论》一文的作者是物理学家弗兰克·蒂普勒，他毫不含糊地说："实验是科学真理的标志。正因为此，由于弦理论学家们没有提出任何实验方法来证实这个理论，我们只能当机立断、弃之不用，就今天，就现在，马上。"

媒体人群体中，也不乏这样掷地有声、一针见血的观点。"这些原本应该摒弃的理论中，绝大多数还只是阴魂不散地在学术界的回廊里游荡着，最坏情况下，也只不过让你小小分了点神，或者是绕了点弯路。真正应该枪毙的罪大恶极者，是那些已经蹿入现实社会、造成了实质性伤害的错误观点。"这话是《先天与后天》一文的作者、英国数字科学的总监提莫·汉内写下的。

三

当这么多有血有肉的思想者在与我们对话时，一场科学与人文联袂出演的大戏就越发精彩，大师们的文章也越发显得字字珠玑。我们翻译小组又发现了很多智慧之光。

有那么多的自我否定！理论物理学家马塞洛·格莱泽在回答2008年的Edge年度问题（What have you changed your mind about?）时，给出的答案还是"统一还是不统一，这是个问题"。而在本书中，他发出了"离骚式"的感慨："为什么我们苦苦追寻大自然中的那个'一'，而大自然却不厌其烦地屡次告诉我们：没有'一'，只有'多'？"由此正式否定了"大统一"的理论。

有那么多的公开论战！弦理论，就似乎处在风口浪尖上。有的作者全盘否定，有的作者全力维护，针锋相对，互不相让，势均力敌。有意思的是，论战的双方，都搬出了量子力学的创始人——马克斯·普朗克的言论，来为自己辩论。顺便说一句，在全书中，被各位作者提到的科学家名字，次数最多的正是普朗克。约翰·布罗克曼在他为本书写的"Edge年度问题"中，也是以普朗克的名言开始的。量子力学的理念如何深刻地改变了西方的科学与人文，可见一斑。

同时，又有那么多文化上的共识！从我们几位译者粗浅的理解来看，一个明显的共识是对机械的分类和界限划分的批判、对还原主义的批判。无论是《智商》《给人类的本性编号》，还是在讨论科学与哲学的界限、科学与非科学的界限、科学与艺术的界限、事物真假的界限、物种与物种的界限、种族与种族的界限……他们都在提醒我们，不要以己度人，不要拿着人为制定的标准而对大自然的复杂性视而不见。

另一个显著的共识是对实证主义的坚持。必须有实验，实验必须可以重复，结果必须可以预测。时至今日，恰逢国内外舆论对河北科技大学某副教授的基因编辑技术的真伪闹得沸沸扬扬，我等“看热闹”之辈虽无从判断是非，但是《万金油理论》中的一段话可以为这件事做个警示：“科学只有在能够解释并且预言事物的运行机制的情况下，才是有意义的。一个科学理论的价值是以它能够通过的实验测试的数量来判定的，而这种实验测试必定是不屈不挠、非黑即白、来不得半点含糊的。”这种理念已经根深蒂固地扎入了西方文化之中。

四

理论物理学的泰斗杰弗里·维斯特语重心长地提醒人们：“不要天真地以为这个理论真的可以预测、解释万物”；以《科学进步的错觉》落下帷幕，未来学家保罗·萨夫告诫我们：“科学真正在做的是发现我们无知的深度。”前后呼应得恰到好处。通过这次大讨论，约翰·布罗克曼所倡导的第三种文化的意义也越发凸显。科学家与传统意义上的知识分子之间沟通的鸿沟被有效地弥合了，更为重要的是，无论是科学家，还是人文学者，都愿意放下架子，不再完全依赖于媒体、记者等“中间人”，而是与大众，特别是理性的读者直接沟通。互联网技术的发展无疑也加速了这种沟通的效率。大众犹如陪审员，未必要有非常专业的知识才能做出自己的判断。大众也将明白，这场大讨论中谈到的事情，跟每个人的未来都休戚相关，不可漠然视之。

我们翻译小组的全体成员，仿佛经历了一场思想的大涤荡。我们竭尽全力，战战兢兢，将这175位大师的思想尽可能原汁原味地传递给读者，生怕误解了大师的智慧。对各篇文章中涉及的科技、著作、背景、轶事等，也尽可能地梳理清楚，帮助读者理解。由于水平有限，错误之处在所难免，请各位读者指正。

在翻译的过程中，我们受到了简学、贺志刚两位老师的鼓励和大力支持。简学老师还热心地为我们寄来了认知科学领域的多本参考书。我们的小伙伴李红喜，在关键时刻雪中送炭，承担了10篇文章的翻译工作，帮助我们翻译小组赶上了交稿日期。湛庐文化的志愿者群也在关键时刻发挥了重要作用，为我们咨询各个技术领域的专家提供了支持，在此一并表示衷心感谢。

最后，我们以多次获得艾美奖和金球奖的美国演员和导演艾伦·阿尔达在本书中的一段话结尾，我觉得他的话恰好能代表我们的心情：

我不是一个科学家，只是一个科学爱好者……但就像所有的恋人一样，我非常挂念我的所爱之人。我希望她自由发展、成果丰硕，更不要蒙受不白之冤。

胡正飞　王杨　杨明芳

2016年11月6日

湛庐文化 Cheers Publishing
a mindstyle business 与思想有关

湛庐，与思想有关……

如何阅读商业图书

商业图书与其他类型的图书，由于阅读目的和方式的不同，因此有其特定的阅读原则和阅读方法，先从一本书开始尝试，再熟练应用。

阅读原则1 二八原则

对商业图书来说，80% 的精华价值可能仅占 20% 的页码。要根据自己的阅读能力，进行阅读时间的分配。

阅读原则2 集中优势精力原则

在一个特定的时间段内，集中突破 20% 的精华内容。也可以在一个时间段内，集中攻克一个主题的阅读。

阅读原则3 递进原则

高效率的阅读并不一定要按照页码顺序展开，可以挑选自己感兴趣的部分阅读，再从兴趣点扩展到其他部分。阅读商业图书切忌贪多，从一个小主题开始，先培养自己的阅读能力，了解文字风格、观点阐述以及案例描述的方法，目的在于对方法的掌握，这才是最重要的。

阅读原则4 好为人师原则

在朋友圈中主导、控制话题，引导话题向自己设计的方向去发展，可以让读书收获更加扎实、实用、有效。

阅读方法与阅读习惯的养成

（1）回想。阅读商业图书常常不会一口气读完，第二次拿起书时，至少用 15 分钟回想上次阅读的内容，不要翻看，实在想不起来再翻看。严格训练自己，一定要回想，坚持 50 次，会逐渐养成习惯。

（2）做笔记。不要试图让笔记具有很强的逻辑性和系统性，不需要有深刻的见解和思想，只要是文字，就是对大脑的锻炼。在空白处多写多画，随笔、符号、涂色、书签、便签、折页，甚至拆书都可以。

（3）读后感和 PPT。坚持写读后感可以大幅度提高阅读能力，做 PPT 可以提高逻辑分析能力。从写读后感开始，写上 5 篇以后，再尝试做 PPT。连续做上 5 个 PPT，再重复写三次读后感。如此坚持，阅读能力将会大幅度提高。

（4）思想的超越。要养成上述阅读习惯，通常需要 6 个月的严格训练，至少完成 4 本书的阅读。你会慢慢发现，自己的思想开始跳脱出来，开始有了超越作者的感觉。比拟作者、超越作者、试图凌驾于作者之上思考问题，是阅读能力提高的必然结果。

扫码关注湛庐文化，
回复“阅读”
这5种方法，让读过的书变成你的影子

[特别感谢：营销及销售行为专家 孙路弘 智慧支持！]

我们出版的所有图书，封底和前勒口都有“湛庐文化”的标志

湛庐文化 Cheers Publishing

a mindstyle business 与思想有关

并归于两个品牌

财富汇　　心视界

找“小红帽”

为了便于读者在浩如烟海的书架陈列中清楚地找到湛庐，我们在每本图书的封面左上角，以及书脊上部 47mm 处，以红色作为标记——称之为**“小红帽”**。同时，封面左上角标记**“湛庐文化 Slogan”**，书脊上标记**“湛庐文化 Logo”**，且下方标注图书所属品牌。

湛庐文化主力打造两个品牌：**财富汇**，致力于为商界人士提供国内外优秀的经济管理类图书；**心视界**，旨在通过心理学大师、心灵导师的专业指导为读者提供改善生活和心境的道路。

阅读的最大成本

读者在选购图书的时候，往往把成本支出的焦点放在书价上，其实不然。

时间才是读者付出的最大阅读成本。

阅读的时间成本=选择花费的时间+阅读花费的时间+误读浪费的时间

湛庐希望成为一个“与思想有关”的组织，成为中国与世界思想交汇的聚集地。通过我们的工作和努力，潜移默化地改变中国人、商业组织的思维方式，与世界先进的理念接轨，帮助国内的企业和经理人，融入世界，这是我们的使命和价值。

我们知道，这项工作就像跑马拉松，是极其漫长和艰苦的。但是我们有决心和毅力去不断推动，在朝着我们目标前进的道路上，所有人都是同行者和推动者。希望更多的专家、学者、读者一起来加入我们的队伍，在当下改变未来。

湛庐文化获奖书目

《大数据时代》

国家图书馆"第九届文津奖"十本获奖图书之一
CCTV"2013中国好书"25本获奖图书之一
《光明日报》2013年度《光明书榜》入选图书
《第一财经日报》2013年第一财经金融价值榜"推荐财经图书奖"
2013年度和讯华文财经图书大奖
2013亚马逊年度图书排行榜经济管理类图书榜首
《中国企业家》年度好书经管类TOP10
《创业家》"5年来最值得创业者读的10本书"
《商学院》"2013经理人阅读趣味年报·科技和社会发展趋势类最受关注图书"
《中国新闻出版报》2013年度好书20本之一
2013百道网·中国好书榜·财经类TOP100榜首
2013蓝狮子·腾讯文学十大最佳商业图书和最受欢迎的数字阅读出版物
2013京东经管图书年度畅销榜上榜图书，综合排名第一，经济类榜榜首

《牛奶可乐经济学》

国家图书馆"第四届文津奖"十本获奖图书之一
搜狐、《第一财经日报》2008年十本最佳商业图书

《影响力》(经典版)

《商学院》"2013经理人阅读趣味年报·心理学和行为科学类最受关注图书"
2013亚马逊年度图书分类榜心理励志图书第八名
《财富》鼎力推荐的75本商业必读书之一

《人人时代》(原名《未来是湿的》)

CCTV《子午书简》·《中国图书商报》2009年度最值得一读的30本好书之"年度最佳财经图书"
《第一财经周刊》· 蓝狮子读书会·新浪网2009年度十佳商业图书TOP5

《认知盈余》

《商学院》"2013经理人阅读趣味年报·科技和社会发展趋势类最受关注图书"
2011年度和讯华文财经图书大奖

《大而不倒》

《金融时报》· 高盛2010年度最佳商业图书入选作品
美国《外交政策》杂志评选的全球思想家正在阅读的20本书之一
蓝狮子·新浪2010年度十大最佳商业图书，《智囊悦读》2010年度十大最具价值经管图书

《第一大亨》

普利策传记奖，美国国家图书奖
2013中国好书榜·财经类TOP100

《真实的幸福》

《第一财经周刊》2014年度商业图书TOP10
《职场》2010年度最具阅读价值的10本职场书籍

《星际穿越》

国家图书馆"第十一届文津奖"十本奖获奖图书之一
2015年全国优秀科普作品三等奖
《环球科学》2015最美科学阅读TOP10

《翻转课堂的可汗学院》

《中国教师报》2014年度"影响教师的100本书"TOP10
《第一财经周刊》2014年度商业图书TOP10

湛庐文化获奖书目

《爱哭鬼小隼》
国家图书馆"第九届文津奖"十本获奖图书之一
《新京报》2013年度童书
《中国教育报》2013年度教师推荐的10大童书
新阅读研究所"2013年度最佳童书"

《群体性孤独》
国家图书馆"第十届文津奖"十本获奖图书之一
2014"腾讯网•啖书局"TMT十大最佳图书

《用心教养》
国家新闻出版广电总局2014年度"大众喜爱的50种图书"生活与科普类TOP6

《正能量》
《新智囊》2012年经管类十大图书，京东2012好书榜年度新书

《正义之心》
《第一财经周刊》2014年度商业图书TOP10

《神话的力量》
《心理月刊》2011年度最佳图书奖

《当音乐停止之后》
《中欧商业评论》2014年度经管好书榜•经济金融类

《富足》
《哈佛商业评论》2015年最值得读的八本好书
2014"腾讯网•啖书局"TMT十大最佳图书

《稀缺》
《第一财经周刊》2014年度商业图书TOP10
《中欧商业评论》2014年度经管好书榜•企业管理类

《大爆炸式创新》
《中欧商业评论》2014年度经管好书榜•企业管理类

《技术的本质》
2014"腾讯网•啖书局"TMT十大最佳图书

《社交网络改变世界》
新华网、中国出版传媒2013年度中国影响力图书

《孵化Twitter》
2013年11月亚马逊(美国)月度最佳图书
《第一财经周刊》2014年度商业图书TOP10

《谁是谷歌想要的人才？》
《出版商务周报》2013年度风云图书•励志类上榜书籍

《卡普新生儿安抚法》《最快乐的宝宝1•0~1岁》
2013新浪"养育有道"年度论坛养育类图书推荐奖

湛庐文化 Cheers Publishing
a mindstyle business 与思想有关

延伸阅读

史蒂芬·平克“语言与人性”四部曲：
《语言本能》《思想本质》《心智探奇》《白板》

扫码直达本书购买链接

◎ 当代伟大的思想家、TED 演讲人、世界尖端语言学家和认知心理学家史蒂芬·平克经典力作。
◎ 语言学领域革命性著作，凝聚语言学、认知神经学和进化心理学等多项研究成果。
◎《纽约时报》畅销书，语言风趣诙谐，故事引人入胜，结论富有洞见。

《道金斯传》（全 2 册）

扫码直达本书购买链接

◎ 理查德·道金斯唯一自传，独家提供 150 余幅全彩珍贵照片，全景展示个人生活。
◎ 道金斯独家讲述成长经历，披露与亲人、爱人和挚友的温情故事。
◎ 北京大学国际发展研究院经济学教授汪丁丁，北京大学心理学系教授周晓林，知名语言学家和认知心理学家、畅销书《语言本能》《心智探奇》作者史蒂芬·平克及其妻子哲学家丽贝卡·戈尔茨坦、美国投资家沃伦·巴菲特黄金搭档查理·芒格联袂推荐。

《群体性孤独》

扫码直达本书购买链接

◎ 第十届文津奖获奖图书！互联网时代，技术影响人际关系的反思之作：为什么我们对科技期待更多，对彼此却不能更亲密？
◎ 作者雪莉·特克尔是麻省理工学院社会学教授，人与技术关系领域首屈一指的社会心理学家。她被誉为“技术领域的弗洛伊德”和“网络文化领域的玛格丽特·米德”，她还是是广受欢迎的 TED 演讲嘉宾。
◎《连线》创始主编凯文·凯利、多元智能理论创始人霍华德·加德纳强势推荐！

《迈尔斯直觉心理学》

扫码直达本书购买链接

◎ 国际著名心理学家戴维·迈尔斯经典著作全新翻译再版，迈尔斯亲自撰写中文版序。
◎ 用科学揭开直觉的真相：直觉到底是什么？我们该不该相信直觉？
◎ 美国心理协会前主席罗伯特·斯滕伯格评价：“心理学界最好的著作之一，它将成为这个领域的经典！”
◎ 美国心理协会前主席罗伯特·斯滕伯格、美国心理科学协会前主席伊丽莎白·洛夫特斯、盖洛普咨询公司名誉董事长唐纳德·克利夫顿联袂推荐。
◎ 随书赠送 27 张精美直觉卡片，全面总结直觉的潜力与陷阱。

THIS IDEA MUST DIE.

图书在版编目（CIP）数据

哪些科学观点必须去死 /（美）布罗克曼编著；胡正飞，王杨，杨明芳译 .—杭州：浙江人民出版社，2017.3

ISBN 978-7-213-07850-7

Ⅰ.①哪… Ⅱ.①布… ②胡… ③王… ④杨… Ⅲ.①科学知识–普及读物 Ⅳ.① Z228

中国版本图书馆 CIP 数据核字（2017）第 009277 号

浙江省版权局
著作权合同登记章
图字：11-2016-206 号

上架指导：科技趋势 / 思想前沿

本书法律顾问　北京市盈科律师事务所　崔爽律师
张雅琴律师

哪些科学观点必须去死

[美] 约翰·布罗克曼　编著
胡正飞　王杨　杨明芳　译

出版发行：浙江人民出版社（杭州体育场路 347 号　邮编　310006）
市场部电话：（0571）85061682　85176516
集团网址：浙江出版联合集团　http://www.zjcb.com
责任编辑：郦鸣枫
责任校对：戴文英　王欢燕　朱志萍
印　　刷：北京富达印务有限公司
开　　本：720 毫米 ×965 毫米 1/16　　印　　张：32
字　　数：503 千字　　插　　页：1
版　　次：2017 年 3 月第 1 版　　印　　次：2017 年 3 月第 1 次印刷
书　　号：ISBN 978-7-213-07850-7
定　　价：89.90 元

如发现印装质量问题，影响阅读，请与市场部联系调换。

对话最伟大的头脑
大问题系列

FUTURE · TREK ·

汇集当今世界最顶尖的科学家和思想家，
用最深刻的思想、最前沿的理论、最简单的方式，
开启一场智识的探险！

《如何思考会思考的机器》

《世界因何美妙而优雅地运行》

《哪些科学观点必须去死》

《那些让你更聪明的科学新概念》

《那些科学家们彻夜忧虑的问题》

《人类思维如何与互联网共同进化》

湛庐文化 Cheers Publishing

与思想有关